决策咨询系列

国家科学思想库

新一代能源系统
（下）

周孝信　等　著

科学出版社
北京

内 容 简 介

本书为我国新一代能源系统战略研究的专题部分，分为国内外可再生能源和综合能源系统发展概况及趋势，新一代能源系统的运营模式和市场机制，源端大规模可再生能源电力传输、消纳及转化技术，受端多能互补综合能源系统及其规划运行技术，储能技术在高比例可再生能源电力系统中的需求和应用，以及能源互联网技术等 6 个篇章。全书从总体发展趋势、市场运行模式、关键技术需求等多个维度，针对我国新一代能源系统发展进行了研究论述，为我国能源电力转型发展战略规划、政策制定、技术布局提供决策参考。

本书适合政府、能源与电力领域的企业及研究机构的管理人员、研究人员、高校师生及对相关领域感兴趣的科技工作者阅读。

图书在版编目（CIP）数据

新一代能源系统（下）/周孝信等著. —北京：科学出版社，2023.11
ISBN 978-7-03-076621-2

Ⅰ. ①新… Ⅱ. ①周… Ⅲ. ①能源经济-研究-中国 Ⅳ. ①F426.2

中国国家版本馆CIP数据核字(2023)第193550号

责任编辑：范运年 / 责任校对：王萌萌
责任印制：师艳茹 / 封面设计：陈 敬

科 学 出 版 社 出版
北京东黄城根北街 16 号
邮政编码：100717
http://www.sciencep.com

北京中科印刷有限公司 印刷
科学出版社发行 各地新华书店经销
*
2023 年 11 月第 一 版　开本：720×1000 1/16
2023 年 11 月第一次印刷　印张：19 3/4
字数：396 000
定价：158.00 元
（如有印装质量问题，我社负责调换）

《新一代能源系统》

专　家　组

组　长：周孝信

成　员：（按项目计划任务书中项目组成员的顺序排序）

卢　强	韩英铎	徐建中	杜祥琬	黄其励	邱爱慈
贾承造	余贻鑫	程时杰	李立㳀	王锡凡	金红光
郭剑波	刘吉臻	陈维江	何雅玲	宋永华	刘建明
李俊峰	吴　云	孙华东	吴青华	夏　清	张东霞
陈星莺	王秀丽	何继江	胡学浩	李柏青	郭　强
梁　军	张祖平	马　钊	干中学	应光伟	华　贲
王志峰	胡兆光	沈　江	佟光华	张建华	曾　嵘
李若梅	文劲宇	康重庆	刘超群	周勤勇	马世英
鲁宗相	荆朝霞	姚　伟			

下册《分论篇》编写组

主要工作人员：（按照姓氏笔画排序）

丁　剑	马士聪	马世英	文劲宇	方家琨	王铁柱
王志峰	艾小猛	许　渊	齐步洋	成义杰	刘超群
陈紫薇	陈星莺	陈　霞	陈启鑫	李若梅	李芙蓉
吴建中	吴　峰	张东霞	张玉琼	张　宁	张　曦
张　绚	佟光华	罗　魁	单葆国	赵　强	屈　鲁
荆朝霞	荆逸然	姚尚衡	侯玮琳	姜　宁	高　峰
高俊诚	徐浩田	康重庆	韩家辉	谢　乐	曾　嵘
韩雪姣	黎静华				

前　言

能源作为支撑经济社会发展的物质基础，也是推动人类文明进步的重要动力。近百年来，伴随着化石能源的大量开发使用，气候环境变化、能源资源短缺、能源安全危机等风险挑战日趋严峻，推动实现能源电力绿色低碳转型已成为全球各国发展的普遍共识和迫切需求。我国已相继提出了"四个革命、一个合作""构建清洁低碳安全高效的能源体系""碳达峰碳中和""构建新型能源体系"等一系列战略要求，为国家能源转型指明了方向。

由于能源资源禀赋及行业发展历史等因素，我国能源消费结构长期以化石能源为主，能源对外依存度高、资源与负荷分布不均、各区域发展不平衡不充分等问题仍较为突出；同时，传统能源系统由相对独立的多个子系统构成，其建设以单一系统的纵向延伸为主，各类能源产业计划单列、条块分割，各能源系统间物理互联和信息交互较少，在技术、体制、机制等方面均存在一定壁垒。为推动能源系统的升级转型和代际演化进程，需要在源-网-荷-储多环节发力，在技术进步、体制机制两个层面多措并举。

近年来，我国围绕智能电网和综合能源系统开展了一系列研究和示范，但智能电网的研究侧重电网侧和智能微网问题，综合能源系统的研究仅限于用户端小规模系统的能源转换综合利用。未来，有必要加强各能源子系统技术创新、能效提升、机制完善，构建以智能电网为主干、与信息系统融合、各类能源综合利用的新一代能源系统，在充分发挥各能源子系统技术进步的基础上，打破不同能源产业之间的壁垒，同时积极推动数字化、互联网与能源行业深度融合，促进各能源系统物理互联和信息交互，全面推动能源子系统的深度融合和协同规划。

在调研能源系统国内外现状和发展趋势的基础上，2015 年 9 月 23 日中国科学院第五届咨询评议工作委员会第十四次会议决定开展"我国新一代能源系统战略研究"咨询项目工作。由周孝信院士担任项目负责人，卢强、程时杰、王锡凡、贾承造、杜祥琬、余贻鑫、李立浧、韩英铎、金红光、徐建中、黄其励、郭剑波、邱爱慈、刘吉臻、陈维江、何雅玲、宋永华等 17 位院士，以及吴青华、李俊峰等海内外资深专家和研究人员共 50 余位专家参与，历时两年时间完成全部研究，并形成了一份总报告及七份专题报告。

项目总报告研究成果已于 2021 年出版（《新一代电力系统（上）》），对新一代能源系统的主要目标、形态特征和构成方案，运营模式、市场机制和重大技术需求进行了总体阐述，并提出了加快我国新一代能源系统发展的措施和建议。本书基于专题研究成果进行了重新梳理和丰富完善，根据项目完成以来国内外能源电力发展的现状及趋势，特别是2020年国家"双碳"目标提出后的新进展，对原报告的内容做了补充和更新，是对上册内容的补充支撑和延伸扩展。

全书分为六篇，共23章内容：第一篇（第1、2章）是国内外能源电力转型现状的总体介绍，包括世界典型国家绿色低碳能源战略和发展现状，以及我国可再生能源发展情况；第二篇（第3~7章）基于国内外电力、天然气、碳交易市场经验总结，探索了我国新一代能源系统的运营模式与市场机制问题；第三篇（第8~10章）聚焦源端地区可再生能源利用问题，围绕资源禀赋、供需格局、网架特征，探索源端大规模可再生能源电力传输、消纳及转化模式和技术需求；第四篇（第11~14章）聚焦受端地区能源综合利用问题，系统梳理了能源转化主要方式及现有综合能源系统架构，提出未来能源输送网络形态展望及技术政策建议；第五篇（第15~19章）针对可提供灵活性支撑的储能技术，探索了储能在高比例可再生能源电力系统中的应用需求及发展方向；第六篇（第20~23章）针对深度融合能源系统与网络信息系统的能源互联网技术，阐述了其发展驱动因素、技术路径和实践现状，提出推进能源互联网发展的政策建议。

本书汇集了咨询项目工作组成员、编写专家的辛勤付出，得到了其所在单位的大力支持，吸纳了同行专家学者提出的宝贵意见和建议，在此谨表示最衷心的感谢。此外还要特别感谢中国电机工程学会、中国电力科学研究院、清华大学、华南理工大学、华中科技大学、河海大学、广西大学、中国科学院学部工作局、科学出版社等单位，对咨询项目研究工作、咨询报告编撰与本书出版的大力支持。虽然本项目通过成立专题工作组集合了国内外领域内优秀专家，凝聚了国内外专家在本领域的最新成果和共识，在咨询报告和本书编写过程中也多次征求了各方面意见，但由于咨询报告形成距今已有四年多时间，本书编写工作组在这四年中也在不断滚动修正完善相关内容，但限于环境迁移性、认知局限性等，书中难免存在不足和疏漏，请广大读者予以谅解，并恳请读者提出宝贵意见和建议。

最后，希望本书对促进我国能源电力事业发展及科技进步发挥积极作用，为政府、行业制定相关政策提供有益参考。

作 者

2023年2月15日

目 录

前言

第一篇 国内外可再生能源和综合能源系统发展概况及趋势

第1章 世界发达经济体的绿色低碳能源战略及发展概况 ... 3
- 1.1 欧盟能源电力发展目标及计划 ... 3
  - 1.1.1 以碳减排目标引导能源变革 ... 3
  - 1.1.2 欧盟对能源资源危机的应对 ... 6
- 1.2 德国能源系统的变革 ... 6
  - 1.2.1 德国能源变革轨迹和成果 ... 6
  - 1.2.2 德国能源转型政策和市场改革 ... 7
  - 1.2.3 德国能源互联网系统的探索与创新 ... 10
  - 1.2.4 德国能源转型面临的挑战和应对 ... 12
- 1.3 丹麦风电发展及热能利用 ... 14
  - 1.3.1 丹麦能源系统发展概况 ... 14
  - 1.3.2 丹麦能源系统转型动力 ... 15
  - 1.3.3 丹麦风电及热能利用发展趋势 ... 19
- 1.4 英国综合能源系统 ... 20
  - 1.4.1 英国能源系统发展概况 ... 20
  - 1.4.2 英国能源系统转型动力 ... 21
  - 1.4.3 英国华威大学的综合能源系统 ... 22
  - 1.4.4 英国能源系统发展趋势 ... 23
- 1.5 美国能源系统的低碳发展 ... 23
  - 1.5.1 美国能源结构概况 ... 23
  - 1.5.2 美国能源系统转型动力 ... 25
  - 1.5.3 美国的综合能源系统 ... 26
- 1.6 主要国家和地区能源转型评述 ... 27

第2章 我国可再生能源发展概况及趋势 ... 29
- 2.1 概述 ... 29
- 2.2 可再生能源发展"十三五"规划的目标和主要指标 ... 31
- 2.3 我国大规模可再生能源的发展概况及趋势 ... 32
  - 2.3.1 水电 ... 32

  2.3.2 风电·········34
  2.3.3 太阳能·········34
  2.3.4 生物质能·········35
  2.3.5 地热能·········35
 2.4 我国分布式可再生能源发展概况及趋势·········36
  2.4.1 分布式天然气·········39
  2.4.2 分布式光伏·········39
 2.5 本章小结·········40

第二篇 新一代能源系统的运营模式和市场机制

第3章 国内外电力市场调研·········45
 3.1 国外电力市场情况·········45
  3.1.1 美国PJM市场·········45
  3.1.2 英国电力市场·········48
  3.1.3 电力市场存在的问题·········51
 3.2 我国电力市场情况·········54
  3.2.1 上一轮电力体制改革情况·········54
  3.2.2 新一轮电力体制改革情况·········55
  3.2.3 我国电力市场建设的成效·········62
 3.3 本章小结·········62

第4章 国内外天然气市场调研·········63
 4.1 国外天然气市场情况·········63
  4.1.1 美国天然气市场·········63
  4.1.2 澳大利亚天然气市场·········65
  4.1.3 天然气市场存在的问题·········67
 4.2 我国天然气市场情况·········69
 4.3 本章小结·········70

第5章 国内外碳交易市场调研·········71
 5.1 国外碳交易市场情况·········71
  5.1.1 欧盟碳排放交易市场·········71
  5.1.2 芝加哥气候交易所·········73
  5.1.3 碳交易市场存在的问题·········75
 5.2 我国碳交易市场情况·········76
 5.3 本章小结·········79

第6章 新一代能源系统的建设思路·········80

6.1	未来我国电力市场的建设思路	80
6.2	未来我国天然气市场的建设思路	81
6.3	未来我国碳交易市场的建设思路	82
6.4	本章小结	83

第7章 构建新一代能源市场的机制需求和政策建议

7.1	构建新一代能源市场的经济效益分析	84
7.2	构建新一代能源市场的关键机制需求	85
	7.2.1 迫切要求实现各种能量资源和手段定价的市场化	85
	7.2.2 迫切要求将系统运行的外部成本内部化	85
	7.2.3 迫切要求以激励相容的机制抑制市场风险	86
	7.2.4 迫切要求以市场的手段引导基础建设投资，提升能源系统的安全性	86
	7.2.5 迫切要求以市场机制引导可再生能源发电消纳	86
7.3	构建新一代能源市场的政策建议	87

第三篇 源端大规模可再生能源电力传输、消纳及转化技术

第8章 西部可再生能源发展情景和挑战

8.1	西部可再生能源资源禀赋及供应格局	91
8.2	西部非水可再生能源开发面临的挑战	92
8.3	本章小结	93

第9章 电力传输技术

9.1	西部送端电网组网边界条件	94
	9.1.1 未来电力流方向预想方案	94
	9.1.2 西部送端电网覆盖范围	94
9.2	我国未来西部电网可能模式	95
	9.2.1 西部电网构建的基本要求	95
	9.2.2 西部可再生能源电力传输的技术选择	95
	9.2.3 交流电网配合特高压直流点对点输电模式	97
	9.2.4 直流电网输电模式	97
9.3	西部电网输电模式技术经济性	99
9.4	西部电网输电模式关键技术需求	100
	9.4.1 交流电网配合特高压直流点对点输电模式技术需求	100
	9.4.2 直流电网输电模式技术需求	101
9.5	本章小结	103

第10章 西部可再生能源就地消纳技术

10.1	电能替代	104

10.2 能源电力综合利用 105
 10.2.1 西部能源电力综合利用现状 105
 10.2.2 西部能源电力综合利用发展趋势 108
10.3 电制云就地消纳 109
10.4 可再生能源就地转化 110
10.5 本章小结 110

第四篇 受端多能互补综合能源系统及其规划运行技术

第11章 受端系统的能源转换与利用方式 115
11.1 受端能源转换方式 115
11.2 受端能源的转换元件 115
 11.2.1 化学能—电能的转换 116
 11.2.2 机械能—电能的转换 117
 11.2.3 光能—电能/热能的转换 119
 11.2.4 储能装置 120
11.3 受端供能系统的典型终端负荷特性 124
 11.3.1 楼宇型 124
 11.3.2 区域型 127
 11.3.3 海岛型 129
 11.3.4 综合对比 130
11.4 本章小结 132

第12章 现有综合能源系统构架 133
12.1 典型综合能源系统类型 133
 12.1.1 燃气轮机冷热联供系统 133
 12.1.2 基于多能源互补的区域供热和区域供热供冷系统 134
 12.1.3 以太阳能综合利用为主的冷热电联供系统 136
 12.1.4 含多种能源的大型综合能源系统 136
 12.1.5 含电转气技术的大型综合能源系统 137
12.2 综合能源系统典型案例 138
 12.2.1 河北张家口可再生能源示范区 138
 12.2.2 国网客服中心北方园区局域综合能源互联网 139
 12.2.3 "南方电网生产科研综合基地"生态型示范建筑 142
 12.2.4 甘肃省国家新能源综合示范区 146
 12.2.5 陕西延长石油综合能源互联网示范工程 148
 12.2.6 三峡集团东湖燃机冷热电三联供项目 149
12.3 综合能源系统建模与优化 151

12.3.1　综合能源系统随机多目标优化 151
　　12.3.2　综合能源系统规划和运行决策 156
　　12.3.3　基于部分负荷特性的综合能源系统运行优化 156
12.4　本章小结 158

第13章　未来能源网络架构展望 159
13.1　未来能源系统的变化趋势 159
　　13.1.1　未来终端能源构成的走势 159
　　13.1.2　能源转换传输（供能）系统未来走势 159
13.2　未来能源网络的物理架构 160
13.3　本章小结 162

第14章　举措及相关政策建议 163
14.1　技术举措 163
14.2　政策举措 164

第五篇　储能技术在高比例可再生能源电力系统中的需求和应用

第15章　储能技术的特点、现状以及应用概况 167
15.1　储能技术分类及特点 167
15.2　不同的储能技术形式及其基本原理 167
15.3　不同类型储能技术的特点 171
15.4　储能技术的发展现状 175
　　15.4.1　不同类型兆瓦规模储能系统的特性 175
　　15.4.2　新兴储能材料 177
　　15.4.3　高性能的能量转换技术 179
15.5　储能技术在电力系统中的应用概况 180
15.6　新型储能工程实例 182
15.7　本章小结 185

第16章　未来电力系统对储能技术的总体需求 186
16.1　能源变革背景下未来电力系统的发展趋势以及所面临的挑战 186
16.2　未来电力系统对储能技术的总体需求 187
16.3　本章小结 189

第17章　储能在未来电力系统中的应用 190
17.1　平抑波动的储能配置 190
　　17.1.1　配置目标和基本原理 190
　　17.1.2　风电储能配置模型 191
　　17.1.3　配置计算结果 193

17.1.4 卧牛石风电场储能配置需求统计评估 194
17.2 区域电网储能配置以及经济性分析 197
　　17.2.1 储能规划模型 197
　　17.2.2 甘肃电网基本情况 199
　　17.2.3 储能开发潜力 199
　　17.2.4 储能规划计算及经济性分析 201
17.3 辅助可再生能源消纳的储能需求评估 202
　　17.3.1 跨区储能配置方法 203
　　17.3.2 单区域储能配置灵敏度分析 203
　　17.3.3 多种方式联合优化消纳可再生能源 206
17.4 本章小结 208

第18章 分布式储能在未来电力系统中的应用 210
18.1 储能在配电网中应用需求分析流程 210
18.2 储能需求分析数学模型 211
18.3 储能需求的经济性分析 211
18.4 应用实例分析 212
　　18.4.1 计算场景设置 212
　　18.4.2 金寨县配电网系统结构及计算参数说明 213
　　18.4.3 给定场景下配电网系统的储能需求评估结果 215
　　18.4.4 不同场景下配网系统对储能容量需求的对比评估分析 219
18.5 本章小结 225

第19章 储能/技术未来发展方向及路线图 227
19.1 储能技术的发展方向 227
19.2 我国储能容量发展预测 230
　　19.2.1 分项计算法 230
　　19.2.2 趋势外推法 234
19.3 储能综合发展技术路线图 236
19.4 本章小结 237

第六篇　能源互联网技术

第20章 能源互联网的驱动力与发展沿革 241
20.1 建设能源互联网是能源革命的重要内容 241
20.2 发展能源互联网的动因 244
20.3 能源互联网发展的国际经验 246
20.4 本章小结 248

目录

第21章 能源互联网的发展路径 ... 249
- 21.1 中国能源互联网发展路径 ... 249
- 21.2 推进方法 ... 250
  - 21.2.1 能源互联网发展指标体系 ... 250
  - 21.2.2 能源互联网发展政策体系 ... 253
  - 21.2.3 能源互联网技术标准体系 ... 257
- 21.3 本章小结 ... 259

第22章 能源互联网的实践与示范 ... 260
- 22.1 能源互联网示范项目现状 ... 260
- 22.2 示范项目推进中的五大主要问题 ... 262
- 22.3 能源互联网示范项目技术路线分析 ... 263
- 22.4 能源互联网示范项目基本建成案例 ... 267
  - 22.4.1 支持能源消费革命的城市-园区双级"互联网+"智慧能源示范项目 ... 267
  - 22.4.2 面向特大城市电网能源互联网示范项目 ... 271
  - 22.4.3 大规模源-网-荷友好互动系统示范工程 ... 276
- 22.5 本章小结 ... 283

第23章 能源互联网发展推进的政策建议 ... 284
- 23.1 现有能源互联网发展相关政策分析 ... 284
- 23.2 能源互联网示范项目政策需求分析 ... 285
  - 23.2.1 能源互联网示范项目政策需求汇总 ... 286
  - 23.2.2 能源互联网示范项目政策需求分类 ... 286
  - 23.2.3 能源互联网示范项目政策需求分区 ... 288
- 23.3 推进能源互联网发展政策建议 ... 289
  - 23.3.1 推进能源互联网发展的政策原则 ... 289
  - 23.3.2 推进能源互联网发展的政策建议 ... 289
  - 23.3.3 推进能源互联网发展的政策措施 ... 290
- 23.4 本章小结 ... 292

主要参考文献 ... 293

第一篇 国内外可再生能源和综合能源系统发展概况及趋势

第1章　世界发达经济体的绿色低碳能源战略及发展概况

气候变化是人类面临的重大而紧迫的全球性挑战。近年来尤其是进入21世纪后，随着温室气体浓度的不断增加，气候变化和日益频发的极端气候事件越来越多地威胁到人类的生存和健康。为应对气候变化这一人类最为重大和紧迫的问题，需要从根本上转变传统的生产生活方式和消费模式，推动转型和创新，走绿色、低碳、循环的发展道路。

2016年4月22日，171国(包括中国)领导人齐聚纽约联合国总部，共同签署《巴黎协定》，以应对气候变化挑战。《巴黎协定》为2020年后全球应对气候变化行动做出了安排，并就控制全球温度升高不超过2℃、并努力控制在1.5℃以下的目标达成共识。要实现这一目标，需要世界各国加大控制和减排温室气体的力度，到2050年全球要实现二氧化碳的近零排放。到2021年底，全球已有137个国家承诺2050年实现碳中和，包括发达国家及发展中国家。

2019年底欧盟发布《欧洲绿色新政》，承诺于2050年实现碳中和，并出台了关于能源方面的政策和措施路线图。美国众议院在2020年6月份发布的《气候危机行动计划》报告中提到要为全球控制温升1.5℃的目标努力，定下了2050年温室气体排放比2010年减少88%、二氧化碳净零排放的目标。英国通过修改《气候变化法》，把2050年碳中和纳入法律条款。

根据最新统计，全球碳排放总量最高的国家和经济实体前三名是中国、美国和欧盟。由于能源领域是碳排放的最主要来源(其次是交通运输、制造业与建筑业)，本章就选取在能源减排方面有显著成果的发达经济体，即欧盟(以德国、丹麦为例)和英国、美国为典型实例，分析和概述这些国家可再生能源和综合能源发展的思路、经验、政策及法规，产生的实际效果，以及发展趋势，为我国新一代能源系统建设提供参考。

1.1　欧盟能源电力发展目标及计划

1.1.1　以碳减排目标引导能源变革

低碳经济是欧盟制定的未来经济社会发展的重要战略方向。欧盟早在2011年就发布了《2050有竞争力的低碳经济路线图》，提出要在2050年实现在1990年基础上减少80%碳排放的长期目标。能源是社会和经济发展的基础和动力，能源转型将在欧盟实现低碳经济的进程中扮演关键角色，发展可再生能源及综合能源系统是欧盟实现能源转型的重要途径。

为实现2050年的长期减排目标，欧盟先后制定了一系列阶段性目标和计划。2009年，欧盟通过立法，颁布了《2020气候能源一揽子计划》，提出了欧盟的2020年气候能源发展目标，就是著名的"欧盟20-20-20能源政策"，包括温室气体排放在1990年的基准上至少减少20%；可再生清洁能源的消费为欧盟能源总产量的20%；能源效率比2020年的原定基准提高20%。

为了实现阶段性目标并最终实现2050年的长期目标，欧盟在《2050有竞争力的低碳经济路线图》中，明确了电力、房屋建筑、工业、交通运输、农业及建设工程等主要排放行业所需完成的减排量，由于清洁能源发电的大量接入及智能电网新技术的广泛应用，电力行业在各行业中具有最大的减排潜力。到2050年，电力行业基本可以实现零排放。此外，电力在交通运输及供热行业可取代部分化石燃料，因此在欧盟的低碳经济发展和能源转型中将扮演非常重要的角色。以智能电网为核心的能源系统将成为欧盟应对气候变化、推动经济进步、实现可持续发展的基础。

2011年12月欧盟又发布了《2050能源路线图》，明确提出，至2050年，电力在最终能源需求中的比例将加倍，达到36%～39%，电力将为轻型机动车提供近65%的能量。

为达到以上目标，到2030年，电力行业的低碳化水平应达到57%～65%；到2050年应达到96%～99%。欧盟为此在《2050能源路线图》中提出了一系列针对电力行业发展的计划。

1) 大量接入可再生能源发电

据欧盟预计，2050年风能、太阳能、海洋能等可再生能源将成为欧盟最主要的能源。因此，欧盟鼓励新技术的应用，以降低新能源接入的成本；同时鼓励建立新的政策及市场机制以支持新能源的大规模应用。

2) 发展天然气、碳捕获与储存技术

发展碳捕获与储存技术可以使天然气发电成为主要的低碳技术，具有重要意义。若缺少碳捕获与储存技术的支撑，则天然气发电只作为灵活备用电源，为电力系统提供辅助服务。

3) 继续发展核能发电

核能发电将降低系统成本和电价，因此仍然发挥重要的作用。欧盟将进一步完善核能安全框架，帮助各成员国确保核电的安全使用。

4) 发展储能技术

储能技术可有效应对新能源接入所带来的不稳定性问题。目前电力储能技术的成本相比燃气存储仍然较为昂贵，而传统的抽水蓄能受到地域限制。大规模发展高效及低成本的新型电力储能是智能电网中的一项重要技术。

5) 整合并运用局部能源

主动配电网是智能电网的核心，可以促进分布式发电、电动汽车、需求侧响应等技术的整合，从而促进智能电网的发展。

6) 创新电力管理和电力市场规则

由于新能源的大量接入，电力系统需要大量灵活资源以应对新能源发电的间歇性。此外，风电、太阳能发电的边际成本为零，当其大量接入电网时，将造成实时电价持续走低，影响所有发电公司尤其是灵活的备用发电机组的收益。因此需建立新的市场机制以确保所有灵活资源——如负荷需求侧、储能等——可以得到适当的回报。

7) 发展互联电网

发展互联电网可以应对局部新能源发电的不稳定性，从而减少所需的储能及备用容量。欧盟鼓励地中海国家将其所产的风能、太阳能输送给欧盟其他邻国，也将继续支持挪威、瑞典的互联，同时将关注俄罗斯、乌克兰的可再生能源如生物质能的发展。

8) 发展综合能源系统/能源互联网

通过热泵和热储能等技术，可再生能源发电可以用于供热和制冷，从而为低碳发展做出重要贡献。同时，电力也可以作为电动汽车的动力，实现交通行业的清洁能源替代。发展综合能源系统，用系统化、集成化和精细化的方法来分析、设计、运行和管理整个能源系统的能量生产、传输、存储和使用，可以极大提高整个能源系统的安全性、可靠性和可持续性，同时降低能源价格。

欧盟理事会在 2014 年 10 月布鲁塞尔的欧盟峰会通过决议，发布《2030 年气候与能源政策框架》，确认欧盟在 2030 年的气候能源发展目标，包括：温室气体排放在 1990 年基础上至少减少 40%；可再生清洁能源在能源消费中的占比不少于 27%；能源效率至少提高 27%。决议还提出完成内容部能源市场，各成员国之间电力互联互通 15%。

2021 年 6 月 30 日，欧盟正式通过首部《欧盟气候法案》，将在 1990 年基础上的 2030 年温室气体减排目标提升为 55%。

考虑到能源领域超过欧盟温室气体排放的 75%，可再生能源在能源消费中的比例的 2030 年标准也持续提升，从 2014 年制定的 27%，2018 年的 32%，2021 年的 40%，到 2022 年改成 45%。至于能源效率，除了定下原始能源的 39% 和最终能源的 36% 的标准，还要求成员国从 2024 年到 2030 年，每年节约的终端能源不少于 1.5%。

1.1.2 欧盟对能源资源危机的应对

众所周知，2022年初以来的国际局势对欧盟一些国家的能源资源供给产生较大影响。2022年5月18日，欧盟委员会提出REPowerEU计划，首先是节约能源减少消费，建议提高现有能效目标；其次是推进能源供应来源的多元化；再次是加快清洁能源发展以替代化石燃料，大力支持可再生氢能产业，并扩大生物甲烷，还要加快新能源项目审批进程；最后是智能投资，精选项目扩大投资，保证能源安全性，还要加速扩展电力，并强调储能的重要性。

应该说，欧盟是京都会议之后在应对气候变化的行动中一直起到引领和典范作用的最大国际实体。这些年来欧盟的相关政策和实践都很有参考和借鉴价值。

1.2 德国能源系统的变革

1.2.1 德国能源变革轨迹和成果

德国是世界第四、欧洲第一大经济体，其2020年电力消费总量位居欧盟首位，达4850亿kW·h。德国煤炭资源丰富，煤炭曾经有力支撑了19世纪德国第一次工业革命和第二次工业革命。自20世纪90年代起，德国开始推行能源转型政策。其中效果最为突出的是最初基于1991年的《可再生能源电力上网法》修改的2000年3月出台并经过多次更新的《可再生能源法》。

从1990到2020年的30年内，2020年德国的国内生产总值GDP增长了45.5%，而年度电力消费总量则基本不变，一次能源年度消费总量减少了21.6%，而温室气体排放总量降低了40.8%。这说明，国民经济的增长并不需要以能源消费和环境污染的增加为代价。德国电力能源结构转型明显，可再生能源在德国发电能源和一次能源消费中的占比逐年提高，而在这些占比里下降幅度最大的则是核能和煤炭，天然气则一直在增长。

图1-1和图1-2分别展示了2022年上半年（1～6月）可再生能源在发电（总量以及公用电量）和一次能源消费中的占比。22年过去，德国的可再生能源发电占总电量46%，其中风电23%、光伏发电11%、生物质能发电8%、水电3%。相比之下，化石能源比例分别是褐煤发电19%、无烟煤发电10%、天然气发电15%。目前，核电发电量占总发电量的16%。可再生能源已经在发电量上超过化石能源，占公用消费电量之比已经从2000年的6%提高到了2022年上半年的49%。

在2022年上半年的一次能源消费中，石油和天然气占比59%，煤炭占比19%，核能占比3%，可再生能源占比18%，和煤炭比例相近。

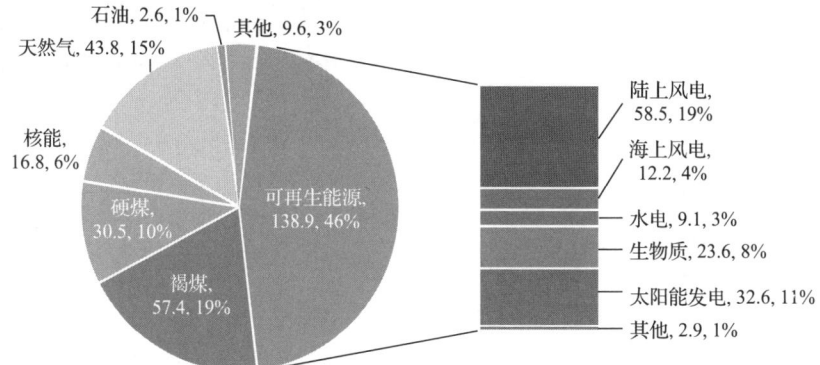

图 1-1 2022 年上半年德国发电总量结构(包括发电侧消费)(单位：TW·h)

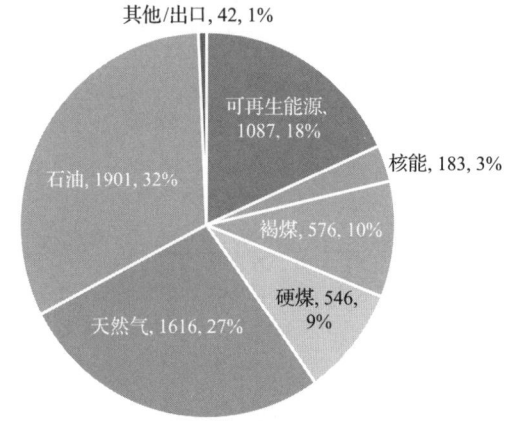

图 1-2 德国 2022 年上半年的一次能源消费结构(单位：千万亿 J)

德国这些年来在可再生能源的发展中取得的显著成功，首先基于政府制定的一系列政策和相关的市场变革，多方资源的灵活利用、综合性多元化的电力系统运行结构和先进的电力电子及数字技术也起了至关重要的作用。下面将分别介绍。

1.2.2 德国能源转型政策和市场改革

德国能源系统转型的推动力包括可再生能源法等一系列法案，以及相应市场机制和电力企业变革。

1.2.2.1 《可再生能源法》的持续修订

2000 年政府出台的《可再生能源法》(EEG 2000)是在 1991 年生效的《可再生能源电力上网法》基础上修改制定的[10]，引入优先原则和补偿机制，实施差异化、可长期执行和定期调整的固定电价政策，以附加费的形式向消费者征收补贴费用。此法案旨在通过对可再生能源上网电价的 20 年保证及上网优先权的规定，刺激投资者对可再生能源的建设。之后在 2003 年、2008 年、2011 年、2013 年和 2016 年、2020 年、2022 年先后 7 次修订，不断修正反馈，完善高比例新能源发展激励政策，在促进可再生能源发展的同时，推进其市场化，降低能源成本。2008 年的版本(EEG 2019)建立起基于发电量的固定上网电价调整，2013 年修订版(EEG 2014)首次提出针对光伏电站的招标制度试点，分阶段推动光伏市场化、调减并最终退出补贴，控制可再生能源附加费，也是要控制电价。2016 年修订的版本(EEG 2017)，不再以政府指定价格收购绿色电力，全面引入招标制度，以此保证消费者在市场价格承受能力的范围内，推进能源转型。2020 年的版本(EEG 2021)给出各类可再生能源的年度装机目标，要求 2050 年所有电力行业和用电侧实现碳中和。

在 2022 年 7 月 8 日最新通过的 EEG 2023 中，再次确认到 2030 年实现电力领域的可再生能源占比达到 80%的目标。本次法规还提出在德国国土面积的 2%装设陆上风电，并且特别要求到 2027 年，德国 13 个较大的州必须指定 1.4%的国土面积用于陆上风电。

1.2.2.2 发输配售分离的改革

1998 年，德国通过《电力市场开放规定》，开启电力市场改革，将原来由四大电力公司实行区域垄断的电力领域，改革为"发输配电各环节分开，售电领域完全分开"的电力市场，将原来垂直一体化的公司，分为发输配售电公司，逐步形成了新的市场格局。其中输电业务是有四家公司独立管理，监管严格。发电公司是"4+n"，垄断竞争市场，不过由于核电政策，集中度后来明显下降。法律规定所有用户都只能与独立的售电公司签约买电，售电公司与发电公司或电网公司签约买电并支付输配电公司输配电费。德国配电网络产权分散，竞争充分，有 800 多家公共或私营的配电网络公司，经营中压和低压电网。售电公司完全对社会放开，每个区域都有多个售电公司，一般经营利润低，用户可以自主选择。售电公司为了引导用户的消费，主要是在适当时段多消费可再生能源，也设立各种补贴，并通过互联网提供网络服务。德国有配售一体化的公司，也成立了大量的独立售电公司。德国政府后来出台的更加严格的信息和上报法规，使独立售电公司有了更多的发展空间。为了争取客户认可，创立了多种售电模式，包括用折扣和补贴套餐引导需求侧响应，鼓励消费绿电。德国的经验证明，是市场竞争激发企业的创新活力和更加关注用户需求，同时也推进了能源互联网技术的开发应用。

德国自从 2000 年实行《可再生能源法》以来，电价逐年上升，很大原因是政府通过向终端用户加征可再生能源税和网络费等来向风电场及光伏电站提供补贴。随着新能源产品和安装运营技术的进步和成本的逐渐降低，政府也在调整电价政策，以便减少百姓的支出负担。

1.2.2.3 现货市场电价调节机制

德国电力现货市场的出清价格调节机制也使常规发电源更有动力根据风光发电调节出力。电力现货市场的价格往往与当时清洁能源发电量的盈余程度成反比。按照可再生能源边际成本最低原则，一般情况下，可再生能源电力在电力系统中参与调度越多，电力市场的出清价格就会越低。这是因为，一方面，风光发电的边际成本在近几年已经低于煤炭和天然气发电，另一方面，欧洲电力现货市场体制机制是为边际成本为零的可再生能源消纳量身打造，当可再生能源出力高时，现货市场电价下降。电价下降也就意味着售电盈利减少，甚至出现负电价，各类常规资源就会尽可能压低出力。而风光出力不足，现货市场出清价上涨时，各类传统机组会尝试逐步拉高出力，受高电价的激励，而灵活性电源得益于其快速响应能力，会在秒级和分钟级别快速响应提高出力，达成较好的盈利。有鉴于此，建设灵活性电源的积极性和商业成熟度会大大增强，也对常规电源机组进行灵活性改造以降低最低出力，增升响应速度。目前的灵活性电源依然以传统的煤电和燃气发电机组为主，其中褐煤是德国较为丰富的煤炭资源，在功率调峰中也起到重要作用。图1-3是德国2020年9月的发电功率与实时电价的关联变化图。

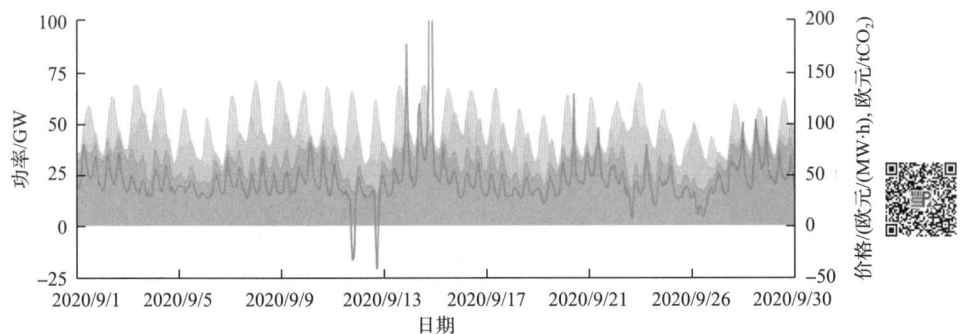

图1-3 德国发电功率随电价变化曲线（2020年9月）（彩图扫二维码）

图1-3中的蓝色曲线代表每日的电价（右y轴），黄色和绿色色块分别代表光伏、风电出力，浅棕色色块则是化石能源与核能（以下统称常规能源）的发电量。可以看出，九月虽然风电出力较小，但光照资源较为优越，因此电价曲线在一天内有非常明显的峰谷差，最高位和最低位现货市场出清价格平均相差20~30欧元/(MW·h)：正午光电出力最高时电价非常低，早晚风光发电都较弱时电价又会暴涨。燃煤、燃气机组的出力曲线因此与电价曲线的形状十分相似，而且能看出，电价曲线一般会略先于基础能源发电曲线，说明现货市场的价格变化有效激励了这些常规电源的灵活出力和调峰。2020年9月12~13日为周末，由于整体负荷较低，光伏出力又比较高，现货市场甚至还出现了负电价。这是可再生能源大发

情况下常出现的一种现象,意味着当常规电源压至最低出力仍不能消纳所有可再生能源发电后,电力公司会向用户支付一定的费用,让他们开启家中的电力设备以消耗多余的发电,以避免导致电网阻塞和重载超载现象发生。

1.2.3 德国能源互联网系统的探索与创新

众所周知,德国是"工业 4.0"的发源地(2012 年),就是利用信息物理系统(cyber-physical system,CPS)将生产中的供应、制造、销售信息数据化和智慧化,最后达到快速、有效、个人化的产品供应。"工业 4.0"的新概念,就是由传统的集中式控制向分散式控制的模式转变,从而建立一个高度灵活的个性化和数字化的产品与服务的生产模式。对于能源电力系统,分布式能源系统、物联网、能源互联网、微电网都是这种新理念的体现,也是未来工业发展的趋势。

在德国,由联邦政府经济和技术部与联邦环境、自然保护和核安全部 2007 年联合发起"E-Energy"的计划,探索能源网络发展的新路径并在现实中测试。本计划为期 5 年(2008~2013 年),投资 6 千万欧元,与 50 家工业界合作方建立的 6 个不同特色的示范区,促成了新的 ICT 产品、流程和服务的开发,这些产品、流程和服务有助于提高能源效率和供应安全,同时也有助于减缓气候变化。实践还表明,在能源和信息和通信技术工业之间的十字路口的新兴领域中,将出现新的专业,也可以为公司创造新的市场和商业模式,例如在直接销售小型装置生产的能源以及在促进能源消费的灵活性方面。"E-Energy"项目为加速德国的能源改革做出了重要的贡献。表 1-1 中展示了 E-Energy 计划中的主要示范项目。下面对该技术的其中 4 个项目作简要介绍。

表 1-1 德国 E-Energy 计划中的六个主要示范项目

E-Energy 试点	内容
eTelligence	基于互联网的区域能源市场
E-DeMa	智能互联的分布式能源社区
Meregio	基于实时电价的错峰用电模式
Monnheim	分布式水电公用平台
RegMod	整合虚拟电站,储能,可再生能源
SmartWatt	分布式电力交易平台

1)库克斯港 eTelligence 项目

库克斯港位于德国西北沿海,具有丰富的风力资源,项目区域内的风电项目众多。促进能源消费的灵活性方面。eTelligence 项目为区域内所有的能源生产商、分销商、消费者、服务供应商提供基于互联网的交易平台,通过互联网可以随时查询各种发电设施的实时输出情况和用电设施的实时能耗情况。在供需情况双向透明的基础上,实现能源交易和能源服务。例如,当风力发电出现剩余时,交易平台会提示区域内的某家游泳池或冷库,会人工或者自动利用多余电量启动,利用剩余的风电制热或者制冷。通过互联网平台实时发布电力供应与需求情况,以进行平衡。

2) 莱茵鲁尔地区 E-DeMa 项目

该项目是一个智能互联的分布式能源社区,社区里的每个家庭都同时是电力的生产者和消费者,利用分布式能源电站生产电力并在微网内销售。这个项目的核心在于通过"智能能源路由器"(光伏逆变器、家庭储能单元或智能电表的组合)来实现电力管理,既包括用电智能监控和需求响应,也包括调度分布式电力给电网或社区其他电力用户,可随时根据电厂发电和用户负荷情况,以最佳路径选择和分配电力传输路,传输电力。对于结构复杂的网络,使用能源路由器可以提高网络的整体效率,保障电网的安全稳定。

3) 卡尔斯鲁厄和斯图加特地区 Meregio 项目

Meregio 项目中的电源是以传统的火电为主,Meregio 项目通过区域内的用户家中的智能电表来收集用户的用电信息并发布及时电价,并鼓励居民错峰用电,来增加区域内的电能利用效率、减少传统化石能源的温室气体排放。

主要措施和效果如下。

在电价方面,引入红绿灯电价制度,在这种制度中红色表示高电价,黄色代表中等电价,绿色表示低电价。在最初的 3 个月内,用户看到电价由红色变为绿色了,会增加 25%~35%的用电;由黄色变成绿色了,会增加 10%~22%的用电。当 3 个月后用户渐渐逐渐下降并达到一个稳态,由红色变为绿色时会增加 7%~12%用电,黄色变为绿色时增加 4%~7%的用电。

在用户负荷曲线定制方面,智能电表把用户的实时负荷数据上传到 EnBW 数据中心,并建立每个家庭的负荷特征曲线,使电网运营商能更准确地去预测每一个点、每一个用户的负荷情况,进而计算出配电网的负荷情况,定位配电网薄弱环节,采用可视化技术进行展示。当用户用电行为反常时,用户会在个人账户中里收到智能提醒。

在设备改造方面,Meregio 项目在变电站中安装了可变变压器,根据低压网中馈入的可再生能源的电力情况来调整变压器,从而稳定中压网的电压水平。可变变压器的引入使分布式能源消纳能力提高了近一倍。

4) 哈茨地区 RegMod 项目

哈茨地区 RegMod 项目是"虚拟电厂"示范项目,因为该地区可再生能源供电的比例超过德国 2 倍左右。在哈茨地区,总人口约为 24 万人,风电资源较好。不仅风机在此处较为普遍,抽水蓄能、太阳能、沼气、生物质能、电动汽车等都成为电力供应的一部分。面积仅有 2104 平方公里的区域里，发电装机总量约为 200MW，此外有 6 家配电运营商、4 家电力零售商以及 1 家输电商。在哈茨地区的试验中，家庭用户安装了能源管理系统，被称为"双向能源管理系统"（简称 BEMI）。资料显示，用户安装的能源管理系统每 15min 储存用户用电数据，记录用户每天的用电习惯，并将这些数据通过网络传输到虚拟电厂的数据库中。此项目还采用了动态电价，设置了 9 个等级的奖惩制度。零售商将电价信息传送到市场交易平台，用户可以知晓某个时刻的电价等级以及电力来源。由于该系统可以通过无线控制来调控用电时间和用电量。就可以让用户根据电价的高低自助调整用电时段，一方面是通过互联网技术提高了综合能源使用效率，另一方面利用价格机制提高用户用电的自主性。

RegMod 项目的典型成果包含 3 个方面。

(1)开发设计了基于 Java 的开源软件平台 OGEMA，对外接的电气设备实行标准化的数据结构和设备服务，可独立于生产商支持建筑自动化和能效管理，实现负荷设备在信息传输方面的"即插即用"。

(2)虚拟电厂直接参与电力交易，丰富了配电网系统的调节控制手段，为分布式能源系统参与市场调节提供了参考。

(3)基于哈茨地区的水电和储能设备调节，很好地平抑了风机、光伏等功率输出的波动性和不稳定性，有效论证了对于可再生能源较为丰富的特区，100%的清洁能源供能是完全可能实现的。

1.2.4 德国能源转型面临的挑战和应对

在德国，近年来可再生能源发电量一直持续增长，核能和煤炭发电在电力领域的占比则按照碳中和计划在逐年减退，其中灵活的天然气发电在调节波动性大的风力和光伏发电中起到重要的作用。根据 2021 年统计，德国的燃气发电占总电发量 17%，当年德国 55%的天然气供应来自俄罗斯。由于国际局势变化，2022 年上半年德国天然气发电占比就下降到 15%，今后的不确定性在增长。在德国进一步发展可再生能源是能源安全的保障。至今为止，传统的化石能源（煤炭和天然气）依然是主要的调峰电源。问题在于在持续减少煤炭使用的政策下，如何有足够的灵活性资源来替代天然气的功能。

1.2.4.1 政府近期政策

为了应对能源危机，德国政府于 2022 年 7 月 8 日通过了一系列能源政策法案修订，包括对《可再生能源法》《海上风电法》《陆上风电法》《联邦自然保护法》《能源经济法》《替代电厂备用法》《能源安全法》等。这些近期政策行动的要点如下。

(1) 德国气候中和目标不变，将于 2045 年实现气候中和。尽管由于为了应对天然气短缺引起的供能(冬季供暖为主)危机而重新启用已经关闭的燃煤电厂，但是启用时间限制在 2024 年 3 月 31 日前，而且德国最迟于 2038 年实现退煤的目标不变。

(2) 进一步增加可再生能源产能，2030 年 80%的电力必须来自可再生能源，陆上风电用地为国土面积的 2%，为绿氢和屋顶光伏快速扩张提供新的激励措施。要加速电网建设，改进可再生能源并网。

(3) 提高能效，尤其需求侧能效。

(4) 发挥市场在能源分配和调度中的决定作用。

1.2.4.2 储能资源

德国储能设施以抽水蓄能和电池储能为主。

(1) 抽水蓄能：仍然是德国目前容量最大、经济性最好的储能设施。截至 2018 年底，德国抽水蓄能的装机容量为 6.8GW，有 31 个抽蓄电站，主要分布于德国中部和南部；除此之外，临近的卢森堡、瑞士和奥地利约 300 万 kW 的抽水蓄能电站也由德国电网管理。关于利用煤矿设施建设地下抽水蓄能电站的开发研究工作，也正在进程中。

(2) 电池储能：截至 2020 年底，德国家庭安装的电池储能系统已超过 30 万个，德国户用储能市场装机容量约为 2.3GW·h，近 70%的德国户用太阳能光伏项目都附带了电池储能。

(3) 户用热储能(热泵为主)：热泵在德国整体储能市场中占据了更高的份额。2019 年(17 亿欧元)、2020 年(24 亿欧元)以及 2021 年(约为 26 亿欧元)的营业额是电化学电池领域的两倍多。2020 年，德国安装了约 12 万台热泵，目标是到 2030 年安装 600 万台热泵。政府补贴是重要因素，今年推出的二氧化碳税也将成为驱动力。

1.2.4.3 天然气的替代资源拓展

关于天然气的临时替代，除了发展储能，德国也在进一步拓展资源，其中包括如下几方面。

(1) 德国多处有大容量的天然气储气库，可以储存 3 个多月的用气，除了平衡不同季节的天然气供暖需求差异外，还可以接受进口的液化天然气，处理后存储。

(2) 现有燃气发电量可以由延缓核电站退役和重启退役煤电临时替代。

(3) 天然气的一个重要功能是热力和供暖，而所有使用燃气锅炉的集中供暖系统都有带储油罐的燃油锅炉，可以随时启用供暖，工业界也一样。

(4) 可再生能源如风电、生物质能以及地热沼气可以供热和储存。

1.2.4.4 提高能效

能源效率是实现气候目标的关键因素,"能效第一"是德国能源和气候政策的指导原则。能源效率的提高既降低企业成本,增加企业竞争力,也使私人消费者节省家庭开支。提高能效也是重要的社会责任。

德国2019年底出台《2050年能源效率战略》,设定到2020年将一次能源消耗量降低20%,到2050年降低50%(基准年:2008年),为1990~2019年的年度一次能源消费总量轨迹和2020~2050年的目标。

总之,本次能源危机尽管带来较大的经济损失和生活影响,但是却会进一步促进德国以及欧洲可再生能源的可靠发展。

1.3 丹麦风电发展及热能利用

1.3.1 丹麦能源系统发展概况

丹麦是位于北欧的发达国家,国土面积4.2959万km^2,2019年人口583万人,国内生产总值3552亿美元。丹麦的主要能源为石油、天然气和可再生能源。2020年丹麦一次能源总产量为523118TJ,其中清洁能源产量292116TJ,占比达56.0%。清洁能源中,天然气产量115740TJ,占一次能源总产量的22%;可再生能源产量176376TJ,占一次能源总产量的34%。近年来丹麦的一次能源结构如图1-4所示。

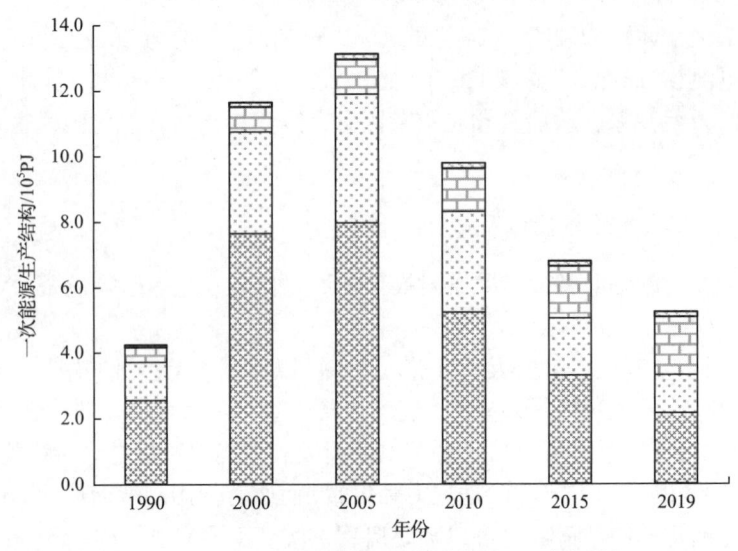

图1-4 1990~2019年丹麦一次能源生产结构

从图 1-4 中可以看出，自 1990 年以来，尽管丹麦的石油和天然气产量基本呈倒 V 字形变化，但其可再生能源的产量始终保持增长趋势。丹麦的主要可再生能源是生物质能(可再生废物、秸秆、木柴、木屑、生物柴油等)和风能，还包括少量的沼气和太阳能等。2019 年，丹麦生物质能产量 83636TJ，占其可再生能源产量的 47.42%；风能产量 58139TJ，占其可再生能源产量的 32.96%。近年来丹麦可再生能源的产量和结构如图 1-5 所示。

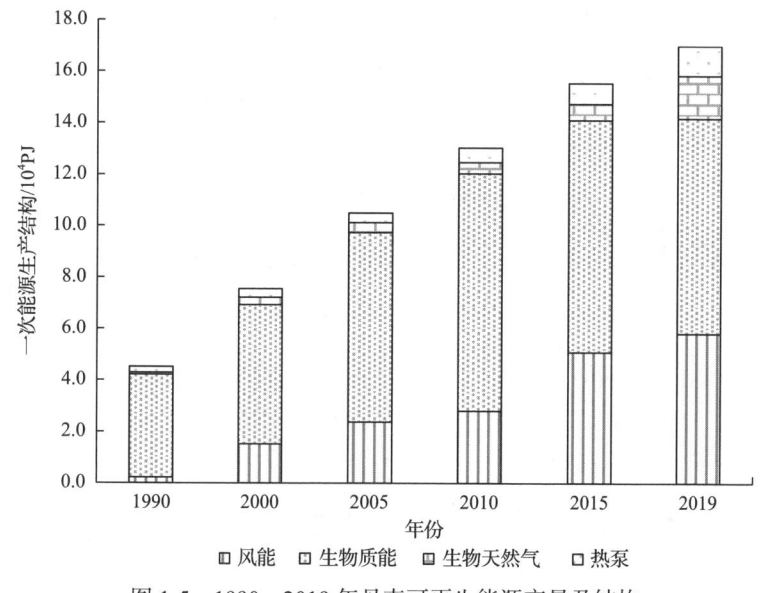

图 1-5　1990～2019 年丹麦可再生能源产量及结构

从图 1-5 中可以看出，丹麦的可再生能源产量自 1990 年以来基本呈逐年增长的趋势。同时，虽然生物质能一直是丹麦主要的可再生能源，但风力发电增长迅速：自 1990 年以来，丹麦的生物质能产量共增长了 110%，风力发电增长率高达 2546%。

丹麦的能源系统以 1970 年代的石油危机为分水岭，发生了深刻的变化，塑造了今日丹麦能源系统的格局。石油危机以前，丹麦高达 90%以上的能源需求依赖石油进口，能源电力设施以大容量机组为主；石油危机以后，丹麦积极推进能源结构转型，清洁能源和可再生能源迅速发展，能源自给率显著提高，能源电力设施也逐渐由集中式向分散式发展，1980～2019 年丹麦全部能源与石油自给率如图 1-6 所示。

1.3.2　丹麦能源系统转型动力

在丹麦的能源系统中，风力发电和供热系统具有鲜明的特色和国际领先的发

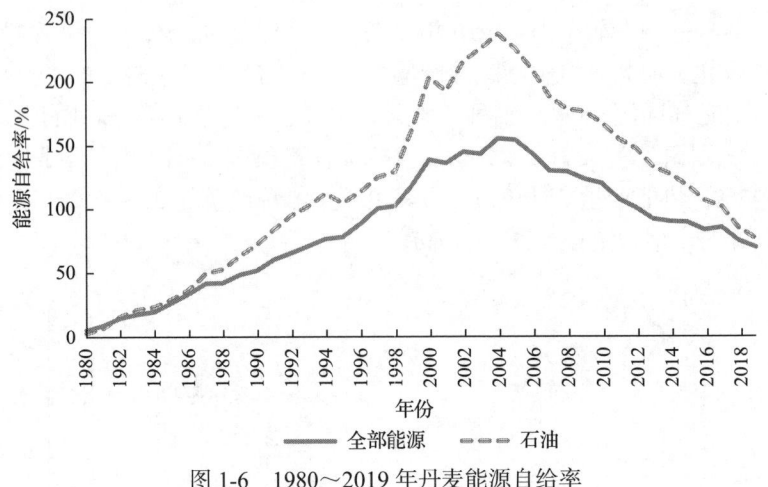

图 1-6 1980～2019 年丹麦能源自给率

展水平，下面详细介绍丹麦风力发电和热能利用的发展现状和趋势。

1.3.2.1 丹麦风电发展的动力

丹麦风电无论在装机容量和发电量，还是在装备制造和技术研发上均处于世界领先水平。截至 2019 年 12 月，丹麦的注册风力发电机共 6231 台，其中陆上风电 5673 台，装机容量 4402MW，海上风电 558 台，装机容量 1701MW，风电装机总容量 6103MW，年累积发电量 161.49 亿 kW·h。2019 年，丹麦风力发电装机容量占全国发电总装机容量的 46.8%，发电量占全国发电量的比例高达 40.6%。丹麦风电装机容量和发电量的发展情况分别如图 1-7 和图 1-8 所示。丹麦风电产业非常发达，截至 2019 年，丹麦共有超过 500 家风电相关企业，为丹麦创造了超过 33000 个就业岗位和 190 亿欧元的收入。

丹麦风电发展是政府、企业和社会共同参与的结果，在不同时期由不同的因素驱动。20 世纪 70 年代世界先后爆发两次石油危机，使对进口石油依赖度超过 90%的丹麦深受其害，丹麦政府随即分别于 1976 年和 1981 年推出第一个和第二个能源计划，重点提升能源安全，开始独立的石油和天然气生产，发展包括风电在内的可再生能源，实现能源的独立和多样化供给。20 世纪 90 年代开始，国际社会开始关注温室气体排放对全球变暖的影响，以化石燃料为主要能源的丹麦开始寻求能源结构的进一步升级，分别于 1990 年和 1996 年推出了第三个和第四个能源计划，着力提升能源利用效率和开发可再生能源。2012 年，丹麦政府提出了新的能源目标：2020 年，可再生能源发电量占总量的 50%以上，可再生能源占终端能源消费总量的比重超过 30%；到 2050 年，完全脱离化石燃料、100%依靠可再生能源。

第 1 章　世界发达经济体的绿色低碳能源战略及发展概况

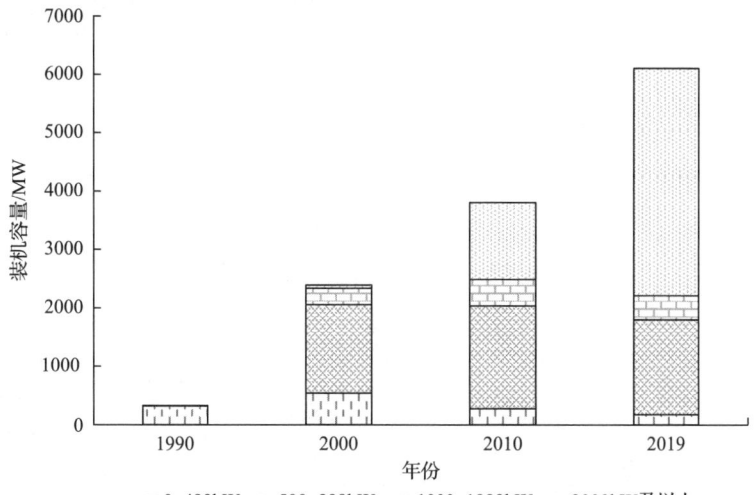

图 1-7　1990～2019 年丹麦风力发电装机容量发展情况

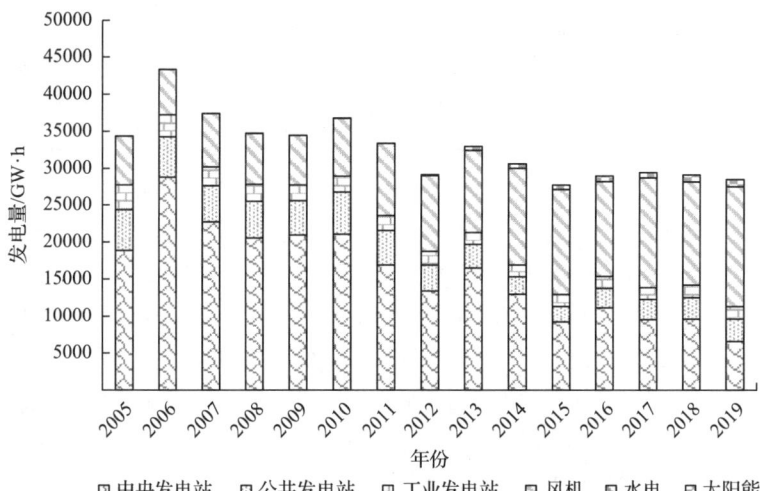

图 1-8　2005～2019 年丹麦风力发电量占全国总发电量的比重

实际数据表明，丹麦 2020 年全年总发电量 279.07 亿 kW·h，其中可再生能源全年发电量达到 175.5 亿 kW·h，占总量的 62.89%。2020 年丹麦风机装机总容量为 6311MW，风电在丹麦电力消费中占比达到 46%。

除了因为应对国际国内形势的变化连续推出国家能源计划、进行顶层设计，丹麦政府在不同时期还推出了一系列政策和经济措施激励风电产业的发展，主要包括：①税收政策方面，对化石燃料征收碳税，并用其进行针对风电产业的研发投资、成本补贴和税收返还；②实施可再生能源证书和可再生能源配额制度，鼓励和确保包括风电在内的可再生能源的消费比例；③鼓励企业和社会公众广泛参与到风电的研发、生产和应用中，公用事业的支持、私营企业的参与和社会公众的支持是丹麦风电产业蓬勃发展的重要基础和保障。

1.3.2.2 丹麦的热能发展驱动

丹麦地处寒冷的北欧，对热能有很大的需求。丹麦的热能供应主要来自四类机组：大型热电联产机组、小型热电联产机组、区域供热机组以及用户自发自用机组。2019年，各类机组的热能产量和占比如表1-2所示。

表1-2 2019年丹麦各类机组热能产量和占比

机组类型		机组数量/台	机组发电容量/MW	机组供热容量/(MJ/s)	热能供应份额/%
大型热电联产机组		23	4721	5949	33.0
小型热电联产机组		627	1863	2383	15.1
区域供热机组		1791	0	14404	27.3
用户自发自用机组	热电联产机组	267	616	1561	19.6
	供热机组	123	0	930	5.1
合计		2831	7201	25227	100

由表1-2可见，2019年，热电联产机组占丹麦热能总供应的67.7%，是丹麦热能生产的主要方式。相比单独供热或供电的生产方式，热电联产机组能够节省20%~40%的燃料消耗，极大地提高了能源利用效率。与此同时，热电联产使生物燃料、可再生废物等许多过去难以利用的燃料得以很好地利用，促进了丹麦能源结构的多样化转型。2019年丹麦热能供应的一次能源结构如图1-9所示，可以看出天然气、可再生废物、生物质能等清洁能源在其中占了很大的比重。

除了热电联产，区域集中供热是丹麦热能利用的另一大特点。丹麦的区域集中供热可以按规模和主要热源分为两类：热源多样化的大型区域集中供热和以天然气热电联产机组为主的小型分散式区域供热。丹麦的供热区域一般由通过长输管网相连的众多局部输配管网构成，覆盖了丹麦全境的主要地区，丹麦热能的能源结构非常多样化。

丹麦的区域集中供热始建于20世纪初，主要成型于1980年受石油危机推动而出台的国家供热规划。该规划指定了适合区域集中供热的地区，并在指定区域内实施垄断经营，地方政府、区域供热公司、电力公司和消费者共同参与其中，寻求成本最低的供热方式，同时最大程度地维护消费者的利益。此外，丹麦政府在战略规划、立法监管、经济鼓励等方面多管齐下，促进了区域集中供热的形成和发展。

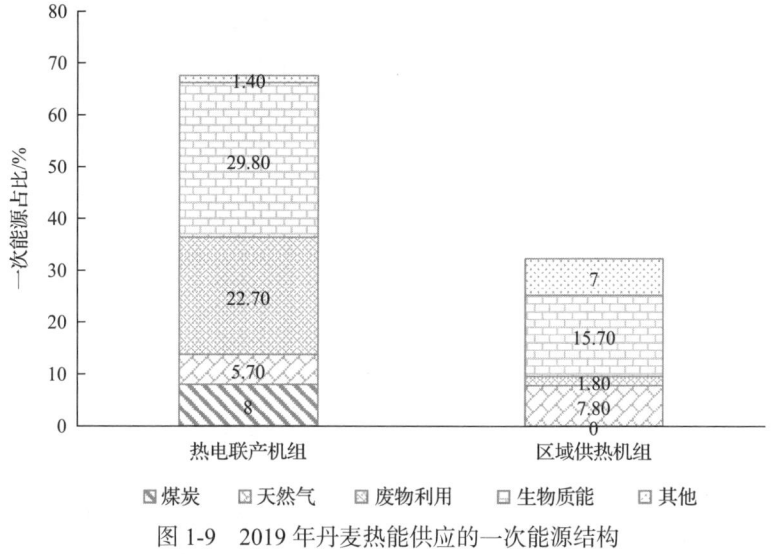

图 1-9　2019 年丹麦热能供应的一次能源结构

1.3.3　丹麦风电及热能利用发展趋势

截止到 2020 年，丹麦风机装机总容量为 6311MW，风电占丹麦电力消费的比例达到 46%；根据丹麦政府的规划，到 2030 年，可再生能源将足以覆盖丹麦所有的电力消费，到 2050 年，要实现完全脱离化石燃料、100%依靠可再生能源的发展目标。丹麦的风电发展和热能利用对实现这一目标具有重要的支撑作用。为实现如此高比例风电的建设和消纳，丹麦在如下几个方面采取了积极措施。

(1) 大力发展海上风电，着力改善投标环境。海上风电体量大、投资大、项目复杂，丹麦能源署计划采取四个措施吸引更多的利益相关方参与竞标：第一，提供公开透明的海上风电规划过程和完备的环境评估手续；第二，确保海上风电的及时接入及所发电力的贩售；第三，海上风电享有固定的收购价格；第四，提供手续审批的"一站式"服务，所有政府相关手续由能源署统一协调，投标者只需与能源署进行对接即可。

(2) 增强需求侧灵活性，新建跨国联络线路。为应对高比例风电接入对电网的影响，丹麦电网运营商 Energinet 和荷兰公司合作，2016 年启动并于 2019 年建成一条连接荷兰和丹麦电力系统的 320kV 和 700MW 的 350km 长的海底直流电缆（COBRAcable）。丹麦也与英国国家电网合作，新建一条 760km 和 1.4GW 的 400kV 高压直流电缆，计划 2023 年底以前投运。此外，研究和采用新的市场模式，调动需求侧尤其是电热泵和电动汽车的响应潜力，也是政府的重要目标之一。

(3) 加强民众的参与和沟通，降低大型风电项目的政治风险。在丹麦，随着陆上风电项目规模的扩大，越来越多的风电项目开始由非本地人运营，从而带来了地方阻力和政治风险。传统在项目后期才召开听证会的做法常常使项目在后期因民众的反对而突然中止，带来严重的经济损失。因此，丹麦成立了风力发电特别工作小组，并设立了四个相关基金，增进当地民众对陆上风电项目的理解和支持，在项目初期就让他们参与进来，从而减少项目风险，推进项目的顺利进行。

推动电气化是丹麦未来能源系统发展的重要方向，也是未来丹麦供热系统发展的重要方向。2020年丹麦电力消费占能源总消费的比重为29.5%，具有相当的上升空间。实现能源需求的电能替代，尤其是具有灵活性的供热需求的电能替代，对丹麦进一步消纳包括风电在内的各种可再生能源具有重要的意义。

1.4 英国综合能源系统

1.4.1 英国能源系统发展概况

英国的居民、商业和工业部门的能源需求主要由电力和天然气供应，英国的主要能源网络是电力和天然气系统。天然气系统和电力网络非常相似，将能源从远方的供能基地传输到负荷中心。

根据燃料来源划分，英国所发电量的组成可以用图 1-10 表示。英国电力供应主要由天然气、煤、核电及新能源组成。2021 年总发电量为 3163.1 亿 kW·h，其中可再生能源发电量所占比例达到 25.85%，天然气发电站 (combined cycle gas turbine stations, CCGT) 发电占 37.55%，煤电维持在 2% 以下，核能发电约占 13.17%。

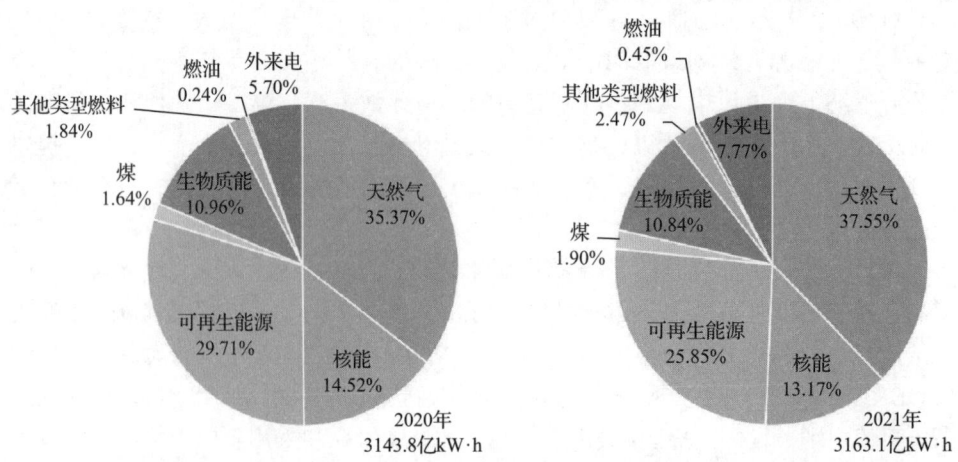

图 1-10　2020 年与 2021 年英国发电量中不同类型燃料的占比组成

电力和天然气的紧密结合是英国能源供应系统的一个重要特点。由于政治、经济和技术方面的原因，CCGT 的装机容量在英国的总装机容量中的比例不断增加(从 1990 年的 5%,到 2011 年的 36%,以及 2014 年开始一直在 40%左右波动)。电力需求的峰荷一般由天然气发电满足,因而天然气价格影响着电价。因此在英国,电力和天然气从经济、技术等角度密切相关。图 1-11 展示了从 2021 年以来英国天然气价格与电价的变化趋势。

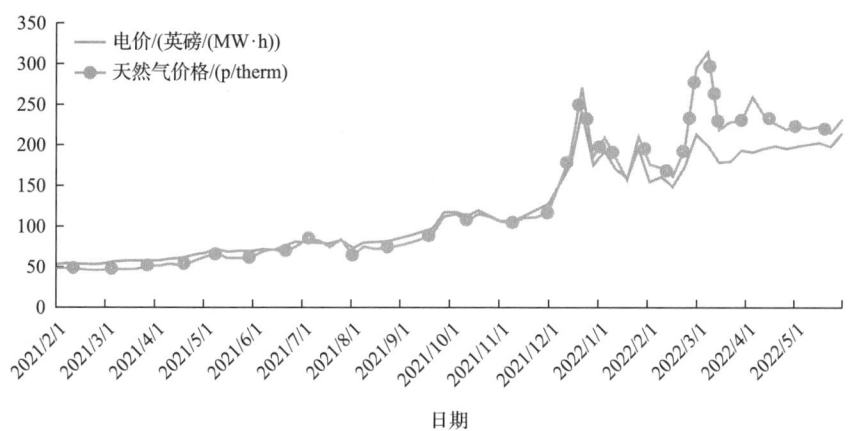

图 1-11　2021 年以来英国电价与天然气价格变化趋势

1.4.2　英国能源系统转型动力

受气候变化、能源基础设施老化和化石燃料价格上涨的影响,英国的能源系统正在经历转型。这种转型对现有电力和天然气网络产生重大影响,并导致新的能源系统的广泛应用,如区域供热和制冷,以及新的供氢基础设施等。这种转型将创造一个更加分布式的多能源系统,其中分布式能源生产在能源供应中将发挥更大的作用。

综合能源系统在英国的快速发展源于一系列驱动力。

(1)英国政府面临巨大的节能增效、减排、使用可再生能源的压力,从而积极寻求系统层面的解决方案,从而推动了综合能源系统快速发展。

(2)网络运行关联性日益升高。英国电力系统的装机容量约 34%来自于燃气发电,2021 年风电装机达 25GW,英国国家电网将主要使用燃气发电来平衡间歇性的风电。但研究表明这会使电力系统的极强不确定性蔓延到天然气系统,导致天然气系统的运行问题。只有使用集成的分析才能了解、量化和优化两个系统间的互动。

(3)能源基础设施的升级换代。英国的能源基础设施大部分建于第二次世界大战后,在 20 世纪七八十年代有过一次大规模的升级和更新,目前很多设施处于寿命末期,亟须升级换代。综合能源系统可以为能源基础设施的高效率、低费用升级换代提供强大支持。

(4) 提高企业竞争力。英国能源企业面临着激烈的竞争，降低企业运行费用、提升企业盈利是提高企业竞争力的关键。诸多能源企业正在积极探索综合能源系统可能带来的收益。

(5) 政府和企业创新动力。英国政府和企业将创新作为国家和企业发展的基石，制定了很多政策和措施来鼓励企业创新。以威尔士和西部燃气公司(Wales&West Utilities)为例，政府要求该公司每年需要支付 0.5% 的年净利润用于资助创新项目(Network Innovation Allowance)。各个能源公司需要战略性地选择重点研究课题进行投资，其中综合能源系统成为企业重点资助的领域之一。

(6) 新型能源市场和灵活的能量交易。英国的电力市场发展一直处于国际领先地位。随着能源系统的快速发展，英国积极研究和应用新型的能源市场，商业模型和能量交易手段。作为商业运作的物理基础，综合能源系统的研究得到了大力推动。

英国作为一个岛国，和欧洲大陆的电力和燃气网络仅通过相对小容量的高压直流线路和燃气管道相连。英国政府和企业长期以来一直致力于建立一个安全和可持续发展的能源系统。除了国家层面的集成的电力/燃气系统，社区层面的分布式综合能源系统的研究和应用在英国也得到了巨大的支持。例如英国的能源与气候变化部(Department of Energy and Climate Change, DECC)和英国的创新代理机构——创新英国(Innovate UK，以前称为 TSB)和企业合作资助了大量区域综合能源系统的研究和应用。2015 年 4 月创新英国在伯明翰成立"能源系统弹射器"(Energy Systems Catapult)，每年投入 3 千万英镑，用于支持英国的企业重点研究和开发综合能源系统。

此外，英国支持成立新型的能源服务公司。这些公司直接面向用户或增量能源网络市场(新开发的区域里建立新的能源基础设施)，业务往往包含多种能源。以 Brookfield Utilities UK 集团为例，其包含 GTC、Metropolitan、Power On 和 Exoteric 四个子公司，扮演着独立配电运营商和新型的能源服务公司双重角色。这些公司分工协作。在能源生产方面，负责设计、安装分布式供能设备，运行和管理能源生产中心，同时监控二氧化碳和污染的排放；在供能网络方面，单一公司负责设计、安装、管理并拥有所有供能网络，所涉及的网络包括供电、供气、供热、供冷、供水、废水以及光纤，同时负责网络的战略投资以及用户的接入；系统互联方面，负责与上游网络的互联及费用谈判，以及下游用户侧的互联，尤其是分布式能源的集成。这类能源服务公司的大量涌现，撼动了传统能源公司的垄断地位，大力推动了综合能源系统的发展。

1.4.3 英国华威大学的综合能源系统

英国华威大学的园区级综合能源系统，主要包括燃气热电联产机组，燃气锅炉，电制冷设备和热驱动吸收式制冷机，将电力、区域供暖和区域供冷网络集成在一起。

当可再生能源发电突然增加或电力负荷急剧下降的情况下，天然气热电联产机组减少其发电输出，同时启动电制冷设备以增加电力负载。与之相似，在主电网供电期间，燃气热电联产机组会快速增加发电，并将同时启动热驱动吸收式制冷机以替代电制冷设备，从而减少电力负荷。可见，通过综合能源系统可以实现各能源系统的协同优化运行，从而减少碳排放和降低运行成本。

1.4.4 英国能源系统发展趋势

为确保2050年实现碳中和宏伟目标的实现，英国计划率先从电力行业实现温室气体的净零排放。截至2021年，美国电力行业的温室气体约占总温室气体排放量的11%，预计到2035年，英国将实现电力行业的净零排放目标。预计未来低碳电力系统将主要依靠可再生能源、核动力发电以及应用碳捕获和储存(carbon capture and storage，CCS)设施的化石燃料发电以及储能装置；随着供热和交通的电气化电力需求会增加(估计30%～60%)，电力供需平衡需要更加智能、更加灵活的能源系统。发展高度集成的综合能源系统，整合供电/供气/供暖/供冷/其他供能，实现多能互补，是未来的发展趋势。

1.5 美国能源系统的低碳发展

美国长期以来是世界GDP第一和能源消费最高的国家(1894年开始)，只是到了2010年美国的能源消费总量才被中国超过而降为世界第二，但GDP则仍然保持世界最高。根据权威机构BP公司的统计，美国2021年GDP为22.996万亿美元，能源领域的碳排放总量为4701.1百万t，而能源消费总量92.97EJ。从2022年《BP世界能源统计年鉴》能源数据看，美国从2011年以来的GDP持续增长，而能源领域的年均碳排放总量则一直在持续下降。2021年美国的GDP是中国的130%，能源消费总量仅为中国的59%，美国单位GDP的能效比中国高出55%，同时能源领域的CO_2排放总量为中国的45%；但是按照现有人口，美国3.315亿人口的年度人均CO_2排放为14.18t，而中国14.126亿人口的人均排放是7.45t，美国平均每个公民对世界碳排放贡献是中国公民的1.9倍。美国的碳排放大幅减少，除了可再生能源的增长，也依赖于近年来能源消费的持续减少。

1.5.1 美国能源结构概况

1.5.1.1 美国的能源消费结构

随着美国经济的快速发展，能源消费总量多年来持续增长。据美国能源信息署（U.S. Energy Information Administration）的统计，1950～2021年的美国年能源消费量基本呈增长趋势，不过从2004年开始增长明显减缓，2018年开始下降，2020年的明显下降和疫情有关，2021年又开始回升，幅度有限，并没有超过疫情前的2019年。

目前石油、煤炭及天然气等化石能源仍是美国主要的能源供给形式，可再生能源的消费占比只有12%。美国2021年的一次能源消费分类占比统计显示，主要能源消费源自石油和天然气。

美国是一个能源资源丰富的国家，包括煤炭、石油和天然气。1986年之前，美国能够通过国内生产大致满足其对天然气的需求。在随后的20年里，美国对天然气的需求超过本地产量，其缺口主要通过从加拿大管道运输进口来填补。到了2006年，随着水力压裂技术的广泛使用，页岩气的开采大大提高了美国天然气的产量。2019年美国天然气产量（干气）达到创纪录的961.92万亿升或26351.66亿升/天。自2017年以来，美国每年的干气产量在量和热量上都超过了美国的年天然气消费量。自从2019年起，美国国内能源产量超过了美国的能源消费量。

1.5.1.2 美国的电力结构

美国电力体制的改革基本上始于1978年，主要是打破一体化，通过自由市场竞争降低成本，方式是放开发电和配售电端管制，实现自由竞争，除了输电端。改革后，过去垂直垄断的电力公司纷纷重组为发、输、配、售电等公司，美国有3000多家电力企业，私营企业为主。

美国目前有三大联合电网，电力供应覆盖本土48个州，分别是东部电网，西部电网和得克萨斯州电网，基本上自给自足，各自独立运作，相互之间主要是直流输电互联。分别占美国售电量的73%、19%和8%。三大电网各有特点：东部电网以煤炭发电为主力，煤电占装机容量的31%，发电量的36%。西部电网则是水电为主，燃气联合循环和煤电辅助，可再生能源发电蓬勃发展。得克萨斯州的电网则主要是天然气发电。美国的东西部联网也与加拿大的电网相连。互连的网络结构通过提供多条功率输送路径并允许发电机向多个负载中心供电，有助于维持电网的可靠性。化石燃料仍是美国发电的主要能源。

到2020年，天然气是美国最大的发电来源，约占美国发电量的40%。当前，美国的天然气发电既是电力系统的第一主力电源也是最主要的调峰资源。电力公司通常利用液化天然气来增加功率输出，以满足需求高峰。这种情况通常发生在冬季和夏季，这时异常寒冷或高温会导致电力需求激增。带有液化功能的调峰设施能够直接从管道中提取天然气，将其液化，并储存起来供以后使用。没有液化功能的调峰设施则必须依靠液化天然气罐车来为其液化天然气储罐加油。

1.5.2 美国能源系统转型动力

1.5.2.1 联邦政府层面的低碳目标与政策

从 20 世纪 70 年代起，美国多次出台能源与减排相关法案，逐渐形成完整的碳减排政策体系。美国在奥巴马总统执政时期就高度重视气候变化问题，2009 年通过《美国清洁能源与安全法案》，突出提高能效，设立碳交易市场机制，支持发展新能源、电动汽车；2013 年 6 月发表了《应对气候变化国家行动计划》，重申了 2020 年实现温室气体减排 17%的目标（以 2005 年为基础），2015 年推出《清洁电力计划》，确立 2030 年之前将发电厂的二氧化碳排放量在 2005 年水平上削减至少 30%。尽管美国在特朗普总统执政期间于 2020 年正式退出 2015 年的《巴黎协定》，但是拜登总统就任后于 2021 年重新加入《巴黎协定》，并承诺到 2030 年末，美国温室气体排放量在 2005 年的基础上减少 50%；到 2035 年，美国将通过可再生能源过渡实现无碳发电，到 2050 年美国将实现碳中和。

美国能源系统转型不仅仅来自于美国联邦政府承诺的气候目标，还来源于一系列来自于联邦政府、州政府推广的低碳政策以及低碳技术的发展等。此外，美国环保部和能源部总是在网站随时发布各个州和整个国家的温室气体排放数据，并且按照领域和类别分类，如图 1-12 所示，可以明显看出，在列出的各类温室气体排放占比中，二氧化碳的占比超过 75%，而电力领域二氧化碳排放则占到了 31%。

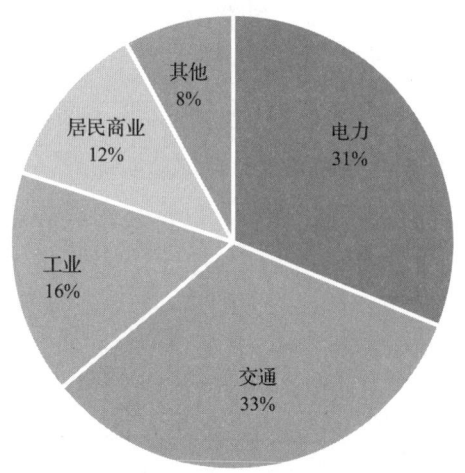

图 1-12　2020 年美国能源领域碳排放来源占比

1.5.2.2 加州政府的低碳政策和市场举措

由于美国各州的政策自主权和自由度较高，各州的能源转型的推动依靠内生动力。以加州为代表的州政府推动低碳发展可称之为美国新能源转型的标杆。为应对气候变化,加州政府在2006年通过了AB32法案,要求2020年的温室气体排放量降低到1990年的水平,到2050年实现温室气体比1990年减少80%。2018年加州再次颁发法案计划2030年实现60%的能源供应来自于清洁能源,在2045年实现完全的清洁能源化。

加州碳交易市场在2012年正式启动。该碳市场包含了6种温室气体(二氧化碳、甲烷、一氧化二氮等)及全州85%的温室气体总排放,并将年排放量超过25000t二氧化碳当量的排放主体纳入其中,通过免费发放与拍卖相结合的方式来分配碳配额。并将拍卖所得收益用于低碳科技产品的发展和帮助受气候变化影响较大的低收入社区。加州碳市场采取了设定碳价上限和下限来提高市场的稳定性。通过价格限定来缩小碳价波动的空间,既可以避免碳价过低导致市场低迷,也可以防止碳价过高干扰宏观经济发展。加州碳市场的立法先行确保长期政策信号,不仅减少了加州地区的温室气体排放量,而且还激发了清洁技术的创新和投资,创造出更多的工作岗位。

1.5.3　美国的综合能源系统

1.5.3.1　综合能源系统的分类

综合能源系统可分为跨区级综合能源系统、区域综合能源系统和终端综合能源系统三类。

随着越来越多的分布式供能系统在楼宇侧集成,形成了以楼宇为主体的终端综合能源系统,为楼宇供能提供了多种低碳解决方案。斯坦福大学加州校区的综合能源系统就提供了很好的范例。

1.5.3.2　斯坦福大学的创新能源系统

斯坦福大学校园的面积有8080英亩,也就是32.7km^{2}的面积,校园内各类建筑超过1000座。在改造前的斯坦福校园能源供应系统,是传统的热电一体化。能源中心的CHP使用天然气生产满足校园的绝大部分能源消费,包括电、热、冷。冷却水系统从建筑中收集了多余的热量传送给中央能源设施后,被通过蒸发冷却水塔丢弃到大气中。使用原有能源系统的斯坦福大学,大约89%的温室气体排放来自这个能源系统。此外,整个排放蒸汽和水汽的传输过程中要消耗大约25%的饮用水供应。

2012年,学校启动了"斯坦福能源系统创新(Stanford energy system innovations,SESI)"项目,用全电力的冷热电联供系统(combined cooling, heating and power,CCHP)替代之前的校园热电联产(combined heat and power,CHP)工厂和相关系统,总投资达4.85亿美元。项目内容包括如下内容。

(1) 安装一套新的电力为动力的集中能源设施，可以回收热能，替代原来的热电系统。

(2) 安装 20mi(1mi=1.61km) 热水分配管道以取代蒸汽配送管线。

(3) 将 155 个建筑内的蒸汽系统转换为热水系统。

(4) 安装一个新的连接校园和外部电网的高压降压变电站(60~12kV)。

(5) 建设 70MW 的光伏电站。

该项目已于 2015 年基本完成，第一个 70MW 光伏电站在 2016 年投入运行。这是一套全部以电为动力的能源系统，电力来自电网输入和内部屋顶光伏发电。校园里的各个建筑物都有柴油发电机组作为应急电源，以备突发灾害事故时满足供电和温度调节的需求。

该项目的主要创新是供热系统采用了电热泵和太阳能热水，使用了制冷系统出口冷却气热回收进入供热系统再利用，并将校园热分配系统由蒸汽转化为热水。这也是得益于斯坦福大学的多种研究和实验设施以及体育场所的负荷需求不同，使校园内的供热和制冷需求实时重叠，为热的回收再利用提供了机会。在新的校园能源系统里，制冷系统的 70% 余热将被再利用以满足 88% 的校园供热负荷。

使用 SESI 系统后，斯坦福大学电力的供给主要来自校外的 70MW 光伏电站和校内的总计 5MW 的屋顶光伏发电，占比 53%，其余来自电网，占比 47%。考虑加州电网电能传输中的可再生能源占比，从电网输入的传统能源的电力(天然气为主)在校园电力消费的占比为 35%。

该系统投入运行后，与 2011 年相比，减少了 68% 的校园温室气体排放，而且节约了 18% 的校园饮用水。这样的 100% 电力化的能源系统效率高而且对用户安全可靠，是未来的能源消费系统的重要方向。根据统计，项目的投资成本将在 40 年内通过收益全部抵消。

本系统还在更新，预计在 2022 年年底前第二个光伏电站将接入运行，斯坦福大学能源消费的温室气体排放相比 2011 年将减少接近 80%。

1.6 主要国家和地区能源转型评述

本章介绍了 20 世纪 90 年代至 21 世纪初起，世界发达经济体陆续开始能源转型以来的能源战略及发展概况，并选取了欧盟、德国、丹麦和美国作为典型。

欧盟作为欧洲最大的政治经济共同体，很早就在主要成员国的共识基础上通过立法，将气候变化目标与能源发展紧密结合，并颁布一系列低碳经济发展的政策和路线进行导向，不仅推动了欧洲能源转型的成功，也对全球能源变革起到引领作用。

德国以新能源为主的能源变革一直发展顺利，得益于政府提供的多种经济政策和灵活的电价调节机制和售电模式，对于电力行业实行的发输配售分离的改革，是由传统的集中式控制向分散性控制转变，符合新能源的分布式多元化特性。德国的能源互联网技术则对此提供了有力的技术支撑，实现了能源信息的实时分享，在供需双向透明的基础上实现能源交易，激活交易各方对于低碳减排的主动参与。

丹麦的特点是很好地利用由植物秸秆、垃圾、藻类等生物质能源来替代传统化石能源，以热电联产方式用于需求高的供热并供电，大大提高能源效率。丹麦的风电尤其是海上风电发展迅速，和周边国家互联以平衡需求，因此利用率比例高，其电力设施也是由集中式向分散式发展，对于推动电气化，尤其是对于灵活供热的电力替代也起到积极作用。

英国在综合能源系统的技术与管理上都比较成功，应用多能互补来高效满足用户的电力和供冷供热等多方需求。政府除了为能源技术开发提供资助，还支持成立大量新型能源服务公司，包括提供能源和集成、管理配电和用户服务等，并承担监控温室气体排放的责任。英国积极研究和经营新型的能源市场、商业模型和能量交易手段，鼓励多方市场竞争，并且大力支持不同层面（包括社区）的综合能源供应系统。

美国能源领域的低碳发展，首先是靠联邦政府和各个州政府制定的一系列的应对气候变化的政策法规推动，明确以最终实现的碳减排量为目标。美国的能源工业管理结构经过变革后实现了分散化和多元化，更有利于市场竞争，并且推动企业的技术创新。政府相关部门在减排领域的信息的高度透明开放，是市场规则的保障，对于各个州的减排行动也是很有效推动。除了发展新能源的技术，提高消费侧能效和能源回收再利用的技术对于美国低碳减排成效也起到重要作用。

第2章 我国可再生能源发展概况及趋势

2.1 概 述

从2011年到2020年,在国家能源战略与政策的引领下,我国可再生能源开发利用增量明显。"十二五"(2011~2015年)规划期间,我国可再生能源电力建设步伐不断加快。2016年3月17日《中华人民共和国国民经济和社会发展第十三个五年规划纲要》发布,开启了我国"十三五"(2016~2020年)规划建设的进程。截至"十三五"规划末2020年底,我国可再生能源发电装机达到9.34亿kW(占发电总装机的42.5%),同比增长约17.5%。其中,水电装机3.7亿kW(含抽水蓄能0.3149亿kW)、风电装机2.81亿kW、太阳能发电装机2.53亿kW、生物质发电装机0.2952亿kW。可再生能源发电量持续增长。2020年,全国可再生能源发电量达0.22154万亿kW·h(占发电总电量的29.1%),同比增长约8.4%。其中,水电1.3552万亿kW·h;风电0.4665万亿kW·h;太阳能发电0.2611万亿kW·h;生物质发电0.1326万亿kW·h。可再生能源保持高利用率水平。2020年,全国主要流域弃水电量约301亿kW·h,水能利用率约96.61%,较上年同期提高0.73个百分点;全国弃风电量约166亿kW·h,平均利用率97%,较上年同期提高1个百分点;全国弃光电量52.6亿kW·h,平均利用率98%,与2019年平均利用率持平[①]。

国际可再生能源机构IERNA公布的统计数据显示,我国可再生能源装机量从2010年的2.33亿kW增长到2019年的7.59亿kW,十年间平均年增幅达到22.6%,可再生能源装机量位居世界首位。图2-1展示了2010~2019年十年间全球主要经济体可再生能源机组的装机容量。

2021年3月13日《中华人民共和国国民经济和社会发展第十四个五年规划和2035年远景目标纲要》发布,提出在2021~2025年第十四个五年规划期间"加快发展非化石能源,坚持集中式和分布式并举,大力提升风电、光伏发电规模,加快发展东中部分布式能源,有序发展海上风电,加快西南水电基地建设,安全稳妥推动沿海核电建设,建设一批多能互补的清洁能源基地,非化石能源占能源消费总量比重提高到20%左右"的目标,为未来风电、光伏发电等非化石可再生能源发展指明了方向。2022年1月29日国家发展改革委 国家能源局印发的《"十四五"现代能源体系规划》提出要加快发展风电、太阳能发电。全面推进风电和

---

① 数据来源于国家能源局统计数据。

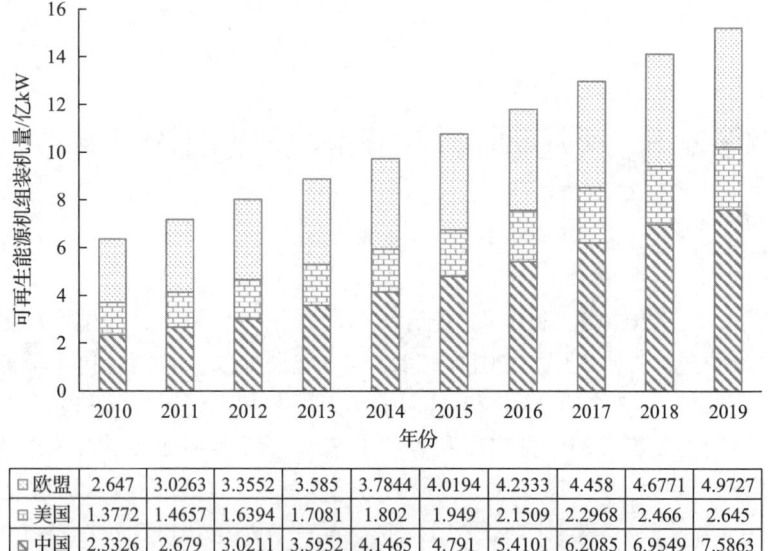

图 2-1 2010~2019 年全球主要经济体可再生能源装机容量

太阳能发电大规模开发和高质量发展,优先就地就近开发利用,加快负荷中心及周边地区分散式风电和分布式光伏建设;有序推进风电和光伏发电集中式开发,加快推进以沙漠、戈壁、荒漠地区为重点的大型风电光伏基地项目建设;积极推进黄河上游、新疆、冀北等多能互补清洁能源基地建设;积极推动工业园区、经济开发区等屋顶光伏开发利用,推广光伏发电与建筑一体化应用;开展风电、光伏发电制氢示范。鼓励建设海上风电基地,推进海上风电向深水远岸区域布局。因地制宜开发水电,积极推进水电基地建设,推动金沙江上游、雅砻江中游、黄河上游等河段水电项目开工建设;实施雅鲁藏布江下游水电开发等重大工程;推动西南地区水电与风电、太阳能发电协同互补;到 2025 年,常规水电装机容量达到 3.8 亿 kW 左右。

2022 年 6 月 2 日发布的《"十四五"可再生能源发展规划》进一步指出,过去五年,全球新增发电装机中可再生能源约占 70%,全球新增发电量中可再生能源约占 60%,预计 2050 年全球 80% 左右的电力消费来自可再生能源。新一代信息技术、新材料技术、储能技术等的进步,可再生能源与信息、交通、建筑等领域交叉融合,为可再生能源高效发展提供有力支撑,开辟了更加广阔的发展前景。综合判断,"十四五"时期我国可再生能源将进入高质量跃升发展新阶段,呈现大规模发展、高比例发展、市场化发展、高质量发展的新特征。我国可再生能源将进一步引领能源生产和消费革命的主流方向,发挥能源绿色低碳转型的主导作用,为实现碳达峰碳中和目标提供主力支撑。

"十四五"可再生能源发展主要目标锚定碳达峰碳中和与 2035 年远景目标,

按照 2025 年非化石能源消费占比 20%左右任务要求,大力推动可再生能源发电开发利用,积极扩大可再生能源非电利用规模。2025 年,可再生能源消费总量达到 10 亿 tce 左右("十三五"末 2020 年为 6.8 亿 tce),"十四五"期间,可再生能源在一次能源消费增量中占比超过 50%;2025 年,可再生能源年发电量达到 3.3 万亿 kW·h 左右,"十四五"期间,可再生能源发电量增量在全社会用电量增量中的占比超过 50%,风电和太阳能发电量实现翻倍;可再生能源利用率保持在合理水平;2025 年,地热能供暖、生物质供热、生物质燃料、太阳能热利用等非电利用规模达到 6000 万 tce 以上["十三五"末(2020 年)约 5000 万 tce]。

2.2 可再生能源发展"十三五"规划的目标和主要指标

根据国家 2020 年、2030 年非化石能源占一次能源消费比重分别达到 15%、20%的能源发展战略目标("十四五"规划中这一比重分别提高至 20%、25%),为了进一步促进可再生能源开发利用,加快对化石能源的替代进程,改善可再生能源经济性,国家制定了《可再生能源发展"十三五"规划》,提出的主要指标如下。

(1)可再生能源总量指标。到 2020 年,全部可再生能源年利用量 7.3 亿 tce。其中,商品化可再生能源利用量 5.8 亿 tce。

(2)可再生能源发电指标。到 2020 年,全部可再生能源发电装机 6.8 亿 kW,其中风电并网装机总容量不低于 2.1 亿 kW,太阳能发电并网装机容量不低于 1.1 亿 kW,可再生能源机组发电量 1.9 万亿 kW·h,占全部发电量的 27%。

(3)可再生能源供热和燃料利用指标。到 2020 年,各类可再生能源供热和民用燃料总计约替代化石能源 1.5 亿 tce。

(4)可再生能源经济性指标。到 2020 年,风电项目电价可与当地燃煤发电同平台竞争,光伏项目电价可与电网销售电价相当。

(5)可再生能源并网运行和消纳指标。结合电力市场化改革,到 2020 年,基本解决水电弃水问题,限电地区的风电、太阳能发电年度利用小时数全面达到全额保障性收购的要求。

(6)可再生能源指标考核约束机制指标。建立各省(自治区、直辖市)一次能源消费总量中可再生能源比重及全社会用电量中消纳可再生能源电力比重的指标管理体系。到 2020 年,各发电企业的非水电可再生能源发电量与燃煤发电量的比重应显著提高。

总体来讲,"十三五"时期积极稳妥地发展水电,全面协调推进风电的开发,推动太阳能的多元化利用,因地制宜地发展生物质能,加快地热能开发利用,同时推进海洋能发电示范应用。

2.3　我国大规模可再生能源的发展概况及趋势

国家"十三五"(2016~2020年)规划期间，在《可再生能源法》和政府能源政策的推动下，可再生能源的开发利用得到快速发展。2021年可再生能源装机规模突破10亿kW，2021年，我国可再生能源新增装机容量1.34亿kW，占全国新增发电装机容量的76.1%。其中，风电、光伏发电装机容量均突破3亿kW，海上风电装机容量跃居世界第一。截至2020年末，我国主要可再生能源发电并网装机容量及发电量如表2-1所示。

表2-1　2020年我国主要可再生能源并网装机容量及发电量

	装机容量/亿kW	年发电量/万亿kW·h
全口径发电设备容量	23.8	8.3
水电	3.9	1.34
风电	3.28	0.66
太阳能发电	3.07	0.33

2.3.1　水电

在水电产业发展上，"十三五"规划提出要积极推进水电发展理念创新，坚持开发与保护、建设与管理并重，不断完善水能资源评价，加快推进水电规划研究论证，统筹水电开发进度与电力市场发展，以西南地区主要河流为重点，积极有序推进大型水电基地建设，合理优化控制中小流域开发，确保水电有序建设、有效消纳。统筹规划，合理布局，加快抽水蓄能电站建设，"十三五"常规水电重点项目如表2-2所示。

表2-2　"十三五"常规水电重点项目

序号	河流	重点开工项目	加快推进项目
1	金沙江	白鹤滩、叶巴滩、拉哇、巴塘、金沙	昌波、波罗、岗托、旭龙、奔子栏、龙盘、银江等
2	雅砻江	牙根一级、孟底沟、卡拉	牙根二级、楞古等
3	大渡河	金川、巴底、硬梁包、枕头坝二级、沙坪一级	安宁、丹巴等
4	黄河	玛尔挡、羊曲	茨哈峡、宁木特等
5	其他	林芝、白马	阿青、忠玉、康工、扎拉等

积极推进大型水电基地建设。到2020年，基本建成长江上游、黄河上游、乌江、南盘江红水河、雅砻江、大渡河六大水电基地，总装机容量规模超过1亿kW。积极推进金沙江上游等水电基地开发，着力打造藏东南"西电东送"接续基地。

到2020年底，全国水电装机容量达到3.7亿kW，年发电量达到13552亿kW·h，相较于2015年，新增投产常规水电5079万kW，新增年发电量2409亿kW·h，分别提升了15.9%、21.6%。

转变观念优化控制中小流域开发。落实生态文明建设要求，统筹全流域、干支流开发与保护工作，按照流域内干流开发优先、支流保护优先的原则，严格控制中小流域、中小水电开发，保留流域必要生境，维护流域生态健康。"十三五"期间，全国规划新开工小水电装机容量500万kW左右，抽水蓄能电站装机容量已达到4000万kW，新开工抽水蓄能电站装机容量约6000万kW。研究探索抽水蓄能与核能、风能、太阳能等新能源一体化建设运营管理的新模式、新机制。

《"十四五"可再生能源发展规划》提出了"十四五"（2021～2025年）期间，依托西南水电基地统筹推进水风光综合基地开发建设：川滇黔桂水风光综合基地，依托水电调节能力及外送通道，重点推进金沙江上游川藏段（四川侧）和川滇段、金沙江中下游、大渡河、雅砻江、乌江、红水河等水风光基地综合开发；藏东南水风光综合基地，重点推进金沙江上游川藏段（西藏侧）、雅鲁藏布江下游等水风光基地综合开发，中长期依托西藏地区水电大规模开发，持续推进西藏主要流域水风光综合基地规划论证和统筹建设。

2021年9月9日国家能源局印发实施《抽水蓄能中长期发展规划（2021—2035年）》（以下简称《规划》）。《规划》指出：抽水蓄能是当前技术最成熟、经济性最优、最具大规模开发条件的电力系统绿色低碳清洁灵活调节电源，与风电、太阳能发电、核电、火电等配合效果较好。加快发展抽水蓄能，是构建以新能源为主体的新型电力系统的迫切要求，是保障电力系统安全稳定运行的重要支撑，是可再生能源大规模发展的重要保障。在全球应对气候变化，我国努力实现"碳达峰碳中和"目标，加快能源绿色低碳转型的新形势下，加快建设一批生态友好、条件成熟、指标优越的抽水蓄能电站，为构建以新能源为主体的新型电力系统提供坚实保障。抽水蓄能加快发展势在必行。

我国油气资源禀赋相对匮乏，燃气调峰电站发展不足，抽水蓄能和燃气电站占比仅6%左右，其中抽水蓄能占比1.4%，与发达国家相比仍有较大差距。截至2021年《规划》发布前，我国已投产抽水蓄能电装机容量站总规模3249万kW，主要分布在华东、华北、华中和广东；在建抽水蓄能电站装机容量总规模5513万kW，约60%分布在华东和华北。《规划》提出的目标是：到2025年，抽水蓄能投产总规模6200万kW以上；到2030年，投产总规模1.2亿kW左右；到2035

年，形成满足新能源高比例大规模发展需求的，技术先进、管理优质、国际竞争力强的抽水蓄能现代化产业，培育形成一批抽水蓄能大型骨干企业。

2.3.2 风电

在风电产业发展上，"十三五"规划提出要按照"统筹规划、集散并举、陆海齐进、有效利用"的原则，严格开发建设与市场消纳相统筹，着力推进风电的就地开发和高效利用，积极支持中东部分散风能资源的开发，在消纳市场、送出条件有保障的前提下，有序推进大型风电基地建设，积极稳妥开展海上风电开发建设，完善产业服务体系。

到2020年底，全国风电并网装机容量达到2.8亿kW，达成"十三五"规划不低于2.1亿kW的目标。

加快开发中东部和南方地区风电。截至2020年，中东部和南方地区陆上风电装机规模达到7000万kW，江苏省、河南省、湖北省、湖南省、四川省、贵州省等地区风电装机规模分别达到1574万kW、1518万kW、502万kW、669万kW、426万kW、580万kW，基本实现"十三五"规划目标。

有序建设"三北"大型风电基地。到2020年底，"三北"地区风电装机规模达到1.51亿kW，其中本地消纳新增规模约3500万kW。另外，利用跨省跨区通道消纳风电容量4000万kW（含存量项目），完成"十三五"规划目标。

《"十四五"可再生能源发展规划》提出了"十四五"期间在"三北"地区优化推动风电和光伏发电基地化规模化开发，在西南地区统筹推进水风光综合开发，在中东南部地区重点推动风电和光伏发电就地就近开发，在东部沿海地区积极推进海上风电集群化开发的风电光伏开发思路方针。其中重点建设新疆、黄河上游、河西走廊、黄河几字弯、冀北、松辽、黄河下游新能源基地和海上风电基地集群。加快推进以沙漠、戈壁、荒漠地区为重点的大型风电太阳能发电基地。加快推动海上风电集群化开发，重点建设山东半岛、长三角、闽南、粤东和北部湾五大海上风电基地。积极推动风电分布式就近开发，在工业园区、经济开发区、油气矿区及周边地区，积极推进风电分散式开发；在符合区域生态环境保护要求的前提下，因地制宜推进中东南部风电就地就近开发。

2.3.3 太阳能

在太阳能产业发展上，"十三五"规划提出要按照"技术进步、成本降低、扩大市场、完善体系"的原则，促进光伏发电规模化应用及成本降低，推动太阳能热发电产业化发展，继续推进太阳能热利用在城乡应用。到2020年底，全国太阳能发电并网装机容量达到2.5亿kW，达成并远超"十三五"规划不低于1.1亿kW的目标。

"十三五"规划中还要求继续在城镇民用建筑以及广大农村地区普及太阳能热水系统。加快太阳能供暖、制冷系统在建筑领域的应用,扩大太阳能热利用技术在工农业生产领域的应用规模。到2019年底,太阳能热水系统累积安装面积达到5亿 m^2,太阳能热利用集热面积达到11亿 m^2。

《"十四五"可再生能源发展规划》的规定中,对于太阳能,除了规模化开发外,要全面推进分布式光伏开发。开展城镇屋顶光伏行动,重点推进工业园区、经济开发区、公共建筑等屋顶光伏开发利用;实施"光伏+"综合利用行动,推动农光互补、渔光互补等光伏发电复合开发,在新能源汽车充电桩、高速铁路沿线设施、高速公路服务区等交通领域和5G基站、数据中心等信息产业领域推动"光伏+"综合利用;实施"千家万户沐光行动",结合乡村振兴战略,统筹农村具备条件的屋顶或统筹安排村集体集中场地开展分布式光伏建设,建成1000个左右光伏示范村。

2.3.4 生物质能

在生物质能产业发展上,"十三五"规划提出按照因地制宜、统筹兼顾、综合利用、提高效率的思路,建立健全资源收集、加工转化、就近利用的分布式生产消费体系,加快生物天然气、生物质能供热等非电利用的产业化发展步伐,提高生物质能利用效率和效益。

生物质发电产业是技术最成熟和发展规模最大的现代生物质能利用领域。在《生物质能发展"十三五"规划》和《生物质发电"十三五"规划布局方案》的指引下,根据国家能源局发布数据显示,截至2018年底,全国可再生能源发电装机容量达到7.28亿kW,同比增长12.0%。其中生物质发电装机容量1781万kW,同比增长20.7%;2018年可再生能源发电量达1.87万亿kW·h,其中生物质发电量906亿kW·h,同比增长14.0%。到2020年,全国生物质发电新增装机容量543万kW,累积装机容量达到2952万kW,同比增长22.6%;2020年生物质发电量1326亿kW·h,同比增长19.4%,继续保持稳步增长势头。

《"十四五"可再生能源发展规划》提出了稳步推进生物质能多元化开发的方针。"十四五"期间稳步发展城镇生活垃圾焚烧发电,有序发展农林生物质发电和沼气发电,探索生物质发电与碳捕集、利用与封存相结合的发展潜力和示范研究;有序发展生物质热电联产,积极发展生物质能清洁供暖,加快发展生物天然气,大力发展非粮生物质液体燃料,积极发展纤维素等非粮燃料乙醇等。

2.3.5 地热能

在地热能产业发展中,我国坚持"清洁、高效、可持续"的原则,按照"技术先进、环境友好、经济可行"的总体要求,加快地热能开发利用,加强全过程管理，创新开发利用模式，全面促进地热能资源的合理有效利用。

"十三五"规划中要求加强地热能开发利用规划与城市总体规划的衔接，将地热供暖纳入城镇基础设施建设，在用地、用电、财税、价格等方面给予地热能开发利用政策扶持。在实施区域集中供暖且地热资源丰富的京津冀鲁豫及毗邻区，在严格控制地下水资源过度开采的前提下，大力推动中深层地热供暖重大项目建设。加大浅层地热能开发利用的推广力度，积极推动技术进步，进一步规范管理，重点在经济发达、夏季制冷需求高的长江经济带地区，特别是苏南地区城市群、重庆、上海、武汉等地区，整体推进浅层地热能重大项目。截至 2018 年底数据显示，我国地热能发电装机容量为 26 万 kW，年发电量 1.44 亿 kW·h。

国家能源局综合司于 2020 年 4 月发布的《关于做好可再生能源发展"十四五"规划编制工作有关事项的通知》指出"要高度重视可再生能源供热等非电利用，因地制宜推动生物质、地热能、太阳能等非电利用方式，显著提升可再生能源在北方地区清洁取暖中的比重，推动可再生能源非电利用在我国能源转型中发挥更大作用"。可以预期，推动地热能供热，将成为我国可再生能源开发非电利用的重要领域。

《"十四五"可再生能源发展规划》提出"十四五"期间结合资源情况和市场需求，在北方地区大力推进中深层地热能供暖；全面推进浅层地热能开发，在具有供暖制冷双需求的华北平原、长江经济带等地区优先发展土壤源热泵，积极发展再生水源热泵，适度发展地表水源热泵，扩大浅层地热能开发利用规模；满足南方地区不断增长的供暖需求，大力推进云贵等高寒地区地热能开发利用。有序推动地热能发电发展，在西藏、青海、四川等地区推动高温地热能发电发展，支持干热岩与增强型地热能发电等先进技术示范。在东中部等中低温地热资源富集地区，因地制宜推进中低温地热能发电，支持地热能发电与其他可再生能源一体化发展。

2.4 我国分布式可再生能源发展概况及趋势

分布式能源作为一种新的能源形式，在降低能源消耗、减少电网依赖、改善生态环境、转移电力运行风险，以及实现电站主体多元化等方面具有优势。分布式能源系统是一种系统性、复杂性的节能减排方案，在分布式能源的发展历程中，随着社会经济条件的变化，其发展动因由最初的节能主导、减排主导已过渡到安全、智能主导。在分布式能源系统的应用形式上，其结构模式由早期的分布式热电联产系统、多能互补分布式能源系统逐步演变为区域型分布式能源互联网。其中，多能互补分布式能源系统在解决可再生能源供能波动性大、缓解化石能源紧缺压力和减少碳排放等方面具有巨大的优势。根据西门子公司预测，在全球范围内，新增装机容量正向分布式发电转移。由图 2-2 可见，陆上风电、光伏发电、小型燃气轮机、电动机、储能装置等分布式发电在 2010~2030 年间的年增长率为 2.5%，而集中式化石能源、核电、海上风电、大型水电站等集中发电的年增长率为 −1.3%。图 2-3 则给出德国、美国、印度、中国 2010~2030 年分布式能源的发展预测。对于电力系统，分布式能源通常指代分布式电源，在国标中规定，分布式电源定义为接入 35kV 及以下电压等级电网，位于用户附近，在 35kV 及以下电压等级就地消纳为主的电源。

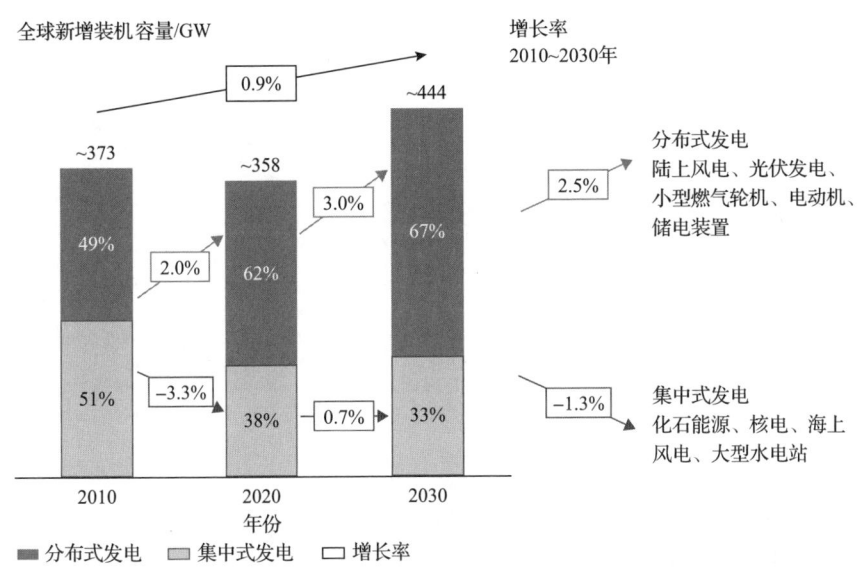

图 2-2 世界新增装机向分布式转移趋势

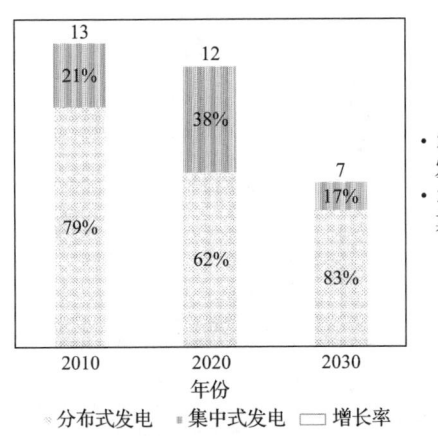

(a) 德国：下降的能源市场

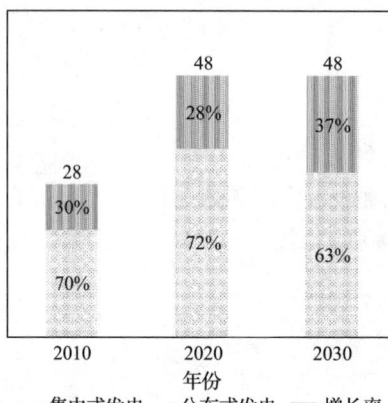

(b) 美国：最大的西方能源市场

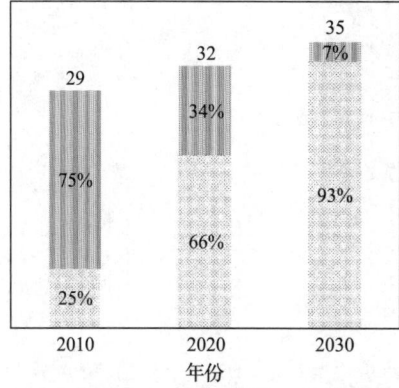

(c) 印度：分布式发电的最强劲增长

图 2-3 德国、美国、印度、中国未来分布式能源发展预测

分布式能源目前主要类型包括分布式天然气、分布式光伏、分布式风电、微电网等，因此，分布式能源系统的关键技术攻关重点围绕多能互补、动力余热高效梯级利用、储能以及实现系统智能化数字化等方面展开，其技术发展是满足我国能源转型，构建新一代能源系统的重要助推力量。在我国，结合国家能源发展战略与重要城市群的规划建设，以分布式能源为主的区域能源系统在未来城市能源转型升级中将扮演重要角色。

2.4.1 分布式天然气

分布式天然气是指利用天然气为燃料，通过冷、热、电三联供等方式实现能源的梯级利用，综合能源利用效率在70%以上，并在负荷中心就近实现现代能源供应方式。分布式天然气能源的优势在于：环境污染少、建设周期短、能实现能源的梯级利用、减少能源输配损失，以及保证能源供应安全等。

我国天然气分布式能源发展仍处于起步阶段，2016年已建和在建的天然气分布式冷热电联供项目约50多个，装机总容量约600万kW，主要集中在华东、华北、华南区域，发展比较快的省区有北京、上海、广东、天津、江苏、浙江等。根据《天然气发展"十三五"规划》，到2020年我国天然气发电规模预计达到1.1亿kW以上，相对发电总装机容量的占比超过5%，其中天然气分布式发电装机容量达到4000万kW。

中国电力企业联合会行业统计数据表明，到2020年底，我国天然气发电机组装机容量达到9802万kW，相对发电机总装机容量占比为4.45%，年发电量为2485亿kW·h。

未来应结合新型城镇化建设和城乡天然气管道布局规划和建设，充分考虑天然气机组热、电、冷三联供的综合效益，优先发展分布式能源系统。南方地区原则上解决供热和供冷需求，北方地区解决中小热冷用户需求，通过冷热电多联供方式实现能源的梯级利用。

2.4.2 分布式光伏

分布式光伏特指在用户场地附近建设，运行方式以用户侧自发自用、多余电量上网，且在配电系统平衡调节为特征的光伏发电设施。分布式光伏发电遵循因地制宜、清洁高效、分散布局、就近利用的原则，充分利用当地太阳能资源，替代和减少化石能源消费。分布式光伏根据安装地点的不同可分为屋顶电站、光伏建筑一体化、农光互补等三大类，见图2-4。

2014年，国家能源局公布了首批30个分布式光伏发电应用示范区名单。2015年我国太阳能光伏发电新增装机容量1374万kW，其中分布式光伏新增208万kW。

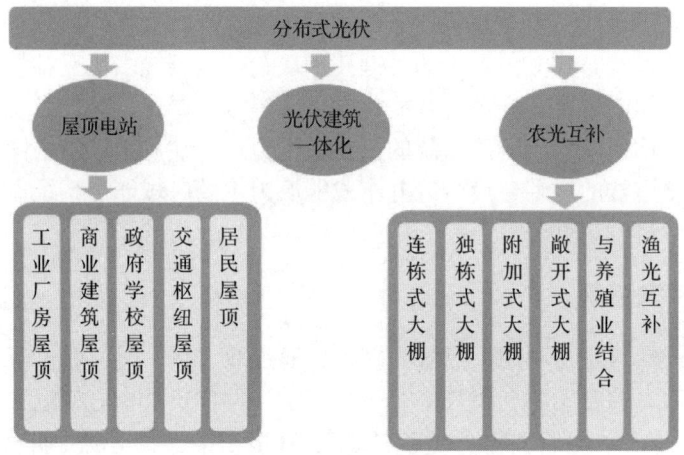

图 2-4 分布式光伏应用分类

在国家能源局 2016 年 12 月发布的《太阳能发展"十三五"规划》中提出：继续开展分布式光伏发电应用示范区建设，到 2020 年建成 100 个分布式光伏应用示范区，园区内 80% 的新建筑屋顶、50% 的已有建筑屋顶安装光伏发电。

"十三五"（2016～2020 年）规划中国分布式光伏发电累积装机容量在逐年提升。截至 2018 年底的数据显示，集中式光伏电站装机容量 12384 万 kW，较上年新增 2330 万 kW，同比增长 23%；分布式光伏 5061 万 kW（占装机总量 29%），较上年新增 2096 万 kW，同比增长 71%。截至 2019 年前三季度，中国分布式光伏发电累积装机容量达到 5870 万 kW。截至 2020 年年底，我国光伏发电装机容量 2.53 亿 kW，当年全国光伏新增装机容量 4820 万 kW，其中集中式光伏电站 3268 万 kW、分布式光伏 1552 万 kW。

2.5 本章小结

本章基于国家"十三五"（2016～2020 年）规划的目标要求和执行情况，介绍了我国可再生能源的发展概况。就水电、风电、太阳能、生物质能、地热能等可再生能源的主要领域，侧重发电应用做了较为详细的论述和介绍。为了更全面地了解我国可再生能源发展的历史，把握未来发展趋势，对"十三五"规划之前的"十二五"规划（2011～2015 年）执行结果及其后的"十四五"（2021～2025 年）规划目标等相关内容在本章"概述"和随后的内容中均做了适当的补充。

2021～2022 年期间，在国家提出应对气候变化"双碳"目标的背景下，构建清洁低碳、安全高效的能源体系和以新能源为主体的新型电力系统已成为我国能源绿色低碳转型的主要途径。在此期间，能源领域"十四五"规划相继出台，其中《中华人民共和国国民经济和社会发展第十四个五年规划和 2035 年远景目标纲要》《"十四五"可再生能源发展规划》《抽水蓄能中长期发展规划(2021—2035年)》等给出了新情况下可再生能源发展趋势的最好解读。

在水电发展领域，规划一方面强调了抽水蓄能在未来含高比例可再生能源电力系统中的重要作用，给出了到2025年抽水蓄能投产总规模6200万kW以上，到2030年投产总规模1.2亿kW左右，到2035年形成满足新能源高比例大规模发展需求的一批抽水蓄能大型骨干企业的目标。另一方面重点提出了"十四五"期间，依托西南水电基地统筹推进水风光综合基地开发建设的新部署：重点推进金沙江上游中下游、大渡河、雅砻江、乌江、红水河等水风光基地综合开发以及藏东南水风光综合基地开发。

在风电太阳能光伏发电领域，规划提出了在"三北"地区优化推动风电和光伏发电基地化规模化开发，在西南地区统筹推进水风光综合开发，在中东南部地区重点推动风电和光伏发电就地就近开发，在东部沿海地区积极推进海上风电集群化开发的风电光伏开发的思路方针。其中加快推进"三北"地区以沙漠、戈壁、荒漠地区为重点的大型风电太阳能发电基地建设和电力外送；重点建设山东半岛、长三角、闽南、粤东和北部湾五大海上风电基地；推动风电分布式就近开发和分散式开发、全面推进分布式光伏开发均成为新的亮点。

第二篇　新一代能源系统的运营模式和市场机制

推动新一代能源系统的低碳、安全及有效运行，必须建立一套公平高效的市场机制。准许第三方社会资本进入能源系统的投资与运营，打破能源销售业务的寡头垄断，回归以市场配置资源的本质，还原能源的商品属性。目前，我国电力体制改革、天然气体制改革已相继拉开序幕。在"互联网+"的助力下，创新的能源互联网商业模式如雨后春笋般涌现。因此，以当下改革为契机，有必要借鉴国外能源电力市场的成功与教训，同时结合我国国情，研究新一代能源系统的运营模式与市场机制。

新一代能源系统的市场运营模式在物理层面上需要实现多种能源形式的相互耦合与标准化交易，在价值创造层面上需要构建能源的现货、期货两级市场。与此同时，新一代能源系统时代还将衍生出能量市场以外的其他各种市场，如碳市场、绿币、能效、配额制市场等。本篇聚焦于电力市场、天然气市场以及碳交易市场，在国外能源电力市场的经验教训基础上进一步提出能量耦合、价格耦合、衍生交易"三位一体"的新一代能源系统运营模式与市场架构。新一代能源通的市场架构，"横向突破"现阶段电、气等各种形式能源保持独立运行、缺乏综合协调的低效模式，"纵向突破"能源的生产、传输、存储、消费等各环节中存在的交易壁垒，激发各主体成员参与市场的热情，最大限度地利用可再生能源，最大幅度地提高能源综合利用效率。

本篇首先调研了国外主要的电力市场、天然气市场与碳市场，包括美国、英国电力市场，美国、澳大利亚天然气市场，欧盟、芝加哥碳排放交易等，分析了市场的组织架构、时序流程以及市场特点。同时，着重调研了国内电力体制改革的阶段性成果。虽然国外的能源市场和碳交易市场较为成熟，但在电网进一步发展、可再生能源大规模接入、环保要求逐渐提高的新形势下，国外的能源市场和碳交易市场也出现了许多问题。然后，分析了现存的问题，以及我国可以借鉴和吸取的经验教训。在此基础上，分析了现阶段我国能源市场和碳交易市场的问题，提出了我国未来新一代能源系统的运行模式与市场架构。最后，分析了新一代能源市场的经济效益和机制需求，提出了我国加快能源市场化建设相应的政策建议。

第3章 国内外电力市场调研

3.1 国外电力市场情况

3.1.1 美国 PJM 市场

美国电力市场的建设主要以区域为主。各区域电力市场的发展呈现出不平衡的态势，至今仍未建成统一的全国性电力市场。美国典型电力市场包括 PJM(Pennsylvania—New Jersey—Maryland)、得克萨斯州、加利福尼亚州、纽约、新英格兰和中西部六个市场区域，其中 PJM 电力市场作为美国乃至全世界公认的最成功的电力市场之一，其对于电力资源优化配置的追求、充分考虑电力商品特殊性等显著优点，已成为了多个国家和区域学习和研究的对象，其市场模式和改革经历对中国电力市场方案的选择与设计具有参考价值。

PJM 成立于 1927 年，作为一个独立系统运营商(independent system operator, ISO)，它最主要的三大功能是电网运行与管理、市场运行与管理以及区域电网规划。当前 PJM 运行的市场有：日前电能市场(day-ahead energy market)、日前计划备用市场(day-ahead scheduling reserve market)；实时电能市场(real-time energy market)；调频市场(regulation market)、同步备用市场(synchronized reserve market)等小时前市场；基于可靠性定价模型的容量市场(reliability pricing model capacity market)，以及长期的年度月度的金融输电权拍卖市场。

PJM 是在联邦能源管理委员会(Federal Energy Regulatory Commission, FERC)的标准市场设计模式下建立的，其最主要的特点是采用节点边际电价出清、日前和实时市场双结算、阻塞盈余通过金融输电权分配并引入了虚拟投标策略。

节点边际电价(locational marginal price, LMP)的意义为一个特定节点增加 1MW 供电的边际成本，它反映了输电网络的约束情况。PJM 定义的节点边际电价由 3 部分组成，包括系统边际电价(system energy price)、传输阻塞成本(transmission congestion cost)和边际损耗成本(cost of marginal losses)。系统边际电价指的是忽略网络阻塞和损耗时的电价，它在每个节点的价格都是相同的；传输阻塞成本代表了因线路传输约束所引起的价格上升，依据网络阻塞程度的不同，传输阻塞成本依地点而异；边际损耗成本代表了线路传输损耗所引起的成本增加，由系统边际电价乘以罚因子(penalty factor)计算得出。

在结算过程中，PJM 采用了日前市场和实时市场的双结算体系(twosettlement)。日前市场出清本质上是通过电能、备用联合出清的安全约束机组组合(security constrained unit commitment,SCUC),形成基于每小时的发用电计划安排量和日前每小时的出清价格;实时市场则是通过考虑了电能、调频、备用资源相互耦合关系的安全约束经济调度(security constrained economic dispatch,SCED),基于实际运行情况,形成与日前计划存在的偏差电力和实时电价。

在节点边际电价体系下,当输电阻塞发生时,会导致全网各节点边际电价不同和阻塞收费,市场成员面临着承担阻塞费用的不确定性。金融输电权(financial transmission rights,FTR)为此提供了一种规避机制,它可以使持有者在日前市场中从指定输电线路两端的电价差获得经济利益(或费用),使所有市场参与者传输能量时得到收费的确定性,同时分配阻塞盈余,还能一定程度上减轻阻塞。FTR 根据持有类型可划分为债权型 FTR 和期权型 FTR;根据持有时间可分为年度、季度和月度 FTR;还可根据持有时段拆分高峰、低谷及 24 小时 FTR。

虚拟投标(virtual bidding,VB)则是一种应用于在 PJM 电力市场中,通过引入广泛的参与者,缩小买卖双方报价差距,促使日前市场价格与实时市场价格趋近的策略。"虚拟"一词表明了这种投标策略的非实体性,即 VB 平台允许金融主体参与物理电力市场,且无须具有真实的发电或用电诉求。VB 的结算基于日前市场与实时市场之间的价差进行,当日前负荷预测与实际负荷偏差较大时,此时的市场价格将会发生较大偏离。VB 允许金融主体以发电型虚拟投标与负荷型虚拟投标两种投标方式参与日前市场的交易。

1)电能市场

PJM 运行的电能市场包含有日前电能市场和实时电能市场两部分。

日前市场是一个远期金融市场,基于电能和需求侧的投标、虚拟投标和双边交易的结果,每小时计算一次出清价格并进行结算。日前电能市场在运行日前 12:00 停止投标,进入市场出清阶段,运行日前第一次机组组合程序,确定每小时的机组组合、日前节点边际电价以及满足计划备用的需求。在日前 16:00,PJM 公布日前市场第一次出清结果。16:00~18:00,PJM 开始运行实时平衡市场投标阶段(balancing market offer period),此阶段市场成员可以提交在第一次机组组合未中标的修改投标。运行日前一天 18:00,实时市场投标阶段结束,PJM 运行第二次机组组合,其首要目标为满足系统可靠性,同时保证额外调用资源的启动和空载成本之和最小。日前 18:00 至运行日期间,PJM 还可以基于更新的负荷预测和资源可用信息按需调用额外的发电资源。

日前电能市场的主要时间节点如表 3-1 所示。

实时电能市场基于物理系统的实际状态,每 5min 计算一次价格,每小时出清一次,出清价格为该小时内计算价格的平均值。

表 3-1　日前电能市场的时间节点

时间节点	流程
12:00	日前市场投标截止，并进行市场出清过程
16:00	公布每小时的资源中标情况和节点边际电价
16:00~18:00	开始实时市场的投标阶段
18:00~运行日	按需进行额外的资源组合

2) 辅助服务市场

PJM 定义的辅助服务类型包括调频、备用、无功补偿和黑启动。其中，调频和备用辅助服务是通过竞争投标的市场化方式获得的，而无功补偿和黑启动则主要是通过签订合同或协议来获得的。

调频辅助服务按照资源响应时间的快慢细分为了传统的调频响应类型 RegA 和动态调频响应类型 RegD。RegA 要求资源在 5min 达到指定出力即可，调节性能相对较差，适用于爬坡速率受限的资源(ramp-limited resources)如蒸汽机组、燃气轮机、水电机组等。RegD 要求资源在几秒内开始响应，并能在一至两分钟内达到指定出力，调节性能好，适合于调节频繁过零的波动，适用于能量受限资源(energy-limited resources)如电池、飞轮等。

备用辅助服务依据响应时间范围的不同分为了计划备用(scheduling reserve)、初级备用(primary reserve)、二级备用(secondary reserve)、同步备用和非同步备用等，其关系如表 3-2 所示。

表 3-2　备用服务分类情况

计划备用(或称为运行备用，$T \leqslant 30\text{min}$)		
初级备用($T \leqslant 10\text{min}$)		二级备用($10\text{min} \leqslant T \leqslant 30\text{min}$)
同步备用(在线)	非同步备用(离线)	

PJM 辅助服务市场上的出清价格和结算价格均为全网边际价格，其价格构成如表 3-3 所示。

表 3-3　辅助服务价格的构成

辅助服务类型	价格构成
日前计划备用	容量价格+机会成本
调频	容量部分、性能指标部分和机会成本
同步备用	容量价格+机会成本
非同步备用	机会成本
无功补偿	每月的固定费用+机会成本
黑启动	基于成本

总的来说，PJM 市场强调市场资源的优化配置，实施了日前市场的"全电量优化"，同时考虑了电能与备用、调频等辅助服务资源的统一优化，并采用节点电价机制，以实施并引导电网的阻塞管理。PJM 市场的交易量大，需要在出清计算时细致地考虑电网的物理模型，以确保所决策交易计划的可行性。

3.1.2 英国电力市场

英国是世界上最早提出并成功建设自由化、私有化、竞争化电力市场的国家，其改革经验与实践、市场建设模式与体系结构都受到了后续众多国家的学习和仿效。为此，本章首先针对英国电力市场、电力工业的基本情况进行分析，在此基础上，研究其电力市场的设计与运行、电网调度等关键性问题，以期为设计中国电力市场方案提供有益的借鉴与指导。

1. 英国电力市场概况

英国电力市场的发展主要经历了 POOL、NETA、BETTA 三个阶段，并于 2011 年开始了新一轮改革的讨论与方案设计。POOL 阶段，发电商以投标竞价的方式竞争上网，实现了发输配完全分开和私有化，但出现了管理过于集中与僵硬、市场规则复杂、缺乏用户侧参与、少数发电商操纵电价等问题。NETA 阶段，则以中长期双边合同为主，平衡机制为辅，电能交易主要由交易商自主签订双边合同，或者在电力交易所通过标准电量合同的方式实现，并在实时运行前 1 小时设立了平衡机制，通过调整市场成员的发用电计划，实现电网的供需平衡与阻塞管理。2005 年，NETA 阶段进一步过渡到了 BETTA 阶段，将英格兰、威尔士和苏格兰三大区域的电力交易、平衡结算、定价机制等内容进行了统一。2011 年，受到金融危机、发展低碳经济等因素的影响，英国能源和气候变化部公布了新的改革方案，核心目的在于进一步确保电力供给、促进投资、减少碳排放和保障市场公平。

英国电力市场成员包括发电商、零售商、经纪商、大用户等。其中，大用户、经纪商可以参与中长期交易，但不能参与平衡机制，参与平衡机制的市场成员为物理意义上的发电机组或负荷，称为平衡机制单元(balancing mechanism unit，BMU)；电网调度运行由 NGET(national grid electricity transmission)公司执行，电力交易所有 APX、N2EX，金融合约也可以在 Nasdaq 与 IPE 等平台交易，ELEXON 负责平衡结算，是英国国家电网公司的子公司；市场监管机构为英国天然气及电力市场监管办公室(Office of Gas and Electricity Markets，OFGEM)。

2. 市场设计与运行

英国电力市场主要包括场外双边交易、场内短期现货交易、平衡机制三个环节，如图 3-1 所示。场外双边交易可涵盖多年到 D-1 日的交易，交易双方自行组织场外交易(over the counter，OTC)，并将所形成的合同提交给 ELEXON。场内短期现货交易主要在两个电力交易所完成，交易时间范围涵盖月前到 D-1 日，电力交易所为交易双方提供了数十种标准的电量合同，可完成对于不同类型日不同时段的基荷、峰荷电量的组合交易，并在日前组织一个集中拍卖的电子交易平台，在 D-1 日的 12:00 出清。平衡机制则覆盖 H-1 时到 0，由调度中心组织。英国电力市场的交易时段为半小时，实时运行之后，即进入结算期。

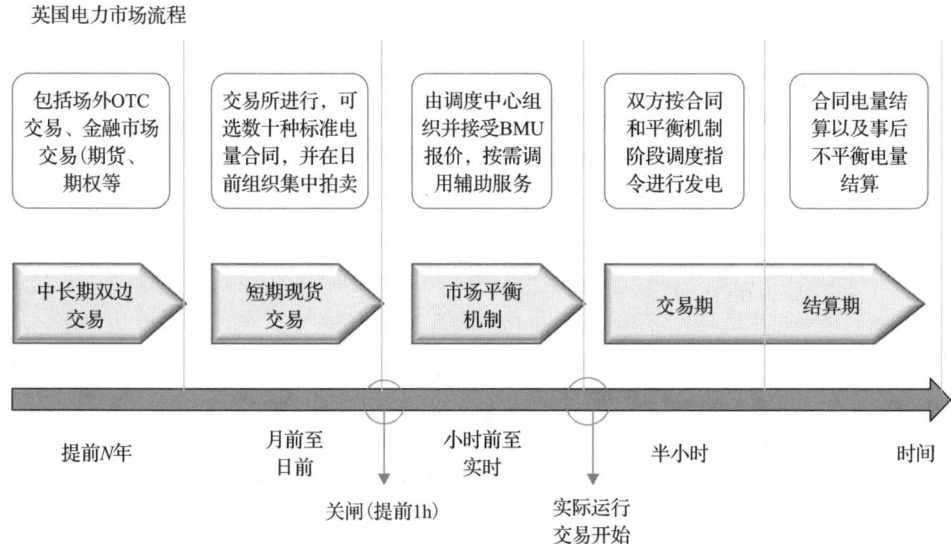

图 3-1　英国电力市场流程

除了物理交易之外，英国电力市场还可以开展金融交易，主要在 Nasdaq 与 IPE 等平台实施，主要包括期权、期货两类交易方式。

英国辅助服务市场由 NGET 组织实施，提前签订辅助服务合约用于实时调度，以保证系统稳定运行。通过签订双边合同约定辅助服务价格，实时调用时按照价格高低择优调用。英国的辅助服务市场与电能市场是分离的，与美国 PJM 电力市场实行电能与辅助服务联合优化不同。

英国电力市场平衡机制下的辅助服务分为强制性辅助服务和商业化辅助服务，如图 3-2 所示。强制性辅助服务一般要求所有发电商必须提供，如无功、频率响应等。商业化辅助服务则由部分发电商根据双边协议自愿提供，如增强型的无功服务、商业化频率响应服务、黑启动、快速备用、区间备用、热备用等。

3. 实时运行与电网调度

英国电网的调度由英国国家电网 NGET 负责，中长期双边合约无须进行安全校核，用户双方自行将合同电量分解为半小时粒度的发用电曲线。调度机构会以年前、周前、日前为分析周期，基于自身对于负荷、系统与市场状态的预测，对

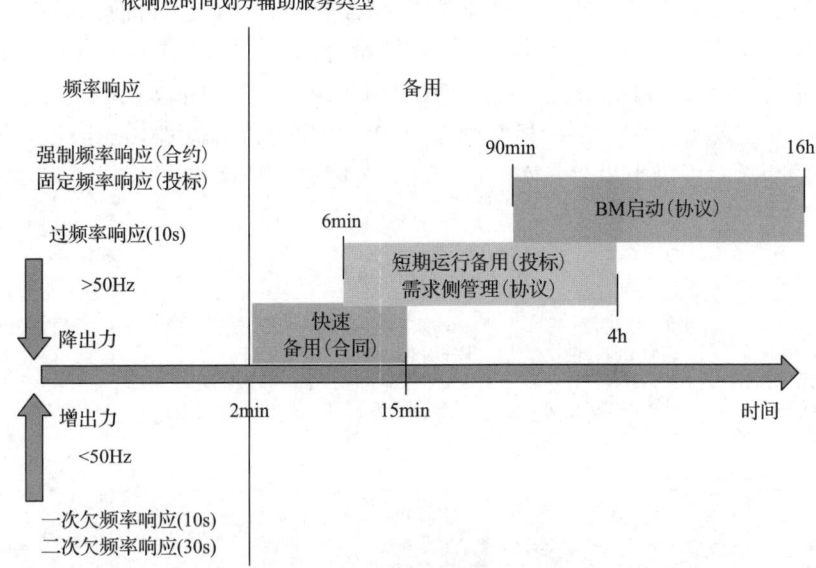

图 3-2 英国辅助服务

系统的运行方式进行分析。之后,调度机构结合所分析的平衡裕度、输电阻塞等情况,调整线路的停运计划与传输限值。根据电网运行的实际需要,定期组织并签订辅助服务合约,以供在平衡机制阶段调用。在必要时,调度还可以事先签订其他交易合约,如联络线和必开机组等。

实时调度是指日前 09:00~16:00 的阶段。调度机构会进行区域阻塞情况和无功分布等等负荷相关信息的预测,而后计算系统的平衡裕度,发布市场信息和不平衡警告等。如果在计算中发现市场成员申报的物理运行位置违反了安全约束,需要修改并更新物理运行位置。而后,调度机构将修改线路停运计划,计算系统阻塞成本,决策调用备用和无功补偿等辅助服务,组织短期的电能交易。

实时运行阶段,调度机构决策调用 BMU 申报的投标和报价,从而达到平衡系统和消除阻塞的目的。此外,调度机构还需要监视系统的频率响应情况,当发现频率偏移达到 0.07Hz 时,需于 5min 投入事先签订好的合约容量(contract capacity);控制并调整跨国、跨区联络线的运行方式和计划曲线;调用快速启动、短期备用和安排机组启停;紧急运行控制(emergency instruction),如切负荷、紧急提高机组出力、机组解列、黑启动和外部紧急支援等。

为实现系统平衡可以调度的资源包括:关闸前(pre-gate),调度会先期在市场上购买为保证系统安全所需的电能产品;关闸后(post-gate),调度会在平衡机制阶段通过接收投标和报价来实现系统的实时平衡,并按需调用并执行各类辅助服务资源。

总的来说，英国电力市场将辅助服务与电能的耦合关系剥离，现货市场只交易电能，电力调度机构则负责组织辅助服务。英国电力市场更重视电能商品在中长期市场上的流动性，现货市场的定位更多为提供一个集中的电能购买平台，并允许市场成员对已签订的交易计划进行偏差修正，现货交易量较小。

3.1.3 电力市场存在的问题

当前电力行业正面临重大转型，一是以煤炭为燃料的发电机组转向以天然气为主，二是涌现出利用风能和太阳能等可再生能源发电机组。这两大趋势从规划和运行等方面对电网的可靠性提出新的挑战，而在电力市场范畴内如何应对这些挑战则还存在着诸多的不确定性。

1. 燃料结构改变带来的挑战

在过去的十年当中，美国的发电所用燃料组合结构已经发生了重大变化，以燃煤发电的机组容量下降了5%左右，而以天然气发电的机组则增加了大约17%，在2014年度达到了总发电装机容量的28%。国际能源信息署预计这个趋势在未来二十五年之内都将得以保持，预计到2040年风电装机容量将达到1.1亿kW，光伏装机容量(电站集中发电和分布式发电)将达到6100万kW，以天然气发电的机组容量预计将进一步增长，而以燃煤发电的机组容量在此期间将继续减少。由于天然气价格的下降，现在ISO电力市场上燃气发电机组的运行越来越经济，并正在取代燃煤机组的运行。这严重影响了燃煤机组的盈利能力，而且导致了对燃煤发电机组投资的减少。以天然气发电的机组相比燃煤机组而言有几大优势，它们的发电出力控制更加灵活，二氧化碳的排放量更低，而且相同装机容量情况下比燃煤机组设备和占地要少，建设速度更快。

ISO机构已经在努力改进其规划和运行工作以应对由日益增长的气电相互依赖所带来的挑战。一直以来，电力工业是依靠燃料来源的多样化来减少因某种燃料供应中断而带来的风险，但ISO将不得不面临和应对大量燃煤机组的退役，而这些燃煤机组在很多地区通常都是承担基荷任务的。

当前美国东北地区是受天然气管道输送容量限制影响最为严重的地区，同时东北地区也是最有可能经历像极地漩涡等极端寒冷天气的地区，在得克萨斯州等西南地区也面临类似的极端天气挑战。美国南部地区受到天然气网络阻塞的影响则要小一些，因为这些地区已经拥有非常庞大的天然气管道网络，而且由于有非常规/页岩资源储备，该地区天然气的价格在不久的将来也将保持在一个较低的水平。得益于较低的燃气价格，美国南部地区的燃气机组容量已经在增长，因为在经济优先的调度方式下这些机组更容易被选中参与运行发电。

近年来，得克萨斯州作为美国南部最大的州，其发达的天然气管道网络和较低的燃气价格使得克萨斯州的燃气发电得到了迅猛发展，也使当地电价明显低于美国平均价格。截至 2020 年底，得克萨斯州燃气占比约为 48%、全年发电量占比 45.5%，是得克萨斯州第一大电源。

燃气机组的发电为主体的电力系统也存在一定隐患，在日常运行中：如果天然气价格继续保持在低位，现存燃煤机组的装机容量利用系数将会下降，从而迫使这些发电机组更加依赖容量市场来获得所需的收入。这种情况将给系统运营商带来挑战，包括如何保证获得充裕的容量以及系统的整体可靠性不至于因为发电类型组合结构发生变化而带来不利影响。

在面对严重气候灾害情况时，燃气机组发电也具有一定不稳定性，例如，2021 年得克萨斯州遭遇罕见寒潮，2 月 15 日～19 日发生大规模停电事故。此次停电的主要原因与燃气发电紧密相关，一方面燃气机组因低温大规模故障；一方面天然气供应出现问题，其输送管道出现大量冰堵，瘫痪了天然气管网的主网、次网，并且天然气交易价格飙升至平日 10 倍左右。最终造成了 37%的燃气机组无法发电，严重威胁到了得克萨斯州电量供给。

因此，为避免高比例燃气发电带来的电力系统安全运行隐患，除了改进系统规划之外，ISO 机构还需要更好地了解天然气市场的动态，以及该动态将如何对电网运行造成影响。系统运营商在调度电力系统时将不得不考虑天然气供应的限制条件。

2. 可再生能源接入带来的挑战

2016 年，美国计划增加的电站集中发电类型的风电和光伏将超过所有其他发电资源。就大规模光伏发电而言，排在前三位的州将会是加利福尼亚州(390 万 kW)、北卡罗来纳州(110 万 kW)和内华达州(90 万 kW)。除了电站集中发电类型的光伏之外，分布式光伏(例如安装在屋顶的光伏设备)发电预计也将大幅扩展。仅 2015 年，美国就增加了大约 200 万 kW 的分布式光伏发电容量。

波动性可再生能源的持续增长在客观上要求一个更具柔性的电力系统，其能够迅速调整以保障电力供需之间达到平衡。ISO 机构需要从以下方面认真考虑由这些可再生能源带来的可预见性和可控性降低所造成的对电网可靠性的影响，包括：负荷需求和能源供应之间的平衡、电压支撑、频率支撑等。

一个重要的问题是，到底哪一种市场模式能够做到充分应对波动性可再生能源所带来的挑战——是传统的垂直一体化的供电模式，还是单一能量市场模式，抑或是能量加容量市场的模式？

资源充裕度规划是用来保障在规划期内能够有足够的可用发电容量以满足预计的负荷需要。在美国所用的典型指标是切负荷概率为十年当中不超过一天或 0.1 天/年，这一指标保证了在可接受的风险阈值范围内为满足负荷所需要的发电容量是充足的。

然而，近期极端天气引发的供电危机时有发生，这说明系统现有的充裕度不足以支撑罕见天气条件下的电力供应。例如，2020年8月美国加利福尼亚州热风暴引发了连续两天的限电事故；继而10月的加利福尼亚州山火则毁坏了部分电网，造成了供电缺口；2021年2月得克萨斯州的罕见寒潮使过半发电机故障，造成了6天的大面积停电事故。极端的天气现象使原本规划的系统容量捉襟见肘，高比例的可再生能源渗透率则进一步加大了可用容量的调度难度。

考虑到更好地应对极端天气，同时兼顾系统运行的经济性，加利福尼亚州系统运营商提出基于近年来的天气及负荷情况，更新系统资源充裕度规划和系统备用水平，并建议将系统净负荷尖峰加入规划指标。此外，加大储能设施的建设和负荷侧响应的力度。对于得克萨斯州限电，前得克萨斯州系统运营商董事会主席认为，应该加强发电基础设施建设，并及时对设备进行检修和升级以应对气候变化。此外，电力监管应关注与电力交易相关的能源市场——天然气市场的运行状况以预判对电力市场的影响，并及时做出调整。

在当前极端天气发生率上升的背景下，如何兼顾经济性并保障电力系统的安全稳定运行成为系统规划的难点。市场设计和有关政策应当保证电力行业在发展时其资源充裕度得以保持，并且在投资于电力生产设备的风险和保证以最低成本服务用户的目标之间必须要达到平衡。美国的大多数州都对资源规划有要求，其经典形式就是综合资源规划（IRP）。该规划通常要求供电公司的计划可用发电容量要满足年度最大负荷预测值再加上一定的备用额度，而且规划期很长，从10年到20年不等。在没有ISO机构的地区，则由各州负责制订其综合资源规划。得克萨斯州ERCOT只有能量市场，因而利用稀缺价格来使发电机可以进行成本回收。在其他地区，例如PJM则是利用集中市场机制来解决资源充裕度问题。而在MISO地区，是由负荷服务商负责各自范围的资源充裕度。在不同模式之下，以成本回收能力为指标的发电机投资风险也是不同的。与此相对，如果发电机的投资风险减小了，那么风险就将转变为由用户来为装机容量过度付费。

保持资源充裕度的另一个挑战来自建设新发电厂所必需的工期很长，特别是建造燃煤电厂和核电厂的时间可以长达10年之久。市场设计机制需要提供某种激励以抵消由长建设周期所带来的不确定性风险，而美国现有的容量市场时间尺度还不能与激励投资新发电机组容量所需的建设周期尺度相匹配。在有着大量风能的地区，存在着另一个与资源充裕度相关的挑战，那就是在一年当中，有很多时间段内趸售能量市场的价格有可能保持在较低的水平，而风电因得益于税收抵扣政策，即使在价格很低甚至是负价格的情况下仍然有动机去继续发电。在2015年，由于燃料价格的下降，整个美国的趸售电力市场价格也大幅下降。在这样的情况下，很多传统的发电机组难以收回成本。如果传统机组从能量市场上获得的收入继续过低，而且缺乏诸如基于容量的费用偿付，那么很多发电机组就可能选择退役。任何新的市场设计或偿付机制应当要考虑资源的容量系数及其对系统容量充裕度的贡献。

3.2 我国电力市场情况

3.2.1 上一轮电力体制改革情况

我国竞争性的电力市场建设始于1998年，浙江、上海、山东、东北等6省进行"厂网分开、竞价上网"的省电力市场试点工作。省电力市场初步尝试采用市场化机制优化调度发电机组，通过试点工作，在竞价模式、市场运营及监管方面积累了经验，为电力市场改革的下一步打下了基础。2002年2月，国务院颁布了《电力体制改革方案》（国发〔2002〕5号），对电力体制改革进行了整体部署。2002年12月，原国家电力公司被拆分为几大电网公司、五大发电集团和四大电力辅业集团，完成了厂网分离。上一轮电力体制改革，一方面着手建立了区域竞价市场，东北、华东和南方区域电力市场先后开展了模拟运行；另一方面，在用户侧引入竞争机制，推进了大用户直接从发电厂购电和发电权交易的试点工作。

1. 区域电力市场试点

2003年，国家电力监管委员会（简称电监会）正式成立。电监会的成立，标志着我国电力工业管理体制由传统的政府行政管理向适应市场经济要求进行依法监管，是进一步转变政府职能的重要举措。电监会印发了一系列有关区域电力市场建设的指导性文件，推动了东北、华东和南方区域电力市场的建设工作。

2. 大用户直接交易

大用户直接交易是指用电量较大的电力用户直接与发电企业签订双边电力交易合同，交易方式灵活、形式多样。大用户直接交易在售电侧引入了竞争，利于电力资源的优化配置。

2004年，国家电监会印发《电力用户向发电企业直接购电试点暂行办法》（电监输电〔2004〕17号），对开展直接交易试点提出要求。2009年，国家电监会、国家发展和改革委员会、国家能源局联合印发《国家电监会、国家发展改革委、国家能源局关于完善电力用户与发电企业直接交易试点工作有关问题的通知》（电监市场〔2009〕20号），进一步明确了坚持市场化方向开展直接交易试点的工作要求。除北京、天津、河北、海南、西藏、青海等受电力基础设施等限制，不适合试点外，其他24个省份均进行了试点，大用户直购电试点发展迅速。市场用电主体通过直接交易降低了购电成本，市场发电主体在标杆电价的基础上降低了上网电价，普遍实现了增加了发电量的效果，获得了增量收益。

上一轮电力体制改革中的电力直接交易以双边交易为主，大用户直接交易规模也较小。截至新一轮电力体制改革前的2014年，大用户直接交易电量为1540

亿 kW·h，占全社会用电量的 2.79%。

3. 发电权交易

发电权交易是指发电企业将基数电量合同、优先发电合同等合同电量，通过电力市场交易搭建的交易平台，以市场化方式向其他发电企业进行转让的交易行为。原则上由大容量、高参数、环保机组替代低效、高污染火电机组及关停发电机组发电，由水电、风电、光伏发电、核电等清洁能源发电机组替代低效、高污染火电机组发电，不应逆向替代，而达到优化电源结构，降耗减排的目的。

电力市场化改革面临的一大重点问题，是如何通过市场化手段促进本行业节能减排目标的实现。发电权交易作为促进节能减排的主要市场手段，已经得到越来越多的关注与实践，发电权交易是中国减少弃风弃光弃水、实施电源结构调整、促进节能减排目标实现的产物，具有鲜明的中国特色。

2007 年，国务院下发了《关于加快关停小火电机组若干意见》(国发〔2007〕2 号)和《国务院关于印发节能减排综合性工作方案的通知》(国发〔2007〕15 号)，促使大火电发电站代替小火电电站发电权交易的实施。发电权交易主要以双边交易为主，集中交易为辅，通过火电"以大代小"实现节能减排，解决了小火电关闭后的后顾之忧，使小火电平稳退出。到新电改前，全国发电权交易电量 1237.5 亿 kW·h，其中江苏、浙江、辽宁的发电权交易电量位居全国前三。

从 2002 年开始实施的第一轮电力市场化改革，在电力行业结构重组、构建电力监管体系、调整电价形成机制和价格水平、开展区域和省电力市场试点、推进电力用户与发电企业直接交易等方面取得了一定进展，但有效的市场竞争机制尚未形成，价格关系没有理顺，政府职能转变不到位，市场建设尚处于探索阶段。

3.2.2 新一轮电力体制改革情况

2015 年 3 月，新一轮电力体制改革的"9 号文"提出了"三放开、一独立、三强化"的改革方向和实施路径，构建"公平、开放、有序、竞争"的电力市场体系。新一轮电力体制改革从发挥市场配置资源的决定性作用角度出发，在创新构建电力市场体制机制，推动跨区跨省交易和以省为主体的电力市场建设方面取得了显著成效。

1. 核心理念

(1)以机制创新获取体制改革的红利。新一轮电力体制改革抓住制约电力交易市场化的两个关键要素，即量和价。通过"有序放开输配以外的竞争性环节电价""有序放开公益性和调节性以外的发用电计划"这两个"放开"，逐渐建立起完整的电力市场交易体系。在发电、售电环节引入竞争，以市场化的方式促进发电侧降低成本、激励用电侧提高能效，不断提升市场有效配置资源的力度。

(2) 以独立的输配电价激发市场交易。新一轮电力体制改革着重提出了基于绩效的输配电价格机制，改变了电网企业以购售价差作为收入的盈利模式。其一是有利于进一步厘清并公开电网的资产信息，使电网的输配电服务更加透明、易于监管；其二是基于绩效的激励机制将"倒逼"电网企业关注并提高其存量资产的利用效率，避免低效的固定资产投资；其三是客观上将使电网企业处于市场中超然的中立地位，有利于保障电网的公开、无歧视开放。

(3) 以交易中心建设为抓手保障市场公平。独立、开放、规范的电力交易中心，是市场成员开展电力交易的平台，也是保障电力市场公平的基石。作为电力交易的组织者，交易中心应具有非营利的公益属性，独立于市场各方，并采用公开透明的运作方式。唯有如此，方可取得市场成员的广泛信任，保障市场的高效、有序竞争。在改革初期，考虑到电网企业已具备的业务基础与人财物等条件，采用相对独立的组建方式符合"平稳起步"的基本原则。

(4) 以售电主体准入培育售电市场。通过多途径培育市场主体，允许五类售电主体进入售电市场，从事售电业务。其意义主要在于4个方面：①组建专业的市场主体代表广大用户购电，具有与发电寡头议价的能力，形成"多买多卖、势均力敌"的市场格局；②促使电力市场向更广泛的行业、民营资本开放，提升流动性和开放程度，促使市场形成规范透明的运作规则与公开完备的信息披露机制；③逐渐将电网原有的售电业务剥离或单独成立售电公司，接受严格的市场监管，仅保留公益性的"保底"义务，有利于成为与市场交易无直接利害关系的第三方"物流商"；④将大力促进含屋顶光伏、小水电、生物质能等发电资源的微网、分布式电源的快速发展，为其并网发电提供商业模式上的支撑。

(5) 以产权市场化来促进输配电业务投资多元化。新一轮电力体制改革着重提出了开放增量配电业务，鼓励社会资本投资输配电产业，以增量改革树立成本与效益的标杆，以产权市场化来促进输配电投资和提高运营效益，以混合所有制改革以往单一的股权结构，符合中央关于深化国有企业改革的方向，能够充分发挥民营资本在逐利过程中体现出来的主观能动性，提升配电环节的投资与运行效率，同时将激励存量资产的效益提升。

(6) 建立起分布式电源发展的新机制。新一轮电力体制改革方案放开了分布式电源建设，其中包括自备电厂、可再生能源发电、"冷热电"联产发电，试图建立"自发自用、余量上网、电网调节"的运营新模式，突出强调电网的公平无歧视接入属性。这一政策有利于实现集中式电源与分布式电源竞争的新格局，抑制大型发电企业的市场力，能够促进分布式电源的快速发展，形成市场对输配电价格的有效制衡。

2. 跨区跨省电力市场建设进展

新一轮电力体制改革以来，跨省跨区电力交易规则不断完善，输电能力大幅提升，交易规模也逐年上升。跨省跨区交易包括电网间购电、跨省跨区电力直接交易、跨省跨区合同转让交易等。其中，电力直接交易与合同转让交易的内容与省内市场基本一致，电网间购电主要指包括"西电东送"在内的政策性、指令性的电量交易。

在跨省跨区电力市场规则体系建设方面，为了配合新一轮电力体制改革，有关部门相继发布了一系列文件。国家发展和改革委员会在2015年发布了《关于完善跨省跨区电能交易价格形成机制有关问题的通知》（发改价格〔2015〕962号），明确了通过招标等竞争方式明确项目责任方和电价，为跨省跨区价格形成奠定了基础；随后两年，国家发展和改革委员会、国家能源局等相关部门对中长期交易规则、区域电网输电价格、跨省跨区专项工程输电价格定价等以正式文件的形式做了明确，确立了区域电网、跨省跨区专项工程输电价格按照"准许成本加准许收益"的定价模式。2018年，《北京电力交易中心跨区跨省电力中长期交易实施细则（暂行）》和《南方区域跨区跨省电力中长期交易规则（暂行）》发布，全国跨区跨省市场以及各省区内中长期市场交易规则体系初步建立，有效规范和促进了跨省区电力市场交易的发展。2020年1月，国家发展和改革委员会印发《区域电网输电价格定价办法》和《省级电网输配电价定价办法》，明确区域电网输电价格、省级电网输配电价准许收入由准许成本、准许收益和税金构成，与输配电业务无关的固定资产不得纳入可计提收益的固定资产范围。同年9月，国家发展和改革委员会制定出台了第二监管周期（2020~2022年）区域电网输电价格和省级电网输配电价。

在跨省跨区电力输送通道建设方面，2000年，随着"西电东送"工程和"三峡输变电工程"进入建设高峰和特高压输电线路开工建设，全国联网快速推进。2011年，以青藏直流联网工程投入试运行为标志，实现了全国除台湾地区以外的全国联网，形成了"西电东送""北电南送"的电力配置格局。近年来，我国持续加大以特高压输电为重点的跨省水电通道建设。截至2019年底，全国已投运的跨区域联网及输电通道28条，跨区输电能力达到14615万kW，其中跨区网对网输电能力13218万kW，跨区点对网送电能力1334万kW。南方、华东、华北区域内已投运9条跨省特高压输电线路，输电能力5080kW。2022年3月，国家发展和改革委员会网站公布《"十四五"现代能源体系规划》，提出"十四五"期间，存量通道输电能力提升4000万kW以上，新增开工建设跨省跨区输电通道6000万kW以上，跨省跨区直流输电通道平均利用小时数力争达到4500h以上。特高压交直流输电通道的建设推动了跨区电力输送的规模不断增大。

在跨省跨区电价形成机制探索方面，除华北华中联网线路为单一制容量电价外，我国跨省跨区专项工程多数以单一制电量电价形式核定，电量电价在电力交易时采用顺加的方法包含在落地电价中，由受电地区电力用户承担；容量电价则根据联网工程的受益情况由受益地区电力用户承担。2018年起，国家发展改革委连续两次降低跨省跨区专项工程输电价格，降低平均输电价8.9元/MW·h。当前，电价水平在1.54～8.02分/kW·h。2021年国家发展和改革委员会印发《跨省跨区专项工程输电价格定价办法》，跨省跨区专项工程输电价格开始实行单一电量电价制，以弥补成本、获取合理收益为基础，按照资本金内部收益率对工程经营期内年度净现金流进行折现，以实现整个经营期现金流收支平衡为目标，核定工程输电价格。跨区输配电价的降低以及电力市场化的推进极大降低了用户用电成本。

在跨省跨区输电交易规模方面，资源与电力负荷的错配使跨省跨区电力输送和交换成为保障我国电力供应、优化资源配置的重要手段。目前，我国的跨省跨区交易品种主要分计划交易和市场交易。其中市场交易包括中长期交易和临时及短期交易，中长期交易包括电力直接交易、省间外送交易和省间合同交易。2021年，全国各电力交易中心累积组织完成市场交易电量37787.4亿kW·h，省间交易电量(中长期和现货)合计为7027.1亿kW·h，其中省间电力直接交易1890.1亿kW·h、省间外送交易5037.5亿kW·h、发电权交易99.5亿kW·h。国家电网区域各电力交易中心累积组织完成市场交易电量29171.5亿kW·h，占该区域全社会用电量的比重为44.5%，其中北京电力交易中心组织完成省间交易电量合计为6379亿kW·h；南方电网区域各电力交易中心累积组织完成市场交易电量6702.8亿kW·h，占该区域全社会用电量的比重为46.6%，其中广州电力交易中心组织完成省间交易电量合计为590.4亿kW·h；内蒙古电力交易中心累积组织完成市场交易电量1913.1亿kW·h，占该区域全社会用电量的比重为61%。

3. 省级电力市场建设情况——以广东为例

自新一轮电力体制改革启动以来，我国各个省份均进行了积极的改革，推进市场体系的建设。截至2019年，各省省内市场交易电量合计2301.7TW·h，占全国市场交易量的81.2%，如图3-3所示。目前，广东、浙江等首批8个现货试点地区均已启动现货市场建设并开展了长周期的结算试运行工作。

自9号文件发布后，广东电力市场改革进入高速发展阶段。为了提高市场效率，降低交易成本，为市场成员提供开放便捷的交易平台，广东电力市场交易系统于2015年3月初正式上线试运行，实现了电力用户与发电企业直接交易市场注册、交易申报、交易管理、合同管理、结算管理、交易监视、系统维护、信息发布等基本功能。2015年4月，广东经信委出台了《广东电力大用户与发电企业直接交易深化试点工作方案》(粤经信法〔2015〕132号)，明确未来3年售电交易总体目标，以及具体交易管理方式以及交易形式。2016年3～9月，广东电力市场每月开展集中竞争交易，作为全国电改的"排头兵"，引发了舆论和社会的广泛关注。2017年7月起，广东开启了新规则体系下的月度集中竞争交易，在交易规模上有了显著的提升。到了2018年，广东作为首批8个现货试点之一，在全国率

第3章 国内外电力市场调研

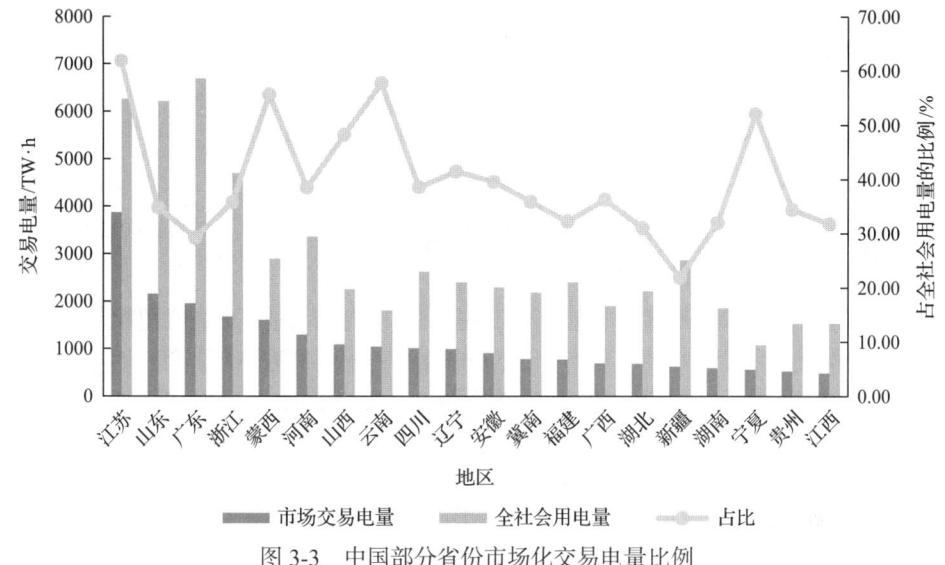

图3-3 中国部分省份市场化交易电量比例

先开展了现货市场试运行,按照模拟试运行、结算试运行和连续不间断运行三个阶段推进现货市场建设,并在2019年和2020年开展了现货市场的按日、按周和全月结算试运行,有效激发了发电企业和电力用户参与电力市场的积极性,改革红利初步显现。目前,广东电力市场已形成了"中长期+现货"的市场框架,交易标的物为电能量交易和以调频为主辅助服务交易,交易周期覆盖以年、月、周、日以上、日内和实时(15min),组织方式主要为双边协商、合同电量转让和集中竞争。

1) 中长期交易

(1)中长期交易中采取价差模式。一方面,考虑了在长期的计划经济体制下,无论是发电侧上网电价还是用户侧的目录电价,都含有大量的交叉补贴成分;另一方面,在推动中长期交易时,独立的输配电价尚未核定。广东的中长期交易均采用价差模式,即发电侧、用户侧在竞价中申报在计划体制下的上网电价、目录电价基础上的降价值,根据降价的高低来确定出清结果,解决了相关配套机制不完善下电力交易的快速推进问题。

(2)集中竞价的价差返还机制。广东省2016年的电力中长期集中竞价交易中,采用了"价差返还机制"。首先将所有的市场盈余按一定比例分给供给侧和需求侧,然后将供给侧/需求侧的总盈余分别按发电/用户报价的"价差电费"的比例分配到具体的市场主体。客观上在市场建设的早期活跃了市场,促进了售电公司的发展。

(3)通过参数调整供需比以控制市场价格。在电力市场改革的初期,相关市场力控制机制、保证发电容量充裕度的机制缺乏或不健全,市场无法承受过低或过高的电价。广东电力市场中,采取了限制"供需比"的方法控制价格。从短期看,市场价格逐渐被控制在一定的范围内;从长期看,这种设置"供需比"的方法为相关市场配套机制不完善的情况下的市场发展问题提供了解决思路。

2) 现货交易

日前市场采用了全电量申报、集中优化出清的方式开展。提出了"用户侧报量不报价"与"用户侧报量报价"两个发展阶段，给出了两个阶段的市场出清、结算模型，以适应当前的技术条件。第一阶段为"用户侧报量不报价"，采用发电侧报价和系统的负荷预测出清，对发电和负荷均采用"日前+实时"双结算的机制，负荷的日前结算量采用日前的申报量。

实时运行时，电力调度机构基于日前电能量市场封存的发电机组申报信息，根据超短期负荷预测等电网运行边界条件，基于安全约束机组组合、安全约束经济调度，对日内机组启停状态进行优化决策，作为实时电能量市场出清的边界条件。实时电能量市场以购电成本最小化为优化目标，出清得到各发电机组需要实际执行的发电计划和实时节点电价。

调频辅助服务市场以调频里程和调频容量为交易标的，采取"日前预出清+日内正式出清"的模式，市场出清中对里程报价按归一化的调频性能指标进行折算。调频服务提供者获得里程补偿和容量补偿两方面的补偿，其中里程补偿考虑提供的调频里程量、里程出清价及调节性能指标；容量补偿考虑调频容量及月度日前平均节点价与核定的发电成本之差。

3) 中长期交易与现货交易衔接机制

提出了适合于我国国情和电力市场发展现状的现货市场下的中长期市场交易规则。设计了年度合同分解到月、日及小时的方式，设计了若干种标准交易产品。借鉴金融市场的方法，建立了对中长期市场中交易电量、交易价格的限制机制，控制市场的风险。

4. 未来全国统一电力市场建设

从国际经验看，随着市场化改革的不断深入和资源优化配置需求的不断提升，在市场交易规模稳步扩张的基础上，市场交易范围将逐步扩大，交易行为也逐渐规范化。欧盟电力市场已由初期的 15 国日前联合出清发展到目前 27 国以日前耦合（日内 14 国耦合）为主要特征的欧洲统一电力市场；美国以独立系统运营区域为起步，目前也形成了多个以系统与市场运营一体化为特征的区域电力市场，市场的范围逐步扩大。在吸收借鉴国外成功电力市场建设经验的基础上，应进一步发挥国家宏观战略层面的积极作用，对我国电力市场体系开展顶层再设计，全面启动全国统一电力市场的建设工作。

2022 年 1 月，国家发展和改革委员会、国家能源局出台《关于加快建设全国统一电力市场体系的指导意见》，提出健全多层次统一电力市场体系，统一交易规则和技术标准，加快形成统一开放、竞争有序、安全高效、治理完善的电力市场体系。可以预见，全国统一电力市场体系建设将全面提速。

全国统一电力市场体系主要由两部分组成，分别是跨省跨区电力市场、省/区域电力市场。跨省跨区电力市场主要落实国家能源战略，促进可再生能源跨省跨区消纳，实现大范围资源优化配置。省/区域电力市场主要保障省/区域内电力电量供需平衡，优化资源配置，实现电网安全运行与市场有效运行；省（区、市）电力市场、区域电力市场视作同级交易方，作为整体参与跨省跨区电力市场，区域内各省不再单独参与。在全国范围内，遵循市场经济规律和电力系统运行规律，形成市场主体公平竞争、自主选择、电力资源畅通流动、优化配置的市场环境。

全国统一电力市场体系建设将激励清洁能源参与市场化交易。在计划电量方面，按照先增量、后存量的原则逐步将跨省跨区优先发电计划从量价固定的购售电协议，转化为由市场机制决定量价的政府授权合同，释放市场交易空间；在中长期交易方面，要求签订长周期的中长期合同，以引导清洁能源投资和规划，并完善建立中长期合同的灵活调整机制，通过短周期、高频次交易，适应清洁能源发电特性；在现货交易方面，鼓励以报量报价方式参与现货交易，并首次明确了未中标的电量不纳入弃风弃光电量考核，扫清了清洁能源参与市场化交易的量价管理矛盾；在环境价值方面，要求开展绿色电力交易，引导精准化匹配绿色电力消费意愿，并开辟了优先组织、优先执行和优先结算的渠道；在主体构成方面，鼓励分布式光伏、分散式风电等主体同周边用户开展直接交易，逐步健全分布式发电市场化交易机制，增强就近消纳能力。

全国统一电力市场体系建设要求推动电力价格体系的完善。明确要求确保居民、农业、公益性事业等用电价格的相对稳定，因此在燃煤发电上网电价全部放开、工商业用户全部进入市场的大趋势下，必须全面分析清洁能源大规模发展带来的电力系统运行成本上升问题，通过科学设计统一电力市场交易模式，合理测定能量成本、辅助服务成本与容量成本，为拉大峰谷差、引导用户削峰填谷提供数据基础，构建市场化电力价格形成及成本疏导机制，确保合理电价水平，以有效平衡电力供需。同时，为了有序衔接各层次电力市场，要厘清跨省跨区与省内市场的经济责任边界，进一步加强输配电成本管理，优化输配电价结构，妥善处理政策性交叉补贴，以打通电力资源在各层次电力市场中的优化配置渠道。

全国统一电力市场体系建设将加快应急备用和调峰电源能力的建设，以支撑能源结构清洁低碳转型，同步建立健全成本回收机制，通过建立容量补偿、容量市场、稀缺电价等机制，或通过辅助服务市场，实现对调节资源的合理成本补偿，以确保电力供应安全。此外，对于建立推动全国性电力交易中心，设立信息披露、市场监管、应急保供等多项市场配套机制等关键问题，也将随着全国统一电力市场体系的构建，逐步完善和解决。

3.2.3 我国电力市场建设的成效

通过两轮的电力体制改革，电力行业破除了独家办电的体制束缚，从根本上改变了指令性计划体制和政企不分、厂网不分等问题，初步形成了电力市场主体多元化竞争格局。

(1) 促进了电力行业快速发展。截至 2021 年底，全国发电装机容量超过 23.77 亿 kW，发电量达到 8.11 万亿 kW·h，电网 220kV 及以上线路回路长度超过 79.4 万 km，220kV 及以上变电容量超过 45.3 亿 kV·A，电网规模和发电能力位列世界第一。

(2) 提高了电力普遍服务水平，通过农网改造和农电管理体制改革等工作，农村电力供应能力和管理水平明显提升，农村供电可靠性显著增强，基本实现城乡用电同网同价，无电人口用电问题基本得到了解决。

(3) 初步形成了多元化市场体系。在发电方面，组建了多层面、多种所有制、多区域的发电企业；在电网方面，除国家电网和南方电网，组建了内蒙古电网等地方电网企业；在辅业方面，组建了中国电建、中国能建两家设计施工一体化的企业。

(4) 电价形成机制逐步完善。在发电环节实现了发电上网标杆价，在输配环节逐步核定了大部分省的输配电价，在销售环节相继出台差别电价和惩罚性电价、居民阶梯电价等政策。

(5) 积极探索了电力市场化交易和监管。相继开展了竞价上网、大用户与发电企业直接交易、发电权交易、跨省区电能交易等方面的试点和探索，电力市场化交易取得重要进展，电力监管积累了重要经验。

3.3 本章小结

我国电力市场建设保持着逐步改革的节奏向着市场化方向改革，但当前电力行业正面临重大转型，从规划和运行等方面对电网的可靠性提出新的挑战，而在电力市场范畴内如何应对这些挑战则还存在着诸多的不确定性。面临新的挑战，国外可借鉴的电力市场均表现出了不同的问题。既增加了我国电力市场改革的不确定性，也提供了完善机制、规避问题的机会。

第4章 国内外天然气市场调研

4.1 国外天然气市场情况

4.1.1 美国天然气市场

1. 美国天然气工业基本情况

2000年页岩气革命成功以来,美国天然气产量得到了极大的增加。在2006~2013年短短的不到10年间,美国页岩气产量增加了20%(约500万MMcf),其中页岩气占比从不到5%增加到40%。天然气产量的增加刺激了需求,也降低了天然气价格。

天然气、煤炭是美国主要的一次能源来源,其中天然气占美国一次能源消费的27%。天然气同样是美国电力工业的最重要的一次能源。2019年,美国燃气电厂装机容量占所有装机的43%,发电量占全美发电量的38%,是装机占比和发电量最大的电源类型。

2. 美国天然气工业解除管制的历程

1938年,美国天然气法案(Natural Gas Act of 1938)颁布。之后的40年时间内,美国政府加强了对天然气的管制。跨州的交易由FERC管制,州内的交易由州立市政委员会管制(State Public Utility Commissions)。严格管制下的天然气市场出现了许多问题。天然气传输市场基本被垄断。因为买气价格低,供应商不愿意开发天然气。而天然气零售价格也因为垄断偏离了其实际价值。20世纪70年代后期,美国经历了一个天然气短缺期。这促使了政府解除天然气市场的管制。

美国天然气市场的发展历史大致可以划分为三个阶段。

1985年之前,垂直一体化的天然气市场。垂直一体化结构下管道公司垄断了买气和卖气的业务,同时承担了输气的业务,导致市场缺乏竞争缺乏活力,天然气价格偏离了其实际的市场价值。当时大部分交易是通过"照付不议"(take-or-pay)长期合同完成的,即使用户想换一个管道运营商,也得等之前的长期合同失效。这大大降低了市场成员的积极性。

1985~1992年,FERC Order 436法案颁布后,开放了批发市场,使大用户和区域配气商可以参与批发市场的竞争,直接从供应商处买气。此次改革大大增加了批发侧市场的竞争。管道输气商一开始态度不积极,因为用户不再需要承担最小付费义务(minimum payment obligation),而管道公司和供应商仍然签订的照付不议长期合同，这令天然气管道商面临着巨大的风险。直到 FERC Order 500 允许让用户承担一部分的输气费用，其态度才发生了转变。随后 1989 年的 wellhead decontrol 法案又解除了批发市场的价格管制，进一步刺激了批发市场的竞争。

1992 年后，随着 FERC Order 636 法案的颁布，天然气管道公司分离了运输和交易的业务，负责运输的天然气管道公司不能再参与批发市场。636 法案还允许合同的再交易，这促进了天然气二级市场的发展。

3. 美国天然气市场设计与运行

美国天然气市场分为气量市场和输气容量市场。其中气量市场将天然气视为一般商品进行交易，而输气容量市场则考虑了天然气管道传输的物理约束，即其不同于一般商品的物理属性。两个市场都有中长期合约和短期(现货)合约，合约分物理合约和金融合约两个类型。天然气市场的金融合约在纽约商品期货交易所 NYMEX 进行交易，交易标的是未来某个时间点的天然气(以墨西哥湾附近路易斯安那州的 Henry Hub 为标准地点)；物理合约则在全国各个 market hub(hub 一般指管道的连接处，由相连的管道运营商负责)进行交易，交易的物理合约为短期(现货)合约，中长期合约则由双方谈判协商签订。

天然气以 10:00~22:00 东部标准时间(EST)为一个完整的交易日，称为燃气日(gas day)。天然气没有明确的日前市场概念，一般指日前组织的气量交易和输气容量交易。

气量交易(supply market)主要通过用户和供应商签订中长期合约和短期现货合约完成。长期合约一般覆盖未来 18 个月以上的天然气供应，合约一般指定每个月的供应气量。合约双方可以协商固定或可变的价格。长期合约一般照付不议，因此灵活性较差，越来越不被用户所接受。中期合约覆盖一年或更短时间的天然气供应，合约一般指定每个月或日的供应气量及其波动范围。

短期合约(spot contract)为气量交易中最灵活的合约，通常在现货市场上交易。短期合约在每天的每个时刻都可以交易，有 swing contract(interruptible contract)、baseload contract 和 firm contract 三种类型。swing contract 和 baseload contract(一天到不超过一个月)都是非强制性的合约，即双发虽然指定了合约气量，但都没有强制的义务去执行，与照付不议协议规则类似。firm contract 则是有法律约束力的，双方必须按合约气量执行。一般来说，用户为自己确定的气负荷部分提前一个月签订 firm contract 以保证用气安全，但对不确定的部分则随时签订 swing 和 baseload contract 用于调整和平衡。尽管每天都可以交易现货合约，但事实上每个月最后的一周交易是最活跃的(bid week，每月的最后 5 个工作日)。在 bid week 中，下个月的大部分气量会成交，成交平均价格通常是物理合约中指定的成交价格。

天然气输气容量市场(transportation market)交易标的是管道可用的输气容量

及其相关的运输服务。这一市场的卖方是管道公司，买方是经纪人(marketer)/区域配气商/生产商/大用户，统称为 shipper。传输市场有一级市场、二级市场，在一级市场中，买卖双方签订合约，二级市场中市场成员就一级市场签订的合约开展再交易以不断的调整自己的份额。

输气容量合约(transportation contract)的价格受 FERC 管制，FERC 使用直接固定可变利率法(straight fixed variable rate-making method)来决定传输费用的多少。一般来说居民用户基本都是 firm contract,而燃气电厂和大用户则有很多 swing contract。

输气容量合约主要有以下几种类型：①regular firm contract：持有合约的用户有权利在整个合约时间内使用管道的容量来传输天然气。regular firm contract 指定了用户每日最大传输气量，输气与抽气的地点、使用备用容量的费用以及额外服务。如果用户使用的日气量超过了最大限制则需要交额外的罚款。②no-notice firm contract：与 regular firm contract 相比，持有该种合约的用户不需要保持投标气量和实际传输气量的相等。③limited firm contract：与 regular firm contract 相比，指定一个月中断天然气供应的次数上限。④interruptible contract：持有合约的用户享有在某段时间内使用管道传输天然气的权利，但什么时候输送这些气的决定权在管道商手里，即若某时刻管道容量不够，则管道商可以停止给相应的用户送气。

天然气输气容量市场有中长期合约和短期合约，其中短期合约通过一种投标机制完成(nomination)。shipper 通过投标告知燃气公司其每天要在什么地点输送或抽取多少气量，日前市场的投标的流程如下。

第一步：在每月的 20 日 shipper 投标下个月每日的输气容量，这个气量不能超过签订的输气容量合约中指定的上限。

第二步：在用气日的 1 天前，通过投标(timely nomination)微调用气日的气量（大约±15%）。

第三步：管道公司收集所有的投标，判断管道是否能满足这些传输要求。然后进行确认或要求修改。生产商和用户得知中标结果后，他们继续在第二轮投标(evening nomination)中调整份额。

第四步：管道公司根据用户签订的输气容量合约计划，安排第二天的运行方案(gas flow)。

4.1.2 澳大利亚天然气市场

1. 澳大利亚天然气工业基本情况

澳大利亚是经合组织成员国，也是继卡塔尔、印度尼西亚、马来西亚之后的全球第四大液化天然气出口国。澳大利亚拥有约 1600 万 km^2 面积广阔的沉积盆地，沿海大陆架面积超过陆地面积两倍以上，水下天然气资源储量前景可观。根据澳联邦工业、旅游和资源部以及澳地质科学局资料，澳大利亚可销售天然气 89 万亿立方英尺。近年来，澳沿海大陆架陆续不断地发现新的天然气资源，主要分布在巴斯海峡、西北大陆架和 Timor 海一带。澳大利亚西北大陆架和邻近的高庚地区天然气藏尤其可观，该地区是澳大利亚尚未开发的最大的天然气田，储量高达 12.9 万亿立方英尺，其能源价值相当于一个储量为数十亿桶的大油田。

2. 澳大利亚天然气市场机制

澳大利亚东部和南部的澳大利亚燃气批发市场由两部分组成：维多利亚州燃气申报批发市场和短期交易市场。1999 年 3 月，燃气现货市场在地区政府持有的燃气和燃油公司解体后在维多利亚州成立。21 世纪初，为了提升能源零售业的竞争力，燃气和电力零售市场相继成立。在日益一体化的燃气和电力市场，以及澳大利亚东部和南部各州建立的燃气互联网的促使下，澳大利亚能源市场运营商成为了唯一的市场运营商。澳大利亚能源运营商以燃气和电力共同管理为架构，经营燃气和电力市场，以及提供能源基础建设规划的咨询业务。2009~2010 年，澳大利亚能源市场运营商在悉尼市，布里斯班和阿德莱德燃气枢纽站建立了燃气短期交易市场。

维多利亚州燃气申报批发市场的目标是：①促进燃气交易的竞争力和活力；②保证安全可靠的燃气运输；③确保市场和运营的平衡；④确定燃气的价格和流量；⑤执行市场结算与风险管理。燃气申报批发市场的参与者包括澳大利亚能源市场运营商、燃气生产商、仓储商、零售商、交易人和市场客户群。燃气申报批发市场是基于物理的申报传输系统，供应 180 万燃气用户，一年提供超过 220 拍焦耳。燃气的供需结算是依照每个燃气日时间，即从早上 6 点东部标准时间起每 24h 结算一次。澳大利亚能源市场运营商将在白天每 4h，晚上每 8h 更新燃气调度时间表。这个时间表决定了这个燃气日的剩余时间的燃气价格和流量。燃气市场的价格可在 0~800 澳元/吉焦的区间中变动，并在一个燃气日期间决定 5 次。市场参与者在燃气申报批发市场中投招标以控制供应和需求量，即一个竞争性的投招标程序。所有投标按照价格顺序叠加，然后依据总需求预测清算，即最低成本调度程序。因为供需失衡会导致支付的不平衡，所以此程序会鼓励供应商和消费者调整一致他们的供应和消费量。

短期交易市场是一个批发市场，旨在方便日常燃气交易，并允许零售商或其他大客户从批发市场，而不是从长期合同购买燃气。这个短期交易市场在阿德莱德、悉尼和布里斯班 3 个燃气枢纽站运营。燃气运输商（输送在市场上已售的燃气）和燃气用户（为消费者购买燃气）使用当日燃气市场价格结算并完成交易。主要市场参与者是运营商、运输商、用户、经销商、分配代理商和设施运营商。澳大利亚能源市场运营商只负责这个燃气市场的运营但不参与燃气传输、生产、存储等设施的操作，只管理和监控燃气市场在燃气枢纽的结算程序。短期交易市场的主要特点是：①燃气将提前一天完成交易。这个提前一天的价格适用于基于燃气枢纽站的市场调度时间表的所有燃气供应(在执行市场程序之前)。任何每日燃气缺口或盈余可以在下一个交易日交易。②投招标根据价格顺序清算。澳大利亚能源市场运营商发布市场调度时间表和价格给燃气运输商。使用金融补偿和处罚来保持燃气供应和需求的平衡。具体而言，有一些激励政策会减轻偏差和变化，如偏差付款和前后不平衡价格。③燃气流量和系统安全问题会系统性地使用一套程序解决(即启用和支付应急燃气供应商)。

4.1.3 天然气市场存在的问题

美国当前天然气市场的高度竞争源于管制环境的变化。未来市场的发展受若干因素影响：①供给侧的变化，如非传统天然气资源未来产能、与之竞争的其他类型能源的发展、天然气管道的投资建设情况、新技术的应用等；②需求侧的变化，如能源效率的提高、用于发电的可再生能源技术的进步等；③能源政策的影响，如碳减排政策、环境污染政策、可再生能源政策等；④市场发展变化的影响，如市场结构的变化、国际市场的演化、区域市场变化及地缘政治影响等。

1. 供应侧

页岩气开发中存在着一些环境问题，对页岩气未来发展构成挑战。包括水力压裂法用到的水量问题、压裂液的处理问题及对地下水的污染问题等。公众对于页岩开发可能导致潜在风险与健康问题日益担心。当前尚没有证据表明压裂液会侵入到淡水层，但是确实有天然气侵入到淡水层的报道，这主要是由于工作人员不合规操作导致的。现在已有部分企业可以重复利用回收的污水。总体上来讲页岩开发对环境的影响存在风险，但是可以控制；工业界与政府应协调起来，通过技术研究和管制措施，共同努力减少页岩气的环境影响；同时加强先进经验的交流推广，实现整体区域性水资源协调利用与处理。

在天然气基础设施方面，存在几个趋势：包括美国生产情况的变化，供应从通常的墨西哥湾转移到陆上；区域市场之间的价格差异；美国人口分布的变化，有从东北及中西部向南部及西部转移的趋势；以及全球液化天然气市场的增长等。相关产业通常对市场信号反应良好，供给和需求的模式改变导致基础设施在过去几年中显著增加，包括在西部和东部建设了更多管道。此外由于天然气发电持续增加，未来还需要建设新的燃气管道和存储设施。整体上估计，未来20年将需要大约2100亿美元的基础设施投资。

美国运输部监管天然气管道安全，并要求输送和配送管道具有完整的管理计划。美国管道基础设施大都很老旧，大约1/4已经使用了50年以上，已经出现了若干事故，安全运行问题引起担忧，未来需要加强管道安全技术的研究。

2. 需求侧

在工业领域，天然气主要用在锅炉等加热设施上，如果采用更高能效的设备，可以有效降低天然气的用量。同时，可以用天然气替代煤煤锅炉或其他加热设施。有分析表明，将工业部门的燃煤锅炉转为高效燃气锅炉是有效减少有害空气污染物排放的高效选择，通过这种替代还有可能将天然气需求每年增加 0.9 tcf。天然气和天然气凝析液(natural gas liquid, NGL)是化学工业中的主要原料，并且越来越多用于氢气生产中，天然气和 NGL 的强劲市场将提高有赖于此的制造业的竞争力。

在交通领域，充足的天然气供应激发了在交通运输中扩大应用的可能性，如果油价格在高位的话，显然天然气在交通领域替换燃油车的进程将加快。未来在使用压缩天然气(compressed natural gas, CNG)和支持多类型能源(汽油、乙醇和甲醇)的汽车领域可能会有发展。

3. 天然气与电力

燃气发电占比近年来持续增加，现在占比约为 30%。根据各国际机构出具的能源展望报告，为达成 2050 年碳中和的目标，天然气发电将经历一个先升后降的过程，因此，短期内天然气发电仍有发展空间。这种情况反映了燃气发电的环境效益、运行稳定性、可调节性、易于选址建设和较低的成本等优势。

在环境方面，采用天然气发电替代煤炭发电，在电力领域可减少碳排放约 20%，同时能够减少其他污染物(硫化物、氮氧化物、粉尘、汞等)的排放。在可调节性方面，随着风力等清洁能源的大规模接入，天然气电厂能够发挥自身调节性能，使电力系统运行人员能够快速匹配间歇能源的出力变化。在此，有两方面需要注意：①需要颁布新的政策和法规，以促进配套调节容量的建设；②加快分析天然气与电力的相互依赖性。短期来看，在有些区域，清洁能源发电增长很快，但是没有采用额外的调节措施，这对电力系统的安全运行带来了一定影响。

当前电力和天然气领域本身都是竞争性市场，但是两个市场存在着不协调的问题。燃气电厂的发电受电力系统自身特性影响变化较大，其天然气需求具有不确定性。这些天然气需求需要其在天然气市场中进行采购，而天然气市场的时间节点与电力市场时间节点并不匹配。在部分电力调度区域，燃气电厂在其接到电力调度计划之前就需要购入天然气，这导致了供应的风险。如果能够优化这两个系统的计划节点，将解决现存的低效问题并降低整体运行成本。

不协调的问题还表现在天然气管道服务方面。原有的天然气管道服务主要面向是地区分销公司等传统客户，这些服务选项并不能很好地适应具有波动性和难以预测性的燃气电厂的要求。燃气电厂现在依赖的固定与可中断混合服务、第三方递送服务以及来自地区分销公司的日前管道容量释放程序等尚可发挥正常的作用。然而，近来燃气发电的高涨已经引起了相当大的对电力系统可靠性的关注，燃气管道约束以及可中断服务可能会造成电力系统可靠性问题。因此，需要新的更灵活的服务以确保电力系统的可靠性。

总体上说来，上述不协调的问题现在还是小范围出现，并不强烈。然而随着未来燃气发电比例的增长，必然会暴露出更多的问题，需要加强电力市场和天然气市场协调的技术研究，以及相应政策法规的制定。

4.2 我国天然气市场情况

以价格改革、扩大准入、建设交易市场为代表的市场化改革措施已在我国天然气领域逐步实施，天然气行业深化改革总体方案已进入征求意见阶段。管网改革和国有企业改革开始预热，政府管理方式转变和天然气行业清洁发展政策也在持续推进。我国现阶段天然气体制改革主要包括价格机制改革和管网改革。

1. 天然气价格机制改革

价格形成机制改革是中国天然气行业市场化改革的核心之一。天然气价格改革以实现增量气与存量气价格并轨为目标。我国天然气价格形成机制经历了管理环节、决定机制、价格结构等一系列改革。价格决定机制从成本加成到与替代能源挂钩，从调整价格水平转向调整价格结构，实行对终端价格的分类管理。到目前为止，中国天然气价格机制改革已经取得极大进展，但仍有两大问题没有解决。

(1) 天然气目前仍由政府定价。由政府定价转向市场定价是改革的方向。根据《关于推进价格机制改革的若干意见》，天然气价格改革的方向是"管住中间、放开两头"，实现终端价格的全面市场化，交易市场的建设是实现这一目标的重要举措。现行的与可替代能源挂钩的模式只是市场化进程中的一个过渡阶段，未来天然气价格将由供需基本面决定。

(2) 天然气价格中的交叉补贴问题有待进一步解决。长期以来，我国对居民用气实行低价政策，居民气价明显低于工商业等其他用户价格，交叉补贴现象严重。下一步改革需要在建立对生活困难人群和一些公益性行业的定向补贴和救助机制的基础上，适当上调居民生活用气价格，消除居民用气与工业、热力用气的交叉补贴现象。

2. 天然气管网改革

目前，我国天然气管网主要由国有天然气企业承建、运营，按照天然气田与终端用户的一对一关系设计的管道没有剩余运力向第三方开放。管网政策广受社会关注，主要集中在管道建设的公平参与、管道第三方公平准入和管道运营的监管等三个方面。"新36条"实施以来，管道建设的公平参与已部分得到解决，第三方公平准入和建立监管将是未来天然气管网改革的重点。

天然气管网改革的改革方向已经明确，为适应即将出台的改革，中国石油已开始内部管道业务的重组。旨在建立统一的管道资产管理运营及投融资平台，为未来中国天然气管道铺平上市的道路。管道资产重组可以视为天然气改革即将到来前进行的一次适应性预热。

4.3 本章小结

国外天然气市场在机制体制中已实现市场化定价，但也存在供给侧受战争因素影响、需求侧受疫情导致的消费低迷以及技术进步导致的能源效率提高等影响，而在市场化政策本身也存在着受地缘政治等政策波动调整等诸多挑战。我国天然气市场现阶段面临的主要问题是以行政垄断性定价代替市场定价，市场机制不健全、天然气系统的源、网被垄断。如何吸取经验教训，建设具有我国特色的改革方案急需探讨。

第5章 国内外碳交易市场调研

5.1 国外碳交易市场情况

5.1.1 欧盟碳排放交易市场

欧盟排放交易体系(EU Emissions Trading Scheme，EU ETS)是目前全世界规模最大的多国、多方参与的温室气体交易计划。截至2021年，EU ETS覆盖了27个欧盟成员国，以及非成员国冰岛、挪威和列支敦士登的总计10400多个工业工厂和发电站，以及大约350家航空公司。EU ETS的运作模式日渐成熟，取得了显著成就。

1. 交易时间安排

欧盟的排放交易制度实施分为四个阶段：第一阶段为2005～2007年，第二阶段为2008～2012年，第三阶段为2013～2020年，第四阶段为2021～2030年。

第一阶段为实践摸索和经验积累阶段，市场范围限定为欧盟成员国，各国按照相关规定，制定包含本国排放总量限制和国内强制减排企业所获配额的国家方案，然后提交给欧洲委员会。参与交易的部门主要集中于重大行业的大型排放源。该阶段，碳排放配额主要是基于历史排放量进行免费分配，拍卖比例不超过5%。

第二阶段为制度完善阶段，扩展到欧盟以外的国家，加强了排放限制，配额总量少于第一阶段。年度排放上限比2005年平均下降5.8%。对违规行为的惩罚从40欧元/t上升到100欧元/t。此外，欧盟还引入碳储存(banking)概念，旨在鼓励排放者根据他们的现实状况和对未来碳排放价格的预期进行额外减排。

第三阶段为发展成熟阶段，减排内容包括全部六种温室气体，排放总量每年以1.74%的速度下降，以确保2020年温室气体排放要比1990年至少降低20%。同时，2019年初建立了市场稳定储备(MSR)来平衡市场供需，即基于相应规则和目标调整配额的拍卖量。

第四阶段为稳定运行阶段，欧盟理事会达成一致的内容包括：重新建立稀缺性的额外措施、确定拍卖配额相对免费分配配额的比例、建立由EU ETS拍卖资助的气候资金等。

2. 交易对象和配额分配原则

第一阶段，强制交易的对象包括能源业、钢铁业、水泥业、陶瓷业、玻璃业与造纸业等12000处设施,它们排放的二氧化碳占欧洲总量的46%。第二阶段,欧盟进一步扩大了涵盖的会员国行业与排放设施的范畴,将碳排放增长迅速的航空业也纳入强制交易的范围,所有在欧盟起飞和降落的飞机的碳排放量都将进入管控范围。第三阶段,将化工和电解铝行业新纳入到强制交易的范围,并新增电解铝行业的全氟化物和化工行业的一氧化二氮到管制的温室气体种类中。

基于总量控制原则,欧盟根据各成员国内部达成的减排目标,规定每个国家允许的碳排放量。根据历史排放量和部门排放标准等因素,将这些配额分配到成员国的各排放企业。欧盟还以法律形式规定了碳排放交易的管控范围、绝对控制的排放配额总量以及排放配额的分配方法。欧盟规定第一阶段,95%以上的配额是无偿分配,其余配额用于拍卖;从2013年开始,80%以上的配额实行无偿分配,但电力部门(利用废气发电和部分中东欧国家的电力部门除外)以及捕集、传输和储存二氧化碳的部门将全部通过拍卖获得配额。根据现行EU ETS规则,截至2030年,43%以上的碳配额将免费分配。这种一定比例的免费配额相当于污染补贴,阻止了工业和航空公司污染外部性成本的内部化,但是大部分电力部门不再获得免费配额。

3. 交易方式

欧盟允许成员国使用清洁发展机制(clean development mechanism, CDM)和联合执行项目(joint implementation)的减排量指标核证减排量来折抵其排放量,实现《京都议定书》中三种减排机制的有机结合,形成了排放配额交易和核证减排量交易。

排放配额交易。欧盟排放交易体系允许成员国之间的企业根据各自的减排成本差异,自由买卖温室气体减排额度,形成排放配额交易市场。在该市场中,交易的减排单位是EUAs,一单位的EUA相当于1t的二氧化碳当量。交易的需求方是排放超标企业,供给方则是排放配额富余的企业。通过市场交易机制,使欧盟整体碳减排成本降低。目前1t二氧化碳的价格在80~90欧元浮动。

核证减排量交易。核证减排量交易是基于CDM而产生的。EU ETS规定,有减排义务的国家可向无减排义务的发展中国家购买温室气体排放权。欧盟国家企业每通过项目投资帮助发展中国家减排1t二氧化碳,就可在本国获得1t二氧化碳排放权。由CDM项目所获得的减排量必须经过核定,并获得相应的核证减排量(CERs),然后才能进行交易。CERs的交易降低了排放配额价格。

4. 协调与监管机制

为促进欧盟碳排放交易体系的有序运作,保障该计划的顺利进行,欧盟制定了严格的二氧化碳排放监测和报告制度,对碳排放交易方的信息披露与专业程度提出了明确要求,也制定了一系列的惩罚标准。欧盟的中央行政部门跟踪、管理、监督交易的份额，欧洲委员会负责审查并将结果公布，欧洲环境机构还出版了关于成员国排放交易指令的技术报告。欧盟规定，配额必须经欧共体注册后才有效，并标明配额来源和去向。欧盟建立了标准的电子数据库保存数据，详细记录配额的签发、持有、转移和取消，并向社会公开。欧盟设立了专门的中央管理者来维护独立交易日志，各成员国每年撰写并向欧盟提交一份应用报告。报告中需注明配额分配的设置，注册处的运营、监测和报告，执行措施的应用、核查、任命，指令的履行情况及配额的账务处理方式等。

5.1.2 芝加哥气候交易所

美国芝加哥气候交易所(Chicago Climate Exchange，CCX)成立于 2003 年，是全球第一个也是北美地区唯一具有法律约束力、基于国际规则的自愿性温室气体减排交易平台，交易所成员自愿加入和签订具有法律效力的减排政策，采取成员制的"总量控制和交易体系(cap-and-trade)"模式。交易成品涉及全部温室气体并折合为 1t 二氧化碳当量，交易单位称为碳金融合约(CFI)，代表 100t 二氧化碳当量。交易所的 CFIs 可以是减排成员按照其排放基准线同交易所设定减排目标而签发的"指标性碳信用额"，也可以是经合格减排项目而产生的"抵扣性碳信用额"。这种市场的碳信用也被称作"经核查的减排"(VERs)，市场也称为"碳抵消"市场。交易所包含两种联系机构：一种是 CCX 的会员，包括企业、城市和其他排放温室气体排放的实体，会员有减排承诺，主要来自航空、电力、环境、汽车等行业；另一种是流动性的提供者。在 2006 年已经结束的第一阶段里，各成员国实际减排 1.8 亿 t，比规定的 4%多完成了 8%，取得显著效果。2008 年，CCX 交易总量为 3.1 亿美元。

1. 交易主体和运作模式

CCX 实行会员制，交易方需取得 CCX 会员资格以后才能进行市场交易。截至 2009 年，CCX 会员总数已超过 400 个，行业分布广泛。根据排放特征、行业分布以及交易中扮演的角色不同，CCX 交易会员可分为基本会员、协作会员、参与会员、专项交易参与商等四种类型。

CCX 会员费申请费为 5000 美元，年费为每年 5000 美元，每年 1 月 1 日缴纳。供应商和集成商在 CCX 登记注册后，其加入 CCX 以前的减排项目和补偿量需补缴该项目当年的年费。

碳交易金融合约由交易指标和交易补偿量组成。根据会员各自的基准线和交易所制定的减排时间表将指标分配给会员，补偿量由补偿项目而产生。每一份碳金融合约代表着 100t 的二氧化碳当量。

根据自愿性交易特点，CCX 开发的碳交易金融产品包括温室气体排放配额(GGAS)、经核证的排放补偿量和经过验证的先期行动补偿量。

CCX 根据各会员在 1998~2001 年的年平均温室气体排放量，制定其减排计划。CCX 制定的温室气体减排总体计划为：2003~2006 年为第一阶段，以 1998~2001 年三年的平均减排量为基准，要求会员每年至少减排 1%，至 2006 年相对于基准减少 4%；2006~2010 年为第二阶段，以 2003 年的排放量为基准，要求会员以不同的幅度逐年减少，到 2010 年排放量比基准量至少减少 6%。

2. 交易系统

CCX 的交易体系由交易登记注册系统、交易平台与结算平台三部分组成，各部分不可分割、有机联系、共同完成向登记账户持有者提供实时数据，支持开展交易、协助管理会员的排放基准线、减排目标及遵守减排义务等工作。

交易登记注册系统。登记注册系统是服务于碳交易金融合约交易机制和官方统计的电子数据库。每一个 CCX 交易会员都有独立的登记账户。登记账号持有者可以用来管理温室气体排放清单与碳金融工具。

交易平台。CCX 交易平台是一个由互联网连接的为置信登记账户持有者双方之间的交易命令、成交确认并公示交易结果而建立的交易场所。交易平台是匿名、完全电子化的系统，记录和接受买卖碳交易金融合约的报价。

结算平台。结算平台处理每天在交易平台上发生的所有交易活动日常信息，与登记系统直接相连，便于向登记账户持有者交付当天发生的碳交易金融合约的交易活动。所有在交易平台上进行的买卖活动都必须通过交易所的结算系统结算。

3. 监管机制

CCX 不受美国商品期货交易委员会或其他相应的政府机构监管，实施自律监管。CCX 设有理事会，理事会下设执行委员会、环境遵守委员会、交易与市场委员会、抵消委员会、会员委员会及林地委员会，分别负责某一方面的职能。CCX 还与美国金融业监管局(FINRA)签订协议，由 FINRA 协助交易所进行注册登记、市场监督、承诺履行监管，防范欺诈和市场操纵，并负责对交易所会员的排放基准外部审核。作为自愿参与的减排交易市场，CCX 与会员之间是一种私人合同关系，当一个实体要成为 CCX 会员时，它必须遵守交易所规则。当会员未遵守交易所规则，违反减排承诺时，将要承担合同违约责任，按照 CCX 的交易规则，包括罚款、暂停交易权以及最严重的惩罚——终止会员资格。

CCX 在 2010 年底终止了碳排放交易，主要出于以下几方面的原因。首要因素是交易所碳信用额价格持续走低，从 2008 年 5 月的市场价格 7.4 美元/t，跌至 2010 年 8 月 0.1 美元/t，基本丧失了碳信用额的商品属性。同时，由于碳补偿政策缺乏严格的监管机制，导致交易所内部贪污腐败严重，政治寻租者关联产业能够获取特别的碳排放通行证，使交易所在可信交易体系中失去公信力。此外，交易规则中缺乏碳排放量上限设置措施，"寻租"业务模式的开展增加了美国政府事务工作成本，且收益不稳定。这些因素的共同影响下，盛极一时的 CCX 最终被迫关闭。

5.1.3 碳交易市场存在的问题

国际碳交易市场在迅速发展的同时，也存在着许多问题，主要表现为以下几个方面。

1. 碳排放权初始分配制度不完善

各国初始碳排放权的合理配置是国际碳排放权交易的前提。通过削减二氧化碳的排放量来减缓全球气候变化需要巨额的成本支出，需要各国的共同努力。当前，世界各国一方面担心气候变化带来的巨大危害，要求尽快采取行动来减少二氧化碳等温室气体的排放量；另一方面，也想较多地占有排放资源，扩大本国的碳排放空间，维持本国的国际竞争力。因此，碳排放权的初始分配尤为重要，各国对于分配机制没有达成共识。

在碳排放权的初始分配过程中还存在新建企业和已建企业所获配额的公平性，原始排放权分配的公正性等问题。在这个过程中，不论是无偿分配还是有偿分配，都有其公平与合理性问题。

2. 市场缺乏统一性与流动性

虽然建立了多个碳交易市场，但是目前还没有统一的国际碳排放交易市场，各市场与各地区也存在不同的交易商品和合同结构，各市场对交易的管理规则也不相同。虽然各交易市场的交易标的都是以排放量为基础的各类产品，但由于缺乏统一的交易产品设计，市场缺乏流动性，联系不紧密，因而无法相互促进，市场发展相脱离，无法实现优劣互补。

3. 市场成熟度不够

欧洲碳交易市场作为最早建立的交易市场之一，积累了众多的发展经验，但是缺乏应有的稳定性。期权期货产品的上市使市场逐步得到完善，产品丰富化，市场规模进一步扩张。但是市场波动激烈，尤其是产品的价格波动过分受到国际能源价格的影响。价格的强烈波动导致 CDM 初级市场和 JI 市场表现不利，投资者将眼光更多地转移到 CDM 二级市场，从而伤害了 CDM 初级市场与 JI 市场的发展。如何解决供给与需求间的矛盾，稳定市场价格成为当务之急，这不仅关乎减排成本的控制，还会影响各国经济的发展，影响减排的进度。

4. 全球合作力度不够

碳交易市场是一个国际化市场，现在只有部分发达国家加入了减排的行列，但是发展中国家参与碳交易市场将是必然趋势。就目前国际碳交易市场的发展看，承担减排义务的国家在陆续进行减排，并出台了相关的减排贸易政策，但发展中国家出于对本国经济发展的隐忧以及资本技术等障碍,并未完全或积极参与减排。就目前来看,发达国家与发展中国家在减排方面合作力度不够,导致平均减排成本过高,资源配置欠佳。因此,加强国际合作不仅有利于全球减排的进行,还可以促进碳交易市场的发展。

5.2 我国碳交易市场情况

作为最大的发展中国家,我国的碳排放量在全球碳排放量所占比重巨大。2021年,全球二氧化碳排放总量约363亿t,其中我国排放总量约119亿t,占全球的32.8%,位于各国首位。我国2021年碳排放强度比2005年下降62.9%,比2020年上升6.4%。同"十三五"时期相比,"十四五"时期计划碳排放强度下降18%,"双碳"工作依旧任重而道远。

我国承诺力争在2030年前实现碳排放达峰,并在2060年前实现碳中和。这是全球应对气候变化工作的一项重大进展。在此背景下,推进节能减排势在必行。碳交易是未来国际低碳经济的发展趋势,作为经济发展大国,我国推进碳交易试点工作是顺应国际潮流的行为。开展碳交易试点,体现了我国致力于应对全球气候变化的负责任的大国形象。党和政府高度重视碳交易市场的建设,出台了一系列碳交易市场改革方案。党的十八大报告提出:积极开展节能量、碳排放权、排污权、水权交易试点。十八届三中全会报告中也提出要推行节能量、碳排放权、排污权、水权交易制度,建立吸引社会资本投入生态环境保护的市场化机制。2014年5月15日,国务院发布《2014—2015年节能减排低碳发展行动方案》,方案指出将建立碳排放权、节能量和排污权交易制度,推进碳排放权交易试点,研究建立全国碳排放交易市场。

2011年11月,国家发展和改革委员会宣布在北京、天津、上海、重庆、湖北、广东和深圳开展碳排放交易试点工作。2013年6月18日,我国第一个碳排放权交易市场——深圳碳排放权交易市场正式启动,这意味着中国的碳排放权交易试点工作进入新阶段,同时也是我国政府在减排行动中发挥市场机制作用的有益探索。

碳交易试点工作的主要内容包括碳排放权及其交易立法、碳排放权交易要素设计和构建、碳排放权交易平台建设和监管、宣传教育和能力建设等,旨在为推进全国性的碳交易市场提供经验。

经过试点碳市场的实践摸索和经验累积,2017年底,国家发展和改革委员会印发《全国碳排放权交易市场建设方案(发电行业)》,标志着全国碳排放交易体系完成了总体设计并正式启动。2018年3月,国家发展和改革委员会应对气候变化和减排职责划转至新组建的生态环境部。生态环境部成为我国碳排放权交易工作新的主管部门，继续稳步推进全国碳市场基础支撑工作。2020年12月，生态环境部连续发布了《碳排放权交易管理办法(试行)》、《2019—2020年全国碳排放权交易配额总量设定与分配实施方案(发电行业)》以及配额分配方案和首批重点排放单位名单。2021年1月1日起，全国碳市场发电行业第一个履约周期正式启动，涉及2225家发电行业重点排放单位，总排放规模预计超过40亿t二氧化碳，约占全国碳排放总量的40%。这标志着全国碳排放交易体系正式投入运行，政府将在碳排放配额、企业参与范围、产品定价机制等方面作出系统性的安排。2021年7月16日，全国碳市场正式启动交易，被纳入到全国碳市场的企业无须再参与到地方试点碳市场。

1. 总量和覆盖范围

北京：覆盖行业包括热力、电力、水泥、石化、其他工业和服务业，只管控二氧化碳，不包括其他温室气体。这些行业的碳排放量占北京市总排放量的40%左右，强制参与减排为碳排放量10000t以上的企业(2009~2011年)。

天津：覆盖行业包括钢铁、化工、电力、热力、石化和天然气开采，管控气体也只包括二氧化碳，覆盖的企业门槛为20000t二氧化碳(从2009年开始)。

上海：覆盖行业包括钢铁、石化、化工、电力、有色、建材、纺织、造纸、航空、商业和金融业等，管控范围只包括二氧化碳，覆盖企业门槛为工业20000t二氧化碳，非工业20000t二氧化碳(2010~2011年)。

广东：覆盖行业包括电力、水泥、钢铁、石化等，管控范围只包括二氧化碳，覆盖企业门槛为20000t(2011~2012年)。

深圳：覆盖行业包括制造业中的26个行业及大型公建，管控范围只包括二氧化碳，覆盖企业门槛为工业3000t，公共建筑及政府机关建筑10000m^2。

湖北：覆盖行业包括电力、钢铁、水泥、化工、玻璃和建材、造纸、食品等，管控范围只包括二氧化碳，覆盖企业门槛为60000t。

重庆：覆盖行业主要是工业，如钢铁和化工，管控范围包括6种温室气体，覆盖企业门槛为20000t。

全国：覆盖行业主要是电力，准入门槛为年排放量大于26000t二氧化碳当量的发电企业和自备电厂，管控范围包括二氧化碳、甲烷(CH_4)、氧化亚氮(N_2O)、氢氟碳化物(HFCs)、全氟化碳(PFCs)、六氟化硫(SF_6)和三氟化氮(NF_3)七种温室气体。按照稳步推进原则，"十四五"期间逐步纳入其他成熟行业(水泥、钢铁、电解铝、航空等)。

2. 配额分配方法

北京：祖父法和基准线法，每年免费发放。

天津：祖父法和基准线法，每年免费发放。

上海：祖父法和基准线法，三年发放一次。

广东：祖父法和基准线法，每年免费发放，2013～2014 年拍卖 3%，2015 年拍卖 10%。

深圳：制造业采用博弈法，大型公建采用排放标准法，每年免费发放。

湖北：祖父法和基准线法，每年免费发放+拍卖，30%的配额政府预留用于拍卖。

重庆：基准线法，排放基准逐年递减。

全国：基准法法和预分配，每年免费发放，核定的最终配额量与预分配的配额量不一致的，以最终核定的配额量为准，多退少补。

3. 标的物和履约要求

北京：标的物为 BEA，报告日为 4 月 15 日，履约日为 6 月 15 日，处罚标准为 3～5 倍平均价格。

天津：标的物为 TJEA，报告日为 4 月 30 日，履约日为 5 月 31 日，处罚标准为限期整改。

上海：标的物为 SHEA，报告日为 5 月 31 日，履约日为 6 月 1 日至 6 月 30 日，处罚标准为 10000～50000 元。

广东：标的物为 GDEA，履约日为 6 月 30 日，处罚标准为双倍扣减配额加 50000 元。

深圳：标的物为 SZA，报告日为 5 月 31 日，履约日为 6 月 30 日，处罚标准为 3～5 倍平均价格。

湖北：标的物为 HBEA，报告日为 2 月 28 日，履约日为 5 月份最后一个工作日，处罚标准为 3～5 倍平均价格+双倍扣减来年配额。

重庆：标的物为 CQEA，处罚标准为履约月碳平均价格 3～5 倍。

全国：标的物为 CEA，报告日为 3 月 31 日，履约日为 6 月 30 日，未按时足额清缴碳排放配额的排放单位处二万元以上三万元以下的罚款；逾期未改正的，对欠缴部分核减其下一年度碳排放配额。

4. 交易情况

2011 年以来，已有北京、上海、湖北等七省市加入试点。截至 2020 年 8 月末，全国共有 2837 家重点排放单位、1082 家非履约机构和 11169 个自然人参与试点碳市场，覆盖电力、钢铁等 20 多个行业。

2013～2020 年，我国试点碳市场配额现货累积成交 4.45 亿 t，成交额 104.31 亿元。尤其是通过实施项目消减温室气体而获得的减排凭证(Chinese Certified Emission Reduction, CCER)市场，在 2020 年交易活跃，共成交减排量 6170 万 t，较去年大幅增长 43%。截至 2020 年末，我国 CCER 累积成交 2.68 亿 t。2021 年试点碳市场共分配配额约 11.06 亿 t，完成线上配额交易量 4603 万 t，达成线上交易额 15.41 亿元，成交均价为 33.47 元/吨。

自全国碳市场 2021 年 7 月 16 日正式启动交易至当年 12 月 31 日，全国碳市场第一个履约期共运行 114 个交易日，碳排放配额（CEA）累积总成交量 1.79 亿 t，累积成交额 76.61 亿元，履约完成率为 99.5%。其中，四分之三的交易发生在临近履约期结束的 12 月份。11 月起，全国碳市场交易日趋活跃，当月日均成交量超过 100 万 t。12 月，全国碳市场活跃度再次提升，总成交量 1.36 亿 t，总成交额 58.14 亿元。其中，12 月 16 日，配额总成交量高达 2048.09 万 t，创下开市以来的成交记录。北京、天津、上海、重庆等七个试点碳市场碳排放配额累积成交量达 4.83 亿 t，成交额达 86.22 亿元。

与其他成熟的碳交易市场相比，我国碳价仍处于较低水平，从过去几年的运行情况看，全国七个试点省的加权评分碳价在 40~50 元/t。2021 年 12 月 31 日，全国碳市场碳价为 54.22 元/吨（约合 7.98 美元/吨），较 7 月 16 日开市时的 51.23 元/吨仅上涨了 5.8%，较 8 月 4 日的碳价峰值 58.70 元/吨下跌了 8.3%。

5.3 本章小结

碳排放交易制度不仅是各国应对气候变化的重要政策工具，也是环境公共治理框架的一个重要组成部分。在国外交易市场上，欧盟已推动形成了全世界规模最大、体系最完备的碳交易市场，其运作模式日渐成熟，取得了显著成就。但也存在着诸多问题，如碳排放权初始分配制度不完善、市场缺乏统一性与流动性、市场成熟度不够、全球合作力度不够。我国已向世界承诺碳达峰碳中和目标，如何建立完善的碳交易市场成为当务之急。但全国碳交易体系是一项长期复杂的系统工程，我国现有的几项试点运行均存在许多问题。

第6章　新一代能源系统的建设思路

6.1　未来我国电力市场的建设思路

电力市场建设的目标之一是组建相对独立的电力交易机构，实现基于竞争机制的电力最优调度。其中的关键步骤主要有以下三点：①将公益性和调节性的年度计划由物理合同转变为金融合同；②将大用户直购作为一类与年度计划并列的中长期合约，逐步扩大交易量；③以日前、日内、实时调度以经济调度为目标，同时根据实际出力与金融结算的合约曲线之间的偏差量进行结算，偏差结算的流程如图 6-1 所示。

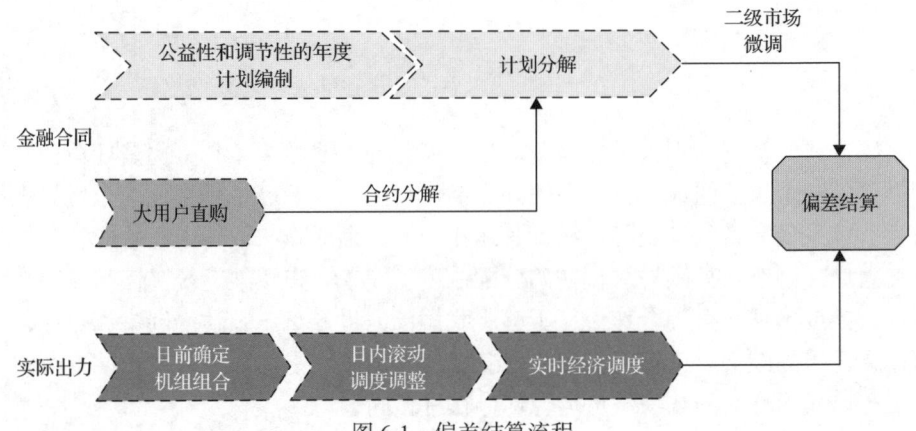

图 6-1　偏差结算流程

电力市场的组织流程则分为年前、月前、日前等阶段。在月度和年度层面上，主要开展公益性年度计划和大用户直购电交易，在周前则开始金融合约的二级市场交易。在日前和日内，主要由 ISO 组织机组组合、滚动调度、经济调度等操作，并在事后根据实时价格计算金融结算曲线。整个市场组织流程如图 6-2 所示。

第6章 新一代能源系统的建设思路

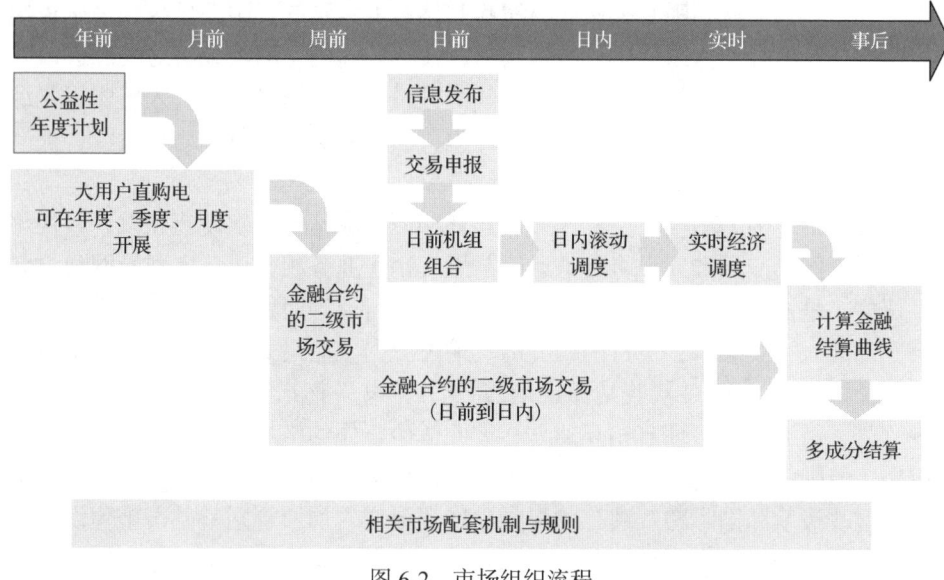

图 6-2 市场组织流程

6.2 未来我国天然气市场的建设思路

天然气市场改革的重中之重是有效的、市场化的价格机制的形成，主要思路为：上游先行，实现天然气源多元化竞争；中游协同，建立统一标准，实现管网第三方准入，并形成有效的监管体制机制；建立合理的价格机制和法律体系规范市场行为。具体措施如下。

标准先行，科学有序引领天然气行业全产业链改革。制定专门的天然气改革标准和行业规则，引领和指导天然气改革，明确改革目标，统一改革行动，推动能源生产和消费革命，统筹推进全产业链改革，系统解决天然气产业发展面临的体制障碍。建立健全以《石油天然气法》为核心，以天然气专项法为支撑的完整法律框架。提高法律法规的可操作性，使其更适应天然气勘探、生产、输送、储配和利用的特点，并完善相关的实施细则和配套法规，以保障天然气基本法和天然气专门法的贯彻实施。

以上游开放为突破口，推动矿权和进口权开放，增加天然气供给，鼓励天然气供应主体多元化。建议成立归属于国土部门的探矿公司，明确矿源后竞争开采权，并严格采取勘探进度跟踪监督，对闲置矿源的情况进行有效治理。以目前尚未登记的常规天然气区块和非常规天然气区块为突破口，放宽市场准入限制，通过公开招标发放许可证等方式鼓励各类资本进入。以推行混合所有制改革和公私合营（public-private partnership，PPP）模式为契机，推进天然气行业各类资本交叉持股、合作经营。鼓励国有天然气公司将其持有的天然气资源探矿权、采矿权用于与民营企业的合作。以深化行政体制审批改革为动力，取消政府对气源进口的行政审批权，允许更多的经营主体从事气源进口业务。通过气源引入，实现气源的多样性，打破当前的上游气源垄断，促进天然气源头的竞争，增加供给，提高资源配置效率，为中下游的市场化改革创造条件。

加大中游管网、储气库、液化天然气(LNG)接收站等基础设施建设，尽快落实天然气管网第三方准入。将管道运输与燃气销售业务相分离，实现管网独立并公平开放，是协调上下游利益关系，推动天然气行业健康发展的必行之举。以管网第三方准入为突破口，实行网销分离、输配分离、储运分离。可考虑先由较易改革的长输管网和LNG接收站开始，遵循财务分离—业务分离—产权分离的次序渐进改革，最终形成各环节相互独立、彼此竞争合作的格局。开放管网投资、建设市场，鼓励多方投资者介入，逐步建立起以市场化融资为主，政策性金融机构融资、财政拨款和国际融资共存的多元化融资渠道，加快管网基础设施建设，增强管网调节、调峰能力。尽快落实管网互联互通及向第三方接入服务，加强对接入条款、服务价格和服务质量的监管，以确保运营主体提供非歧视性服务，为培育竞争性市场创造条件。

深化天然气价格机制改革，尽快核定管输成本。理顺天然气价格体系，使价格真正反映总成本水平和供需格局，解决居民生活用气与各省门站价格倒挂的问题，消除居民用气与工业、商业用气的交叉补贴现象。同时，建立完善对生活困难人群和一些公益性行业的定向补贴和救助机制。按补偿成本、合理收益的原则确定储气价格，建立峰谷气价、季节性差价等激励性价格政策。

建立统一的国家天然气和储输管网设备标准，为多元化运营奠定管理基础。我国天然气气源多样，标准不一，使管网交易和下游用户天然气品质稳定性和互换性困难极大。应借鉴国外经验，合理确定管网中新建管道的压力等级。管网压力等级不宜过多，要形成适合我国国情的国家标准，为互联互通做好技术基础准备。推进天然气联网，对各来源的入网天然气制定统一标准，保证管网中气体质量稳定、可用和安全。统一规范入网气质条件，适时实行能量计量方式。

6.3　未来我国碳交易市场的建设思路

发展跨区碳交易市场的难点之一是各地经济发展不平衡、交易规则不一致，推广跨区市场难度较大。针对这一难题，关键是要解决两个方面的问题。①如何形成有效的激励机制，能够产生足够的动力鼓励试点地区先行先试，在强制性排放市场上有所突破；与此同时又要有效防止没有开展碳交易试点的地区坐收渔利，要充分发挥出试点地区的带动作用，激发更多的地区主动参与到碳交易市场当中。

②在地区试点的区域市场发展起来以后，如何形成合理的机制，解决不同的区域性市场和未来全国性市场的对接问题。

对于第一个问题，要在不同地区形成激励相容的机制，防止"鞭打快牛"的现象，根本上是要在相关制度设计上有长远的考虑，能够在整个社会形成长期的稳定预期，从而有效指导不同地区的行动。对于进行强制性碳减排地区所取得的成绩，要有充分肯定并在制度设计上有所奖励。可以考虑结合当前省级温室气体清单的编制工作，尽快建立省级地区的碳预算账户，在整个减排周期下来考虑不同地区的减排。

至于如何能够充分发挥试点地区的先行作用，带动其他地区的减排行动，可以参考当前国际减排市场中的清洁发展机制(CDM)和联合履约(JI)方式。与清洁发展机制类似，未参与试点的地区可以进行自愿减排，以项目交易的方式参与到试点地区的强制减排市场，从而推动本地的减排行动，同时降低试点地区的强制减排成本。当然国家层面也需要规定试点地区所能利用项目交易的上限，例如不超过10%等。而与联合履约方式类似，试点地区也可以与其他试点地区、甚至非试点地区一道来完成国家下达的碳强度减排的任务。在国家层面，也可以出于推动进一步区域协调发展的考虑，限定能够采用自愿减排方式和联合履约方式参与的地区，例如西部边远省份等。

对于第二个问题，要破除的一个认识误区是"未来全国市场只是当前试点地区的区域市场的简单复制和推广"。开展碳交易试点的根本目的是建立和完善机制、培养人才和机构、锻炼队伍和增强能力，而不是简单复制试点地区强制减排市场所采用的模式。全国性市场的建立必然从国家整体和长期的利益出发，按照全局的要求，统筹兼顾不同地区的需要。中国幅员辽阔，建立"区域市场+全国市场"的格局也是一种符合实际的做法，正如在欧盟的碳交易体系中，有的成员国(如英国)出于自身的考虑，既参与到整个欧盟的碳市场中，同时还拥有本地的碳交易市场。

6.4 本章小结

能源行业是各国发展的重点行业，电力市场、天然气市场及碳交易市场均有具体的发展道路规划，但新一代能源系统的建设并不是第一市场的简单叠加，而是多市场耦合协调。本章逐步介绍了我国未来各市场的建设思路，并在本书上册提供了新一代能源市场的整体建设思路和场景。

第7章 构建新一代能源市场的机制需求和政策建议

7.1 构建新一代能源市场的经济效益分析

构建科学、公平、公正的能源市场是新一代能源系统的必要保证。一方面，电力、天然气、碳交易市场的"纵深改革"将加快能源系统市场价格机制的形成，打破政府定价和企业垄断带来的价格扭曲与供需不平衡，激发"发输配用"多元主体参与市场的热情，为能源行业注入更多全新的动力元素，进一步提升传统能源行业的生产、传输和利用效率，实现能源行业的华丽蜕变。另一方面，电力、天然气、碳交易市场的"横向互动"将打破电、热、气等各种形式能源系统在规划、运行等各方面相对独立、缺乏综合管理的现状，使新一代能源系统达到更优的效率。

我国现阶段在电力、天然气等各种能源体制方面的改革已经拉开序幕，在更加宽松、竞争性的市场环境下，能源的生产、传输、转化、存储、消费等各个环节将被打通，其商品属性将被还原。新一代能源市场必将培育更多的市场主体，使原有的能源市场变得更加活跃，创造更大的市场价值，这也成为新一代能源系统构建的最大原动力。在充分竞争的能源市场中，各商业主体需要自觉地提高自身竞争力：能源生产商需要更高效更低成本的生产优质能源，能源传输商需要理性评估能源传输系统的规划方案实现资产的高效利用，能源零售商需要以用户为中心提供个性化的用能服务等。

值得一提的是，以改革为契机，将催生出一批新的商业模式，通过获取改革红利，挖掘出新的经济效益增长点。商业模式大致上可以归结为三大类：能源零售竞争、能源系统运营与能源交易运营。

(1) 能源零售竞争。新一轮电力体制改革提出了放开售电侧市场，允许五类不同的市场主体组建售电公司的举措，从而在电力市场中形成了"多买多卖"的竞争格局，使售电成为了一个新的商业模式。售电商可以面向用户提供稳定优惠的用电价格、个性化的服务套餐或者附加相应的增值信息，吸引汇集用户资源，并代理用户在电力市场中购入电能。

(2) 能源系统运营。新一轮电力体制改革提出了放开增量配电资产的运营权，允许社会第三方资本进入，从而催生出配网、微电网的能源系统运营商等新型商业主体，打破了传统电网企业唯一垄断的市场地位。此类新的商业模式可以实现发电、配电、售电等不同环节的纵向整合，以物理网络的运营为抓手，收取能量配送的"物流费"与"管理费",并满足用户的多元化电能需求。

(3)能源交易运营。新一轮电力体制改革提出组建电力交易中心,将推动形成一个独立的、竞争性的交易平台,并催生出新的商业模式。首先,运营能源交易平台本身将成为一类有利可图的商业模式,平台运营商可针对不同的交易类型、交易形式与交易量,向交易双方收取相应的佣金与结算费,并管理平台上的现金流。其次,在能源交易平台上,买卖双方可以开展多种类型灵活的能量交易,如:大用户或售电商可以直接与电厂开展 B2B 交易;平台可以提供类似"电力淘宝"的业务,允许售电商到平台上"摆摊"兜售不同的用能套餐,方便用户选择,实现能量交易的 B2C 模式;平台可以支持小用户(prosumer)之间基于 C2C 的互济余缺式的电能交易,把能量交易自由化、电子商务化;平台同样可以支持用户自行发布其个性化的用能需求,而售电商可以"摘牌"为其提供相应的定制化套餐,从而实现个性化的 C2B 服务。

7.2 构建新一代能源市场的关键机制需求

国外电力、天然气市场去管制的成功经验表明,科学合理的市场机制能够降低能源价格,促进新技术的应用,提高服务质量,引导用户合理地利用电力、天然气等资源。能源市场机制运用了经济与法律的手段,调动了能源市场各成员获取尽可能多的利润、降低成本、保证安全、提供良好服务的积极性,推动了能源工业的效率提高

在新的能量市场环境下,市场规则应具有预见性、引导性、透明性等特点,这对传统的能量系统理论与实践提出了重大挑战,迫切需要实现对市场机制和关键技术的创新与突破。

7.2.1 迫切要求实现各种能量资源和手段定价的市场化

在市场环境下,能量管理机构将告别传统的强行指令性资源调度方式,一刀切式限电、停气等"霸王"条款将一去不复返。需要研究准确测算各类调度资源的市场价值的方法,区分不同类型、不同区域、不同时刻的资源价值,实现供应侧、传输侧、用户侧资源的市场化定价。

7.2.2 迫切要求将系统运行的外部成本内部化

新一代能源系统具有高效、环保的特点,这要求将外部系统运行的经济成本、环境成本反映在能量供应、能量消耗的内部,这样才能真实地计算成本,激发供应商提高供能质量,激发用户节约用能。以电力系统为例,潮流在电力系统中运行,会产生网损,使电能在传输过程中产生损失,发电企业总发电量大于电力用

户总用电量，网损是发电用电过程产生的对电网的负的外部性。发电用电过程需要利用电网传输电能，电网企业建设输电线路为发电企业和电力用户提供了正的外部性。发电企业、电力用户提供的辅助服务，有利于维持电力系统的安全稳定运行，对电力市场所有的市场成员产生了正的外部性。因此，迫切要求将发电、用电的外部成本内部化，由市场成员承担包括网损、输电成本、辅助服务成本的电力系统运行全成本。

7.2.3 迫切要求以激励相容的机制抑制市场风险

新一代能源系统具有高度的复杂度，一方面是市场主体多，包括电力、天然气等行业的国有企业和民营企业，另一方面则是市场上下游中间环节多，包括电力、天然气的"发输配用"环节等，任何环节的信息不对称或信息不透明都会导致系统效率的下降，甚至出现投机取巧、腐败等现象的发生。以电力系统为例，电力市场的运行需要机组跟踪负荷的能力、机组最小停机或开机时间、最小出力、调峰能力等复杂的物理约束，而这些物理约束属于机组私有信息，发电与调度之间存在信息不对称的信息壁垒，客观上赋予了部分市场成员（如阻塞区内的发电商）通过竞价博弈牟取"暴利"的能力，极易引起市场成员的策略性博弈与非理性竞争，引发较大的价格动荡与市场风险。因此，迫切需要设计激励相容的市场机制，激励发电企业在逐利动机下基于真实的成本信息形成报价，充分反映机组跟踪负荷的能力、机组最小停机或开机时间、最小出力、调峰能力等约束条件的不同。

7.2.4 迫切要求以市场的手段引导基础建设投资，提升能源系统的安全性

新一代能源系统是国民经济高速发展的支柱，是我国经济活动、社会活动顺利开展的保障，因此安全性必须得到保证。然而，传统的方法是通过"过度投资""过度建设"来获得能源系统的安全性，造成了极大的资源浪费和财产损失。为此，必须通过市场的手段来引导投资，科学合理地保障新一代能源系统的安全性。以电力系统为例，当电能从资源富余、发电成本较低的地区向发电资源稀缺、发电成本较高地区输送时，由于输电通道输送能力的限制，很有可能潮流方向出现阻塞，对电网的安全稳定运行造成威胁。因此，迫切要求以市场的手段提升大电网的安全性，通过设计相应的节点电价机制和输配电价机制，合理反映供求关系，合理分摊输配电成本，实现潮流分布的均衡化。

7.2.5 迫切要求以市场机制引导可再生能源发电消纳

"高比例可再生能源"是新一代能源系统的特点之一，然而随着可再生能源装机容量的不断增加，由于可再生能源的波动性，电力系统往往很难在短时间内

去响应可再生能源的波动，可再生能源消纳面临困境，弃风弃光现象严重，同时也对电力系统的稳定运行带来严峻的挑战。为此，必须在新一代能源市场特别是电力市场中设置合理的市场机制和调控手段。可再生能源预测偏差越大，需要系统提供的辅助服务越多，所造成的辅助服务成本就越高，可再生能源预测偏差为电力系统带来了负的外部性，需要外部成本内部化，通过设计市场机制，将由于预测误差所造成的额外辅助服务成本，分摊至相应的可再生能源企业承担。

7.3 构建新一代能源市场的政策建议

科学合理的市场机制是实现新一代能源系统的重要基础，而相关的政策制度则是市场发展和运行的重要保障。政府部门有责任支持各类能源市场的改革，鼓励现有商业模式的改进与创新。为促进新一代能源市场的建设，提出以下几点建议。

(1) 坚持社会主义市场经济改革方向，坚定不移推动能源行业市场化改革，使市场在资源配置中起决定性作用。改革是否促进中国特色社会主义经济发展、是否给人民群众带来实实在在的获得感，是改革成效评价的根本标准。为此，必须推动适应我国国情的能源市场改革，深化市场在资源配置中的决定性作用。

(2) 深化我国电力、天然气体制改革，推进全国跨省跨区碳交易市场建设，构建"统一、开放、竞争、有序、协调"的新一代能源市场体系。"深化电力体制改革"指在新一轮电力市场改革方案构建竞争性市场环境的基础上，结合碳排放和可再生能源发展的要求，进一步研究辅助服务市场、调频市场、容量市场的建设细则，逐渐建立起完整的电力市场交易体系。"深化天然气体制改革"指推进天然气体制改革的研究，加快配套文件和措施的落地。"推进全国跨省跨区碳交易市场建设"指在全国各省市推广碳交易市场，建立统一的交易中心，制定全国协同的交易规则、配额分配标准等。

(3) 建立能源市场标准与规则，加强信息公开机制，确保新一代能源市场的"公平、公正、公开"。"建立能源市场标准与规则"指制定相关的法规法案，落实激励相容原则，规范能源市场各个主体的行为。"加强信息公开机制"指加强政府、国有企业的信息公开，打破信息不对称，让公平、公正、公开的"阳光"照亮市场，让"腐败"无处可寻。

(4) 做好能源市场改革配套文件与相关政策的宣贯工作，让各地政府与相关行业、社会各方能够充分体会新一代能源市场改革的核心精神，保持一致的改革方向，推动新一代能源市场向正确的方向前进。为保证宣贯工作的顺利实施，可以建立试点单位的联络员制度，深度介入各个试点的各项工作中，对于一些共性问题，及时总结信息与经验，再反馈给国家能源主管部门，以寻求解决方案或政策突破。

(5) 做好各类试点申报、管理、审批等一系列的工作程序，使各项工作的开展能够实现规范化操作，对一些关键改革方案，可组织专家团队进行评估与审核；对实施过程进行适度的监管。成功的试点工作是建立"新一代能源系统"的基础，对此国家能源主管部门可牵头开展1~2个区域性的专项试点工作，例如电力区域交易机构组建、电力现货市场、跨省跨区碳交易市场等，逐渐扩大市场化的范围与深度，作为后续各地建设新一代能源市场可借鉴的"标杆"与成熟经验。

(6) 鼓励社会资本投资能源领域，在基础设施要求较高的能源供应侧和输配侧引入公私合营模式，培育"多元化"的新一代能源市场体系。此举旨在引入"鲜活"的社会资本，为传统电力、天然气等能源市场带来新的生机。

(7) 明确政府监管职能，成立能源监管部门，负责监管、协调电力、天然气等能源市场。"明确政府监管职能"指明确政府"什么该管，什么不该管"与"管什么，怎么管"两个问题，保证能源市场公平、有序地运行。"成立能源监管部门，负责监管、协调电力、天然气等能源市场"则是横向打破现有各种形式能源的"条条框框"，由统一的能源监管部门实现能源固有组织方式的突破。

第三篇　源端大规模可再生能源电力传输、消纳及转化技术

20世纪末至本世纪初，随着全球气候变化加剧和传统能源日渐枯竭，一场新的能源革命正在悄然兴起。以新能源逐步替代化石能源，实现可再生能源等清洁能源在一次能源生产和消费中占有更大份额，建立可持续发展的能源系统，是这一场新能源革命的主要目标。

随着我国经济的快速发展，未来我国电力需求将不断增长，而随着化石能源枯竭和气候变暖等环境问题的恶化，电源结构将不断调整，化石能源发电的比例将逐步下降，非化石能源发电的比例将增加，未来风电、太阳能、生物质能等可再生能源的比例将有较大的提高，西南水电、西北及北部煤电基地和风电基地、东部核电及分布式新能源发电需要加快开发。这些都对输电技术及电网发展提出了更高的要求。

为全面应对各种新能源的开发与并网、不同负荷对电能需求的多样化以及环境保护等方面的要求，目前世界各国都积极开展新型输电技术的研究工作，并提出了多种新型输电方式的概念和构想。在不远的将来，随着相关技术的不断发展和进步，这些新型输电技术将逐步得到工程实践和推广应用，在进一步提高输电网络的输送能力、满足日益增长的电力需求和节能、环保、智能要求等方面发挥重要的作用。在这种情况下，作为最重要能源运输载体之一的电网及其对应的输电技术，也将紧跟时代发展脉搏，积极进行相应的变革，以满足未来经济社会发展的需要。伴随着新能源的快速发展，大规模新能源消纳问题得到国内外学者的广泛关注。未来随着可再生能源并网规模的扩大，大规模可再生能源电力的消纳及转化技术必将获得更大的应用。

第8章 西部可再生能源发展情景和挑战

8.1 西部可再生能源资源禀赋及供应格局

我国清洁能源蕴藏量巨大，且适于开发大型可再生能源基地。其中，水电主要集中在西南的四川、云南和西藏地区；风能资源主要集中在三北和东南沿海地区；太阳能发电主要分布在西部和北部地区。我国能源资源的总体分布规律是西多东少、北多南少，能源资源与负荷中心呈逆向分布。

从煤炭资源看，全国垂深2000m以浅的煤炭资源总量为5.6万亿t，但分布十分不均。从南北方位看，昆仑—秦岭—大别山一线以北的我国北方省区煤炭资源量之和为5.2万亿t，占全国煤炭资源总量的93%；从东西方位看，大兴安岭—太行山—雪峰山以西地区的煤炭资源量为5.1万亿t，占全国煤炭资源总量的92%。分省区来看，山西、陕西、内蒙古、宁夏、新疆等五省区2000m以浅煤炭资源总量4.6万亿t，占全国煤炭资源总量的82%。

从水能资源看，西部丰富，中、东部相对较少。其中，西南地区(四川、重庆、云南、贵州、西藏)是我国水力资源最为丰富的地区，理论可开发量占全国的2/3。

从风能资源看，陆上风能资源的90%以上分布在"三北"地区(东北、西北、华北北部)，东北三省、河北北部、内蒙古、甘肃、宁夏、新疆组成了我国最大的成片风能资源丰富带，在我国规划建设的八个千万千瓦级风电基地中，除江苏、山东外，其他六个都分布在"三北"地区。

未来我国能源生产中心将进一步西移和北移，而需求中心将长期保持在东中部地区，能源流规模和距离将进一步增大。从水能流向看，在全国规划建设的13个大型水电基地中，长江上游、乌江、南盘江红水河、黄河上游及中游北干流、湘西、闽浙赣和东北水电基地等8个水电基地开发程度较高，未来开发潜力不大；西南地区的金沙江、雅砻江、大渡河、澜沧江和怒江5个水电基地开发程度较低，开发潜力较大，是我国未来水电开发的主要基地。水电流向呈更大规模"西电东送"格局；从风能流向看，"三北"地区的新疆、甘肃、蒙西、蒙东、吉林、河北是我国风电开发的主要地区。这些地区受电网规模、消纳能力限制，大规模风电开发和利用需要输送至东中部负荷中心消纳，我国风电流向呈现"三北"向"三华"输送格局。太阳能开发也将呈现与风能类似的局面。

8.2　西部非水可再生能源开发面临的挑战

随着风电、光伏大规模快速发展，我国西部局部地区已经形成了高比例可再生能源电力系统。受风/光资源、土地资源等因素影响，西部可再生能源占比高的省(区)的装机仍将进一步发展。近年来可再生能源消纳矛盾日益凸显，弃风、弃光比例增加。弃风主要集中在"三北"地区、弃光主要集中在西北地区。非水可再生能源发展面临的主要问题总结如下。

(1)高比例非水可再生能源加大电力系统电力平衡难度。

以风、光为代表的非水可再生能源随机波动性强，高比例非水可再生能源并网将导致发电波动大幅增加，2019年国家电网有限公司经营范围内风、光可再生能源日最大功率波动已超过1亿kW，宁夏、新疆等地区日最大功率波动已超过1000万kW。在电源跟随负荷变化调节的运行要求下，其他常规电源必须跟随可再生能源波动调节。然而，我国电源结构以火电为主，可随可再生能源波动灵活调节的电源较少，未来高比例可再生能源并网将导致电力平衡非常困难。

(2)高比例非水可再生能源并网导致电网安全稳定运行风险剧增。

非水可再生能源发电具有弱支撑性和低抗扰性，随着风、光电源大规模接入，常规电源被大量替代，系统转动惯量和调频、调压能力持续降低，电网发生大范围、宽频带、连锁性故障的风险持续累积。同时风、光这些新能源机组有功调节能力不足，导致系统频率控制能力不断下降，故障冲击下，电网频率跌落速度更快、幅度更大。风、光电源集中接入地区短路电流水平普遍较低，故障冲击下电压波动大，易引发新能源连锁脱网事故。此外，大量分布式新能源接入配电网可能引起系统功率失衡、线路过载、节点电压超限等问题，对供电可靠性带来挑战。

(3)非水可再生能源发电单元与可控负荷信息感知能力不足，难以支撑精细化调控。

非水可再生能源发电单元总量远超常规水电、火电机组，全国目前有超过6000座大型风、光电站和几百万个低压接入的分布式发电系统，未来新能源发电单元数量将达到数千万，气象环境、运行控制等各类信号数十亿个。新能源发电设备运行状态感知能力弱，运行管理极其复杂，现有信息化手段不能充分满足新能源功率预测与控制、可控负荷与新能源互动等需要。

(4)高比例非水可再生能源对电力市场机制建设提出新的要求。

随着我国电力市场建设逐步深入，多地区开展了基于中长期电量交易的发电权置换、大用户交易等非水可再生能源市场化交易品种。但受风光资源特性影响，高比例非水可再生能源波动需通过实时电力平衡进行消纳，实时市场中非水可再生能源低边际成本降低了市场出清价格，影响靠电量市场收益的常规电源获益，长期造成发电资源充裕性不足，对容量市场设计提出新的需求。如何建立一套适合我国国情且满足高比例非水可再生能源消纳的电力市场交易机制面临挑战。

"十三五"期间，我国可再生能源发展取得显著成就，在应用规模、技术进步、成本下降、消纳利用、政策体系等方面成效显著。西部非水可再生能源开发也取得了长足的进步，主要体现在开发利用规模不断增大、技术装备水平显著进步、开发利用经济性快速提升、消纳利用问题在一定程度上得到了有效缓解、政策支持体系日益完善。这些都将有效引导我国西部未来非水可再生能源有序健康发展。

8.3 本章小结

未来我国能源生产中心和能源需求中心间的能源流规模和距离将进一步增大。高比例可再生能源电力系统已在我国西部局部地区率先形成，且西部地区可再生能源装机仍将进一步发展。近年来可再生能源消纳矛盾日益凸显，弃风、弃光比例增加。可再生能源发展面临的主要问题包括：高比例非水可再生能源加大电力系统电力平衡难度；高比例非水可再生能源并网导致电网安全稳定运行风险剧增；非水可再生能源发电单元与可控负荷信息感知能力不足，难以支撑精细化调控；高比例非水可再生能源对电力市场机制建设提出新的要求。

第 9 章 电力传输技术

9.1 西部送端电网组网边界条件

9.1.1 未来电力流方向预想方案

未来电力流的整体流向和平衡关系基本按以下原则进行：新疆、河西、青海风电、太阳能发电电源及配套电源主要考虑送往华中电网负荷中心，新疆部分远端电源可以考虑送往西南电网负荷中心；宁东、陕北的风电、太阳能电源及其配套电源主要考虑送往华东电网负荷中心，宁东部分电源送往山东；四川水电电源主要送往华东电网负荷中心；西藏水电电源主要送往华中电网负荷中心；蒙西风电、太阳能电源及其配套电源主要考虑送往华北电网负荷中心；蒙东呼盟、锡盟等地的风电及其配套电源主要考虑在东北电网内部消纳，可能的盈余部分可考虑通过直流联网通道转送往华北电网负荷中心。

9.1.2 西部送端电网覆盖范围

西部送端电网的主要目的是汇集西部各能源基地电源，并送往中东部负荷中心。就未来我国西部电源开发分布看，我国煤炭资源主要分布在西部和北部地区，约86%的煤炭资源在晋陕蒙宁新地区和贵州省。水电资源约67%分布在四川、云南、西藏等西南地区，将是未来我国水电开发的重点，占全国新增水电的80%以上。风能资源中，约96%陆地风能集中在"三北"地区，即主要分布在西北、东北和华北北部。"三北"大型风电基地风电开发规模占全国比重达70%以上。太阳年辐射总量，西部地区高于东部地区，青藏高原是太阳能高值中心；未来太阳能发电主要增长空间在西部、北部资源富集地区。

因此，西部送端电网的覆盖范围大致应包括以上地区，但考虑到三北地区的内蒙古地域辽阔，东西直线距离2400多公里，南北直线距离1700多公里，其东部、中部能源基地分别毗邻东北电网和华北电网，上述电源基地宜直接接入东北电网和华北电网。内蒙古西部地区则可根据西部送端电网的新能源汇集、送出能力考虑将相应的电源基地并入西部送端电网。

9.2 我国未来西部电网可能模式

9.2.1 西部电网构建的基本要求

未来西部送端电网必须适应网内所有电源与负荷的并网要求，因此必须满足一些组网的基本要求。

(1)输电能力：为解决未来大规模的西电东送问题，未来西部电网在输电能力上必须有显著的提升。

(2)网损：由于西电东送基本为长距离送电，未来西部电网在解决长距离，大规模电力传输问题上必须是更高效的，减少输电损失。

(3)新能源友好接入：未来西电东送的电源中除了常规水电、火电外，还有大量的风电和光伏电源，未来西部电网必须为这些新能源电源提供友好合理的接入方式。

(4)安全性：相对现有电网，未来西部电网的安全性不仅不应该降低，还应有所提升，如也将需要满足 $N-1$ 准则等要求。

(5)经济性：相对现有电网，未来西部电网在经济性上应该具有竞争力。

9.2.2 西部可再生能源电力传输的技术选择

1) 整体技术方案

风电、太阳能等新能源具有大幅度长时间尺度随机功率波动特性，大容量远距离输送新能源将使送受端均产生冲击，解决新能源功率波动引起的大电网潮流蹿动、保证清洁能源的高效可靠利用成为电网的主要任务。同时，随着直流输电技术快速发展，多端直流等先进输电技术的技术瓶颈和关键技术将可能突破，先进输电技术实用化趋势明显，为我国未来电网发展提供了更多的技术选择。而不同输电模式有其各自的适应性。

2030 年前后，送端以风电、太阳能为代表的新能源电源大量增加，从电网安全角度来看，常规直流输电存在送端短路电流太小，受端受安全稳定及通道走廊约束，落点难以大幅增加及现有直流换相失败影响，规模很难扩大等发展限制因素。从经济性角度来看，常规直流点对点送电如送新能源则通道资源利用率太低，如果能用直流电网把送端电源汇集，则可以提高送电通道的利用效率。从送端送电的可持续性角度来看，如水电因自然天气情况枯竭，煤电因资源耗尽等原因枯竭或限制使用，也会影响到点对点常规直流输电技术的利用。为了应对这些变化和挑战，未来我国迫切需要在西部送端构建直流输电网。如直流输电网技术获得突破，则西部可再生能源电力传输的技术选择将更具多样性。如直流电网技术未获得突破，我国西部电网有可能沿着现有电网发展模式继续加强和发展，进一步形成交流电网配合特高压直流点对点输电模式。

在西部送端构建直流输电网，其主要目的有以下几点。

(1) 满足未来电力由西部向中东部地区远距离、大容量输送的重大需求。我国未来能源电力供需分析和预测结果表明，2020年我国西部向中东部地区的电力传输需求在数亿规模，2030年西部向中东部输送电力规模将进一步增大，特高压交流输电不适合1000~2000km及以上的远距离电力输送，两端直流输电也面临走廊、运行控制的问题，而高压直流电网则是一个更有优势的输电方案，能够满足大容量远距离输电的重大需求。

(2) 满足不同特性电源之间补偿调节和电网优化运行的重大需求。我国"西电东送"的电源包括水电、煤电、风电、太阳能发电等多种电源。采用常规的两端直流高压输电，虽然可以实现大规模电力外送，但无法实现多种电源的互济，而通过直流电网不仅可以将不同运行特性的风电、光电、煤电和水电在送端进行补偿和调节，而且就同一种电源，如风电、光电等新能源电源而言，也可以充分发挥其出力的空间平滑效应。这样不仅能降低系统大规模调峰和储能的需求，也使电源和电网运行更为协调、灵活，对保障未来系统安全运行意义重大。由相关研究可知：风电电源互联范围越大，整体出力的空间平滑效应越明显。这可以大大降低由于新能源电源出力的间歇性和波动性对电网调频、调峰带来的压力，充分发挥联网效益。

(3) 可以充分利用输电走廊和线路资源，提高输电系统资产利用效率。通过直流电网进行不同电源的汇集和大容量电力传输，还可以减少输电走廊，降低设备投资，提高单个输电走廊的利用效率。当输电容量增加时，只需要增加必要的输电线路，不必增加新的换流站。

2) 西部直流输电网的具体技术选择

构建直流输电网，具有两种可能的方案。①在2030年前构建的分散布置的点对点超高压/特高压直流输电模式的基础上，进一步将送端换流站辐射状或网状互联，发展形成以电流源换流器为核心部件的直流电网(LCC-HVDC)；②如电压源换流器的高压直流输电关键技术(VSC-HVDC)已实现突破，容量已达到与LCC-HVDC相当的水平，则可将西部分散布置的点对点超高压/特高压直流输电模式逐步改造为基于电压源换流器的直流输电模式，并实现换流站互联，形成VSC-HVDC直流电网。

在考虑未来大容量电压源换流器、多端直流输电以及直流电网等先进输电技术的技术瓶颈和关键技术均实现突破的条件下，西部直流电网组网的技术选择是基于VSC-HVDC构成的直流输电网。

9.2.3 交流电网配合特高压直流点对点输电模式

目前,我国在特高压交直流输电技术方面已取得了一系列的研究成果及工程应用成果,攻克了一系列的关键技术难点。特高压交流单回线输电能力可达500万kW左右,±800kV特高压直流输电能力可达800万kW及以上,±1100kV特高压直流输电能力可达1000万kW及以上。

从能源资源更大范围内优化配置的角度及我国未来能源流向角度来看,在相关新型输电技术未取得重大突破之前,以超/特高压交、直流输电技术互联的全国电网模式将得到进一步加强。

根据火电、水电及风电等大型能源基地电力外送需求,我国将形成新疆、甘肃风光火打捆多直流点对点送出系统,四川、云南及西藏大型水电基地多直流点对点外送系统,以及宁夏、蒙西和呼盟等大型火电基地多直流点对点送出系统。在京津唐、中东部和长三角以及珠三角随着负荷水平持续增长,直流受电比例增加,形成多直流馈入受端网络。西北的火电、风电、太阳能发电及西南水电可以采用直流点对点方式送入东部负荷中心交流电网。

9.2.4 直流电网输电模式

如未来直流电网关键技术获得突破,我国西部直流输电网的形态可能发生变化,由于我国西部直流输电网主要需要解决大规模可再生能源电源送得出、聚得起和落得下三个问题。本节将针对这三个问题分别展开分析。

1)西部直流输电网骨干网架组网形态

我国西部能源基地,存在地域覆盖面积广、地形地貌多样、大型发电基地多类型分散布点、电网结构形态演变复杂等众多特征,远期在西部送端构建直流输电网,存在诸多不确定性因素。本节结合我国西部电网电源特征,给出如下组网原则。

(1)在电网末端的电源汇集区,从经济性角度出发,只考虑电源基地的汇入线路,线路布置宜呈放射状,不考虑网架的成环。

(2)在西部电网主送电方向电网区,该区域是西部直流电网的主体部分,从可靠性角度出发,电网结构宜沿送电方向形成环状网结构,且随着送电功率的增大,可逐步加密线路。

(3)在与东部交流电网相邻的区域是西部电源功率汇集交换送出廊道区,从可靠性角度出发,宜形成环网结构,同时也可根据需要在西部电网的主要负荷中心设置功率落点,为西部交流电网供电。

根据上述原则,同时结合我国西部可再生能源资源分布情况,给出西部直流输电网骨干网架组网形态示意图如图9-1所示。

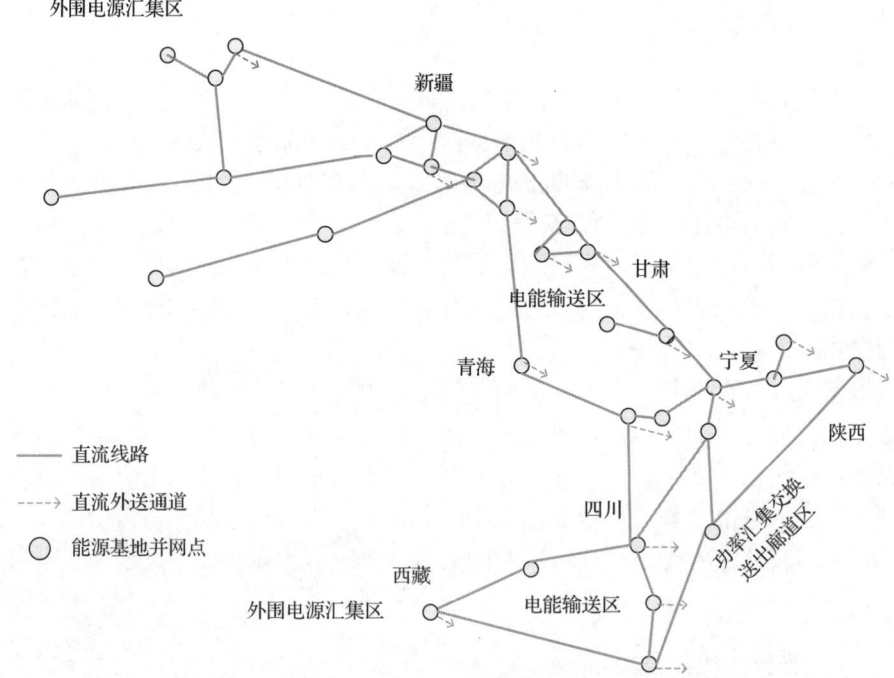

图 9-1　西部直流输电网骨干网架组网形态示意图

2) 西部直流输电网并网电源基地汇集方式

在前一节中的西部超/特高压交、直流混联电网模式下,由于直流通道未形成电网,只承担输电任务,风电和太阳能发电电源的汇集和升压仍需借助于交流电网实现,就主流的风电机组,如双馈式风机和直驱式风机而言,则其转子侧的交直交变换环节将必须保留。

但在本节中的基于 VSC 的西部多端直流电网中,新能源发电电源如风电等则可以将其转子侧的交直交环节简化为交直环节。

此外,风电和太阳能发电电源的汇集方式可考虑直连式和集线式两种,具体如图 9-2 所示。

一个风电场或光伏电站汇集采用哪种方式不仅取决于该风电场或光伏电站距离汇集点的距离,同时也与其自身规模及其与集线端距离决定。具体选择可根据实际情况而定。

3) 西部直流输电网东部落点方式

在上节中的西部超/特高压交、直流混联电网模式下,单回直流的送电功率大,在总送电功率不变的情况下,在东部电网的落点则呈现落点数目不多,但下网功率大的特征。这对受端电网带来了一定的运行压力。

而本节中的基于 VSC 的西部多端直流电网中,由于规划了西部电源功率汇集

第 9 章 电力传输技术

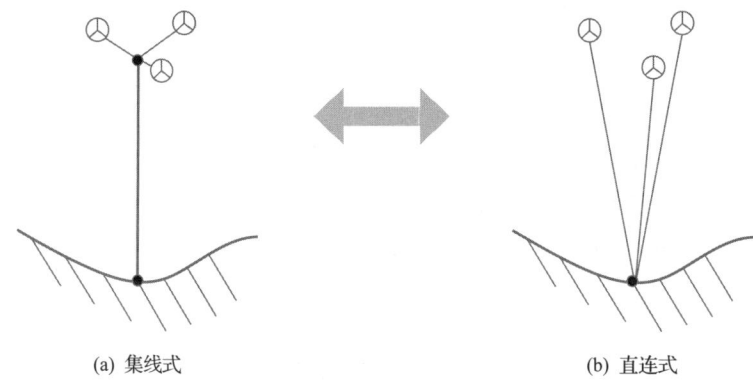

(a) 集线式　　　　　　　　(b) 直连式

图 9-2 可再生能源电源汇集方式

交换送出的廊道区域，整个区域都可视为一个广义的西部直流电网的功率汇流双母线或多母线结构，西部直流电网向东部交流电网的送电线路可以从西部直流电网上述区域中靠近东部电网的相关节点引出，相对于前一节的联网方式，此处所提的直流线路的送端引出点较多、送电距离较西部各电源基地通过直流线路直送的距离更短，在东部受端电网可以实现更多落点和单线的较低下网功率，可以减轻对受端电网的压力。

9.3 西部电网输电模式技术经济性

前述小节分析了满足未来西部可再生能源电力外送需求的几种不同的西部电网的组网方式，本节将从可再生能源电源汇集、送出和馈入等不同角度定性分析、比较相关方案的技术经济性，具体如表 9-1 所示。

表 9-1 西部电网不同组网方案的技术经济性对比

		交流电网配合特高压直流点对点输电模式	直流电网输电模式
技术性	可再生能源电源汇集	单点单线模式，对电源基地规模及送电距离的差异性适应性差	多端直流电网模式，可方便将不同规模及距离的电源基地汇集
	大规模可再生能源送出	送出能力固定	可发挥直流网络优势，提高整体送出能力
	东部受端能源馈入	落点数目少，单点下网功率大，对受端电网影响大	可实现更多落点和单线较低下网功率，减轻对受端电网压力
	对西部交流电网影响	需交流电网支撑，直流故障对交流电网影响明显	直流故障对交流电网存在影响
经济性	可再生能源电源汇集	需由交流电网汇集，风电、光伏等电源需要交直交或直交的变频和换流环节	直接汇入直流电网，风电的交直交变频环节可简化为交直整流环节，光伏发电的直流电无须再进行变换

续表

		交流电网配合特高压直流点对点输电模式	直流电网输电模式
经济性	大规模可再生能源送出	直流线路多、无法发挥各可再生能源电源基地间的空间关联特性，通道利用率低	可减少直流线路、发挥各可再生能源电源基地间的空间关联特性，通道利用率高
	东部受端能源馈入	馈入点数目少，换流站数目少	可实现馈入点数目多，所需换流站数目多

由上表的对比分析可知：前述小节所提的较低送电需求下的西部超/特高压交、直流混联电网模式和较高送电需求下的西北西南直流输电网互联模式各有其一定的优缺点。未来应根据电网实际的送电需求和相关技术的可行性确定相应的电网模式。

9.4 西部电网输电模式关键技术需求

9.4.1 交流电网配合特高压直流点对点输电模式技术需求

我国未来中期规划的主网架为特高压交直流主网架形式，因此在此期间，输电方面应重点研究特高压交直流输电技术及相应的运行控制技术，提高系统的输电能力及电网的安全性、可靠性和经济性。

从特高压输电技术自身来说，为了满足特高压同塔多回、特高压紧凑型、特高压交/直流同塔输电技术的需求，尤其是在高海拔地区的应用，线路的外绝缘设计问题将是未来输电技术中需要攻克的难题。为了满足大容量输电需求，需要开发大容量变压器、高端换流变压器和大遮断电流断路器；为了便于大型设备的安装，需要发展大型输变电设备现场模块化组装技术；为了节约土地、智能化的要求，需要发展体积、损耗更小的智能化变电装备；研究解决 SF6 绝缘气体的替代问题，研制新型高压断路器；研制高压大容量 GIL；研究绝缘性能好、导热性能好的新绝缘材料，研制大容量直流输电电缆；研制导电性能好、重量轻、大容量的耐热导线，进一步降低线路损耗。

与特高压交直流主网架形态相适应，未来电网的运行、控制、保护和稳定等技术也将在信息、通信技术的支持下不断进步，以适应电网发展的需要。从电力系统角度领域还需要开展研究的重大关键技术包括：大规模交直流电网结构优化的数学方法和关键技术；集中式和分布式可再生能源接入电网的规划与运行控制技术；大规模交直流混联电力系统的保护与控制技术；基于实时广域信息的交直流混联电力系统安全稳定监控技术；信息与计算科学在电力系统应用技术。

9.4.2 直流电网输电模式技术需求

在相关输电技术取得突破的条件下,未来远期可能出现基于 VSC 的西部送端直流输电网,因此输电方面应重点研究基于 VSC 的直流输电网技术。基于 VSC 的直流输电网技术难点在于其不仅在理论上是全新的,而且没有现成的工程运行经验,因此本节将展开详细论述。

直流输电网关键技术与交流输电网的相应技术存在一定的共同之处,但二者存在本质上的差别。这主要是由于直流电网中的惯性环节较少,其响应时间常数较之交流电网要小至少两个数量级。这些关键技术无法参照和沿用交流电网的相关技术,需要重新研究。以下将从设备和系统两个层面对具体关键技术难点和技术需求分析如下。

1. 设备级关键技术难点及技术需求

1)高压直流断路器

(1)关键技术难点:目前常用的高压直流断路器 3 种电流开断方式中,机械式高压直流断路器动作时间是数十毫秒,切断速度不能满足直流电网的要求。固态断路器虽然可以克服开断速度的限制,但在稳态运行时会产生大量损耗。混合式断路器虽兼具机械断路器和固态断路器的优点,但对于快速开关的制造要求很高。此外在研发过程中,断路器或其独立的组成部分必须接受功能测试,需采用合成试验方法,由于直流断路器与系统有着强烈的相互作用,断路器的试验应力必须能够真实反映实际的功率水平。传统开关的试验方法和试验回路并不适用于直流断路器的整机型式试验。

(2)技术需求:高性能大容量高压直流断路器的制造及试验技术。加强高压直流分断的理论机理和关键技术研究,研究新型大开断容量高压直流断路器,降低运行损耗,缩短开断时间,提高可靠性,降低电流开断部分的制造难度;研究适用于高压直流断路器的等效试验方法和新型合成试验回路。

2)DC/DC 变压器

(1)关键技术难点:DC/DC 变压器到目前为止并没有在直流传输领域应用,目前大容量 DC/DC 变压器的研究处于电路拓扑、仿真计算、原理样机阶段,尚未实现工业样机研发的技术突破。

(2)技术需求:大容量高性能 DC/DC 变压器制造技术。开展大容量 DC/DC 变压器工业样机研发,推进大容量高性能 DC/DC 变压器工业化生产。

3)直流电缆

(1)关键技术难点:高压直流电缆作为直流输电中重要的传输介质,是限制高压直流输电输送容量提升的另一个瓶颈。直流电缆电场分布与材料的电阻率成正比分配,并且绝缘电阻率一般随温度呈指数变化,将在电缆的绝缘中形成空间电荷，从而影响电场分布，聚合物绝缘有大量的局部态，空间电荷效应比较严重，此外对于常规直流输电而言，改变潮流方向需要改变电压极性，此时的极性叠加会使直流电缆上的电压高达 2.5 倍送电压，极易击穿电缆。

(2)技术需求：大容量高电压等级直流电缆制造技术，研究直流电缆绝缘材料中空间电荷消减及防击穿相关技术，研制与直流输电网相匹配的更大容量和电压等级直流电缆。

2. 系统级关键技术难点及技术需求

1)直流电网广域测量及故障检测

(1)关键技术难点：与交流电网类似，直流电网大范围的统一协调控制和保护、状态估计、电压稳定性分析、故障检测和处理等方面都需要采用适用于直流系统的广域测量技术。但由于直流电网中电压和电流不存在上升沿的过零点和下降沿的过零点，所以交流电网的同步相量测量单元及其算法等都无法应用在直流电网中。同样是由于直流电网的响应时间问题，直流电网的故障检测技术需要在传统检测技术基础上，缩短检测时间，提高响应速度。

(2)技术需求：直流电网广域测量及故障检测技术。研究适用于直流电网的同步相量测量方法和装置，研发直流电网广域测量系统。研究直流电网的快速、准确故障检测技术。

2)直流电网仿真

(1)关键技术难点：直流电网与交流电网在拓扑结构、运行原理上存在本质的区别，因此用于直流电网仿真的数学模型必须重新建立。此外，直流电网中的惯性环节较少，因此直流电网的响应时间常数较交流电网要小至少 2 个数量级，系统仿真主要为电磁暂态仿真，仿真步长较小，对资源要求较高。目前仿真系统无法满足直流电网仿真的需求。

(2)技术需求：直流电网仿真技术。研究适用于直流电网的仿真建模方法及直流电网仿真数学模型，研发能满足直流电网仿真需求的电磁暂态仿真系统。

3)直流电网运行控制与保护

(1)关键技术难点：电网频率是交流系统中有功功率平衡的重要指标，直流网络中的功率平衡指标是直流电压。随着直流电网控制对象的改变，其运行控制方法与传统交流系统存在本质的差别；同时，如前所述，由于直流电网的响应时间常数较交流电网要小至少两个数量级，这对直流电网的控制系统将是个极其严酷的挑战。直流电网对于保护系统的响应时间要求很高，因此传统的交流系统保护，如过电流保护、距离保护和差动保护等，均不适宜直接应用于直流电网。

(2)技术需求：直流电网运行控制与保护技术。研究适用于直流电网的新型运行控制原理和控制方法，研究直流电网调度技术相关基础理论及关键技术，研发具有快速响应能力的直流电网的调度、运行控制系统。根据直流电网运行特性，研究适用于直流电网的保护原理和保护方法，研发新型的直流电网保护装置。

除了上述设备层面和系统层面的关键技术之外，还需要开展直流电网的标准化研究，制定直流电网电压等级标准及相关设备标准。同时，还需要加强现有常规直流输电技术及其规划与直流输电网技术的衔接配合，如规范我国未来常规直流输电的电压等级和形态等。

9.5 本章小结

就我国未来西部电网输电模式而言，在2030年直流电网关键技术未获得突破的条件下，西部电网将呈现超/特高压交、直流混联电网模式。如直流电网技术成熟的条件下，则可能利用直流输电网技术，形成西部直流输电网，具体方案可根据实际情况和将来的技术发展情况，选择西北西南直流输电网互联模式或西北西南直流输电网解耦模式。

为了满足我国未来中长期电网的发展需要，除需重点关注超/特高压交、直流混联电网模式下的技术需求、送端直流输电网形态下的技术需求和其他新型输电技术需求及其研究，推动相关输电技术的跨越式发展之外，从电力系统角度领域还需要开展研究的重大关键技术需要包括：大规模交直流电网结构优化的数学方法和关键技术；集中式和分布式可再生能源接入电网的规划与运行控制技术；大规模交直流混联电力系统的保护与控制技术；基于实时广域信息的交直流混联电力系统安全稳定监控技术；未来直流电网的构造、安全稳定控制、与交流电网的协调运行技术；未来超导电网的构造及安全稳定运行技术；信息与计算科学在电力系统应用技术。这些重大关键技术分属不同的技术领域，各有不同的成熟度和侧重方面，但它们又是相互联系的统一整体，共同体现了我国中长期电网发展整体技术特征和趋势，将为未来电网的发展提供充分的技术准备和支撑作用。

第10章　西部可再生能源就地消纳技术

10.1　电　能　替　代

电能替代是在终端能源消费环节，使用电能替代散烧煤、燃油的能源消费方式，如电采暖、地能热泵、工业电锅炉(窑炉)、农业电排灌、电动汽车、靠港船舶使用岸电、机场桥载设备、电蓄能调峰等。电能具有清洁、安全、便捷等优势，实施电能替代对于推动能源消费革命、落实国家能源战略、促进能源清洁化发展意义重大，是提高电煤比重、控制煤炭消费总量、减少大气污染的重要举措。稳步推进电能替代，有利于构建层次更高、范围更广的新型电力消费市场，扩大电力消费，提升我国电气化水平，提高人民群众生活质量。同时，带动相关设备制造行业发展，拓展新的经济增长点。今后一段时期电能替代的重点技术发展方向如表10-1所示。

表10-1　重点替代领域的替代方式及技术

重点替代领域	主要替代技术及替代方式
工业	对工艺装备落后、生产效率差的企业用能情况进行调研，按照能源种类细分用户类型，筛选潜力客户并开展精准诊断，为客户提供替代技术方案 (1) 在冶炼、金属铸造加工、玻璃及陶瓷烧制等客户聚区，规模化推广电弧炉、电窑炉 (2) 重点针对用热量较大的化学化工、电子制造、有色金属行业，推广蓄热式工业电锅炉。全面淘汰冲天炉和煤窑炉，推广电热隧道窑、中频炉等电窑炉技术 (3) 针对纺织、服装、橡胶、木材加工等企业生产的用热(汽)环节，推广应用工业电锅炉 (4) 对石油钻探、矿山采选等工矿企业客户，普及电动挖掘、皮带廊传输等替代技术
农业	开展电动农机器具推广，在农田排灌、园林喷浇灌、养殖业给排水、抗洪排涝、畜牧、水产养殖、农产品烘干等领域实现电气化 (1) 针对大型粮食生产和菌菇养殖等企业客户，大力推广农田机井电排灌、农业大棚电动喷淋、电卷帘、水肥一体化机等电气化种植技术和农产品电烘干技术 (2) 对特色农业种植企业，推广电制茶、电烤烟、电烤槟榔等技术 (3) 对农产品加工及存储销售客户，推广电加工、电保温、电装卸等替代技术，形成加工、保鲜、包装、传送等全产业链"一条龙"替代 (4) 对水产、海water养殖企业，推广应用电温控、电制氧等智能养殖技术
居民	加快推进家庭共享电气化、新建住宅全电气化、商业厨炊电气化、景区电气化、专业车辆电动化 (1) 对企事业单位食堂、城市餐饮客户，大力推广电厨炊、电火锅等 (2) 宣传绿色用能理念，创新商业模式，充分应用线上、线下推广渠道，利用大数据分析，开展智能家电的宣传、推广、销售，深度挖掘居民生活领域替代市场，激发城乡居民购买家用电器产品意愿，培育新型电力消费习惯，提升居民家庭电气化水平

续表

重点替代领域	主要替代技术及替代方式
交通	大力推广电动汽车、港口岸电、机场桥载 APU 替代等新技术，逐步实现全覆盖 (1) 建成完善的城际充换电服务网络，推动充电桩进小区、进单位，为居民客户提供便捷、智能的家用充电桩一站式服务 (2) 大力实施港口岸电工程，逐步实现岸电全覆盖。依托智慧车联网平台，构建车船一体化综合运营服务平台，实现互联互通，打造以岸电为基础，延伸产业链上下游的立体化生态圈 (3) 推广机场桥载 APU 替代和机场车辆"油改电"，推广桥载设备替代 APU 和地面车辆"油改电"，实现重要城市及区域枢纽以上机场廊桥桥载设备替代 APU 全覆盖，助力构建我国安全、便捷、高效、绿色的现代民用航空体系。服务电气化高速铁路和各地城市轨道交通发展
清洁采暖	针对学校、体育场馆、营业厅、政府机关等非连续性供暖客户，充分发挥电采暖可以分时、分区精准控制的优势，推广碳晶、空气源热泵等技 (1) 在冷热负荷需求集中的城市中心区、工业园区等推广电蓄冷空调、电蓄热锅炉 (2) 在接近城市污水主干管网的建筑物、场地充裕的新建建筑，我国长江以南地区分别推行污水源热泵、土壤源热泵、空气源热泵采暖和制冷

综合能源电力消费总量、电气化水平以及环保等因素，初步测算西部地区 2020-2030 年电能替代超 3300 亿 kW·h，工业领域的替代潜力依然占比最大，其次是交通运输及建筑行业。具体到不同技术领域，煤改电技术领域主要分布于电锅炉(包括工业电锅炉和集中采暖电锅炉)、分散式电采暖和电窑炉(包括建筑材料窑炉和中频炉)三部分，新增电量分别为 700 亿 kW·h、900 亿 kW·h、600 亿 kW·h，合计占总量的三分之二；以电代油潜力约 800 亿 kW·h，其中交通领域电能替代潜力约 600 亿 kW·h，公路、铁路、航空、水运分别占交通领域替代潜力 89%、9.9%、0.4%和 0.7%。2030 年后，存量电能替代空间逐步挖掘完毕。2030～2050 年，将全面发展机场空港陆电等交通电气化和空中交通电气化，结合 5G 技术、卫星定位导航、物联网技术、大数据和智能网联自动驾驶等高新技术，实现智慧绿色出行。

10.2　能源电力综合利用

10.2.1　西部能源电力综合利用现状

可再生能源发电出力具有随机性、间歇性等特点，受电力需求增速放缓、电网调峰能力不足、外送通道不足等多重因素影响，西部地区弃风弃光日益严重。为缓解日趋严重的弃风弃光情况，西部省份开始探索可再生能源供暖以及用于高耗能等综合利用模式，提升可再生能源的就地消纳能力。

1. 可再生能源供暖

风电供热方案是通过电锅炉和蓄热装置代替传统的燃煤锅炉，利用低谷弃风进行供暖。即风电供暖用风力发电替代燃煤锅炉为城镇供热，可以增加地区用电负荷，提高风电本地消纳能力，减轻电网外送压力，尤其是在夜间电力负荷低谷时段的风电电力用于城镇供热，同时也避免了燃煤供暖带来的空气污染问题，有效利用了风能，提高电网的风电消纳水平。该技术从需求侧入手，降低了电网对风电调峰和消纳的难度，对风电持续发展具有重要的意义。

2013年，为提高北方风能资源丰富地区消纳风电能力，缓解北方地区冬季供暖期电力负荷低谷时段风电并网运行困难，促进城镇能源利用清洁化，减少化石能源低效燃烧带来的环境污染，改善北方地区冬季大气环境质量，将在北方具备条件的地区推广应用风电清洁供暖技术。国家能源局综合司发布《关于做好风电清洁供暖工作的通知》（简称《通知》），《通知》指出，我国北方地区风能资源丰富，特别是在冬季夜间时段风电的发电量大，随着北方地区风电开发规模的扩大，风电在冬季夜间与燃煤热电联产机组的运行矛盾日益突出，风电被迫减少出力甚至停止运行，造成大量弃风。一方面浪费了宝贵的清洁能源，另一方面又大量依靠燃煤供热，造成了严重的环境污染，致使大气环境质量不断恶化。推广风电清洁供暖技术，替代燃煤锅炉供热，不仅可有效利用风能资源，减少煤炭等化石能源消耗，而且对解决城镇供热等民生问题和改善大气环境质量具有重要作用。要充分认识做好风电清洁供暖工作的重要意义，积极开展风电清洁供暖的试点和示范工作。其中，新疆、内蒙古为试点省份。

2015年新疆维吾尔自治区发展和改革委员会批复乌鲁木齐风电清洁供暖试点方案，新疆风电清洁供暖工作步入实施阶段。供热地点为乌鲁木齐高铁片区和达坂城片区，供热总面积为52万m^2，配套供暖风电场装机规模25万kW；2016年4月，新疆维吾尔自治区发展和改革委员会批复了乌鲁木齐市第二批风电清洁供暖试点方案，同意该市已建成的20万kW风电项目参与供暖；2016年7月，新疆首个风电清洁供暖项目——乌鲁木齐坂城区新疆化肥厂片区风电供暖项目投产，该项目全部建成投产后，将有效改善当地20万m^2居民冬季采暖质量，促进当地风电消纳2880万kW·h，可节约标准煤9158t，相应减少燃煤排放二氧化碳排放25940t、二氧化硫1652t、氮氧化合物101t、一氧化碳3t；2016年9月，新疆维吾尔自治区发展和改革委员会批复了第三批风电清洁供暖示范项目，包括阿勒泰地区布尔津县和塔城地区，面积达30万m^2，配套供暖风电场装机规模10万kW。

中广核阿勒泰市风电清洁供暖项目是新疆地区风电供暖的重点示范项目，也是落实自治区"电气化新疆"建设的具体举措，项目采用固体材料蓄热技术，利用弃风电量进行加热和储热，再通过储热系统进行供热，可以解决分散建筑区域及热力管网难以到达区域的供暖需求。根据国网新疆电力公司与阿勒泰地区行政公署签订《关于共同推进阿勒泰"十三五"电网发展建设战略合作协议》，到2020年，力争阿勒泰地区清洁能源供暖面积达到300万m^2。

风电供暖对提高新疆地区风电消纳能力，缓解冬季供暖期电力负荷低谷时段风电并网运行困难，促进能源利用清洁化，推动"电化新疆"工程具有积极作用。

内蒙古自治区从2011年开始组织实施风电清洁供暖试点项目，利用冬季供暖期后夜时段弃风电力进行供暖，供暖温度可恒定达到18℃以上，供暖效果理想，既替代燃煤小锅炉，节约煤炭消耗，减排煤炭运输、燃烧过程中产生的污染物，又解决民生取暖需求，环保、社会效益明显。2013年，通辽市扎鲁特旗建设了当时国内供热面积最大的风电供暖项目。项目以深能20万kW风电场和蒙东协合新能源30万kW风电场为依托，利用夜间低谷电力加温蓄热，用热交换机提供热能，已实现风电供热面积40.1万m^2。2014年5月，由中国电力投资集团公司开发建设的目前国内最大的风电供热示范项目——内蒙古四子王旗20万kW风电供热项目并网发电，是国家能源局在全国推广的风电供热示范项目，占地面积59.6km^2，装备单机容量2MW的风电机组100台、单台容量2.16MW的电阻式电热锅炉20台，年发电量5.136亿kW·h，可供热面积为50万m^2。

截至2016年，内蒙古自治区风电清洁供暖项目已建成96万m^{2}的供暖能力，参与供暖的风电规模81万kW，配套电热锅炉容量100MW；建成未投运能力50万m^2，参与供暖的风电规模20万kW，配套电热锅炉容量43.2MW；在建的供暖能力268万m^2，配套参与供暖的风电规模134万kW。林西县、扎鲁特旗风电供暖已连续3年，年消纳风电约14900万kW·h，与原有供暖设施相比，减少电煤消耗6.87万t，减排二氧化硫330t、氮氧化物357t。

2. 可再生能源用于高耗能行业

可再生能源用于高耗能行业也被称为"非并网风电发展模式"，即将风能直接用于经过技术改造能够适应风电特性的高耗能产业，而且还可在电网中起到非常好的调峰作用。国家重点基础研究发展计划中大规模非并网风电项目组构建的非并网风电-高耗能产业集成系统，将风电与海水淡化、电解铝、制氢、煤制天然气等相结合。在电解铝、氯碱工业、海水淡化、制氢、煤化工、冶金、新能源汽车等高耗能产业的重点项目与企业合作建设了一批示范工程。

西部也有风电应用于电解铝行业的相关实践，比较有代表性的是内蒙古霍林河循环经济示范项目。该示范项目建设了世界上首个风—火—铝联合运行的智能局域电网，具有装机容量大、可再生能源渗透率高等特点。该示范项目充分利用了霍林河地区丰富的风力资源，规划建设了总装机达800MW的风电场，所生产的清洁电力通过自建的智能局域电网直接接入电解铝生产企业，从而为铝产品生产提供了大量清洁能源。而由零碳排放的风电替代同等量的火电，则实现了传统能源与可再生能源的结合。在提高风电消纳水平的同时，用煤发电、用电炼铝、以铝带电、以电促煤，通过实时调度和系统优化运行，实现了对霍林河地区劣质褐煤、风能、电力、疏干水等资源的节约型综合利用和高效就地转化。

项目通过智能局域网风火互补控制技术，为示范工程电力优化调度提供了总体解决方案，大幅提高了风电利用率。

10.2.2 西部能源电力综合利用发展趋势

目前西部建立的可再生能源综合利用系统已有一些成功的案例，但整体尚处于探索阶段，且主要侧重于以增加电力需求和能源替代的方式消纳可再生能源。

未来在探索可再生能源就地消纳技术基础上，构建横向多源互补、纵向源荷协调的消纳体系，同时探索供需互动机制和市场交易机制，挖掘供需两侧的灵活性资源，提升整个系统的灵活调节能力，构建综合可再生能源消纳技术和机制的能源电力综合利用模式将成为西部能源电力综合利用的发展趋势。

1. 构建多能互补体系

以现有风光互补系统为基础，一方面在终端整合用户电、热、冷、气等多种用能需求，优化布局，统筹开发传统能源和新能源；另一方面在供应侧综合考虑不同电源类型出力特性的时空差异性和调节性能，分析不同类型电源的互补特性。

其中，四川省已被国家能源局批准为国家清洁能源示范省。国家能源局发布的《关于四川省创建国家清洁能源示范省有关事项的复函》将四川清洁能源示范省建设纳入国家能源发展"十三五"规划，支持四川清洁能源示范省建设。四川要在提高水电调节能力基础上，规划建设风电、光伏发电基地，形成水、风、光互补的现代化电力系统，大幅度提高可再生能源发电的可靠性和灵活性。提高清洁能源在能源消费中的比重，力争2030年非化石能源消费在一次能源消费比重达到50%。

2. 构建可再生能源供需互动机制

供需互动机制侧重在研究西部电力负荷特性基础上，分析与电网双向互动的需求侧柔性负荷特征、潜力和范围，挖掘需求侧的灵活性资源，重点考虑高耗能行业参与互动运行的可行性，综合西部可再生能源出力特性和电力负荷特性，探索建立西部地区可再生能源发电与用户用电互动的机制，实施需求侧管理，通过基于市场机制的电价或可中断负荷等需求响应措施，挖掘用户侧灵活性资源，引导用户以调峰、辅助服务形式参与系统互动运行，推动可再生能源就地清洁生产和就近消纳，提高能源综合利用效率。

具体到高耗能行业，初步调研表明，大部分高耗能负荷均有不同程度地参与系统调峰的能力，其中负荷平均可中断时间可达2h，负荷平均调节裕度为10%～20%，且由于均采用可控硅控制，具有较快的调节特性，是较为理想的响应资源。西部地区高耗能行业占总负荷比重高，深入分析不同行业的生产特点和负荷特性，建立供需互动机制，对提升西部地区可再生能源消纳能力具有重要意义。

10.3 电制云就地消纳

利用三北地区的富余可再生能源，在三北地区建立一个高效与清洁环保的产业，使用富余电力作为大型云端数据中心的电源，创造电制云(power to cloud, PtC)的解决方案。

互联网产业的基础建设包括数据储存与传输。数据的传输是以光纤和无线电波实现。数据的物理储存则体现在具体的数据中心，是互联网产业的基础。我国数据中心约有 40 万个。目前大型的数据中心(10000 个以上的机架，IT 用电大于25MW)，主要在一线城市。电力消费占数据中心运营费用的 60%～70%，其中空调电费达到整体运营费用的 40%。因此，大型数据中心建设最重要的选址考虑是当地的低温气候与富余供电。

中国弃风最严重的省份甘肃、内蒙古和吉林更具有发展大型绿色数据中心的潜力。首先就选址的气候条件而言，甘肃、内蒙古和吉林的年平均温度比贵州低。其次，数据中心使用自然风空冷的第一个条件是湿度。贵州的年平均相对湿度70%，空调通风系统必须启动除湿，才可以引入机房内使用。但在甘肃酒泉或内蒙古包头室外空气因为干燥，通过过滤网就可以直接进入机房。

就投资者关心的电力价格而言，大量弃风地区由于电力的边际成本为零，任何大于边际成本的价格都是可以接受的。就大型数据中心根据气温，电价和清洁能源的评估上，三北地区有相对的优势。

三北地区作为数据中心基地另外一个优势是目前没有大型的主数据中心，因此适合作为主数据中心的灾备数据中心。灾备数据是主数据中心的影子数据储存，选址条件基本上要求避免在同一个地区，以避免受到相同的自然灾害的影响。例如，美国易安信公司在南卡州的主数据中心的灾备中心在 3400km 外的美国加州。因此，在甘肃、内蒙古等西部地区推动建立大型的数据中心时，可以先推动灾备数据中心建设，南方贵州、东北吉林以及西部内蒙古、甘肃等地数据中心选址的基本条件比较情况如表 10-2 所示。

表 10-2 贵州、甘肃、内蒙古、吉林数据中心选址基本条件比较

绿色数据中心选址条件	贵州	甘肃(酒泉)	内蒙古(包头)	吉林(吉林)
年平均温/℃	14～16	8～15	8	1～6
年平均相对湿度/%	70	47	42	63
可再生电力比例(不含水电)/%	1.7	44.7	12.0	17.2

续表

绿色数据中心选址条件	贵州	甘肃(酒泉)	内蒙古(包头)	吉林(吉林)
贵州：规划数据中心用电功率；甘肃、内蒙古：2015 弃风=发电功率当量(6000h 运行)/MW	500	1367	1517	450
可容纳大型数据中心(一万个机架)数量	20	55	61	18
电价/(元/kW·h)	0.35	>0	>0	>0

10.4 可再生能源就地转化

高可再生能源比例国家在处理能源转换过程时以广泛，多元化的电制 X 转化取代狭义储电的方式，以达到热能，交通运输与化学工业的"去碳化"。物理连接电网，天然气管网，供热网与交通运输。其中包含三个次级系统：①电制气(PtG)，包含电制氢与电制合成气；②电制燃料(power-to-liquid)，其中液态燃料包括氢、甲烷、甲醇、柴油、煤油等；③电制化工(power-to-chemical)，利用电制气再添加其他化学原料产生如氨、甲醇等化工中游原料以生产硝酸、硝酸铵、醋酸、福尔马林等。

对于西部可再生能源的就地转化，电制氢和电制气是具有较高发展前景的技术。

电制氢和电制气可以把电能转化成氢能和天然气，达到穿越时间，跨过空间，改变使用方式，连接多形态能源的应用。余电转换成高纯度的氢和甲烷注入燃气管网，建立电网和管网的连接，成为大规模的储能系统，达成电能在形态、地点、时间、应用方式的转化与脱耦，完成电网、天然气、冷热、交通、农业生物材质的连接。这些技术未来将具有广阔的应用空间。

10.5 本章小结

新能源的就地消纳是一个系统工程，包括了就地消纳政策、具体消纳措施、消纳相关市场机制等多个方面，同时也涉及能源电力综合利用及新能源发电与用户用电互动机制等相关内容。结合前述分析，提出如下建议。

(1)加快新能源外送通道建设，确保源网协调发展。首先是加强电源、电网统筹规划，科学合理安排源网建设时序与规模。其次是推进跨区通道规划建设，加快开展清洁能源外送通道建设，缓解清洁能源消纳压力。最后是全面提升系统的灵活性，提高电力系统的调峰能力，加大调峰电源建设规模。

(2)提高电气化水平，积极开展电能替代，推进一次能源和终端能源的清洁化，提高电网对可再生和清洁能源的接入能力，提倡完善能源结构优化调节机制，从供应侧逆向推动能源需求结构优化。

(3) 建议政府完善配套政策，促进可再生能源消纳。在能源消费总量控制的背景下调整能源需求布局，加快构建全局性清洁能源消纳保障机制，增加可再生能源消纳能力，实现可再生能源科学有序发展，统筹可再生能源与电网发展，统筹可再生能源与其他电源发展，解决电源结构性矛盾。推进电力市场改革，进一步健全完善市场化交易机制，激发市场活力，落实发用电计划放开，建议开放发电计划中将可再生能源纳入直购电范畴。建议增加可再生能源参与的各周期的大用户直接交易；推进风电交易工作，完善风电参与市场规则，扩大风电参与多边交易市场的规模，尝试开展风电发电权交易。可再生能源发电、热电机组供热期发电等优先发电权参与直接交易。

(4) 建议电网公司发挥在用户和政府之间的协调作用，增强电价机制在吸引产业转移中发挥的作用，提高中西部地区的产业转移承接能力，加速我国产业布局的合理化进程。提高对中西部地区电力供应的服务质量，通过优质的电力供应服务，提高中西部地区对能源依赖型行业的承接能力，增强产业转移动力。建议电网公司加强对典型行业负荷特性的调研，提高对高耗能行业的负荷特性的把握，充分挖掘负荷增量，培育灵活性负荷。建议在高耗能行业开展需求侧管理，开展可再生能源就地消纳试点工作。

第四篇　受端多能互补综合能源系统及其规划运行技术

第 11 章 受端系统的能源转换与利用方式

11.1 受端能源转换方式

综合能源网是对各种形式能源的综合、可靠利用,将各种一次、二次能源转换为终端可利用的能源。一次能源包括煤、石油、天然气、核、生物质等燃料类的能源以及水、风、光、地热、潮汐等可再生能源,二次能源包括电、煤气、蒸汽、热水及高温烟气余能等,而受端能源的利用形式主要包括电、动力、热、冷等。图 11-1 给出了上述能源之间的典型转换方式以及各设备的典型转换效率。

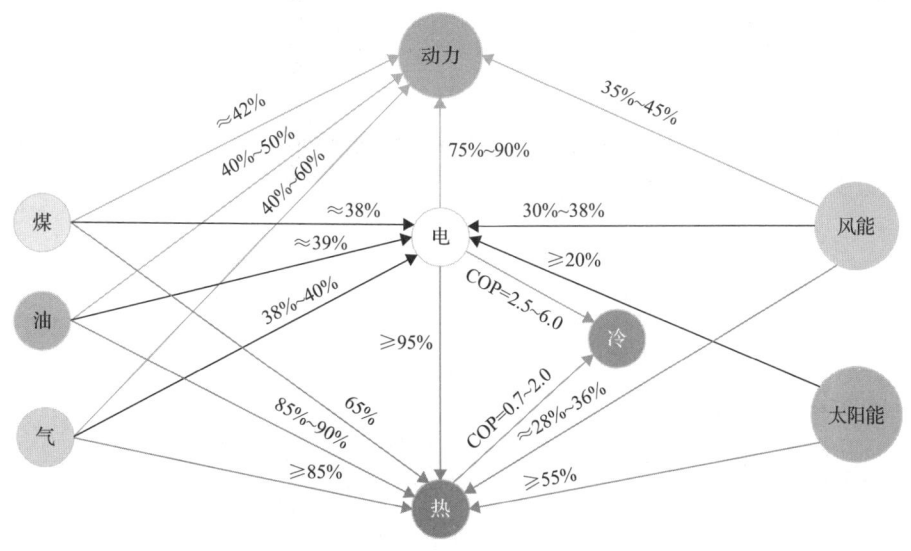

图 11-1 能源转换与传输拓扑图

11.2 受端能源的转换元件

由图 11-1 看到,将一次能源转化为受端可利用的能源有很多种形式,其中电、热是最重要的中间能源的形式。应用最广泛的一种能源转换形式为"燃料—热—机械—电"。以燃煤发电为例,包括以下主要能源转换环节:煤燃烧过程中加热水生成蒸汽,将煤的化学能转变成热能;蒸汽压力推动汽轮机旋转,将热能转换成机械能;汽轮机带动发电机旋转,将机械能转变成电能。生物质、核能发电的原理类似，不同之处在于燃料的类型。油、气发电与煤发电的差别在于不通过加热水产生蒸汽，而是直接燃烧燃料产生高温高压燃气推动燃气轮机或内燃机做功形成机械能。由于热、动能、电能同时也是终端利用的能源类型，一些能源转换形式为"燃料—热—机械—电"的一部分，比如"燃料—热""燃料—热—动""(风，水等)机械能—电能"。"冷"是一种特殊的"热能"，通过制冷机可将"热"或"电"转化为冷。本书上册第3.4节的表3-11中提到了几种一次能源类型及能源转换方式，下面结合一些主要的能源转换过程，对能源转换过程中的一些关键设备的模型进行介绍。

11.2.1 化学能—电能的转换

一次能源为煤、石油、天然气等时，发电的能量转换过程为化学能—电能。火力发电厂简称火电厂，是利用化石能源(例如煤)作为燃料生产电能的工厂，发电机主要包括汽轮机、燃气轮机和内燃机三类，其最主要的差别为工质的不同。其中工质为热机中将热能转变为机械能的媒介物质。

1. 汽轮机

汽轮机以蒸汽作为主要的工质，其主要生产过程如图11-2所示，主要由5个系统组成，分别是燃料系统、燃烧系统、汽水系统、电气系统和控制系统。

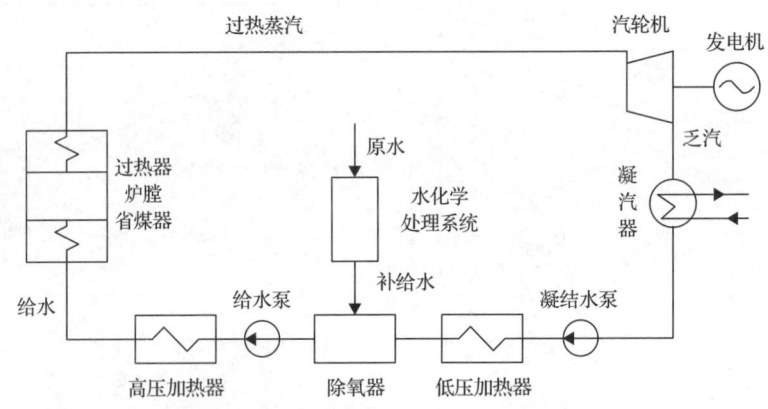

图 11-2 基于汽轮机的火电厂生产过程示意图

火电厂发电的实际过程非常复杂，其简化的效率转化流程图如图11-3所示，总体发电效率一般在40%左右。

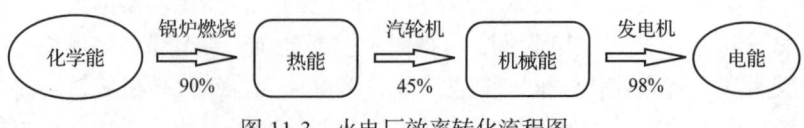

图 11-3 火电厂效率转化流程图

2. 燃气轮机

燃气轮机是将燃烧气体产生的热能转变为机械能的旋转叶轮式动力装置，一般由空气压缩机、气体燃烧室、透平、控制系统以及相关的辅助设备等组成，一些情况下为了提高效率会加装回热器。燃气轮机具有结构紧凑，体积小，质量轻，操作简单，具有较好的稳定性的特点。另外，燃气轮机安装简单，运行噪声小，寿命长，维护费用低。燃气轮机的功率范围为几十千瓦到上百兆瓦。分布式综合供能系统中应用的燃气轮机多为功率在 20~5000kW 的微型和小型燃气轮机。

目前，根据与外部设备的连接方式不同，燃气轮机主要有两种结构类型：单轴结构和分轴结构。燃气轮机中涡轮直接与发电机同轴，以相同转速旋转的方式叫作单轴结构，此时转速较高。分轴结构连接系统采用两个或者更多转轴，通过变速齿轮连接，降低了发电机转速。

燃气轮机的基本组成部分是压缩机、燃烧室、涡轮发电机和换热器。空气被吸入压缩机，连续向燃烧室提供高压空气，并通过加压进入换热器进行预热。然后燃料和被加热的空气一起燃烧。经过燃烧室后的燃气具有较高的温度和压力，带动透平旋转，驱动压缩机和发电机。图 11-4 为燃气轮机发电系统。

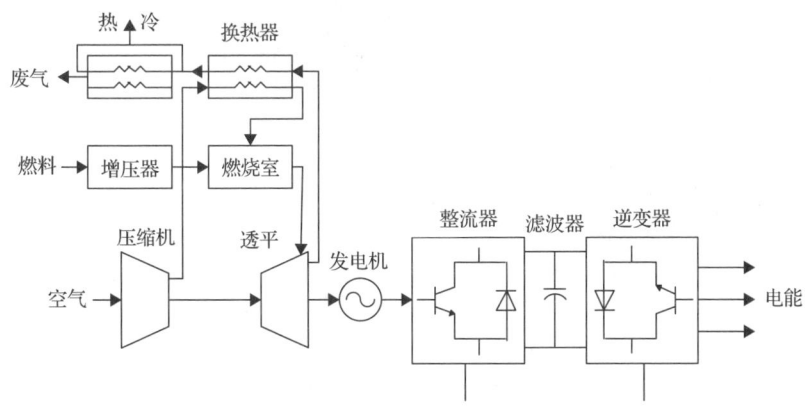

图 11-4 燃气轮机发电系统

燃气轮机可以天然气、甲烷、柴油等传统能源为燃料，其输出功率从几十千瓦到几兆瓦不等。燃气轮机与汽轮机的主要差别在于主要工质为燃气而不是蒸汽。能量转换的过程是类似的。

11.2.2 机械能—电能的转换

一次能源为水、潮汐、风能时，发电的能量转换过程为机械能—电能。

1. 风力发电

一般而言，风力发电机组主要包含机械部分、发电部分及控制部分，其中机械部分包括风轮机、传动系统(传动轴、齿轮箱)，控制部分包括风速偏航系统、液压系统、制动系统，发电部分主要是由发电机组成。目前，风力发电机组可以按风力驱动方式的不同划分，可分为直驱式和齿轮箱驱动两种类型；按发电机类型的不同划分，可分为同步发电机和异步发电机两种类型；按风速与频率调节控制的不同划分，可分为恒速/恒频、变速/恒频。目前，在风力发电技术中，直驱式永磁同步风力发电机和双馈式风力发电机的应用范围较为广泛，这两种类型容量较大且较多用于大型风电并入电网的场合。图 11-5 所示的是双馈发电机风力发电系统。图 11-6 所示的是直驱式永磁同步风力发电机。

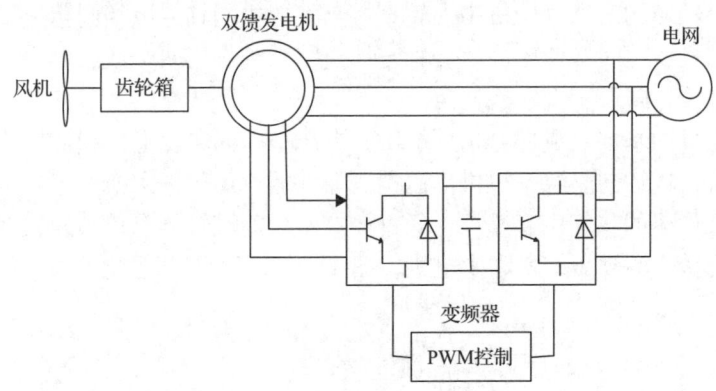

图 11-5　双馈发电机风力发电系统

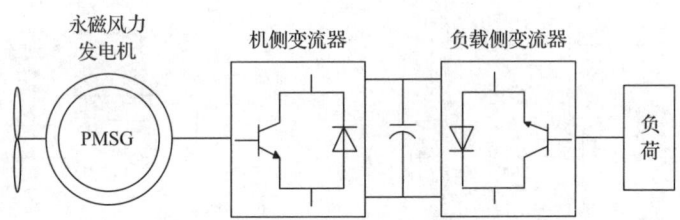

图 11-6　直驱式永磁同步风力发电机

风力发电机组与常规的发电机组的最大区别在于，风力发电机组受到风速本身的不确定性影响而导致机组输出功率的随机性。风力发电系统的控制策略包括变桨距控制和变流系统控制策略，其中变流系统控制又分电机侧交流控制和负载侧交流控制。

1) 变桨距控制

当风速小于或等于额定风速时，风力机按定桨距角运行；当风速大于额定风速时，变桨距控制系统将动作，风力机处于变桨距运行状态。系统通过调节桨距角改变风能利用系数，减少风力机捕获的风能，使输出功率保持在额定值附近，防止机组超过转速极限和功率极限而可能造成的事故。

2) 变流系统控制

双 PWM 变换器由于具有良好的输入输出性能，在直驱永磁风力发电机领域中得到了广泛的应用。机侧变流器实现对风力机转速和功率的控制，负载侧变流器主要是要稳定母线电压和负荷侧功率因数。因此，变流系统控制策略包括电机侧变流器控制和负载侧变流器控制。电机侧变流器控制系统承担中低风速时风力机转速调节的任务，实现风力机的最大功率追踪。风速发生变化时，可以通过电机侧变流控制系统调节风力机的转速至最佳转速，使风能利用系数达到最大值，从而令风力发电机运行在最大功率输出状态。负载侧变流器控制系统的目的是保持直流侧电压恒定，同时使变流器能在负载侧给定功率因数下稳定地输送功率。

2. 水力发电

传统水电站的基本组成包括水坝、进水口、水轮机、发电机、变压器、输电线、尾水等。其中，水轮机是在水流冲击下转动其巨大的叶片，通过传动轴与位于其上方的发电机相连，带动发电机进行发电。尾水是提供给利用过的水重新流入下流河水中的水道。

水电机组原动机及其调节系统是一个将水力和机械过程综合于一体、高度复杂的非线性系统，从电力系统稳定分析角度，可将其分为原动机（包括水轮机和过水系统）和调速器（包括控制系统和执行机构）两部分。图 11-7 是某水电站中两台机组的结构图。

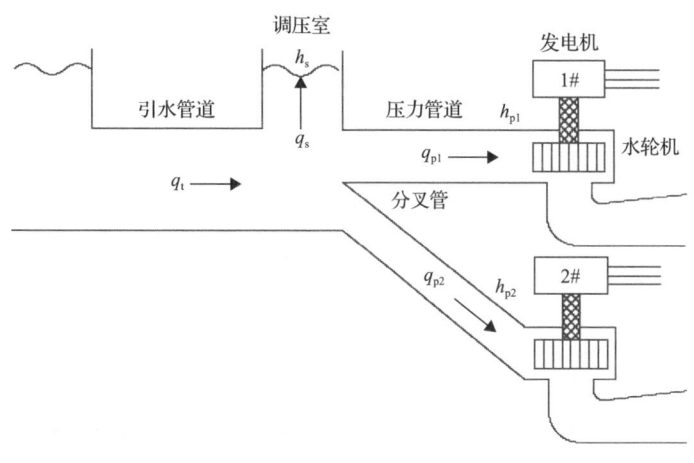

图 11-7 水电站结构

11.2.3 光能—电能/热能的转换

太阳能分布广泛，是一种理想的可再生能源。太阳能利用方式主要有光伏发电、太阳能热发电、太阳能热水器等。

1. 光伏发电

太阳能光伏电池(photovoltaic cell，PV)是太阳能的利用的主要形式之一。利用光照射光伏组件时将太阳能转变为直流电能的一种发电方式。目前应用的太阳能电池是硅半导体，光伏发电系统中最基本的单元是光伏电池，每块光伏电池输出电压和输出电流都很低，功率也较小，因此都是将光伏电池串联或并联构成光伏发电模块，从而提高输出电压。同时也可以将光伏发电模块串、并联后得到光伏阵列，进而获得更高的输出电压和更大的输出功率。一般我们所指的光伏发电系统实际上就是指光伏阵列。受日照强度和温度等环境因素影响，光伏发电系统运行呈现出随机性。

一般根据光伏系统与电网的关系，分为独立于电网的光伏系统和并网系统。独立于电网的光伏系统，常用在远离电网的偏远地区。光伏发电系统基本包括光伏电池板、电力电子变换装置、储能装置、控制器四大部分，如图 11-8 所示。

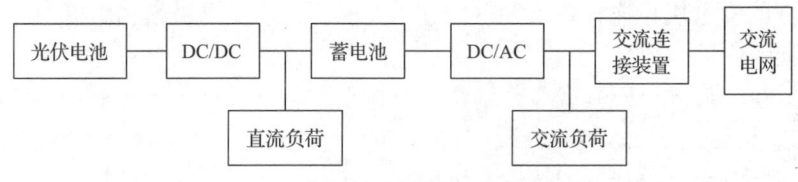

图 11-8 光伏电源系统的一般结构组成

2. 太阳能热发电

太阳能热发电也叫聚焦型太阳能热发电(concentrating solar power，CSP)，通过大量发射镜以聚焦的方式将太阳能直射光聚集起来，加热工质，产生高温高压的蒸汽，蒸汽驱动汽轮机发电。

除上述能源转换元件外，还有锅炉、电制冷机、吸收式制冷机等完成电能-热能、热能中冷热互转的转换元件，在此不一一赘述。

11.2.4 储能装置

1. 蓄电池

蓄电池是常用的储能方式，是利用电化学形式存储能量，将化学能直接转化为电能的一种装置，并通过可逆的化学反应实现再充电。常见的蓄电池包括铅酸电池、镍氢电池、镍镉电池和锂离子电池等，其中以成本低廉、技术成熟的铅酸电池应用最为广泛。

为了弥补光伏发电等可再生能源发电的间歇性和波动性，充分发挥其优势，系统经常配备蓄电池等储能单元。蓄电池储能系统具有充放电双向运行特性。

蓄电池储能系统存在放电状态、充电状态、停运状态三种状态。蓄电池的状态(state of charge，SOC)作为唯一的状态变量，其简单数学模型可表示如下：

1)蓄电池充电过程

$$\mathrm{SOC}(t+1) = (1-\delta) \cdot \mathrm{SOC}(t) + P_\mathrm{c}(t) \cdot \Delta t \cdot \eta_\mathrm{c}/E_\mathrm{C}, \qquad P_\mathrm{c} > 0 \qquad (11\text{-}1)$$

2)蓄电池放电过程

$$\mathrm{SOC}(t+1) = (1-\delta) \cdot \mathrm{SOC}(t) - P_\mathrm{d}(t) \cdot \Delta t/(E_\mathrm{C} \cdot \eta_\mathrm{d}), \qquad P_\mathrm{d} > 0 \qquad (11\text{-}2)$$

式中，E_C 为蓄电池的额定容量，kW·h；P_c、P_d 为蓄电池的充电功率和放电功率，kW；SOC(t) 为第 t 个时段结束时蓄电池的剩余电量；SOC(t+1) 为第 (t+1) 个时段结束时蓄电池的剩余电量；η_c、η_d 分别为蓄电池的充、放电效率，%；δ 为蓄电池自身放电率，%/h。

对于电储能运行的约束条件总结如下：

$$E_\mathrm{e}(t) = E_\mathrm{e}(t-1) + [\eta_\mathrm{e}^\mathrm{ch} P_\mathrm{e}^\mathrm{ch}(t-1) - 1/\eta_\mathrm{e}^\mathrm{dis} P_\mathrm{e}^\mathrm{dis}(t-1)] \cdot \Delta t \qquad (11\text{-}3)$$

$$P_\mathrm{e}^\mathrm{min} \leqslant P_\mathrm{e}(t) \leqslant P_\mathrm{e}^\mathrm{max} \qquad (11\text{-}4)$$

$$\delta_\mathrm{q}^\mathrm{ch}(t) P_\mathrm{e}^\mathrm{ch,min} \leqslant P_\mathrm{e}^\mathrm{ch}(t) \leqslant \delta_\mathrm{q}^\mathrm{ch}(t) P_\mathrm{e}^\mathrm{ch,max} \qquad (11\text{-}5)$$

$$\delta_\mathrm{e}^\mathrm{dis}(t) P_\mathrm{e}^\mathrm{dis,min} \leqslant P_\mathrm{e}^\mathrm{dis}(t) \leqslant \delta_\mathrm{e}^\mathrm{dis}(t) P_\mathrm{e}^\mathrm{dis,max} \qquad (11\text{-}6)$$

$$\delta_\mathrm{e}^\mathrm{dis} + \delta_\mathrm{e}^\mathrm{ch} \leqslant 1 \qquad (11\text{-}7)$$

式中，$E_\mathrm{e}(t)$ 为 t 时刻电储能设备存储容量；P_e^ch、$P_\mathrm{e}^\mathrm{dis}$ 为电储能存储和释放功率；$\eta_\mathrm{e}^\mathrm{ch}$、$\eta_\mathrm{e}^\mathrm{dis}$ 为电储能存储和释放能量效率；$P_\mathrm{e}^\mathrm{ch,min}$、$P_\mathrm{e}^\mathrm{ch,max}$ 是电储能最小、最大功率；$P_\mathrm{e}^\mathrm{dis,min}$、$P_\mathrm{e}^\mathrm{dis,max}$ 为电储能释放最大、最小功率；$\delta_\mathrm{e}^\mathrm{dis}$、$\delta_\mathrm{e}^\mathrm{ch}$ 为 0-1 整数变量，式(11-7)表示电储能存储能量和释放能量不同时进行。

2. 储热和储冷装置

在实际生产过程中，热电负荷与热电供应总是会存在不匹配，热供给可能会多出，或是电力供应会多出。目前，对于剩余电力的处理，大多数采用电池储能，将多生产的电能储能起来。针对多余的热能，为了提高经济性，也会使用储热装置。

储热系统与电池储能系统类似，也存在储热状态、放热状态、停运状态三种状态。将储热装置的状态(heat storage state，HSS)作为唯一的状态变量。从剩余热储能量以及储放热功率等方面对储热装置进行相应的数学建模。

1)储热装置储热过程

$$\mathrm{HSS}(t) = \eta_\mathrm{L} \mathrm{HSS}(t-1) + H_\mathrm{in}(t) \Delta t \eta_\mathrm{in} \qquad (11\text{-}8)$$

2) 储热装置放热过程

$$\mathrm{HSS}(t) = \eta_{\mathrm{L}} \mathrm{HSS}(t-1) + \eta_{\mathrm{d}} H_{\mathrm{out}}(t) \Delta t / \eta_{\mathrm{out}} \tag{11-9}$$

式(11-8)、式(11-9)中，$\mathrm{HSS}(t)$为第t个时段后储热装置的剩余热功率；$\mathrm{HSS}(t-1)$为第$t-1$个时段后储热装置的剩余热功率；η_{in}、η_{out}分别为储热装置的输入、输出转化效率，%；η_{L}为储热装置的存储效率，%。

对于热储能的运行约束条件总结如下：

$$H_{\mathrm{q}}(t) = H_{\mathrm{q}}(t-1) + [\eta_{\mathrm{q}}^{\mathrm{ch}} Q_{\mathrm{q}}^{\mathrm{ch}}(t-1) - 1/\eta_{\mathrm{q}}^{\mathrm{dis}} Q_{\mathrm{q}}^{\mathrm{dis}}(t-1)] \cdot \Delta t \tag{11-10}$$

$$H_{\mathrm{q}}^{\min} \leqslant H_{\mathrm{q}}(t) \leqslant H_{\mathrm{q}}^{\max} \tag{11-11}$$

$$\delta_{\mathrm{q}}^{\mathrm{ch}}(t) Q_{\mathrm{q}}^{\mathrm{ch,min}} \leqslant Q_{\mathrm{q}}^{\mathrm{ch}}(t) \leqslant \delta_{\mathrm{q}}^{\mathrm{ch}}(t) Q_{\mathrm{q}}^{\mathrm{ch,max}} \tag{11-12}$$

$$\delta_{\mathrm{q}}^{\mathrm{dis}}(t) Q_{\mathrm{q}}^{\mathrm{dis,min}} \leqslant Q_{\mathrm{q}}^{\mathrm{dis}}(t) \leqslant \delta_{\mathrm{q}}^{\mathrm{dis}}(t) Q_{\mathrm{q}}^{\mathrm{dis,max}} \tag{11-13}$$

$$\delta_{\mathrm{q}}^{\mathrm{dis}} + \delta_{\mathrm{q}}^{\mathrm{ch}} \leqslant 1 \tag{11-14}$$

式中，$H_{\mathrm{q}}(t)$为t时刻热储能设备存储容量；$Q_{\mathrm{q}}^{\mathrm{ch}}$、$Q_{\mathrm{q}}^{\mathrm{dis}}$为热储能存储和释放功率；$\eta_{\mathrm{q}}^{\mathrm{ch}}$、$\eta_{\mathrm{q}}^{\mathrm{dis}}$为热储能存储和释放能量效率；$Q_{\mathrm{q}}^{\mathrm{ch,min}}$、$Q_{\mathrm{q}}^{\mathrm{ch,max}}$为热储能最小、最大功率；$Q_{\mathrm{q}}^{\mathrm{dis,min}}$、$Q_{\mathrm{q}}^{\mathrm{dis,max}}$为热储能释放最小、最大功率；$\delta_{\mathrm{q}}^{\mathrm{dis}}$、$\delta_{\mathrm{q}}^{\mathrm{ch}}$为0-1整数变量，式(11-14)表示热存储能量和释放能量不同时进行。

储冷装置的数学模型与储热装置的数学模型大致相同，不再赘述。

3. 抽水蓄能

抽水蓄能电站是利用电网中负荷低谷时的电力，由下水库抽水到上水库蓄能，待电网高峰负荷时，放水回到下水库发电的水电站，又称蓄能式水电站。其具体的模型与水电站相似，前面已经对水电站做了较为详细的建模，此处只建立简化的数学模型。

蓄水池水量变化关系如下：

$$W(t+1) = W(t) + [Q_{\mathrm{P}}(t) - Q_{\mathrm{T}}(t)] \cdot \Delta t \tag{11-15}$$

$$Q_{\mathrm{P}}(t) = \frac{3600 \cdot 1000 \cdot \eta_{\mathrm{P}} \cdot \eta_{\mathrm{WP}} \cdot P_{\mathrm{P}}(t)}{\rho \cdot g \cdot h} = K_{\mathrm{P}} \cdot P_{\mathrm{P}}(t) \tag{11-16}$$

$$Q_{\mathrm{T}}(t) = \frac{3600 \cdot 1000 \cdot P_{\mathrm{T}}(t)}{\eta_{\mathrm{T}} \cdot \eta_{\mathrm{WP}} \cdot \rho \cdot g \cdot h} = K_{\mathrm{T}} \cdot P_{\mathrm{T}}(t) \tag{11-17}$$

式(11-15)~式(11-17)中，$W(t)$ 为 t 时段末的剩余水量，m^3；$Q_P(t)$ 为抽水流速，m^3/h；$Q_T(t)$ 为发电放水流速，m^3/h；Δt 为时间间隔，取为 1h；η_{WP} 为管道效率；η_P 为水泵效率；$P_P(t)$ 为水泵功率，kW；η_T 为发电机组效率；$P_T(t)$ 为发电机组功率，kW；ρ 为海水密度，取为 $1000kg/m^3$；g 为重力加速度，m/s^2；h 为水头高度，m；K_P 和 K_T 分别为抽水工况和发电工况下的流速功率比，$m^3/(kW\cdot h)$。

4. 电转气

电转气技术包括电转氢气和电转甲烷两类。前者的化学反应原理为电解水反应；后者的化学反应原理包括电解水反应和甲烷化反应。

1) 电解水反应

电解水反应是通过电解水产生氢气和氧气。电解水制氢过程是一种能量转换的过程，即将一次能源转换为能源载体氢能的过程。电解水制氢方法主要有碱性电解水制氢、固体聚合物电解水制氢、高温固体氧化物电解水制氢。碱性电解水制氢是技术最成熟、成本低的大规模制氢方法，H_2 和 O_2 的纯度一般可达 90%~99%；固体聚合物电解水制氢成本较高、制氢规模较小，H_2 和 O_2 的纯度在 90%~99%；高温固体氧化物电解水制氢工作温度为 800~950℃，高温在提高电解效率的同时也限制了电解池关键材料的选择。目前电解水反应的效率为 56%~73%。

2) 甲烷化反应

CO_2 催化加氢甲烷化反应是 CO_2 循环再利用的有效途径之一，主反应产物为 CH_4 和 H_2O，副反应产物有 CO_2C、CO_2、C_2H_6、C_xH_y、O_2 等。电转气装置与多能源系统的连接示意图如图 11-9 所示。

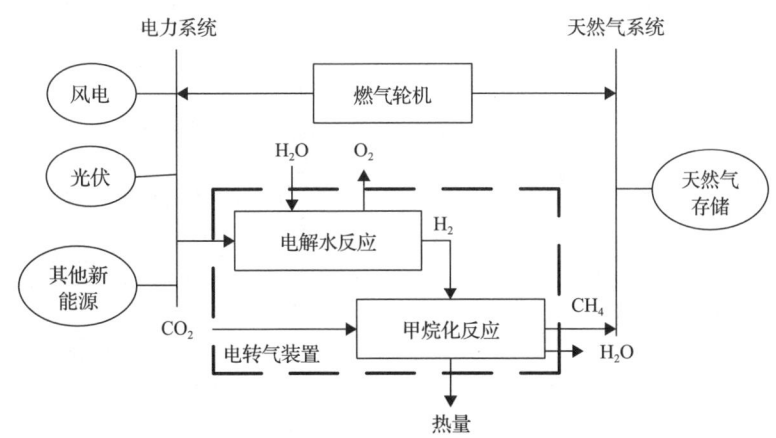

图 11-9 电转气装置与多能源系统的连接示意图

甲烷化反应为放热反应，从热力学角度，高温下 CO_2 甲烷化反应受热力学平衡的制约，低温更有利于反应的正向进行；从动力学角度看，低温 CO_2 甲烷化反应具有低的反应速度。由此可知，实现低温CO_2甲烷化的关键是高活性催化剂。CO_2甲烷化反应催化剂主要以ⅧB族金属（如 Ni、Co、Rh、Ru 和 Pd 等）为活性组分的负载型催化剂。目前，甲烷化反应的效率为 75%～80%。

11.3 受端供能系统的典型终端负荷特性

未来的能源系统中，终端系统的核心是不同类型、规模的综合能源系统。这里对一些典型应用场景的综合能源系统的用能特性进行介绍。

11.3.1 楼宇型

楼宇型 CCHP 的概念与分类已在本书上册 3.4.3 节做了详细介绍，此处不再赘述。

1. 某市超算数据中心

某市超算数据中心的负荷主要为主计算机及其配套设施全天运行负荷需求，其负荷特性如图 11-10 和图 11-11 所示。冷负荷维持不变，电负荷和冷电比变化很小，冷电比在 0.9～1.1。日电负荷呈双峰型，最大电负荷 40500kW 出现在 11:00 左右和下午 3:00 左右，下半夜电负荷最小。电负荷和冷电比的变异系数均接近于 0，负荷偏移均值很小，见表 11-1。

表 11-1 超算数据中心数据统计

超算中心	电负荷	冷负荷	冷电比	备注
最大值/kW	40500	36000	1.091	影响机组容量
最小值/kW	33000	36000	0.900	
均值	35134	36000	1.025	
变异系数	0.068	0	0.064	影响系统结构、控制方式、经济效益
最大/均值	1.153	1	1.065	
最小/均值	0.939	1	0.878	
峰谷差/均值	0.213	0	0.186	
黑启动下可中断负荷/kW	无	无		影响黑启动能力

注：变异系数=均方差/均值，表征数据离散程度，无量纲

2. 某城市的小学

某城市小学有 24 个班级，负荷需求主要为满足白天教学需求，放学后教工人员活动也需要少量的冷电负荷，其负荷特性如图 11-12 所示。制冷季与非制冷季的走势大体相同，变异系数等值差别很小，其中变异系数均为 0.35～0.45，峰

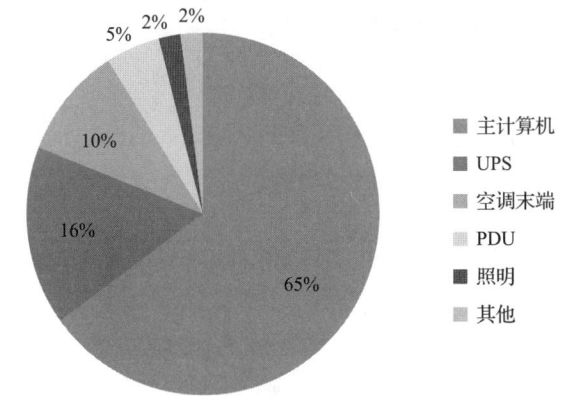

图 11-10　超算数据中心负荷构成

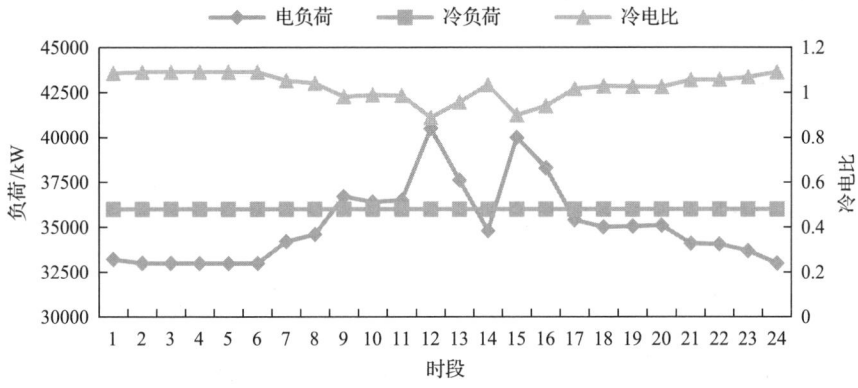

图 11-11　超算数据中心负荷需求

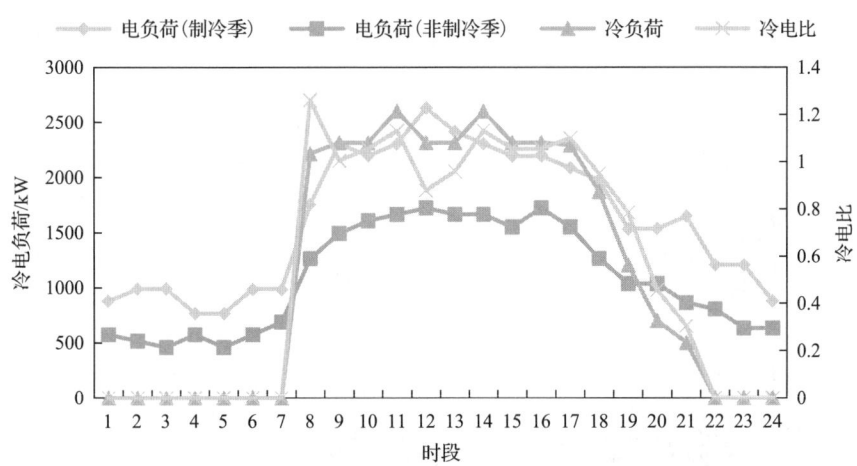

图 11-12　某城市小学负荷需求

谷差/均值均为 1.1~1.2，峰谷差较大，因为存在一定的电制冷，制冷季电负荷整体上要比非制冷季高。负荷的数据统计见表11-2，若不考虑晚上冷负荷为0的阶段，冷负荷与电负荷曲线近乎重合，白天冷电比在 1 左右，全天冷电比均值为0.720，变异系数约为 0.7，峰谷差/均值为 1.57，冷电比变异系数值不小及峰谷差较大，主要是因为晚上的冷负荷为0。

表 11-2 城市小学数据统计

低碳城市小学	电负荷(制冷季)	电负荷(非制冷季)	冷负荷	冷电比
最大值/kW	2633	1724	2603	1.130
最小值/kW	768	460	0	0.000
均值	1613	1084	1161	0.720
变异系数	0.378	0.436	0.949	0.697
最大/均值	1.632	1.589	2.242	1.570
最小/均值	0.476	0.424	0.000	0.000
峰谷差/均值	1.156	1.166	2.242	1.570
黑启动下可中断负荷	全部	全部	全部	

3. 某城市医院

由于白天门诊，医院白天电负荷有小增幅，但占电负荷大部分的是非门诊活动，其负荷特性如图 11-13 和表 11-3 所示。制冷季与非制冷季的电负荷需求走势基本一致，呈微凸型，变异系数均为 0.17~0.18，日偏移较小，最大/均值均为 1.2~1.3，但是由于制冷季平均冷电比约为 0.7，大量电制冷，使制冷季的电负荷远高于非制冷季，冷负荷的走势也与电负荷的走势基本一致，使制冷季的峰谷差/均值大于非制冷季。

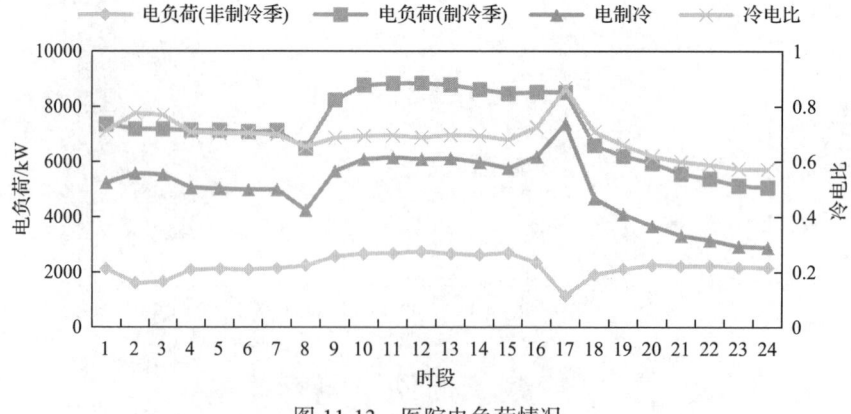

图 11-13 医院电负荷情况

第 11 章 受端系统的能源转换与利用方式

表 11-3 医院数据统计

滨海医院	电负荷(制冷季)	电负荷(非制冷季)	电制冷	冷电比
最大值/kW	2752.5	8845.95	7384.05	0.867
最小值/kW	1129.8	5067.45	2938.8	0.572
均值	2222.160	7257.675	5035.515	0.694
变异系数	0.172	0.171	0.232	0.094
最大/均值	1.239	1.219	1.466	1.250
最小/均值	0.508	0.698	0.584	0.825
峰谷差/均值	0.730	0.521	0.883	0.425
黑启动下可中断负荷	无	无	无	无

11.3.2 区域型

区域型综合能源系统的概念与分类已在本书上册 3.4.3 节做了详细介绍,此处不再赘述。

1. 工业基地

某市工业基地四季的电负荷需求相同,其中公司 A 和公司 B 要求连续供热,四季的热水和蒸汽需求相同,这两者构成主要的热负荷,采暖、热水和蒸汽需求构成冬季热负荷,其负荷情况如图 11-14 和图 11-15 所示。全年电负荷、制冷季冷负荷和非制冷季热负荷都呈双峰型,峰值在正常工作时段内,低谷值在下半夜,电负荷和冷负荷的变异系数分别为 0.384 和 0.752,冷负荷峰谷差超过 1.5,而热负荷的变异系数和峰谷差均很小,因为波动由生活热水引起,整体上热负荷比较平稳,见表 11-4。制冷季和非制冷季的热电比近乎一致,呈白天下凹型,变异系数在 4.5~5.5,均值在 0.6~0.8,峰谷差/均值在 1.1~1.6,峰谷差大。

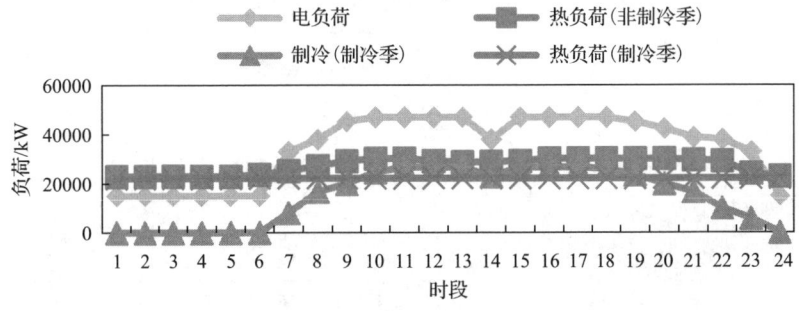

图 11-14 工业基地负荷情况

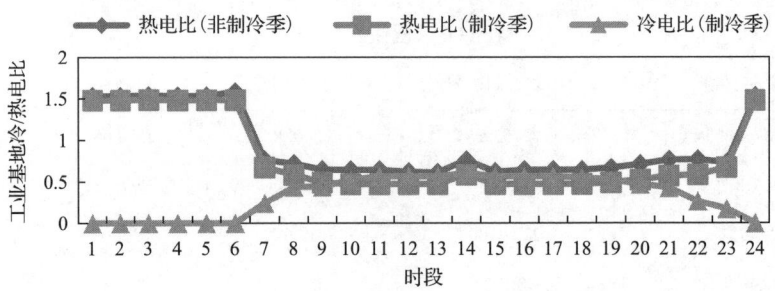

图 11-15 工业基地冷/热电比情况

表 11-4 工业基地数据统计

工业基地	电负荷(非制冷季)	电负荷(制冷季)	热负荷(非制冷季)	热负荷(制冷季)	冷负荷	热电比(非制冷季)	热电比(制冷季)	冷电比
最大值/kW	47000	47000	30224	22292	26670	1.537	1.486	0.606
最小值/kW	15000	15000	22941	22170	0	0.643	0.473	0
平均值	34692	34692	27247	22235	14765	0.785	0.641	0.426
变异系数	0.384	0.384	0.112	0.001	0.752	4.501	5.389	0.566
最大/均值	1.355	1.355	1.109	1.003	1.806	1.958	2.319	1.424
最小/均值	0.432	0.432	0.842	0.997	0	0.819	0.739	0
峰谷差/均值	0.922	0.922	0.267	0.005	1.806	1.139	1.580	1.424
黑启动下可断负荷	—	—	—	—	5000	—	—	—

2. 城市示范区

如图 11-16 所示，某示范区是以低碳产业为基础，综合绿色、智慧、环保、循环的理念，最终形成以低碳服务业为重点和支柱产业，智能绿色 IT 技术产业、能源环保产业、低碳经济新材料产业为主导产业，形成民生和谐、生态优化、宜居宜业的低碳综合示范区，示范区城市数据统计如图 11-17 所示，数据如表 11-5 所示。

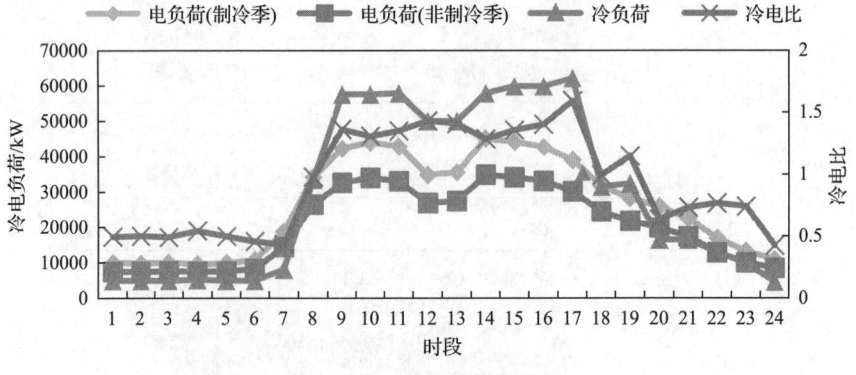

图 11-16 示范区负荷情况

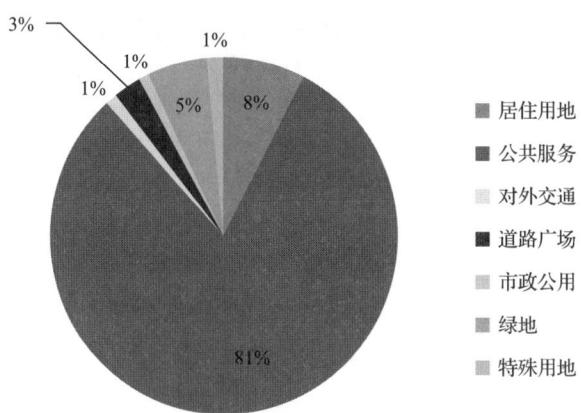

图 11-17　某海岛电力需求预测

表 11-5　示范区城市数据统计

低碳城市	电负荷(制冷季)	电负荷(非制冷季)	冷负荷	冷电比
最大值/kW	45053.9	34897.5	62190	1.592
最小值/kW	9605.6	7448.8	4628	0.423
均值	26376.8	20347.1	29526	1.119
变异系数	0.511	0.515	0.778	0.357
最大/均值	1.708	1.715	2.106	1.422
最小/均值	0.364	0.366	0.157	0.378
峰谷差/均值	1.344	1.349	1.950	1.044
黑启动下可中断负荷	6000	5000	几乎全部	

示范区的冷热电负荷均呈双峰型，峰值出现在白天正常工作段，低谷期在晚上，午间休息时段也有小谷期，非制冷季和制冷季的变异系数以及峰谷差/均值均近乎相等，分别约为 0.51 和 1.34。冷电比呈午间上凸型，除午间外，走势与电负荷基本相同，最大可达 1.592，均值为 1.19，冷电比较大。

11.3.3　海岛型

海岛型微网的概念已在本书上册 3.4.3 节做了详细介绍，此处不再赘述。

某海岛考虑了利用可变负荷来应对分布式能源波动，负荷特性如图 11-17～图 11-19 及表 11-6 所示。该海岛电负荷呈单峰型，峰值出现在 18∶00～23∶00，低谷期在下半夜，电负荷变异系数为 0.614，峰谷差/均值近 1.9，峰谷差很大，热负荷与电负荷走势基本一致，变异系数为 0.566，峰谷差/均值为 1.104，冷负荷变异系数为 0.045，峰谷差/均值为 0.134，冷负荷变化较小，这是由于该海岛作为一个旅游型海岛,电负荷主要为满足与旅游相关的公共服务(比如宾馆酒店)以及居民的需求。冷热电比呈白天下凸型,走势类似,两者的变异系数分别为 0.806 和 0.398,差别较大。海岛型一般负荷需求较小,不少主要通过联供系统供能。

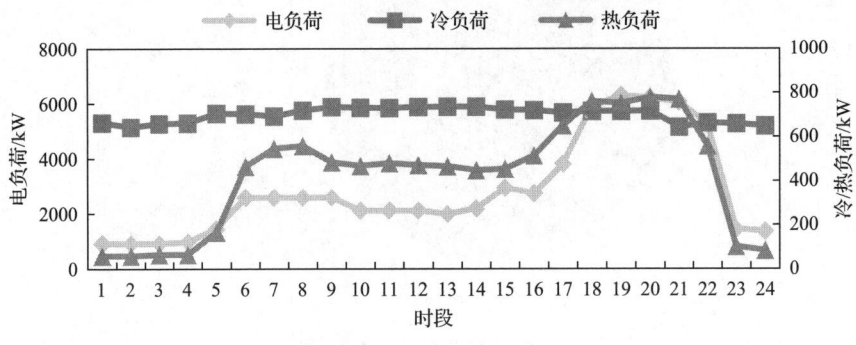

图 11-18 某海岛负荷情况

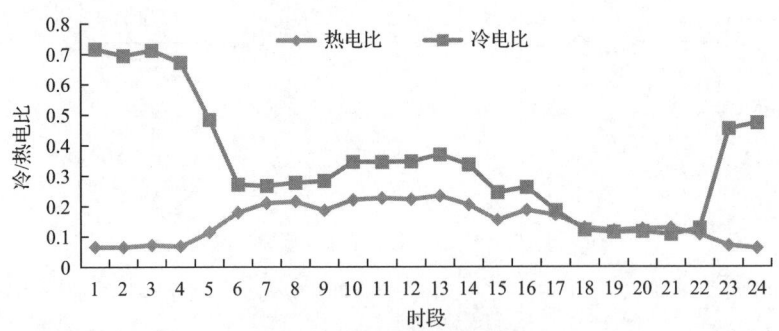

图 11-19 某海岛冷/热电比

表 11-6 某海岛数据统计

东澳岛	电负荷	可变电负荷	热负荷	热电比	冷负荷	冷电比
最大值/kW	6290	953	778.54	0.227	737.04	0.749
最小值/kW	926	174	60.07	0.061	643.58	0.103
均值	2841.92	469.96	426.78	0.150	697.42	0.245
变异系数	0.614	0.437	0.566	0.398	0.045	0.806
最大/均值	2.213	2.028	1.824	1.512	1.057	3.051
最小/均值	0.326	0.370	0.141	0.408	0.923	0.418
峰谷差/均值	1.887	1.658	1.683	1.104	0.134	2.633

11.3.4 综合对比

设定变异系数和峰谷差/均值的评级标准如下:

第 11 章 受端系统的能源转换与利用方式

$$\text{变异系数}\begin{cases}<0.01, & \text{很小}\\ 0.01\sim0.1, & \text{小}\\ 0.1\sim0.5, & \text{较小}\\ 0.5\sim1, & \text{较大}\\ >1, & \text{大}\end{cases}; \quad \text{峰谷差/均值}\begin{cases}<0.5, & \text{小}\\ 0.5\sim1, & \text{较小}\\ 1\sim2, & \text{较大}\\ >2, & \text{大}\end{cases}$$

各场景综合对比如表 11-7 所示。

表 11-7 各场景综合对比情况

场景		负荷	日负荷走向	峰/凸值时期	谷/凹值时期	变异系数	峰谷差/均值
	超算数据中心	电负荷	双峰	白天正常工作时段	下半夜	很小	小
		冷负荷	恒定			很小	小
		冷电比	双下凹	下半夜	白天正常工作时段	很小	小
楼宇型	城市小学	电负荷（制冷季）	单峰型	白天正常工作时段	下半夜	较小	较大
		电负荷（非制冷季）	单峰型	白天正常工作时段	下半夜	较小	较大
		冷负荷	双峰型	白天正常工作时段	夜间	较大	大
		冷电比	双峰型	白天正常工作时段	夜间	较大	较大
	城市医院	电负荷（制冷季）	白天微凸	白天正常工作时段	凌晨	较小	较小
		电负荷（非制冷季）	白天微凸	白天正常工作时段	下半夜	较小	较小
		电制冷	白天微凸	白天正常工作时段	凌晨	较小	较小
		冷电比	白天微凸	白天正常工作时段	凌晨	小	小
区域型	工业基地	电负荷	双峰型	白天正常工作时段	下半夜	较小	较小
		热负荷（制冷季）	恒定			很小	小
		热负荷（非制冷季）	双峰型	白天正常工作时段	下半夜	较小	小
		冷负荷	双峰型	白天正常工作时段	下半夜	较大	较大

续表

场景		负荷	日负荷走向	峰/凸值时期	谷/凹值时期	变异系数	峰谷差/均值
区域型	工业基地	热电比（制冷季）	白天+上半夜下凹型	下半夜	白天及上半夜	大	大
		热电比（非制冷季）	白天+上半夜下凹型	下半夜	白天及上半夜	大	大
		冷电比	白天+上半夜上凸型	白天及上半夜	下半夜	较小	较大
	示范区	电负荷（制冷季）	双峰型	白天正常工作时段	下半夜	较大	较大
		电负荷（非制冷季）	双峰型	白天正常工作时段	下半夜	较大	较大
		冷负荷	双峰型	白天正常工作时段	下半夜	较大	较大
		冷电比	白天上凸型	白天正常工作时段	下半夜	较小	较大
海岛型	某海岛	电负荷	单峰型	上半夜	下半夜	较大	较大
		可变负荷				较小	较大
		热负荷	单峰型	上半夜	下半夜	较大	较大
		冷负荷	基本恒定			小	小
		热电比	白天+上半夜上凸型	白天	下半夜	较小	较大
		冷电比	白天+上半夜下凹型	下半夜	上半夜	较大	大

11.4 本章小结

本章主要介绍了受端系统的能源转换与利用方式，其中能源转换方式包括一次能源与电能、热能的转换方式，元件模型侧重于介绍受端能源的转换方式，包括化学能—电能、机械能—电能、光能—电能/热能的转换以及储能装置。这类能源转换装置在受端能源系统中已被广泛使用，但能源转换效率各不相同，如何确保受端综合能源系统的经济效益、环境友好效益等运行指标，需根据受端用能情况，针对需求规划不同的综合能源系统框架，并采用适合的优化决策支持方法进行优化计算，得到兼顾效率、成本、环境友好等多个指标的运行方案，本书将在后面章节进行介绍。

第 12 章 现有综合能源系统构架

12.1 典型综合能源系统类型

综合能源系统的一大特色是可以实现多能互补,提高人类对能源的利用效率。多能互补集成优化主要有两种模式:①面向终端用户电、热、冷、气等多种用能需求,因地制宜、统筹开发、互补利用传统能源和新能源,优化布局建设一体化集成供能基础设施,形成区域综合能源系统,在具体实施过程中,一般可以通过天然气热电冷三联供、分布式可再生能源和能源智能微网等方式,实现多能协同供应和能源综合梯级利用;②利用大型综合能源基地风能、太阳能、水能、煤炭、天然气等资源组合优势,推进风光水火储多能互补系统建设运行,因为实际规模较大,可以形成跨区域综合能源系统。两种模式的多能互补优化中,由于地理范围与服务对象的差异,在分析中的专注点也不同,其中,区域级综合能源系统主要关注能量的转化,跨区级综合能源系统主要关注能量的传输。

典型的综合能源系统分类较多,其中部分系统的简介、示意图、不同终端能源系统类型的结构及适用场合等已在本书上册做了详细介绍与总结,此处补充介绍其他的典型系统。

12.1.1 燃气轮机冷热联供系统

图 12-1 为燃气轮机冷热联供系统示意图,燃气轮机不仅发电还利用余热达到了能源梯级利用,因而这种环保节能的系统是未来分布式能源发展的重要方向。通过算例仿真探讨了多种因素对系统运行优化结果的影响,其中包括冷热电负荷比例、燃料价格、剩余电力上网政策、电价。结果表明,燃气轮机冷热联供系统的经济节能效果好,燃气轮机冷热联供系统与主网自由购售电政策较之其余两种,可获取较高的经济效益;电价机制采用实时电价机制比采用峰谷电价机制或是固

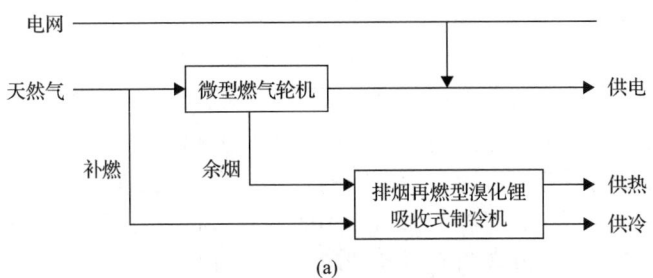

(a)

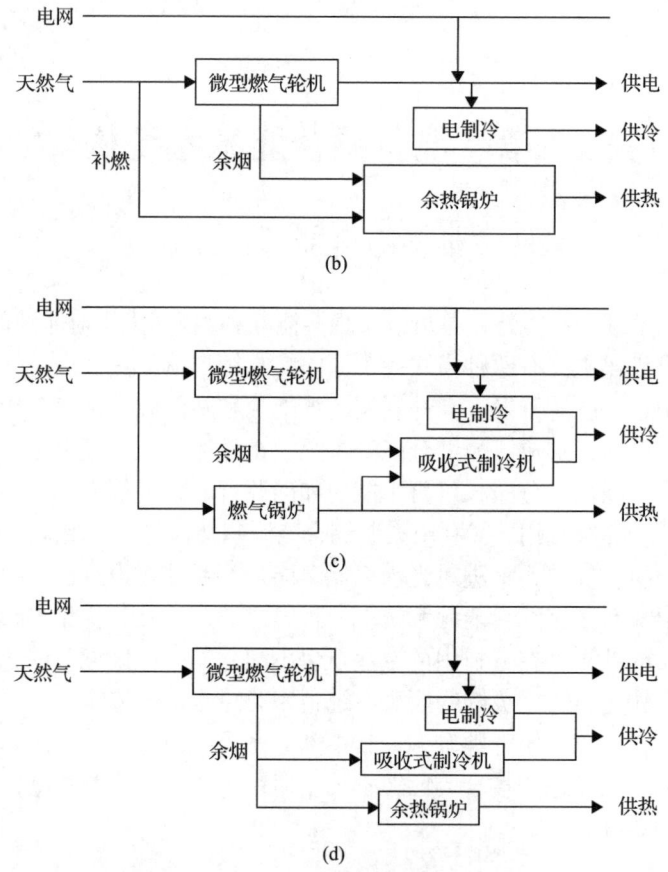

图 12-1 燃气轮机冷热联供系统示意图

定电价机制更加具有经济性能;且在电价低时,燃气轮机冷热联供系统主要通过购电满足需求,电价高时,多余电力向主网售电获得经济效益。

12.1.2 基于多能源互补的区域供热和区域供热供冷系统

图 12-2 为基于多能源互补的区域供热和区域供热供冷系统示意图,表示一个含有离网型风力发电机,电热水锅炉,燃气锅炉和太阳能热水器的小型区域供热系统(district heating,DH)。DH 系统由风力发电机组,电热水锅炉,燃气锅炉及太阳能热水器组成。低温回水先后由太阳能热水锅炉,燃气锅炉及电热水锅炉逐级加温至设定温度供给负荷使用。风电机组以风能作为一次能源生产电力,电热水锅炉将风电机组产生的电能转化为热能;太阳能热水锅炉以太阳能作为一次能源,将太阳能转化为热能对闭合管道中的工质进行加热;燃气锅炉以天然气为燃料,将化学能直接转化为热能,作为备用的调峰设备。此系统将在风力资源以及太阳能资源不足时向大电网购电以满足用户的热负荷需求。

第 12 章 现有综合能源系统构架

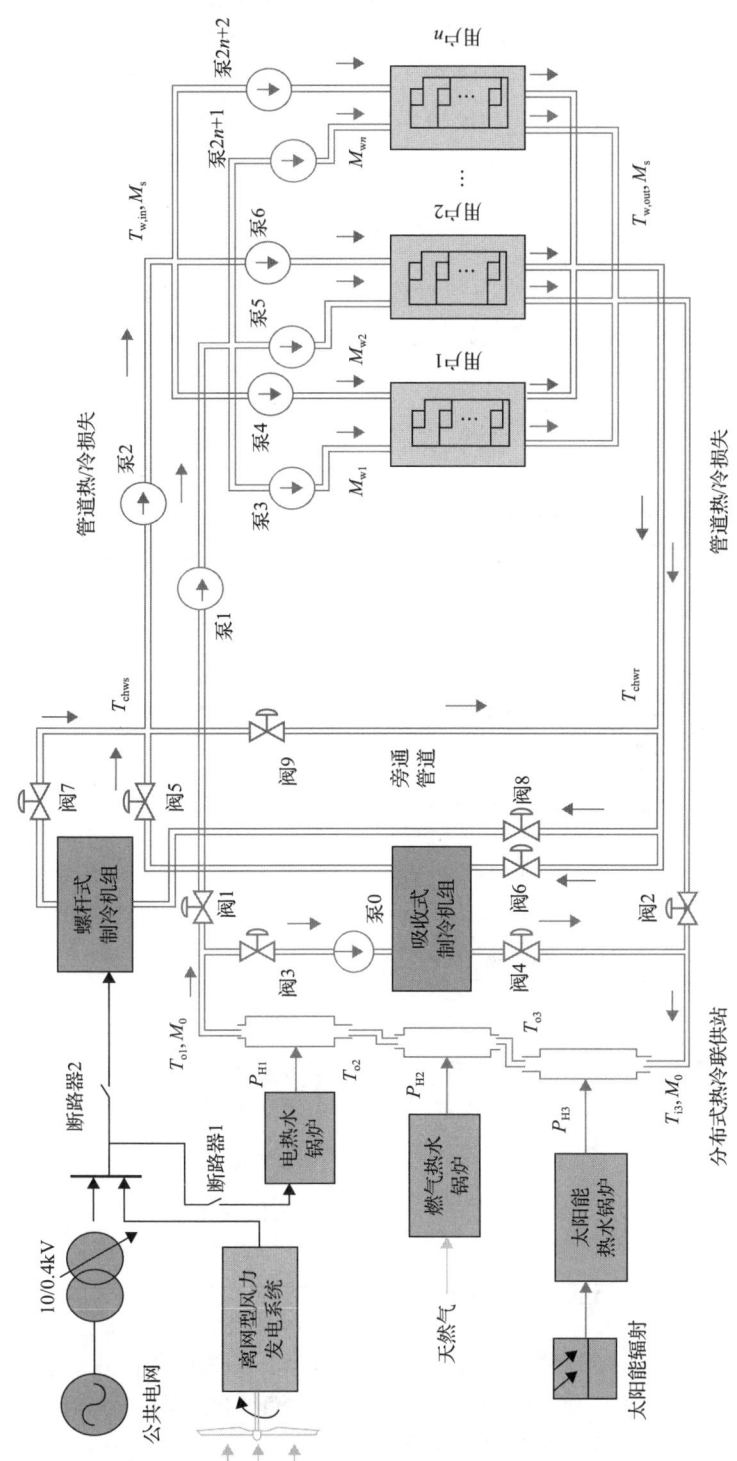

图12-2 基于多能源互补的区域供热和区域供热供冷系统示意图

区域供热供冷系统(district heating and cooling, DHC)，除了包含所有 DH 系统中的设备外，另外还包括了两台吸收式制冷机和电压缩式制冷机。在供冷季季节，电压缩制冷机通过吸收电能向用户提供冷能量，而吸收式制冷机吸收管道中由三级锅炉加热后的工质热量，转化为冷供给用户。

12.1.3　以太阳能综合利用为主的冷热电联供系统

图 12-3 是以太阳能综合利用为主的 CCHP 示意图。该系统包含了光热发电、光伏发电、太阳能热水锅炉、燃气轮机、燃气锅炉以及多种蓄能方式，它以太阳热为主要能源，电网电能和天然气作为辅助能源，实现区域冷热电联供。根据不同区域的冷热电比例，分配不同比例的太阳能到光热发电、光伏发电及太阳能热水锅炉这几种太阳能利用方式，从而使太阳能得到更加有效的利用。天然气作为辅助能源，在太阳能不足的情况下，为系统提供能源。

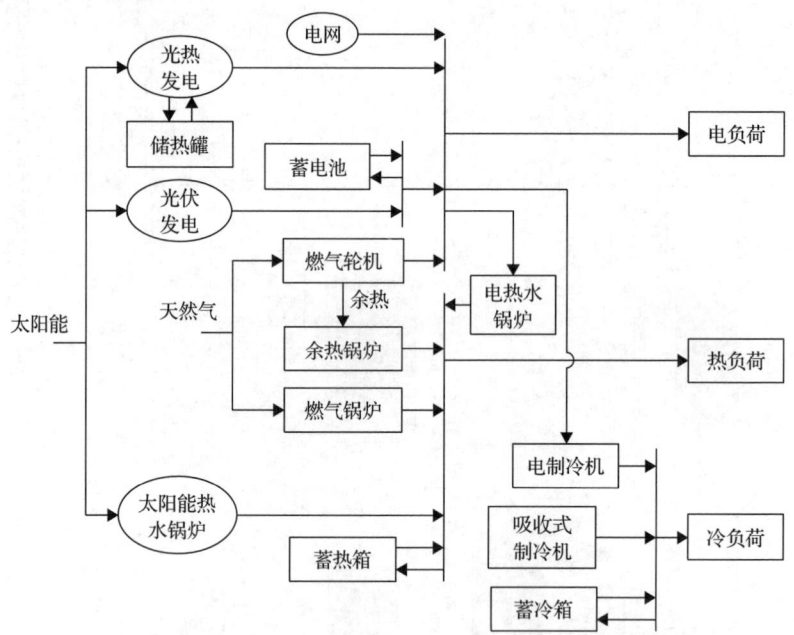

图 12-3　以太阳能综合利用为主的 CCHP 示意图

12.1.4　含多种能源的大型综合能源系统

如图 12-4 所示是一个大型综合能源系统的框架，该图描述了在大型综合能源系统中不同模块之间的交互。电力负载、分布式电源、风能和区域性冷热联产单元通过电网进行互联。电力负荷满足供电电网的需求，作为运行约束存在。一般地，从经济和可靠性角度出发，将分布式电源分布在电网的各处，可提供适当的电源，此外，风能可注入电网，通过利用电网能源及各种可再生能源，也可以将分布式区域性冷热联产单元作为冷热负载。通过仿真实验测试电网和分布式区域性冷热联产单元之间最优调度的性能。

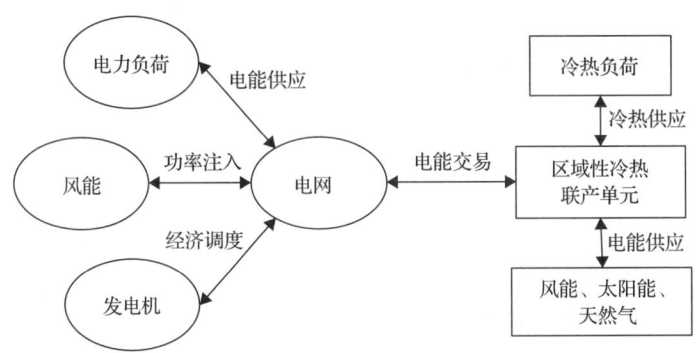

图 12-4　含多种能源的大型综合能源系统

12.1.5　含电转气技术的大型综合能源系统

如图 12-5 所示为含电转气技术的大型综合能源系统示意图，由于风电出力的随机性和间歇性，为充分利用大型风电基地的风资源，并提高远距离输电通道的利用率及输电经济性，通常采用风火打捆送电方式，并在源端或受端采用抽水蓄能进行调峰。然而高压直流输电线路的投资成本巨大，调峰带来的附加成本也不可低估。而通过电转气技术将风电场的电力转化为天然气，再利用当地的天然气管道输送至负荷中心，通过 DES/CCHP 区域供能系统向负荷中心供应冷、热、电负荷，效率高，排放少，环境效益较好。

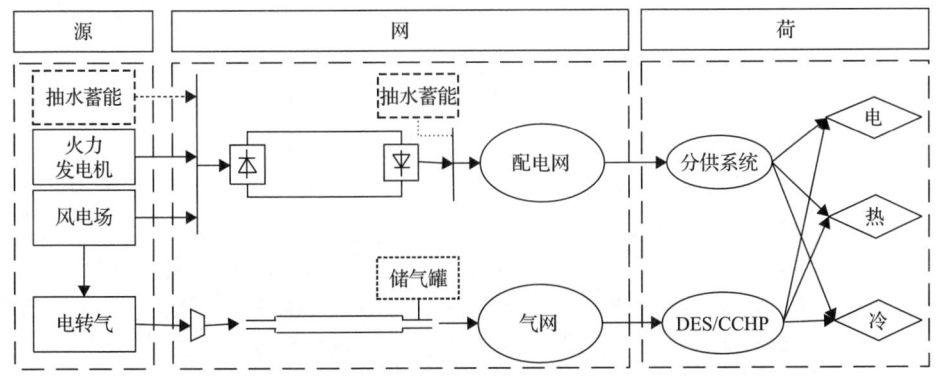

图 12-5　含电转气技术的大型综合能源系统

12.2 综合能源系统典型案例

我国采取多种方式推动多能互补的综合能源系统建设,包括省区、地区、城市、园区综合能源系统、面向大型能源基地和大型高耗能企业的能源系统、北方地区清洁能源供热系统等。采取国家设立示范工程、企业参与建设和运行、市场化运作等方式大力推动。在实际生产生活中,通过先行试点示范,建立面向能源电力供应侧和终端用户的综合能源系统,其目标是大幅提升清洁能源开发利用水平和能源综合利用效率,以推动在全国范围内建设清洁低碳、安全高效,可持续发展的新一代能源系统目标的实现。

本章选取国内具有代表性的综合能源系统进行调研,关注示范和推动项目已取得的或有潜力取得的效益,通过研究其总体方案、关键技术、商业模式、政策支持等方面,为未来相关系统发展模式和政策制定提供借鉴。

12.2.1 河北张家口可再生能源示范区

张家口可再生能源示范区于 2015 年 7 月 29 日国务院批复设立,规划期为 2015~2030 年。配合 2022 年冬奥会举办,在张家口建设"低碳奥运专区",在奥运场馆电力和热能供应及市政交通方面,全部采用可再生能源。在民居方面,奥运村、崇礼县城、风景区和周边农村采暖全部采用可再生能源。计划开展可再生能源规模化开发、大容量储能应用、智能化输电通道建设、多元化应用等四大工程。

《河北省张家口市可再生能源示范区发展规划》实施以来,张家口市扎实推进可再生能源示范区建设,加快构建绿色能源体系。张家口地区风能资源丰富,可开发风能储量达 2000 万 kW 以上,是我国规划建设的第一个千万千瓦级风电基地。张家口地区太阳能资源丰富,属于我国太阳能辐射Ⅱ类区域,年太阳总辐射 1500~1700kW·h/m^3,可开发光伏发电 3000 万 kW 以上。

2020 年 11 月 18 日,华北电力辅助服务市场开市运行,国网冀北电力有限公司张家口可再生能源示范区柔性需求响应示范工程同时投运,该工程聚合 17 家用户,集合最大响应能力 22.76 万 kW 的可调负荷资源,围绕张家口冬奥交通廊道和尚义全电供暖示范县,打造国内最大规模的蓄热锅炉可调负荷资源池。在运行过程中,参与辅助服务市场的用户可以按照邀约优化运行工况,实现用户可调负荷的柔性相应与有序运行。

2020 年 12 月 29 日,位于张家口市察北管理区的察北多能互补集成优化示范工程首期 140MW 光伏项目顺利完成启动调试工作,成功并网发电。项目在协同控制、优化运行、交易模式等关键技术领域进行了创新研究,利用变电站综合楼、主控楼等屋顶及地面资源,建设光伏、风力发电,为综合楼提供清洁能源电力,降低厂用电成本;建设直流配网、直流负载,降低新能源变流、传输以及负载用电环节的损耗，提高能源使用效率；通过直流配网、储能、多元能量管理系统等元素，动态管理能源，实现源荷互动，提升站内清洁能源综合利用水平。

在张家口可再生能源示范区的发展过程中，张家口地区的可再生能源消费也取得了显著成效。截至 2020 年底，张家口市可再生能源消费量占比已经达到 30%以上，处于全国领先水平。随着年产氢气 1400t 海珀尔制氢项目建成投运，沽源风电制氢综合利用示范项目具备了生产条件。此外，张家口市将绿色能源与高能耗大数据产业有机结合，建立了绿色电力直供模式，包括张北云联数据中心、数据港张北数据中心、阿里庙滩数据中心、阿里小二台数据中心、怀来秦淮数据中心等高能耗数据中心项目已经全面采用可再生能源直供，累积投入运行服务器 80 万台。

12.2.2 国网客服中心北方园区局域综合能源互联网

国家电网有限公司客户服务中心（以下简称"客服中心"）成立于 2012 年，是国家电网有限公司集中供电服务业务执行单位和营销决策支撑机构。

客服中心北方园区位于天津市东丽区，建筑面积 14.28 万 m²。客服中心 7×24h 不间断运营的特性，对园区供能可靠性要求高，IT 机房、制冷供热等重要负荷占比大，对供电质量要求高；呼叫中心敞开式集中办公对灵活供冷、供暖需求较高；园区地处偏远、换班宿舍入住比例大，对用能要求高。在园区建设中，客服中心结合用能特性组织研究并规划建设了以电能为中心，灵活接纳多种可再生能源，广泛集成能量流和信息流，实现能源生产和能源消费的协调控制、优化运行，形成分布接入、需求感知、网络共享的局域综合能源互联网。项目于 2013 年启动规划设计，2015 年建成投运。

1. 局域综合能源互联网架构

北方园区局域综合能源互联网以电能为唯一外购能源，结合园区的资源禀赋，规模化高效应用太阳能、地热能、空气热能等可再生能源，建成光伏发电（0.823MW）、太阳能热水（1007kW）、太阳能空调（制冷量 350kW、制热量 210kW）、地源热泵（制冷量 3690kW、制热量 4065kW）、冰蓄冷（制冷量 6328kW、制冰量为 4680kW）、蓄热式电锅炉（8200kW）等 8 种能源转换装置，建立依托能源网运行调控平台，实现对园区冷、热、电、热水的综合分析、统一调控和优化管理，为园区运营提供安全可靠、绿色环保和经济节能的能源供应。

北方园区局域综合能源互联网由三部分组成，如图 12-6 所示。第一部分是综合能源系统，包括能源生产和能源消费系统、园区能源生产系统配置地源热泵系统、太阳能空调系统、冰蓄冷系统、基载冷水机组满足供冷需求；配置地源热泵系统、太阳能空调系统、蓄热式电锅炉系统满足供热需求；配置太阳能热水系统、空气源热泵、蓄热式电锅炉为园区提供生活热水；配置光伏发电系统、储能微网系统、市政供电，满足园区用电需求；能源消费系统包括园区内冷、热、电、热实水等用能末端系统。第二部分是监测感知系统,园区内部署了5000多个监测点,时采集需求侧各栋楼宇能源消耗、环境温度、风速和生产侧能源系统运行状态、供回水温度等数据,通过无所不在的物联网络,将感知到的能源数据集成、上传到运行调控平台。第三部分是运行调控平台,这是能源网的运行分析及调度控制中枢,通过能源负荷预测及调控技术,以需定产,实现多能源系统、多时间尺度的智能协同生产及优化调控。局域综合能源互联网架构如图12-7所示。

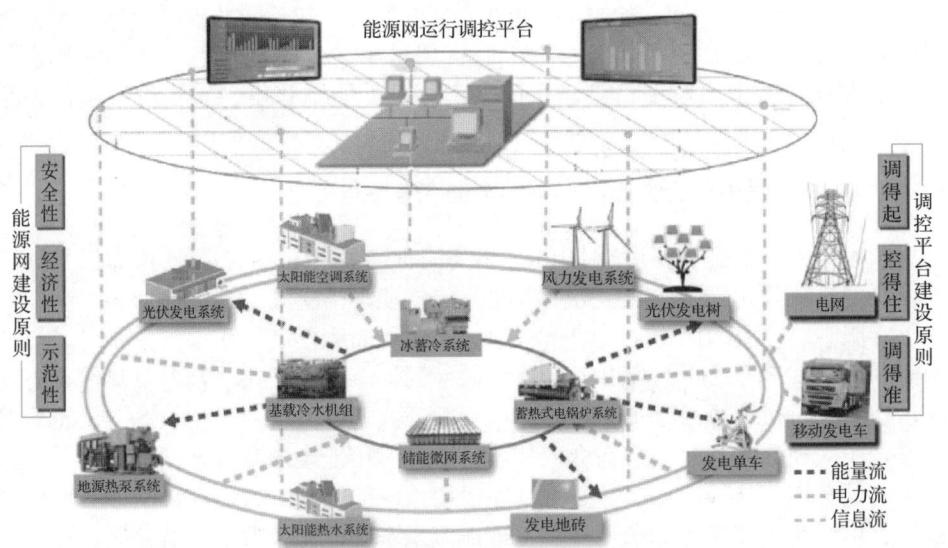

图12-6 局域综合能源互联网建设规划图

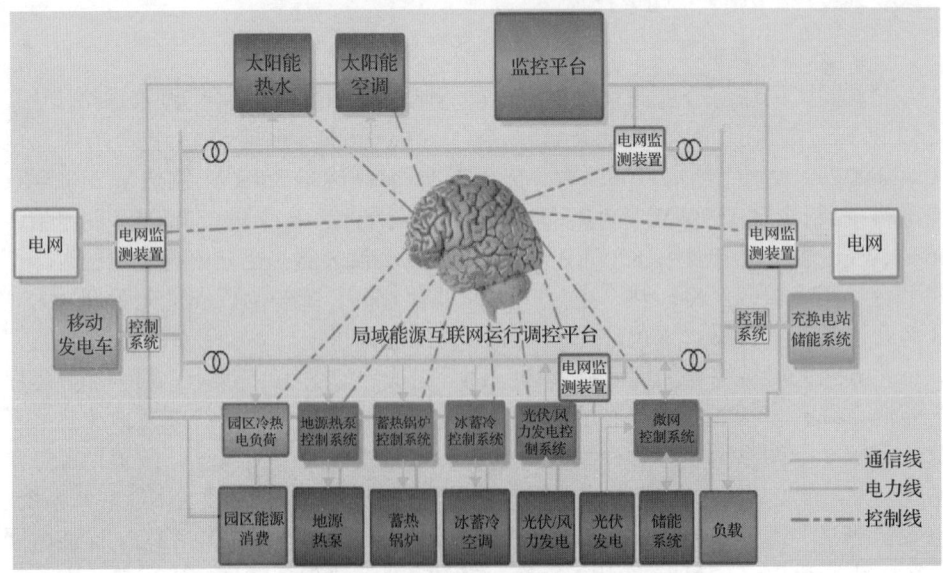

图12-7 局域综合能源互联网架构图

2. 局域综合能源互联网调控技术

为实现各能源子系统之间的相互协调控制，达到能源系统自动、精细化运行的目标，开发建设了局域能源互联网运行调控平台，并提出了日前调控及小时级准实时自适应调控算法，采用分层协调控制技术和多能源、多目标、多变量的能源协调优化调控策略，以需定产，实现综合能源系统高效、优质、经济运行。

1）运行调控平台

研究开发了局域综合能源互联网运行调控平台，实现电、冷、热、热水等多种能源在线监测、协调控制、优化调控。平台运用分层协调控制技术，搭建运行调控主系统层、协调控制层、能源生产就地控制层三级控制体系，并将就地控制层细化为系统层和主机设备层；按照经济最优、节能最优、综合最优控制策略，生成日前调控计划，通过运行调控平台远程控制各子系统出水温度和工况，并根据各子系统中主机的额定出力功率、设备状态和运行时长调控相应的主机启停，使调控指令下达到各能源子系统的主机层面。通过运用精细化分层协调控制技术，实现多能源综合协调优化控制。局域综合能源互联网运行调控平台如图 12-8 所示。

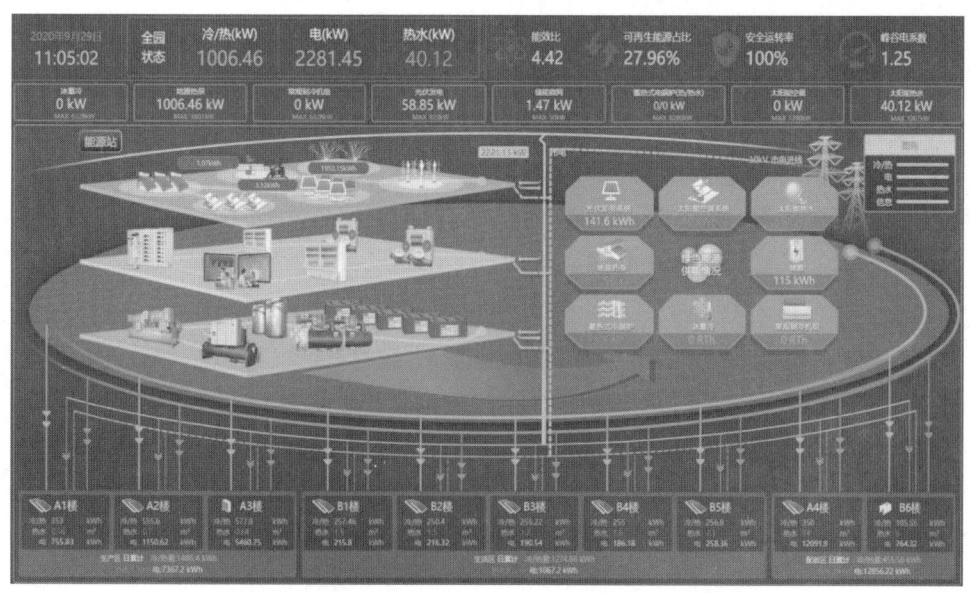

图 12-8　局域综合能源互联网运行调控平台

2）多目标日前调控计划

调控平台采用多目标的调控技术，根据负荷预测、产能预测、天气情况、历史数据等，按照经济最优、绿色最优、综合最优等优化目标，在相应的约束条件下，在每日 23 时生成次日的生产日前调控计划，详见图 12-9。

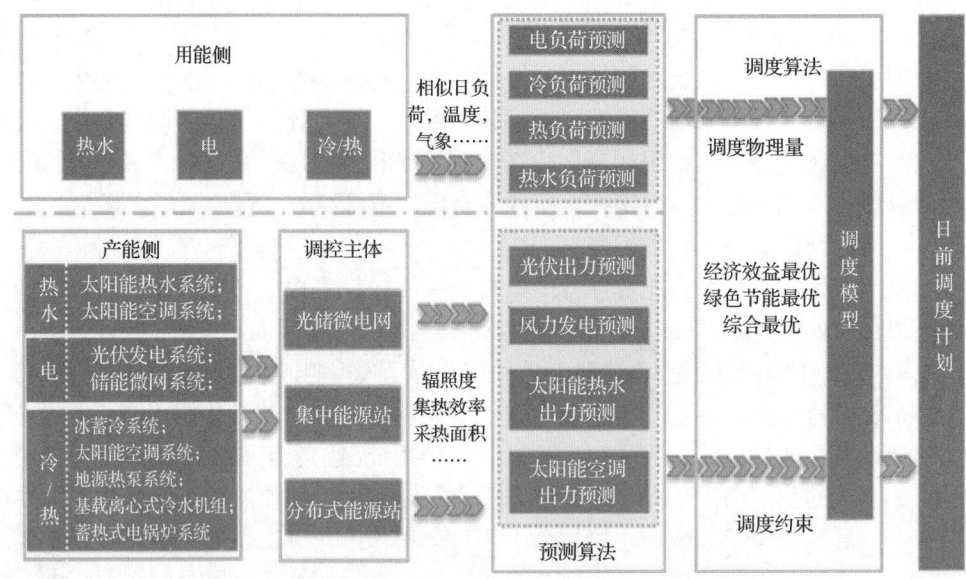

图 12-9 日前调控计划流程图

3) 小时级实时调控

调控平台实时监测各系统供回水温度，根据运行时的系统负荷状况和天气情况，实时调整各子系统的主机的运行状态。当需求侧冷热需求量较大时，增加主机的开启台数，增大能量供给，保证需求侧的舒适度；当需求侧冷热需求量较小时，关停部分主机，减少能量供给，提高能源利用效率。将园区用户侧供回水温度作为控制变量输入，小时级实时调整生产侧设备出力功率和设备运行台数，实现多能源系统、多时间尺度的闭环控制、智能协同生产及优化调控。

3. 局域综合能源互联网运行效果

北方园区可再生能源占比年平均值 32.4%（运行日最大值为 58.01%），通过不断地优化运行，仍在逐渐提升；能源自给率运行值最高达 56.38%；峰谷电系数维持在 0.75~1.0（峰时用电量/谷时用电量）。每年可节约标煤 3088.5t，减排二氧化碳 7698.1t、碳粉尘 2100.2t、二氧化硫 231.6t、氮氧化物 115.8t，节能减排效果良好。

12.2.3 "南方电网生产科研综合基地"生态型示范建筑

南方电网生产科研综合基地（以下简称"综合基地"）是由南方电网公司投资建设的集生产、科研、教学、信息、办公等功能的现代化生态型示范建筑，位于广州市科学城香山路与科翔路交界处，总建筑面积 33.2 万 m^2。项目从自然和生态环境影响、新能源和可再生能源利用、空调节能、照明节能、建筑节水等新技术应用进行研究与实践，投资建设冰蓄冷中央空调系统、机房专用高效冷源系统、屋顶分布式光伏发电系统、雨水回收综合利用系统、电动汽车充电系统、导光管照明系统和能效管理系统等新技术应用项目。

1. 冰蓄冷中央空调系统

综合基地的普通用房(不包括调度控制中心等工艺用房)采用冰蓄冷中央空调冷源，利用夜间低谷负荷电力制冰储存在蓄冰装置中，白天融冰将所储存冷量释放出来，减少电网高峰时段空调用电负荷及空调系统装机容量，降低空调运行费用，提高空调品质。系统采用主机效率高、控制简单可靠的主机上游+冰槽下游的串联内融冰系统，设计尖峰负荷约 6311RT，设计日全日负荷约 62481RT·h，蓄冰量约 20587RT·h，是国内技术领先的非区域集中供冷的建筑冷站项目，设计日蓄冷量占全日负荷达 33%，全年蓄冷量占全年负荷达 54%。系统流程简图如图 12-10 所示。

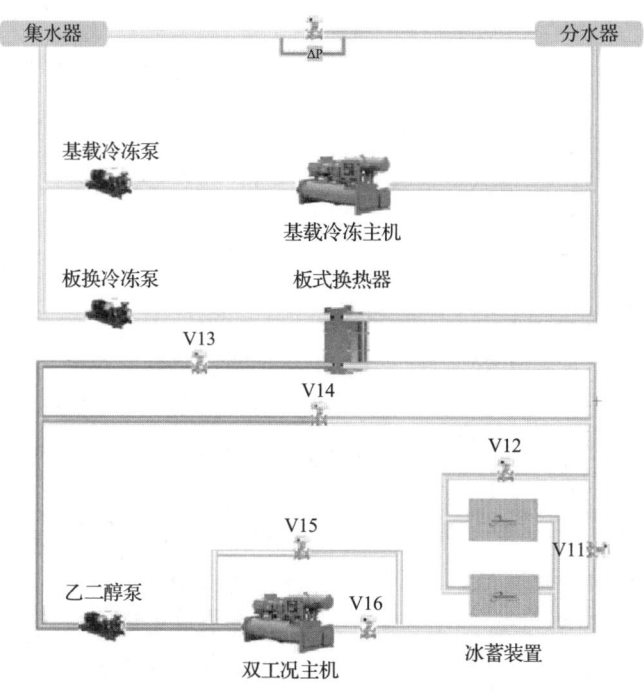

图 12-10　冰蓄冷空调系统流程简图(图中忽略冷却侧)

相比常规空调，冰蓄冷空调具有以下明显优势，如图 12-11 所示。

冰蓄冷空调系统减少综合基地变配电设施容量约 1200kV·A，降低电网高峰用电负荷达 2000kW，年转移峰平段电量约 446 万 kW·h，年降低空调运行费用达 277 万元。同时，系统具备应急冷源功能，电网断电时，无需开启大型耗电设备即可供冷，空调可靠性高；采用 5～15℃大温差供冷，输送能耗大幅减少。空调工况条件下，冷站全年综合能效目标值(EER 值)达 4.5 以上，按照设计峰谷电价，实测全年负荷侧单位制冷量的平均冷价不高于 0.65 元/RT·h。

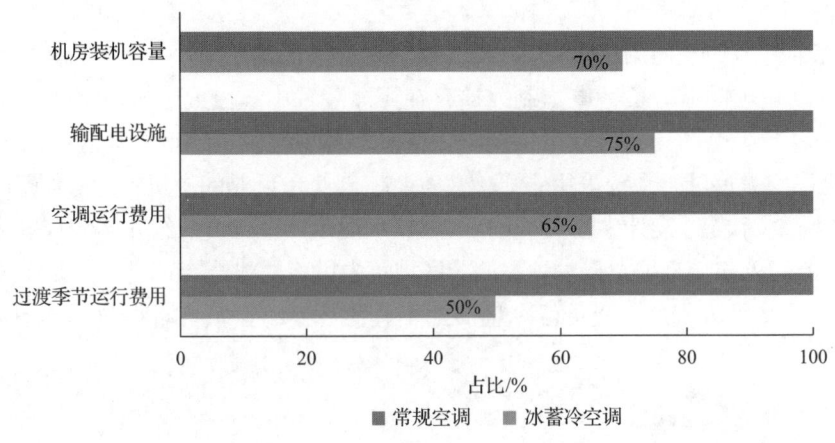

图 12-11 冰蓄冷空调与常规空调对比

相比国内现有冷站能效平均水平，综合基地冰蓄冷空调冷站综合能效值提高 1.0 以上，冷站整体效率提高达 28.5%，按照设计运行策略，冷站年节省电量达 223 万 kW·h，可满足 1000 户家庭一年的用电需求。

2. 机房专用高效冷源系统

综合基地的调度控制中心、信息中心、应急指挥中心等工艺用房采用机房专用高效冷源系统。系统主要配置 2 台 900RT 带全热回收水冷式离心机组、2 台 900RT 水冷式离心机组(其中 1 台备用)、4 台冷冻水泵、4 台冷却水泵、4 台热回收水泵、8 台可变流量超低噪声型方形横流式冷却塔等。系统流程简图如图 12-12 所示。

根据调度控制中心等工艺机房机柜发热量大、冷负荷稳定、全年运行等特点，综合基地机房专用高效冷源系统配置全热回收系统。系统由 2 台 3164kW 带全热回收水冷式离心机组、4 台热回收热水循环泵等组成，热回收量约占空调制冷量的 7%，回收供应 40～45℃热水，夏季提供给卫生热水系统预热作为免费热源，冬季提供给空调采暖系统及卫生热水系统预热作为免费热源，大幅提高综合基地能源综合利用效率。机房空调全热回收系统年热回收量达 293 万 kW·h，可满足 2400 户家庭一年的用热需求。带全热回收系统冷源全年综合能效值(EER 值)达 4.25 以上，按照现行电价，实测全年负荷侧单位制冷量的平均冷价不高于 0.21 元/kW·h。

第 12 章　现有综合能源系统构架　　　　　　　　　　　　　　　　　　　　·145·

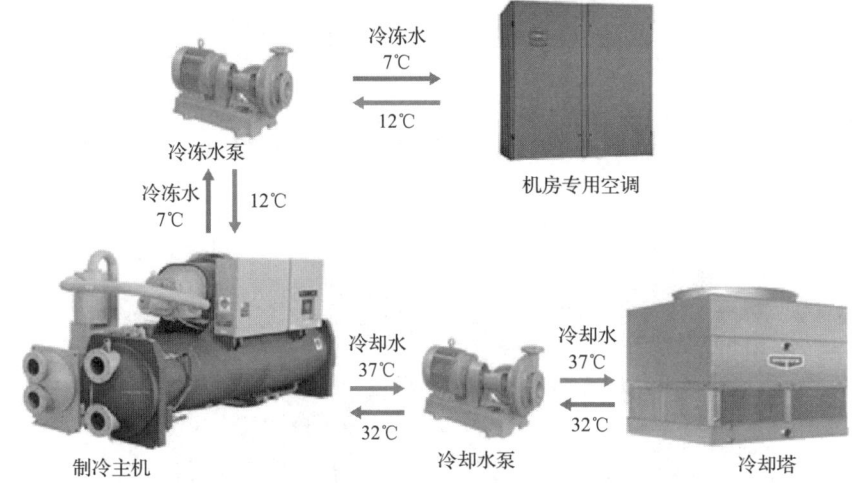

图 12-12　机房专用高效冷源系统流程简图

相比国内现有机房冷源能效平均水平，综合基地机房专用高效冷源系统综合能效值提高 0.75 以上，冷源整体效率提高达 21.4%，按照设计运行策略，远期机房冷源年节省电量将达 420 万 kW·h，可满足 2000 户家庭一年的用电需求。

3. 分布式光伏发电系统

结合建筑造型，综合基地部分建筑屋顶安装分布式光伏发电系统，光伏板采用 250W 多晶组件带倾角布置，共计安装光伏组件 3016 块，装机容量约 756kW。4 栋屋顶太阳能光伏发电电力经直流逆变后，交流汇流就近并入 0.4kV 低压配电系统，优先供应综合基地使用，余量上网。系统年发电量约 68 万 kW·h，25 年预计发电量共约 1700 万 kW·h，节约标准煤约 5780t，每年发电量可满足 300 户家庭一年的用电需求。

屋顶分布式光伏发电系统鸟瞰图如图 12-13 所示。

图 12-13　屋顶分布式光伏发电系统鸟瞰图

4. 光导照明系统

光导照明系统是以室外自然光为光源，通过光导管将室外光线导入到室内需要照明场所，产生自然光的照明效果，是绿色健康、节能环保的新型照明产品。

综合基地应用 8 套光导照明系统，可满足地下车库约 400m² 面积照明需求，年节省电量约 5000kW·h，节能减排效果显著。

光导照明系统效果对比如图 12-14 所示。

照明效果对比(室外)　　　　　　　照明效果对比(室内)

图 12-14　照明效果对比

12.2.4　甘肃省国家新能源综合示范区

2016 年 8 月 29 日，国家能源局印发《关于支持甘肃省创建新能源综合示范区的复函》，甘肃成为全国第二个国家新能源综合示范区。多年来，甘肃以河西地区风能、太阳能开发建设为重点，积极探索多途径消纳和新能源综合利用。

1. 甘肃电网资源优化配置能力提升工程

建设以特高压和超高压为骨干网架、各级电网、各类电源和多元负荷协调发展的坚强送端大电网，促进甘肃清洁能源在更大范围内优化配置。建成酒泉至湖南±800kV 特高压直流输电工程，结合陇东煤电基地建设，推进陇东至中东部地区±800kV 高压输电工程建设，推动河西第二条特高压直流工程纳入国家"十四五"电力发展规划，力争到 2025 年跨区跨省输电能力提升至 4200 万 kW 以上。重点实施 750kV 主网架加强工程，持续巩固甘肃电网在西北"坐中联四"的枢纽地位，进一步提升省间互联互济能力。大力实施农村电网巩固提升工程，加快推动配电网转型升级，着力提升配电网对新增负荷、分布式电源等的承载能力和适应能力。

2. 大规模风/光电和高载能负荷"荷-网-源"协调控制示范工程

到"十四五"末,预计甘肃新能源装机将超过 5000 万 kW,占比超过 50%,迫切需要实现电源、电网、负荷之间的协调控制。甘肃依托国家重大专项"大规模风/光电/高载能并网的荷网源协调控制关键技术研究",围绕甘肃高载能负荷容量大且具有良好调节特性,建立了可主动调控的高载能负荷量化模型,提出了以可再生能源消纳为目标的源-网-荷协调控制策略,开发了大规模风/光电、高载能负荷和常规电源协调控制系统,建成了覆盖 1084 万 kW 风/光电以及 459 万 kW 高载能负荷的示范工程,如图 12-15 所示,并于 2017 年 12 月投入运行,2018~2020 年仅酒钢集团累积消纳弃风弃光电量 62.6 亿 kW·h,实现由"传统源随荷动"向"荷-网-源互动"转变。深入推进火电机组灵活性改造,推动煤电机组逐步由电量型向电力型转变。

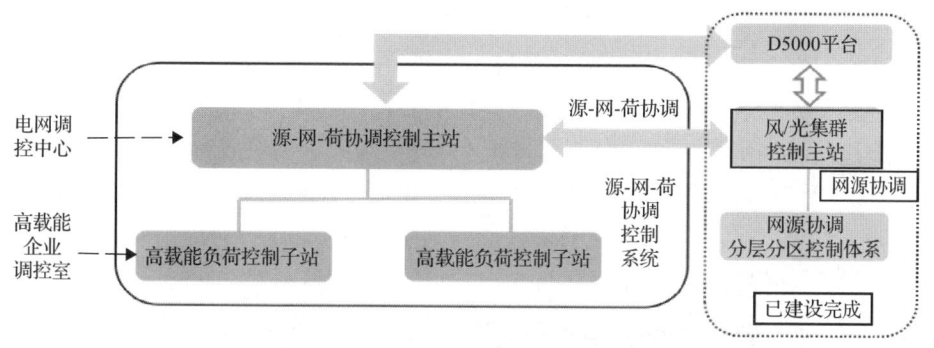

图 12-15 大规模风/光电、高载能负荷和常规电源协调控制系统

3. 分布式电源与智慧农业协调发展示范工程

以服务乡村振兴战略为引领,扩大农业生产电气化、特色产业电气化、农村生活电气化规模。在甘肃定西香泉地区建设"分布式电源与智慧农业协调发展示范工程",如图 12-16 所示。2018 年示范工程建成投运后,培育出 892kW 现代智慧农业负荷,实现了对就地 425kW 扶贫光伏的全额消纳,示范工程采用交直流混联供电方式,提高综合能效近 30%。对于富裕电力,采用加热沼气池的方式进行消纳,利用其废液废渣制作农作物营养液,保护了生态环境,实现了农业生产的循环利用。给地方企业年销售收入 8000 万元,年盈利 1000 万元,聘用当地农民

230余人，探索了一条乡村振兴新路子。

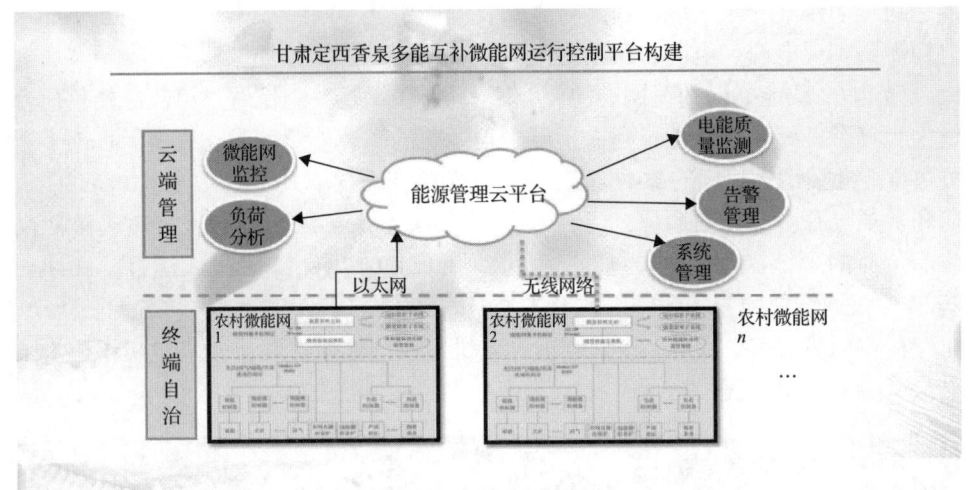

图 12-16 定西香泉多能互补微能网运行控制平台结构

12.2.5 陕西延长石油综合能源互联网示范工程

为满足延长石油"十三五"规划和"十四五"规划"提质增效、产能释放"的需求，针对延长石油既是产能大户又是用能大户的特点，发挥"源网荷储"优势，解决制约油田发展的"配电网薄弱、供电质量差、用电成本高、环保压力大"的问题，通过完善油田 110/35kV 配网，建设能源互联网平台和 400MW 风光气多能互补、25 个 35kV 风光微电网集群，形成"源网荷储信一体"的延长能源互联网，如图 12-17 所示。

图 12-17 油井光气储微电网

1. 志丹采油厂 7.25MW "风光气储" 微电网

志丹采油厂 7.25MW "风光气储" 微电网接入延长能源互联网平台，由边缘计算微电网平台、35kV 配网、7.25MW 新能源和储能组成，其中光伏 5MW、风电 250kW、燃气热电 2MW，年发电 1819.5 万 kW·h、节约用电成本 20%、可再生能源占比 20%、减少二氧化碳排放 1.8 万 t。该微电网利用油井空地安装风电和光伏，利用联合站伴生气安装燃气热电，通过 "风光气储" 多能互补集成优化提高供电质量、达到用电和发电 "源网荷储信一体化" 运行、降低用电成本、实现远程智能化运维、数字化运营、"安全高效绿色低碳" 采油。2019 年 8 月 2MW 光伏并网发电，2020 年 9 月微电网平台投运。

2. 靖边采油厂 60MW "风光氢储" 微电网

靖边 60MW 风光储微网项目由微电网平台、60MW 风光和储能组成。其中光伏 30MW、风电 30MW、储能 200kW/600kW·h，实现热电联供，接入延长能源互联网平台运营，解决边远油井供电电压低、线路损失大、用能成本高、环境污染的问题。2020 年 9 月六个试点 180kW 风电光伏并网投运，2021 年 1 月 330kW 风电并网发电。

3. 延长能源互联网能源管理与综合服务平台

围绕两个示范项目构建的 "延长能源互联网能源管理与综合服务平台"，采用 "云边端" 架构建设，于 2020 年 10 月平台一期上线，接入志丹采油厂微电网实现负荷和发电预测、监测分析、智能运维；接入靖边采油厂配网 5 个变电站，实现无人值守，少人巡检。延长能源互联网能源管理与综合服务平台架构如图 12-18 所示。

12.2.6 三峡集团东湖燃机冷热电三联供项目

随着武汉东湖高新区（武汉中国光谷）的快速发展，园区内用热需求不断增加，对环保的要求也越来越高，负责向园区集中供热的原有燃煤热电机组已无法满足东湖高新区供热增长需要，污染物排放也无法达标，面临环保强制关停。东湖燃机热电冷三联供项目（以下简称 "东湖燃机项目"）于 2011 年底取得湖北省发展和改革委员会正式核准。

东湖燃机项目位于武汉东湖高新区（中部）关南科技园东侧。项目新建两台 PG9171E 型（125MW 级）燃气轮发电机组，配套建设 2 台不补燃、双压、卧式自然循环余热锅炉和 2 台 60MW 级抽汽式汽轮发电机组。燃料采用清洁能源天然气，机组总装机容量 37 万 kW，最大供热能力 290t/h，设计年发电量 15.19 亿 kW·h，年供热量 300 万 GJ。项目概算总投资 12.60 亿元，其中降噪、减排等环保设施投资近 1 亿元。项目被列入湖北省和武汉市重点建设项目。项目于 2014 年 3 月开工兴建，2015 年 12 月第一台机组正式投运。

东湖燃机项目致力于节约能源、低碳环保，推广国家鼓励的热电冷三联供和

· 150 ·　　　　　　　　　　新一代能源系统(下)

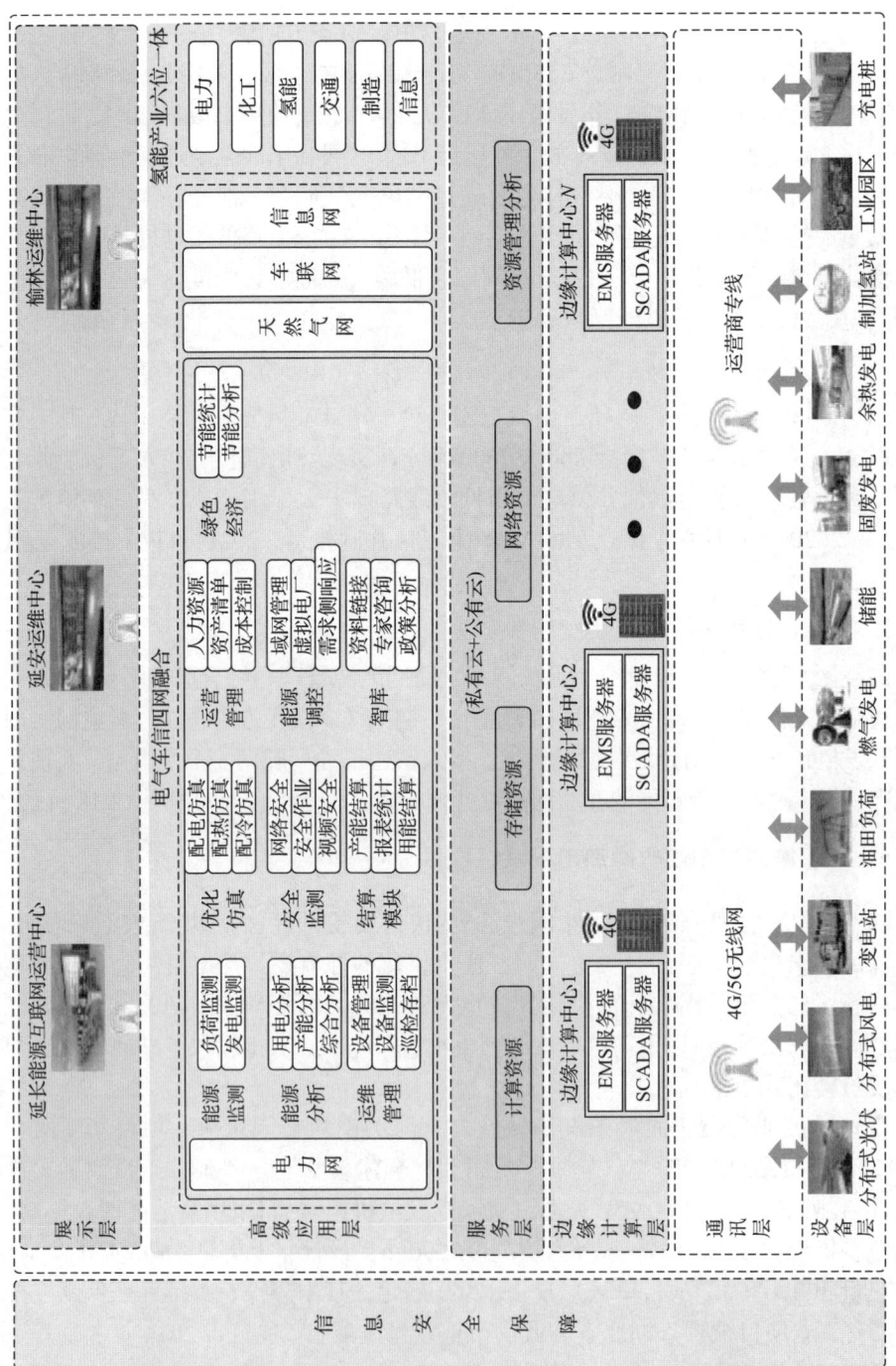

图12-18　延长能源互联网能源管理与综合服务平台架构图

综合能源服务，主要经营天然气发电，蒸汽、冷、热产品的生产、销售和服务。蒸汽管网的投资、建设、运维及检修；与电、热、冷、水综合能源服务相关的生产经营、托管运维、销售、服务等。

2015 年 12 月，东湖燃机项目完全替代了武汉东湖高新区原有燃煤热电联产机组，实现了区域"热、电、冷"三联供。项目现有配套热力管网总长度约 98km，建设有大型能源站 5 座，基本覆盖"中国光谷"核心建成区。已发展工业蒸汽、工商业冷暖空调、居民小区、医院、学校等用户 150 多家，涉及企业近 1000 家。现有工商业及居民冷暖空调总面积约 425 万 m^2，其中集中供暖居民小区 11 个，供暖面积 230 万 m^2，居民人口约 10 万人。项目年供热量约 60 万 t，投产以来每年减少耗用标煤 15 万 t，减排二氧化硫 100t、灰渣及污染物 5 万 t，减少氮氧化物 1200t，为东湖高新区民生稳定和经济发展以及武汉市"碧水蓝天"工程作出重要贡献。

东湖燃机项目机组投运以来历年运行指标如表 12-1 所示。

表 12-1　机组主要运行指标

指标	2016 年	2017 年	2018 年	2019 年	2020 年
年发电量/亿 kW·h	11.01	11.87	14.08	15.41	13.84
年综合厂用电率/%	2.55	2.35	2.28	2.37	2.59
机组可利用率/%	95.49	91.94	91.43	91.68	95.01
全厂热效率/%	62.36	62.24	60.13	61.05	59.11
年供热量/万 t	53.97	56.83	56.35	61.40	55.71
年耗气量/万 m^3	26750	28745	33627	36320	33721

未来，将依托东湖燃机热电冷三联供项目，大力发展多能协同、多能互补的综合智慧能源供应业务，为武汉市"冬暖夏凉"工程的全面升级、经济社会发展及生态环境改善发挥更大的作用，为进一步推动中国光谷建设成为功能齐全、品质高端、环保节能、绿色健康的科技新城做出更大的贡献。

12.3　综合能源系统建模与优化

由于综合能源系统涉及电、气、热等多个能源系统，而各个能源系统的传统的分析方法都有所不同，需要进行综合能源系统的建模、优化研究。重点解决以下几个方面的问题。

12.3.1　综合能源系统随机多目标优化

区域综合能源系统的应用，不仅可以带来明显的经济效益，还可以带来很大的能源效益和环境效益，这与人类社会的发展需求及发展趋势相一致。在以往的优化研究中，大部分都是将经济性指标作为投资者优化规划的唯一目标，而忽略系统的其他效益。而如今，面对社会发展的多方面需求，投资者不仅需要考虑经济性，还需要将供能系统的能源效益和环境效益考虑在内，从而建立起一个经济性规划、可持续发展、绿色发展相结合的能源系统。

综合能源系统的规划和运行涉及多个物理的系统和利益主体，其优化是一种典型的多目标优化问题，系统内的可再生能源具有较大的随机性，需要研究适合其规划和运行问题的优化算法。对于综合能源网优化来说，能源政策和市场方面的研究与相关技术研究割裂，不能很好结合。国外由于已经有比较完善、稳定的能源市场机制，对相关技术问题的研究是给定的边界条件下进行；我国的能源系统长期以来采取计划为主的资源配置方式，相关技术问题的研究未考虑市场机制的影响。实际上，能源政策及市场机制和相关技术问题之间有很强的相关性。我国正在进行能源系统供给、消费、技术和体制方面的全面改革，许多政策和机制正在设计中，采用传统的将政策和市场规则作为确定的边界条件的方法对相关技术问题研究的方法不再合适。

现存优化方法主要是把综合能源网中的电网、天然气网、冷热网看作一个整体进行集中优化，假定他们不考虑自身利益，以整个系统利益为目标，百分之百地服从系统整体的安排。这实际上是不符合现实的。在现实生活中，每个个体都是独立的市场参与者，他们通过分散优化进行竞争协作的。在对综合能源系统的优化中应该更多地关注市场运营模式，在搞清不同市场模式的前提下谈优化，不能简单地将它们看作一个整体，套用传统的优化方法。

随着新能源的引入，传统电力系统面临前所未有的挑战。虽然清洁能源能够取代部分传统能源，承担发电任务；同时在降低煤耗，减少排放等方面具有可观的优势，但是，风能、太阳能、潮汐能等新能源的高随机性在很大程度上使电力系统调度问题愈加复杂，电力系统调度的安全稳定性、经济性、节能减排以及负荷预测的误差等和提高清洁能源的渗透性结合后，衍生出了众多新能源接入的多目标随机优化问题。

因此，本节重点研究区域综合能源系统的多目标优化设计，在多个优化目标下，对系统的规划及运行进行优化。与单目标优化一样，采用两阶段优化方法来进行优化。第一阶段是优化系统中设备的类型及容量，考虑三种不同的目标，分别是经济性目标、节能性目标和环保性目标；第二阶段是优化系统中设备的小时出力，只考虑经济性目标。

1. 目标函数

在本节中，主要考虑区域综合能源系统的经济效益、环保效益和能源效益，因此此处设定了3个目标分别用来评估系统的这3种效益。

(1) 经济性目标：经济性目标采用年总成本作为指标。

(2) 节能性目标：采用年一次能源消耗量作为衡量其能源效益的指标，通过将一次能源转化为等价的标准煤耗量，其总的等价标准煤耗量即为年一次能源消耗量。

(3) 环保性目标：采用二氧化碳排放量作为衡量其环境效益的指标，这里主要考虑燃烧天然气、柴油等产生的污染以及电网中通过燃煤发电产生的污染。

2. 多目标优化方法及其决策方法

对区域综合能源系统的规划及运行设计，其总体框架包括多目标优化方法和相应的决策方法。首先，定义三个评估指标来分别评估区域综合能源系统在经济、环境和能源方面的效益。其次，采用多目标粒子群算法(multi-objective particle swarm optimization，MOPSO)对该系统进行优化，得到一系列可行的帕列托解。最后，采用基于证据推理(evidential reasoning，ER)的多属性决策方法得到帕列托解集中的最优解。本节将对多目标粒子群算法及基于证据推理的多属性决策方法进行简要描述。

1) 多目标粒子群算法

常见的多目标优化算法有多目标差分进化算法(multi-objective evolutionary algorithm，MOEA)、第二代非支配排序遗传算法(non-dominated sorting genetic algorithms-II，NSGA-II)、多目标粒子群算法(multi-objective particle swarm optimization，MOPSO)等，其中 MOPSO 具有收敛速度快、适合连续变量的寻优以及计算时间短等优点，因此本章采用它作为优化算法。多目标粒子群算法的具体步骤如下所示。

步骤 1：输入综合能源系统的各种参数。

步骤 2：初始化多目标粒子群算法的粒子成员。

步骤 3：计算各个粒子的适应度值。

步骤 4：比较各成员适应度值的优劣，更新帕列托前沿。

步骤 5：更新种群成员并重新从步骤 2 开始计算直到达到最大迭代次数。

2) 基于证据推理的决策方法

本节采用基于证据推理的多属性决策方法来实现该多目标优化问题的决策。该决策方法是由杨建波教授、徐冬玲教授和 Madan G-Singh 等多个学者为了解决携带不确定性因素的多目标问题而提出来的多属性决策方法。在进行含有多个属性的决策分析时，经常需要处理一些含有不确定性因素的数据和定性信息，不恰当的处理方式会导致无法进行正确判断或出现不完整的评估。因此，合理运用不确定信息进行理性决策分析显得十分重要。基于证据推理的决策方法是以多级评估框架为基础，结合证据理论和评估分析模型而形成的多属性决策方法。下面对该证据推理决策方法的详细过程进行具体描述。

(1)基本评估框架搭建。

基于证据推理的决策方法通过对多个候选解的各项属性在不同评估等级下的综合性能进行评估，从而对候选方案的优劣性进行正确衡量，其基本评估框架包含基本属性分析、评估等级集合、候选解集合。为了更形象地对其综合评估过程进行描述，这里假定了一个三层的多级评估模型，如图 12-19 所示，其中下层是评估系统的基本属性，中间层是其一般属性，而顶层则代表整体评估。

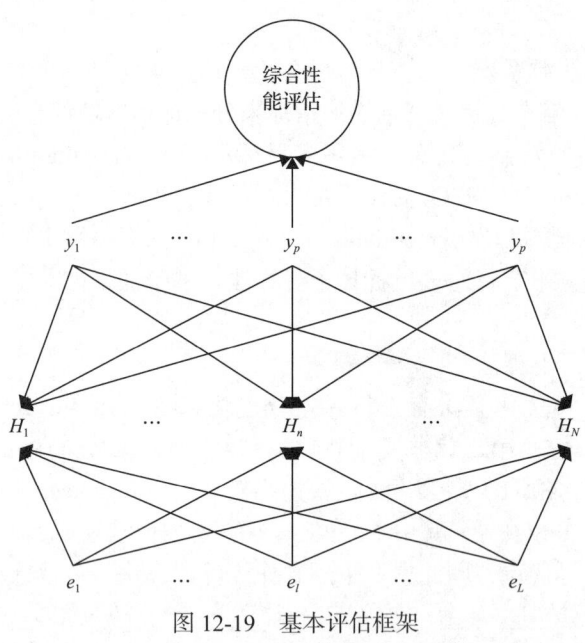

图 12-19 基本评估框架

在图 12-19 中，下层的的基本属性，对应待评估属性集合，其数学表达式为

$$E=\{e_1,e_2,\cdots,e_l,\cdots,e_L\} \tag{12-1}$$

式中，e_l 为第 l 个待评估属性；L 为待评价属性的总个数。

中间层的一般属性，对应评估等级集合，其数学表达式为

$$H=\{H_1,H_2,\cdots,H_n,\cdots H_N\} \tag{12-2}$$

式中，N 为评估等级的总数目。评估等级通常可以用一些描述性词语代表其性能表现，比如说评估等级集合中包含有 5 个评估等级，分别为"很差""差""一般""较好""非常好"。

在进行综合评估的过程中，需要先对不同的评估等级给出对应每一个待评估属性的评估值，然后待评估属性在每个评估等级下的置信度评估可以通过下面式子求取：

第12章　现有综合能源系统构架

$$S(e_i) = \{(H_n, \beta_{n,i}), n=1,\cdots,N\}, \quad i=1,\cdots,L \tag{12-3}$$

式中，$\beta_{n,i}$ 表示第 i 个评估指标以及第 n 个评估等级上的置信度，由决策者给出其值。且满足约束 $0 \leqslant \beta_{n,i} \leqslant 1$，$0 \leqslant \sum_{n=1}^{N}\beta_{n,i} \leqslant 1$。$\sum_{n=1}^{N}\beta_{n,i}$ 的值代表了决策者对评估指标的认知水平，其值为 0 时，完全无法认知；其值为 1 时，说明能完全认知；其值在 0 与 1 之间时，说明是不完整认知。

(2) 多证据融合。

通过前面计算可以得到每个候选解对应不同评估等级下的置信度评估值，组合之后得到该评估指标下的置信度评估向量。由于评估系统拥有 L 个评估指标，因此最终可以得到 L 个置信度评估向量。需要通过融合这 L 个证据，来得到这个候选解总的评价：

$$S(y_p) = \{(H_n, \beta_n), n=1,\cdots,N\} \tag{12-4}$$

式中，y_p 为第 p 个候选解，是候选解在第 n 个评估等级上的总置信度；$S(y_p)$ 表示这一评价候选方案在评估等级集合上总的置信度分布的 $N+1$ 维向量。

(3) 效用分析。

考虑到总置信度分布 $S(y_p)$ 是一个向量，不能直接通过该向量清晰地分辨出各个候选解的优劣性，因此必须进行下一步操作得到更为直观的判断依据。这里采用效用分析方法根据总置信度计算得到效用值，并通过对比每个候选解的效用值，直接挑选出其中的最优解。

定义 $u(H_n)$ 和 $u(H_{n+1})$ 分别为第 n 个评估等级和第 $n+1$ 个评估等级的效用值。此时，如若有 $u(H_{n+1}) > u(H_n)$，则可以得出结论 $u(H_{n+1})$ 比 $u(H_n)$ 更优。即候选解的效用值愈高，代表其综合性能愈好。$u(H_n)$ 的值是采用概率分配法(probability assignment method)计算求得。若该评估是完整性评估，则有 $\beta_{H=1}$，并且候选解的效用值可以采用下面的效用函数求得：

$$u(y_p) = \sum_{n=1}^{N}\beta_n u(H_n) \tag{12-5}$$

式中，当且仅当 $u(y_a) > u(y_b)$ 时，方案 a 优于方案 b。

在进行评估的时候，可能出现不完整评估，此时直接采用 $u(y_p)$ 无法准确判断优劣，因此这里定义了三个指标来衡量候选方案的优劣，分别是最大效用值、最小效用值和平均效用值。其具体的计算公式由下面三个式子给出：

$$u_{\max}(y_p) = \sum_{n=1}^{N-1}\beta_n u(H_n) + (\beta_N + \beta_H)u(H_N) \tag{12-6}$$

$$u_{\min}(y_p) = (\beta_1 + \beta_H)u(H_1) + \sum_{n=2}^{N} \beta_n u(H_n) \quad (12\text{-}7)$$

$$u_{\arg} = \frac{u_{\max}(y_p) + u_{\min}(y_p)}{2} \quad (12\text{-}8)$$

采用平均效用值来衡量候选解的优劣，当且仅当 $u_{avg}(y_a) > u_{avg}(y_b)$，候选解 y_a 比候选解 y_b 更优。

12.3.2 综合能源系统规划和运行决策

综合能源系统多目标的优化产生一系列可行解，需要在考虑政治经济背景、技术约束等的情况下，采用科学方法进行最优决策方案的选择。现有的多目标决策优化方法在选取帕累托解集中选取最终解的应用中过程复杂，且需要决策者的参与以及参数设置，使最终解选择过程难以实现在线运行。证据推理方法是处理多属性决策问题的一种有效的方法，它对于解决具有主观不确定性、定量和定性指标共存的多属性决策问题具有很好的效果。然而考虑到现实决策问题的复杂性以及不确定性，单一个人往往很难胜任一个重要的决策或评估问题，因此群体专家进行商议以消除单个专家判断的片面性和任意性。基于证据理论的多属性决策方法一般包括以下几个步骤。

步骤1：确定多属性决策问题的评价指标集、评价等级集和候选解集。

步骤2：针对每一候选解，对其在评价指标集合中的每一元素上在不同评价等级上进行置信度评估，以得到置信度向量。

步骤3：利用证据融合规则，对 O_j 在评价指标集上进行置信度融合。

步骤4：得到不同候选解在评价等级集合上总的置信度分布，这并不能有效断定孰优孰劣。为此采用效用函数评估，对候选解进行效用排序，挑选最佳决策方案。

同时，证据推理理论中证据之间的权重分析和可靠性评估也是当前的研究热点。该决策算法可以预测其对解决能源网规划和运行决策问题应用中具有很好的实用性，同时具有前沿开拓性。证据推理方法流程图如图12-20所示。

12.3.3 基于部分负荷特性的综合能源系统运行优化

在如12.2节所述的各种综合能源系统中，系统主要通过热电联产机组和电制冷设备实现热电耦合或冷电耦合。一般来说，处于变工况特性的燃气轮机、燃料电池、内燃机等电源以及其他制冷和制热设备都有显著的部分负荷特性(part-load ratio, PLR)，即其性能指标在不同负荷率下并非常数，输入和输出为非线性关系。然而大部分学者在对综合能源系统进行相关研究时基本上采用的都是设备的设计

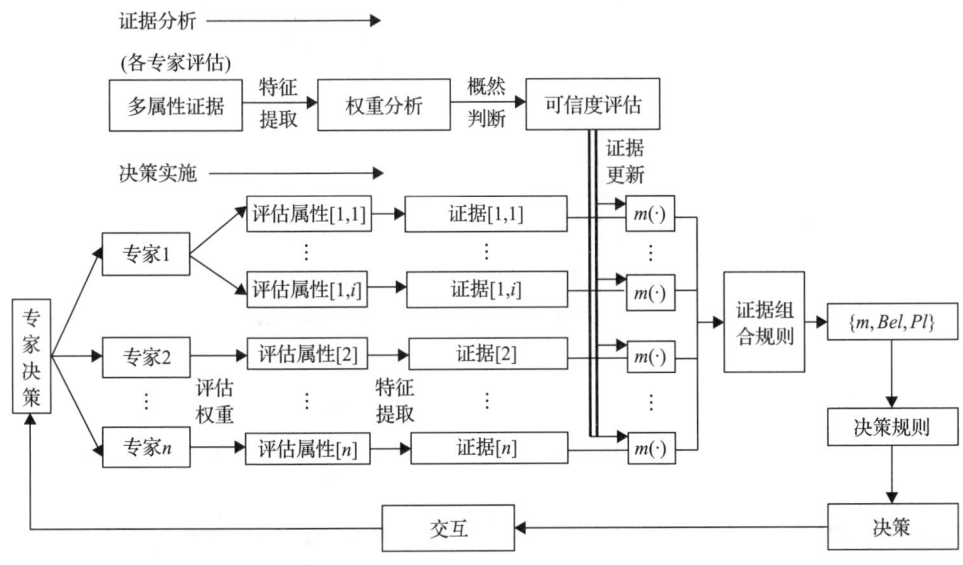

图 12-20 证据推理方法流程图

工况下的参数,其中考虑到部分负荷特性的文章也只是对发电设备采用了 PLR 模型。基于 PLR 模型的优化结果比较准确,但计算复杂;基于设计工况模型的优化计算简单,但结果比较粗糙。由于优化的结果直接影响相关的运行和规划决策,在什么情况下可以用简化的设计工况模型,哪些设备的部分负荷特性在优化过程中可以忽略,是综合能源系统优化运行中需要解决的一个问题。

图 12-21 所示为一典型的综合能源系统结构示意图。系统以含光、储的网络为例,由微燃机、蓄电池、光伏及购电等方式提供电能;系统中的补燃型余热锅

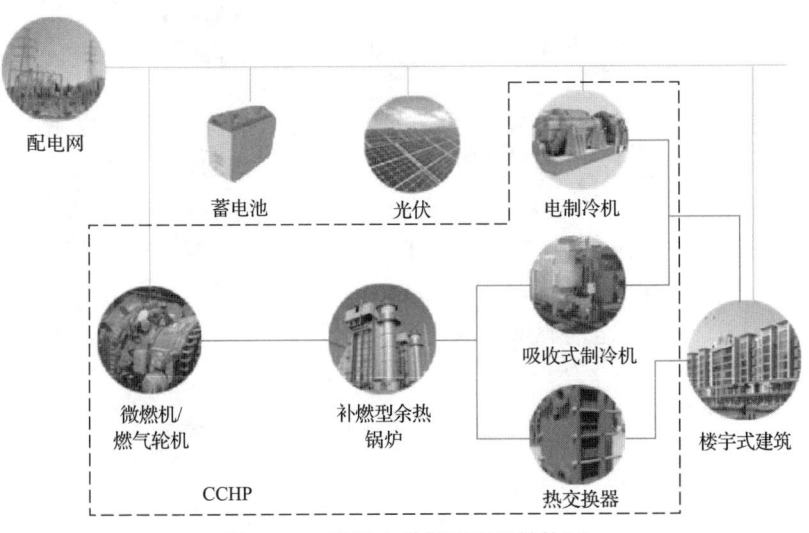

图 12-21 冷热电联供型系统结构图

炉产生的蒸汽经热交换器换热制得热水；并由蒸汽通过吸收式制冷机或电制冷机提供制冷量。综合能源系统主要通过微燃机的发电量和电制冷机的用电量与微电网交互。假设该系统允许综合能源系统向电网交换功率，购售电均采用实时电价。

考虑到燃汽轮机、补燃型余热锅炉、吸收式制冷机和热交换器待设备置于距楼宇不远的机房处，根据以下假设：

(1) 各设备的出力由设备输入和其特性决定，其特性主要受负荷率的影响，非电功率输入或输出的设备用电负荷已并入电负荷及忽略无功的影响。

(2) 忽略各设备之间和设备至用户负荷侧传输的能量损失，以及海拔和大气温度对机组性能的影响。

(3) 各设备在一个调度时段内出力恒定，忽略过渡到另一个稳态输出的过程。

综合能源系统运行优化的目的是寻求有效的能源利用、分配和转换的最优供能方案，并实现其经济性。在各设备容量既定且基本满足用户冷、电和热水负荷需求的前提下，为降低系统的燃料成本和购电成本为主的运行成本，系统应以最低能源成本的经济最优模式运行，则目标函数为

$$\min OC = \sum_{t=1}^{24} \{C_{NG} \cdot [V_{MT}(t) \cdot 3600 + 3600 \cdot V_{AB}(t)] + C_E(t) \cdot [P_{grid\_B}(t) - P_{grid\_S}(t)]\}$$

(12-9)

式中，OC 为系统的运行成本，元；C_{NG} 为天然气价格，元；V_{MT} 为微型燃气轮机的耗气量，$m^3/(kW \cdot h)$；V_{AB} 为余热锅炉消耗补燃燃气量，m^3/s；C_E 为实时电价，元；P_{grid_B} 为系统向电网的购电量，kW；P_{grid_S} 为系统向电网的售电量，kW。

12.4 本章小结

本章主要介绍了现有综合能源系统的类型和综合能源系统典型案例，其中综合能源系统的类型包括有以燃气轮机为核心、以内燃机为核心、新能源接入的综合能源系统。在现有综合能源系统框架下，本章对综合能源系统的数学模型进行了介绍，针对该数学模型介绍了相应的优化决策支持求解方法，并展示了区域综合能源系统的多目标优化设计、基于部分负荷特性的综合能源系统的运行优化结果，对比分析了现有综合能源系统框架下兼顾经济、环保等指标的运行优化效果。

第13章 未来能源网络架构展望

13.1 未来能源系统的变化趋势

13.1.1 未来终端能源构成的走势

世界一次能源经历了薪柴—煤—石油、天然气的几次转型,现正转向以可再生能源为主的低碳能源时代。各种可再生能源占比和增速由其科技突破形成的经济竞争力所决定。预计到本世纪中后期,用于工业和建筑物发电/供热的可再生能源中,非光伏太阳能、核能、地热、生物质等可通过热力循环CCHP综合利用的可能近半;水力、风、光伏、潮汐等直接发电利用的占一半多。煤和石油将逐步退出用作能源的历史舞台;尽管它们还将长期被用作有机化工原料。而天然气则因可通过CCHP高效利用、较少的碳排放和显著的经济竞争力而将延续应用到下一个世纪。国际能源组织(International Energy Agency,IEA)最近指出,天然气是唯一占比继续增加的化石能源。估计到本世纪中后期天然气仍会占一次能源近二成,并长期用作为载能介质。

13.1.2 能源转换传输(供能)系统未来走势

能源转换传输系统主要是由一次能源转换成电和热,经过传输供应给终端用户的系统。迄今伴随着工业化的发展历程是从小到大、从分散到集中,今后则将由集中走向分散。这是由上述一次能源到终端利用方式的低碳转型和演化所决定的。

首先,除大型水电外地表上的可再生能源本身是低能量密度的。未来绝大多数地方都可以就地取用可再生能源满足其区域需求。

其次,终端需求本身是分散的其中占三成多的冷暖热汽只能在有限的的经济距离内输送,并且通过CCHP达到最高的效率。

"集中"与"分布"范围的划分是相对的。原则上说能够实现冷热电气就地直供的都属于分布式。按照工业、建筑物终端用能状况,综合能源供能系统DES/CCHP有大小两类。

大型的综合能源供能系统主要是区域型的,基于工业园区和新开发大型社区,包括了各种类型的工商业和公共设施建筑物以及住宅,冷暖热电蒸汽等多样化需求。采用基于热力循环的区域型综合能源冷热电联供系统(distributed energy system/Combined Cooling, Heating and Power，DES/CCHP）与成熟的集中供暖系统（district heating system，DHS）和区域供冷系统（district cooling system，DCS）相结合。主机可达百兆瓦级，中型的几十兆瓦级；但仍属于分布式。

小型或单元型 DES/CCHP 的服务对象可以是一个工厂、医院、学校、商厦、酒店或住区，一个建筑群或一座建筑物。一次能源包括太阳能、天然气、地热、生物质能、潮汐能、海洋能，风能等。装机容量可以从小于 1MW 级到 10MW 级。以光伏等为主的小 DES 没有基于热力循环的 CCHP；可用热泵或太阳能光热等方式制冷热，如图 13-1 所示。终端用能向分布式演化是与一次能源低碳化齐头并进的两个相互配合的历史进程。

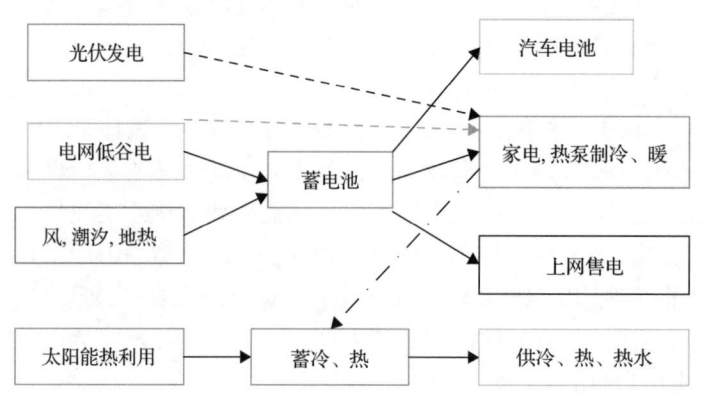

图 13-1　以可再生能源为主要一次能源的、带储能的小型 DES/CCHP 示意图

13.2　未来能源网络的物理架构

1. DES/CCHP 系统是未来能源网络的基本单位

三成多终端用能形式为冷暖热汽，冷暖热汽直供范围有限，近半数的一次能源须通过热力循环转换，风光发电也是分散为主，这四个因素决定亿万个分布式供能子系统 DES/CCHP 成为未来能源供应系统的基本单元。

2. 未来能源网络的核心架构——智能电网

电力是占总量 6～7 成的主要载能介质，但是大部分电力将由包括风光在内的各种一次能源经大、小 DES/CCHP 产生、就地供给终端用户。相对集中的供电来自上述有竞争力的集中风光发电和大型水电，以及协同集中风光发电均衡入网的调峰气电、抽水蓄能和其他储能系统发电。

这就使智能电网的主要职能不再是仅是集中发电的传输和配送者，更主要的是所有电力的集散、交易的平台和智能调度、控制中枢，借以实现实时供需平衡。

智能电网将是一个充分运用互联网信息传播功能实现电力实时供需平衡的物理平台，和实现整个未来能源网络优化运行的核心骨架。

3. 大规模储能装置

储能装置作为一次能源转换与终端能源利用之间实现平衡的物理手段，是解决集中的风电、太阳能发电等的随机性与核电恒负荷特性导致的供需不平衡而在电力富余时段储存多余电力，需求高峰时再发电的技术。此类多为集中式大型储能装置，主要有抽水蓄能，高温熔盐储热，蓄电池、压缩空气等。未来将有更大数量的分布式储能装置，其主要储能形式为电化学储能，储存的电力既可以择时自用，也可以在高峰时段向 SG 反输盈利。亿万个分散储电的集合具有强大的调峰能力，主要有大规模的电动汽车、分布式电储能装置等。

4. 天然气管网和液化天然气物联网络

天然气是除了电力之外的第二大载能介质。天然气需要通过一个全局性网络供给所有 DES/CCHP 和工业、建筑物终端用户。智能天然气管网(smart gas grid，SGG)是仅次于 SG 的第二个 IEN 的骨架和中枢。除了用作 DES/CCHP 和其他终端燃料之外的另一大功能是快速启停发电、协助随机性很强的风电光发电均衡入网；以及接纳、平衡用于 SG 调峰的电制气。欧盟最先意识到并已开始构建 SGG。

液态甲烷即 LNG 用作运输燃料在中间馏份燃料的低碳替代中具有极其重要的地位，很可能不仅是过渡途径。目前的主要载体是汽车 LNG 低温槽车；未来将逐步发展为更便捷和经济的集装箱多式联运。在互联网的信息交换平台上构建 LNG 物联网，基于整个网络运行实时大数据进行运算、模拟和优化，将保障供应和使成本大大降低。

5. 氢气管网和瓶装氢物联网络

现已投放市场的零排放的氢气燃料电池汽车几十年后有可能占据乘用车市场的半壁江山。大量分散的制氢设施和成千上万氢燃料的加注站要求形成氢气输送管网和与之相配合的瓶装氢物流网络。这两者的建模、模拟和通过互联网的优化管理、调度和控制与智能天然气管网 SG 和 LNG 物流配送网络类似；也可以称为智能氢气管网(smart hydrogen grid，SHG)和瓶装氢物联网。但 SHG 只能构成局域联网，这是因为氢气总量远较天然气小，其重量热值只有天然气的 1/8，长距离输送很不经济。未来高压瓶装氢也有可能被新的车载储氢技术所取代。

6. 智慧能源网络

图 13-2 中的每一个单元框、每一条联结线都代表特定能量转换或传输过程，有明确的物理内涵；都需通过建模、模拟和优化来规划建设、调度管理和控制，

以达到效率最高、碳排放最少、经济效益最好的目标。

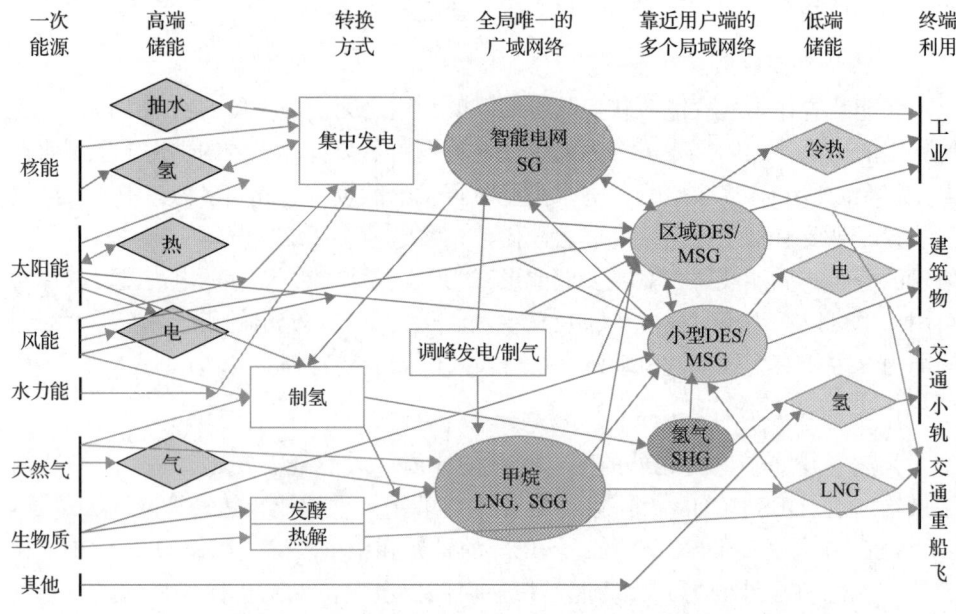

图 13-2　预计本世纪中后期智慧能源网络的物理架构

13.3　本章小结

本章在未来能源网络的框架下，展望了未来一次能源构成的走势和能源转换、传输系统的未来走势。在物理框架下介绍了未来能源网络的核心架构——智能电网，包含了新型储能设备、天然气管网、氢气管网和智慧能源网络。

第14章 举措及相关政策建议

在能源结构调整方面，未来可再生能源逐步替代化石能源、分布式能源逐步替代集中式能源、传统化石能源，高效清洁利用、多种能源网络的融合、供给与需求的互动协调是未来能源领域发展的趋势。电力作为可再生能源最为便捷高效的利用方式，作为终端能源消费清洁化的重要途径，作为多能互补能源系统的核心，在清洁低碳能源体系的作用将显著提升，将成为新一代能源系统的主干平台。

能源系统形态将发生颠覆性的变化。宏观形态上，随着多能互补、能源综合利用、泛在物联等技术的发展，电力系统的平台性作用凸显，必将成为链接多种能源的中心，需要发展新一代的能源系统构架。物理形态上，电力系统面临电能变换形式增多，电力变换器种类数量增多，功率与信息双向流动等形势，电力系统出现电力电子化趋势。电力用户的互动性大大增加，电力系统调度、运行的基础发生变化。结合我国情况，从技术和政策两个角度对我国受端综合能源系统的发展提出若干建议。

本篇对受端多能互补综合能源系统及其规划运行分析和控制技术进行研究。其中，受端综合能源系统指分布于用户附近的能源综合利用的系统，包括建筑物级别的小型的能源综合利用系统以及工业园区、科技园区、住宅区等的中、大型的能源综合利用系统。

分布式发电接近负荷，投资小、占地小，一般利用风能、太阳能等可再生能源或天然气等清洁能源，具有节能、环保等有点；CCHP以天然气为主要燃料(亦可用沼气或油气等其他可燃气体)，通过一整套发电机、热机、余热回收和制冷装置，实现发电、制冷、供热，使能源多级利用以此达到提高能源利用效率、减少二氧化碳以及有害气体排放的目的；而微电网给分布式能源和多能联产联供提供了一个高效的技术平台。

本篇对未来能源系统的物理构架进行了讨论，然后在对综合能源系统关键元件模型、系统建模及优化决策方法进行介绍的基础上，对典型综合能源系统的结构、运行、控制、规划等进行了讨论，最后提出了相关举措建议。

14.1 技术举措

在技术方面，本篇提出以下几点建议。

(1)受端综合能源系统的建立应该因地制宜，不同地区应该根据当地实际情况，充分利用合适的可再生能源，如太阳能、风能、生物质能、地热能等。

(2) 受端分布式综合供能系统应该根据应用场景的负荷特性，建立适合具体实际负荷需求的综合能源供应系统。如楼宇型、区域型、海岛型等不同的负荷类型，可以根据实际情况和当地拥有的可再生能源，建立结合可再生能源的CCHP。

(3) 受端综合能源的元件众多，建模复杂，可以从整个综合能源系统的角度来考虑，根据各模型的特点和系统的需要，建立一套标准化的建模程序，以方便、迅速、系统地对元件进行建模。

(4) 可以建立一个通用的受端综合能源系统优化配置的平台，通过输入自定义的场景，如综合能源系统的负荷特性，能源情况，目标约束，外部条件等，即可输出相应的最优配置，可以适用于不同规模、不同资源禀赋和地域特点的受端综合能源系统。

14.2 政策举措

国家应大力鼓励可再生能源的综合利用，通过技术指导及经济补贴等方式带动地区性的可再生能源终端综合利用。特别是中东部经济发达地区，其电力等能源需求较高，可以通过光伏发电、风力发电等可再生能源利用方式来满足不断增长的能源需求。

针对受端多能互补综合能源系统未来发展，本篇有如下几点建议。

(1) 积极引进先进云技术、大数据技术、物联网技术、移动互联网技术、人工智能技术等理念，与能源产业深度融合，同时加大储能技术、超导技术研发力度，打破传统能源系统研究思维和模式。

(2) 建立以电力为主、开放兼容的平台性新一代能源系统，实现真正的在统一架构下新一代能源系统的多能互补。

(3) 充分发展能源(电力)市场机制，减少政府电能定价干预，健全能源(电力)市场运营体系。

(4) 大力发展以多能为主体的虚拟电厂聚合商，出台相关优惠政策，完善相关配套的经济补贴措施，提高市场成立虚拟电厂类型聚合商的积极性。

(5) 进一步开放能源(电力)市场准入机制，积极鼓励虚拟电厂等聚合商参与市场行为，通过经济市场手段，使其成为新一代能源系统安全运行的重要组成部分。

第五篇　储能技术在高比例可再生能源电力系统中的需求和应用

储能技术是一种将某一/某些时刻产生的能量储存起来而用于以后时刻的技术，是可以实现能量在时间和空间上迁移的技术。储能技术的核心是将难以存储的能量形式转换为经济的、易于存储的能量形式，并存储起来。按照不同的能量存储形式，可分为储电技术、储气技术和储热技术。

储能技术的产生和发展，深刻地改变着未来能源系统中能源的生产、输送、分配和使用。本篇的研究涵盖了储能技术的发展现状、技术应用以及技术需求等多个方面，在分析能源变革背景下未来电力系统特点的基础上，提出未来电力系统对储能技术的总体需求；调研了机械储能、（电）化学储能、电磁储能、储热和储气等 5 类主流技术、发展现状，以及它们在发电侧、电网运营侧和用户侧等 3 个方面的应用情况；介绍和展示了新型储能示范及实际工程，为储能技术在我国的应用提供参考；从接纳可再生能源、调峰、平抑波动以及平衡预测偏差等多个方面，研究评估了我国未来大电网对储能总量、类型和性能的需求，给出了储能的布局建议；对以光伏/风电为主的配电网进行运行模拟分析，在给定光伏/风电出力特性和弃光/弃风率的条件下，保持电力系统的正常稳态运行对灵活电源、储能、联络线传输容量的需求；总结了储能技术发展所面临的挑战，分析了未来我国需重点发展的储能技术和方向，提出了我国未来发展储能技术的路线图，给出了发展储能技术的政策和措施建议。

第15章　储能技术的特点、现状以及应用概况

15.1　储能技术分类及特点

在不同的能源网中，储能的形式不尽相同：天然气本身具有可压缩性，因此燃气管网本身具有大规模能量存储的能力；热力系统中，主要通过液体、固体的温度和相态的变化实现能量的交换以及存储；而能量不能在电力网络中大规模存储，往往需要将能量转化为其他的形式进行存储。本节首先分别介绍储电、储热和储气技术的基本形式及其原理，然后跨能源网比较不同的储能技术。

15.2　不同的储能技术形式及其基本原理

在能源系统应用中，大规模储能可分为电储能、热储能和气储能三类。其中电储能指储能装置的输入和输出均为电，电储能包括抽水蓄能、压缩空气储能、飞轮储能、液流电池、锂电池、超级电容器等种类；热储能可进一步分为显热储存和潜热储存等类；气储能包括天然气和氢气储存。作为长期储能介质，天然气和氢气在电力系统调峰和应对高比例可再生能源电力系统跨季节能量平衡需求方面可发挥重要作用。特别是未来随着技术进步，氢气和合成天然气可以通过廉价可再生能源电力(水电、太阳能发电和风电)制取，成为零碳排放的清洁能源，满足电力、交通运输、工业和建筑等多方面清洁用能需求。

1. 储电技术的形式及其基本原理

储电的形式多样，可以根据转化后能量形式的不同将其划分为机械储能、化学储能和电磁储能三类。机械储能的使用时间较早，技术也相对较为成熟，具体可分为抽水蓄能、压缩空气储能和飞轮储能三种，如表15-1所示。抽水蓄能被广泛应用于电力系统调峰、调频、调相、紧急事故备用和提供系统备用容量。抽蓄电站在投入运行时需要配备上、下游两个蓄水库，在负荷低谷时段将下游水库的水抽到上游蓄水库保存，而在负荷高峰时段利用蓄水由上游水库流回下游时产生的动能推动涡轮机组发电。储存能量的释放时间可以从几小时到几天，其综合效率在70%~85%。压缩空气储能通过消耗电能压缩空气并进行存储。释放能量时，储能系统释放存储的高压空气，驱动涡轮发电。对于消耗同样燃料的燃气轮机来说，由于压缩空气储能系统的压缩机和涡轮不同时工作，没有压缩机消耗涡轮的输出功，其可以多产生1倍以上的电力。飞轮储能由飞轮转子、轴承、电动/发电

机、电力转换器和真空室五部分组成：当负荷需求不大时，电力转换器从电网输入电能驱动电动机旋转，电动机带动飞轮转子旋转，飞轮储存机械能。而当外部负载需要能量时，则利用飞轮带动发电机旋转发电，将机械能转化为电能，并通过电力转换器变成负载所需的各种不同频率和电压等级的电能。

表 15-1　机械储能主要技术参数对比

系统	功率等级与连续发电时间		储能周期		
	功率等级	持续发电时间	能量自耗散率	循环效率/%	合适的储能期限
抽水蓄能	100~5000MW	1~24h 及以上	极低	70~85	小时级~天
压缩空气储能	5~300MW	1~24h 及以上	低	60~70	小时级~天
飞轮储能	0~250kW	ms 级~15min	100%	60~95	秒级~分钟级

相对于其他形式的电储能而言，以电池为代表的化学储能技术种类最多，发展也最为迅速，其具备的不同特性可以满足电力系统中的多种需求。电池储能系统主要利用电池正负极的氧化还原反应进行充放电，常见可用于储能的电池有铅酸电池、镍电池、液流电池、金属-空气电池、锂电池和钠硫电池等，如表 15-2 所示。其中铅酸电池可靠性好，技术成熟，但是循环寿命较低，通常只有 500~1000 次，且在制造过程中存在一定的环境污染。镍（镍镉、镍氯）电池充放电效率比较高，循环寿命长，可快速充电，但随着充放电次数增加容量将会减少。液流电池，如钒液流电池、锌溴电池等的电化学极化小，能够100%深度放电，储存寿命长，并且额定功率和容量相互独立，但成本同样较高，另一方面其能量密度低阻碍进一步发展。金属-空气电池（如锌空气电池）能量密度和容量大，在制造

表 15-2　电化学储能主要技术参数对比

系统	循环效率/%	能量密度		功率密度		寿命与循环次数	
		W·h/kg	W·h/L	W/kg	W/L	寿命/年	循环次数/次
铅酸电池	68~90	30~50	50~80	75~500	10~400	5~15	1000~3000
镍镉电池	70~80	50~75	60~150	150~300		10~20	2000~2500
镍氯电池	82~87	100~120	150~180	150~200	220~300	10~14	2500 以上
钒电池	58~70	10~30	16~33			5~10	12000 以上
锌溴电池	62~70	30~50	30~60			5~10	2000 以上
金属-空气电池	65~77	150~3000	500~10000				100~300
锂电池	85~95	75~220	200~500	1500~3000		5~15	1000~10000 以上
钠硫电池	73~87	150~240	150~250	150~230		10~15	4500
燃料电池		800~10000	500~3000	500 以上	500 以上	5~15	1000 以上

和使用过程中环保无污染，但锌空气电池不可充电，属于一次性电池，需要定期更换材料才能维持运行。锂电池重量轻，能量密度较大，循环寿命较长，但其安全性较差且生产要求条件高。钠硫电池则被视为新兴、高效且具有广阔发展前景的储能电池。钠硫电池体积小，使用周期长，便于模块化制造、运输和安装，但成本高且安全性较差。

电磁储能具有高效率、高密度、高成本的特点，主要包括超级电容器和超导磁储能，如表15-3所示。超级电容器是介于传统电容器和蓄电池之间的一种储能装置。按储存电能的原理不同，超级电容器主要可分为两种类型：双电层电容器和法拉第准电容。双电层电容器主要基于电极/电解液上电荷分离所产生的双电层电容。而法拉第准电容则由贵金属或贵金属氧化物电极组成，其电容产生是基于电活性离子在贵金属电极表面产生欠电位沉积，或在贵金属氧化物电极表面及体相中氧化还原反应而产生的吸附电容，该类电容的产生伴随着电荷传递过程的发生，通常具有更大的比电容。超导磁储能(superconducting magnetic energy storage，SMES)系统利用直流电流流过超导线圈所产生磁场实现储能。由于能量交换和功率补偿无须能源形式的转换，其具有响应速度快、转换效率高、比容量大、污染小等优点。

表 15-3 电磁储能主要技术参数对比

系统	功率等级与连续发电时间		储能周期	
	功率等级	持续发电时间	能量自耗散率/%	合适的储能期限
超导储能	100kW～10MW	1ms～8s	10～15	分钟级～小时级
电容储能	0～50kW	1ms～60min	40	秒级～小时级
超级电容	0～10MW	1ms～60min	20～40	秒级～小时级

2. 储热技术的形式及其基本原理

电能虽然具有便于传输的特性，但在人类的活动中，绝大多数能量需要以热能的形式和环节被转化和利用。在热力系统中，储热主要的作用是在时间和空间上调节热能供给与负荷之间存在的不平衡。此外，储热技术通常和集中式的光热电站配合，提供平稳的出力。储热主要包括显热储热、潜热储热和化学储热3类，如图15-1所示。显热储热主要是利用材料的比热容，通过升高或降低材料的温度实现热量的储存或释放。显热储热原理简单，技术成熟，是目前使用最广泛且成本最低的储能技术。显热储热又分为固体显热储热和液体显热储热。固体显热蓄热系统主要由蓄热材料、高温传热流体和嵌入固体材料的换热管组成。在蓄热阶段，热流体沿换热管流动把高温热能传递到蓄热材料中，而在放热阶段，冷流体沿着相反方向流动把蓄热材料中的热能返还到流体中。而液体显热储热按照储热机理不同可分为单一流体蓄热、直接接触蓄热和间接接触蓄热3类。

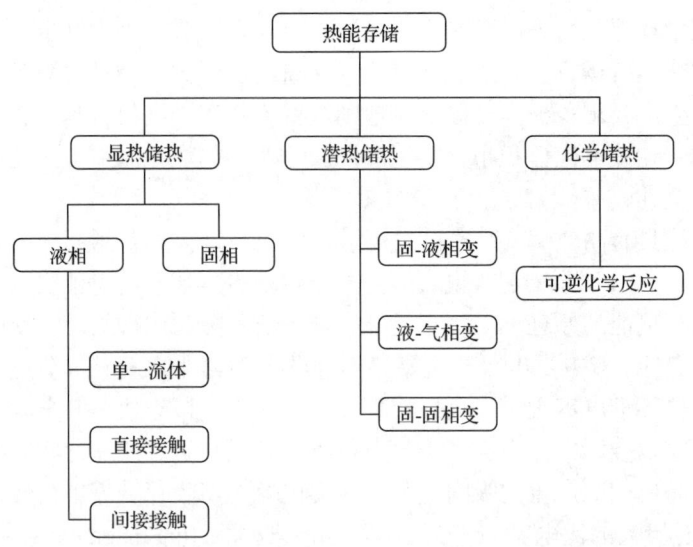

图 15-1　储热技术分类

双罐蓄热是常见的单一流体蓄热形式。工作流体既能在集热器中充当换热流体吸收热量，又能在储热罐中充当蓄热介质。蓄热时，冷罐中的低温流体被抽出进入集热器加热至高温，然后被送入热罐中储存。放热时，热罐中的高温流体被抽出经过换热器放出热量，维持用热设备的正常运行，而温度降低的换热流体被送入冷罐储存，热量富余时由泵送回集热场中加热。

直接接触蓄热是另一种形式的显热储热。其原理是以单罐替代双罐，直接以高温换热流体从罐体顶部充入蓄热罐，在罐体内部形成一个温度跃升的薄层，薄层上部为高温区域，下部为低温区域，中间区域维持稳定的温度梯度，该薄层被称作斜温层。为降低成本并有效减少蓄热罐的体积，通常在罐中填充例如碎岩石、砂砾等多孔介质的材料。

无论是单一流体蓄热还是直接接触蓄热，换热流体与蓄热材料之间均存在接触，可能会发生化学反应导致换热流体被污染或分解。为了避免这一现象的发生，可以采用换热器将两者完全分割开，从而形成间接接触蓄热。间接接触蓄热可以考虑模块化生产蓄热单元，以方便组装成大规模储热系统。常见的有管式、柱式和板式三种形式：管式蓄热单元为换热流体在管内，蓄热材料在管外；柱式蓄热单元与管式正好相反，换热流体在管外，蓄热材料在管内；而板式蓄热单元则是换热流体和蓄热材料交替分布。

在显热储热中，蓄热材料仅存在温度的变化而不存在如气态到液态等相变，而潜热储热主要是通过蓄热材料发生相变时吸收或放出热量实现能量的存储与释放，相变过程中温度保持不变或变化很小，易于控制和管理。目前应用较多的是以固-液相变为主的高温相变蓄热。蓄热时相变材料由固态变为液态，热能被转化为潜热储存起来；放热时，低温流体通过相变蓄热装置中的换热盘管，当低温流体通过盘管时，由蓄热材料通过导热翅片及换热盘管对流体加热，达到热负荷需求。当蓄热材料发出部分热量后，换热盘管壁面的液体凝固，随着放热增加，相变材料由液态渐变为固态。

化学蓄热利用可逆化学反应通过热能与化学能的转换实现热量的存储与释放，具有储热密度高、能量可长期储存等特点。但是由于技术复杂，一次性投资较大，且整体效率偏低，目前仍处于实验室研究阶段。

3. 储气技术的形式及其基本原理

由于能量传输介质的可压缩性，天然气系统中往往不将能量转化为其他形式进行存储，而是直接通过压缩储能。目前普遍采用的储气方式主要有地上罐储气、地下储气和管道储气3种。在城市天然气生产和供应中，地上高压罐装储气应用较为广泛。地下储气库则是将从天然气田采出的气体注入可以保存气体的地下空间而形成的一种人工气田或气藏。地下储气库主要建设在靠近下游天然气用户城市的附近，用途是保障下游用户的调峰需要。目前主要的天然气地下储气库类型包括枯竭油气藏储气库、含水层储气库、盐穴储气库以及岩洞与废弃矿井型储气库。其中含水层储气的原理是将气体注入含水层的孔隙空间形成人造气田，气体通过驱替储层的水来充满岩石的孔隙。为避免注入气体漏失，孔隙储层需要被不渗透的盖层覆盖。为增大库容量，储层的孔隙度和渗透率必须达到相关标准。而盐穴地下储气库是利用地下较厚的盐层或盐丘，采用人工方式在盐层或盐丘中通过水溶形成洞穴储存空间来存储天然气。

管道储气利用天然气作为能量传输介质的可压缩性以及其在高压下和理想气体的偏差实现输气和储气的双重功能。还有一种高压管线储气罐，是将一组或几组钢管埋在地下，对罐内储存的天然气加压。因管径较小能承受更大的压力，可使储气量大大增加。据统计，德国天然气管网的存储容量超过200000GW·h，而相比之下德国所有抽水蓄能电站的容量仅为40GW·h。管道的储气能力与管道容积、形状、进出口允许压力等多个因素相关，工程实践中应根据实际需要，进行优化设计。

15.3 不同类型储能技术的特点

综上所述，不同类型的储能特点各异。从储能形式上来讲，电储能形式最为丰富，仅电池储能就有铅酸蓄电池、锂电池、镍镉电池、钒液流电池、钠硫电池、锌溴电池等30种；储热主要分为3大类，每一类中依据储热介质、绝热材料和反应物的不同也有较多种类；而天然气系统中储能形式相对较为单一，只有管道储气和罐(库)装储气两种形式。不同的储能形式的技术参数大相径庭，储电响应速度快，可达毫秒~秒级，在分钟~小时级也有应用。而储热和储气时间跨度较电储能更长，一般能够储能数天甚至跨季节。表 15-4～表 15-6 归纳总结了储电、储热和储气技术的特点。

表 15-4　储电技术特点

储能类型	储能技术	优势	劣势	机遇	挑战
机械储能	抽水蓄能	(1) 技术成熟 (2) 使用寿命长 (3) 自放电率低 (4) 高效	(1) 能量密度低 (2) 受地理位置限制 (3) 投资成本高 (4) 投资回收期长（>30 年） (5) 大型机组连接电网才具有经济性	与其他储能技术相比，储能成本很有竞争力	(1) 冗长的审批流程 (2) 高环境标准 (3) 来自分布式储能系统的竞争 (4) 高功率，不能解决配网储能问题
机械储能	压缩空气储能	(1) 储能成本相对较低 (2) 地下存储，不占空间 (3) 寿命长 (4) 压缩空气自放电率低	(1) 受地质因素影响 (2) 投资成本高 (3) 蓄热器自放电率高 (4) 效率低（<55%） (5) 投资回收期长（>30 年） (6) 大型机组连接输电网才具有经济性	技术示范成功，能尽快投入使用	(1) 适用地下洞穴的地点有限 (2) 来自集中式储能系统的竞争 (3) 高功率，需接入输电网，不能解决配网储能问题
机械储能	飞轮储能	(1) 快充性能 (2) 维护要求低 (3) 寿命长 (4) 复合材料越好，转速越高，能量密度越高	(1) 能量密度低 (2) 需要真空室 (3) 易发生裂缝、轴承故障等 (4) 超导轴承需冷却系统 (5) 自放电率非常高	(1) 在不间断电源系统中有很好的应用 (2) 已经用于频率控制	(1) 来自廉价储能技术的竞争 (2) 未达到预期效率
电磁储能	超级电容器	(1) 高效率 (2) 大功率容量 (3) 使用寿命长	(1) 能量密度低 (2) 成本高	用于高功率需求和周期负荷	高功率应用可能被锂离子电池替代
电磁储能	超导储能	(1) 大功率容量 (2) 使用寿命长	(1) 对冷却系统要求高 (2) 昂贵的原材料——超导体 (3) 复杂的逆变器设计和测量电路	(1) 创新技术 (2) 新型超导材料	(1) 要求超低温和高磁场 (2) 该技术未经过充分验证
化学储能	氢气储能系统	(1) 地下存储，占用空间小 (2) 储氢方面具有丰富经验 (3) 储能容量大	(1) 电解槽成本高 (2) 效率低 (3) 储能密度约为甲烷的三分之一	(1) 长期储能唯一可行的技术 (2) 高压电解槽有望取得突破 (3) 氢气可用于其他能源行业	(1) 效率低 (2) 运行成本取决于购买力价格
化学储能	天然气储能系统	(1) 能够长期存储 (2) 高能量密度	效率低（<35%）	(1) 甲烷可用于其他能源行业 (2) 可再生天然气的市场效应	预期 2025 年后投入市场

第 15 章 储能技术的特点、现状以及应用概况

续表

储能类型	储能技术	优势	劣势	机遇	挑战
化学储能	液流电池	(1)高循环寿命 (2)多种氧化还原的可能	(1)酸性液体易泄露 (2)电池组的寿命有限 (3)成本高 (4)维护费用高	(1)可实现成本降低 (2)方便存放 (3)具有市场竞争力	(1)大量酸性化学物带来的一系列问题 (2)钒金属资源有限 (3)短期存储不具优势
	锂离子电池	(1)能量密度高 (2)使用寿命长 (3)高性能	(1)安全性不够,易热失控 (2)需成熟的电池管理 成本高	(1)汽车行业的使用促使成本降低 (2)方便存放	锂金属资源存在于部分国家
	铅酸电池	(1)已有大量相关项目 (2)可接受的能量密度 (3)安全性高 (4)无须复杂的电池管理 (5)较低的初始投资成本	(1)充放电能力不对称 (2)需要通风环境 (3)有限的循环周期 (4)工业电池仍然非自动化	(1)自动化批量生产使节省成本成为可能 (2)出现大量制造商	(1)铅为重金属 (2)成本下降空间不足 (3)研发能力不足
	高温电池	(1)比能量高 (2)高循环寿命 (3)廉价原料(硫化钠)	(1)热备用损失高 (2)高温,危险性高 (3)成本高	(1)对地点没有特殊要求 (2)原材料易获得	(1)制造商较少 (2)安全隐患

表 15-5 储热技术特点

储能类型	储能技术	优势	劣势	机遇	挑战
显热储热	固体和液体介质蓄热	(1)技术成熟 (2)使用寿命长 (3)储能规模大 (4)储能时间长(可实现跨季节储能) (5)投资成本低	(1)能量转化的效率相对较低 (2)热备用的能量损失 (3)适合中、高品位的储热材料较少	(1)与其他储能技术相比,储能成本很有竞争力 (2)结合储热和储电的综合能源管理	(1)储热材料与储热器相容性问题 (2)储热器的优化传热 (3)投资建设成本问题
潜热储热	固—液相变 液—气相变 固—固相变	(1)储热材料的温度变化小,易于控制和管理 (2)适合中、高品位的热能存储	(1)技术成熟度低 (2)投资建设成本高	有望实现高品位、低损耗的储热技术	(1)储热密度高、储热装置结构紧凑的高温相变材料 (2)高效的热转换装置 (3)余热源的随机波动性和能量分集

续表

储能类型	储能技术	优势	劣势	机遇	挑战
化学储热	利用可逆化学反应实现	(1)储能密度高 (2)长期存储热损耗小	(1)技术成熟度低 (2)可控性有待提高 (3)整体效率偏低 (4)运行维护成本高	目前仍处于研究阶段	可逆反应的控制和分析

表 15-6 储气技术特点

储能技术	优势	劣势	机遇	挑战
地上和地下储气库	(1)技术成熟 (2)适合大规模、长时间储能	(1)部分地下储气库对于地理位置有一定的要求 (2)单次投资建设成本大	天然气系统中广泛使用的储能装置	储层的孔隙和渗透需达标以尽量减小储能过程中的损耗
管道储气	(1)属于能量传输介质的天然属性 (2)适合大规模、长时间储能 (3)无须专门针对储能的投资建设成本	储能容量随空间广泛分布	(1)天然气管道输氢 (2)结合电—气能量转换的跨能源网储能	(1)管道泄露和老化的风险 (2)系统分析方法和精细化管理

从技术成熟度来讲，天然气的存储技术成熟度最高，管道储气是传输介质可压缩性带来的天然优势；而储气罐和储气库的建造技术也十分成熟。值得注意的是，储氢技术仍存在诸如装置的能量转换效率、管道输氢的技术经济性等多方面的问题而有待进一步的发展。储热技术中，显热储热在热力系统已经得到大规模的推广应用；潜热储热依赖于材料热化学性能的发展，混合盐、金属及合金等潜热储热已被用于太阳能热能发电和航空航天等领域；化学储热现在正在发展中，普及程度相对较低。

由于技术成熟度相对较低，储电的投资建设和运行维护成本较储热、储气更高。储气库虽然建设投资巨大、周期长，但单位投资成本不足 10 元/m³，且设备折旧慢，运维成本低。采用显热储热技术的储热设施投资建设成本每千瓦时不过几元，但综合来看，因为需要经常更换储能介质，添加消耗的化学反应材料等，储热技术的运行维护成本较储气更高。

与之相对应的，储电技术不仅投资巨大而且使用年限短、维护成本高。但储电技术响应快，往往能够起到"四两拨千斤"的作用，在电力系统中有着丰富的应用场景。与热、气网络相比，传统电力网络属于刚性网络，加之电力系统为可再生能源提供了最为丰富的接口，因此电力系统对于对灵活性的需求较气、热网络更高，故储电技术受关注程度最高。

15.4 储能技术的发展现状

15.4.1 不同类型兆瓦规模储能系统的特性

随着智能电网建设的不断推进，储能技术在电力系统中的重要性日益凸显，电储能可以改变电能的时空分布，提高系统运行的灵活性。在新能源消纳中，通过合理地引入储能装置，可以有效地平抑新能源出力的波动性，从而降低风电、光伏等可再生能源的网络约束，提升可再生能源消纳能力，降低弃风弃光率。以目前技术发展水平，表 15-7 总结比较了不同类型兆瓦规模储能系统的特性。

表 15-7 不同类型兆瓦规模储能系统的特性

储能技术种类		成熟度	容量/(MW·h)	功率/MW	持续时间/h	效率/%（循环次数）	总成本/(美元/kW)	成本/(美元/kW·h)
用于支撑系统和可再生能源并网的大储能系统	抽水蓄能	成熟	1680~5300 5400~14000	280~530 900~1400	6~10 6~10	80~82 (>13000)	2500~4300 1500~2700	420~430 250~270
	压缩空气储能（地下）	商业	1080 2700	135	8 20	(>13000)	1000 1250	125 60
	钠硫电池	商业	300	50	6	75(4500)	3100~3300	520~550
	先进的铅酸电池	商业	200 250	50 20~50	4 5	85~90(2200) 85~90(4500)	1700~1900 4600~4900	425~475 920~980
		示范	400	100	4	85~90(4500)	2700	675
	钒氧化还原	示范	250	50	5	65~75(>10000)	3100~3700	620~740
	锌/溴氧化还原	示范	250	50	5	60(>10000)	1450~1750	290~350
	铁/铬氧化还原	研发	250	50	5	75(>10000)	1800~1900	360~380
	锌/空气氧化还原	研发	250	50	5	75(>10000)	1440~1700	290~340

续表

储能技术种类		成熟度	容量/(MW·h)	功率/MW	持续时间/h	效率/%（循环次数）	总成本/(美元/kW)	成本/(美元/kW·h)
用于独立调度运行快速频率调节和可再生能源并网的储能系统	飞轮	示范	5	20	0.25	85~87 (>100000)	1950~2200	7800~8800
	锂离子电池	示范	0.25~25	1~100	0.25~1	87~92 (>100000)	1085~1550	4340~6200
	先进的铅酸电池	示范	0.25~50	1~100	0.25~1	75~90 (>100000)	950~1590	2770~3800
用于公共输配电网的储能系统	压缩空气储能（地上）	示范	250	50	5	(>10000)	1950~2150	390~430
	先进的铅酸电池	示范	3.2~48	1~12	3.2~4	75~90 (4500)	2000~4600	625~1150
	钠硫电池	商业	7.2	1	7.2	75 (4500)	3200~4000	445~555
	锌/溴液流电池	示范	5~50	1~10	5	60~65 (>10000)	1670~2015	340~1350
	钒氧化还原液流电池	示范	4~40	1~10	4	65~70 (>10000)	3000~3310	750~830
	铁/铬液流电池	研发	4	1	4	75 (>10000)	1200~1600	300~400
	锌/空气电池	研发	5.4	1	5.4	75 (4500)	1750~1900	325~350
	锂离子电池	示范	4~24	1~10	2~4	90~94 (4500)	1800~4100	900~1700
工业和商业用途的储能系统	先进的铅酸电池	示范商业	0.1~10	0.2~1	4~10	75~90 (4500)	2800~4600	460~700
	钠硫电池	商业	7.2	1	7.2	75 (4500)	3200~4000	445~555
	锌/溴液流电池	示范	0.625 2.5	0.125 0.5	5 5	60~63 (>10000)	2420 2200	440~485

续表

储能技术种类		成熟度	容量/(MW·h)	功率/MW	持续时间/h	效率/%（循环次数）	总成本/(美元/kW)	成本/(美元/kW·h)
工业和商业用途的储能系统	钒液流电池	示范	0.6～4	0.2～1.2	3.5～3.3	65～70（>10000）	4380～3020	910～1250
	锂离子电池	示范	0.1～0.8	0.05～0.2	2～4	80～93（4500）	3000～4400	950～1900

2016年4月国家发展和改革委员会、国家能源局下发了《能源技术革命创新行动计划(2016—2030年)》，并发布了《能源技术革命重点创新行动路线图》，其中包括了先进储能技术创新路线图。另外，国家相关部门对储能技术发展及产业化已制定了一系列相关鼓励政策：工信部下发《中国制造2025—能源装备实施方案》。方案明确目标，突破一批关键技术装备并开展示范应用；制约性或瓶颈性装备和零部件实现批量化生产和应用。储能装备作为15个领域的能源装备之一被入选。在国家能源政策支持下，在"十三五"规划执行过程中，储能技术和产业得到快速发展，其中电化学储能近年来发展最快，但总量占比仍还很低。据中国能源研究会储能专委会、中关村储能产业技术联盟《储能产业研究白皮书2021》不完全统计，截至2020年底，全球已投运储能项目累积装机规模191.1GW，同比增长3.4%。其中，抽水蓄能的累积装机规模最大，为172.5GW，同比增长0.9%；电化学储能的累积装机规模紧随其后，为14.2GW；在各类电化学储能技术中，锂离子电池的累积装机规模最大，为13.1GW，电化学储能和锂离子电池的累积规模均首次突破10GW大关。

针对储能技术的进一步研发工作主要分为两个方面：能量转换装置和能量存储装置。这两个部分是储能的核心组成部分，决定了储能的技术经济性参数，以下分别展开论述。

15.4.2 新兴储能材料

储能系统中，能量存储的介质决定了储能密度，高性能的能量存储介质具有优良的经济性和高能量密度。

以电池储能为代表的电化学储能在近两年发展迅速，电池材料的研究也因此获得了广泛的关注，新兴的电化学储能材料也不断涌现。良好的电池储能材料除了需要具备较高的能量密度以外，还要求产量高和单价低、记忆性弱、对环境温度和过充过放有较强的鲁棒性、深度充放电能力强、对环境影响小。锂离子电池的能量密度根据电极材料的不同可达150～200W·h/kg，是目前最具前景的电池储能技术。锂离子电池中隔膜材料是最具技术壁垒的部分且直接影响到电池的容量、循环以及安全性能等技术特性；负极材料是限制能量密度(比容)的瓶颈，目前容量最高的石墨负极材料实际比容量为 360mA·h/g，已经接近理论比容 372mA·h/g。对于电解液技术而言，最新研究表明纯石墨烯电池的能量密度可达 225W·h/kg，无奈石墨烯材料价格过高，该技术还停留在实验室研究阶段。

在各类储热材料中，潜热储热材料又称相变材料(phase change materials, PCM)，是储热材料发展的另一个重要方向。其中各种混合盐类因其可以在中高温工作区域内通过调节不同盐类的配比来控制物质的熔融温度而吸引了很多研究者的兴趣。除了盐类的简单混合，研究人员正尝试加入金属合金以及其他复合材料并通过纳微材料合成技术和纳微尺度传热强化技术制备成满足要求的纳微结构储热材料，以解决其传热性能(导热系数)、力学性能(强度)和化学稳定性较差的问题。目前，部分潜热储热材料已被应用于建筑材料中，使建筑调节和适应环境温度的能力大大增强。

储气材料方面，氢储能是近两年受德国等欧洲国家氢能综合利用启发后提出的新理念，氢储能技术被认为是智能电网和可再生能源发电规模化发展的重要支撑，并日趋成为多个国家能源科技创新和产业支持的焦点。目前，氢的常用储存方法主要有三种：高压气态储存、低温液态储存、金属氢化物储存，此外还有有机化合物储氢、纳米碳管储氢、碳凝胶储氢、玻璃微球储氢、配位氢化物储氢等。

利用天然气管道输氢具有良好的技术经济性，是一种大规模储能的可行模式。然而氢气和天然气的主要组分甲烷物理化学性质有很大差别。利用天然气管道输氢有氢脆和渗透两方面的风险。氢脆会改变管道的机械性能，例如钢铁的氢脆现象会加速微小裂缝的破裂。一般这方面的风险很难具体计算，可通过复杂的试验得出相关结论。因为它不仅与管道的材料有关，还涉及管道的运行年限。通常管道的压力越高，使用年限越久，发生氢脆的风险越大。此外由于氢气的渗透率远大于天然气，所以输送氢气的管道会产生较大的能量传输损耗。

挪威船级社 2022 年发布《2050 年氢能预测》。该报告给出的预测结果包括：氢对于全球脱碳的目标至关重要。为了实现《巴黎协定》的目标，氢能需要在 2050 年左右满足世界约 15%的能源需求。但 2030 年只能达到全球最终能源需求的 0.5%、2050 年能源需求的 5%，为此各国都需将氢能利用提升两倍。报告预测，在全球范围内，可再生能源电解制绿氢将在未来十年内将与天然气制蓝氢的成本持平，全球蓝氢的平均价格将从 2030 年的 2.5 美元/kg，下降到 2050 年的 2.2 美元/kg，由于电解制绿氢成本将显著下降，到 2050 年制氢成本将平均约为 1.5 美元/kg。

国家发展和改革委员会、国家能源局于 2022 年 3 月 23 日联合发布了《氢能产业发展中长期规划(2021—2035 年)》(以下简称《规划》)。《规划》首先明确了氢的能源属性，指出氢能是未来国家能源体系的重要组成部分。要充分发挥氢能作为可再生能源规模化高效利用的重要载体作用及其大规模、长周期储能优势，促进异质能源跨地域和跨季节优化配置，推动氢能、电能和热能系统融合，促进形成多元互补融合的现代能源供应体系。《规划》进一步明确了氢能是用能终端实现绿色低碳转型的重要载体。要以绿色低碳为方针，加强氢能的绿色供应，营造形式多样的氢能消费生态，提升我国能源安全水平。《规划》制订了 2025—2035 年我国氢能的发展目标：到 2025 年，形成较为完善的氢能产业发展制度政策环境，基本掌握核心技术和制造工艺，初步建立较为完整的供应链和产业体系。清洁能源制氢及氢能储运技术取得较大进展，初步建立以工业副产氢和可再生能源制氢就近利用为主的氢能供应体系。燃料电池车辆保有量约 5 万辆，部署建设一批加氢站。可再生能源制氢量达到 10 万～20 万 t/年，成为新增氢能消费的重要组成部分，实现二氧化碳减排 100 万～200 万 t/年。到 2030 年，形成较为完备的氢能产业技术创新体系、清洁能源制氢及供应体系，产业布局合理有序，可再生能源制氢广泛应用，有力支撑碳达峰目标实现。到 2035 年，形成氢能产业体系，构建涵盖交通、储能、工业等领域的多元氢能应用生态。可再生能源制氢在终端能源消费中的比重明显提升，对能源绿色转型发展将起到重要支撑作用。

15.4.3 高性能的能量转换技术

能量转换装置是储能的另一重要组成部分，决定了储能装置的循环效率、响应速率等一系列重要的技术性能。储电技术的能量转换装置主要是具有双向能量交换功能的电力电子变流器(power electronics converter)，实现交流电网和电池、超导线圈、超级电容器等直流储能之间的能量交换。以目前的技术，电力电子变流器的能量转换效率普遍较高，绝大多数可以达到 90%以上。但随着储能容量的增加，其能量转换效率有下降的趋势。变流器的可靠性是另一值得关注的性能指标，主要取决于其应用得到的电力电子器件的可靠性，同时也直接决定了整套储能系统的可靠性。此外，作为一个高增益的动态系统，变流器控制回路及其和动态网络之间的小信号稳定性，以及变流器在切换控制模式、经历网侧故障等大扰动下的稳定性是其研究、设计和制造的重点。对于电池储能，变流器的控制策略还要兼顾对电池组的平均使用。

储气方面，电制气(power-to-gas，P2G)技术可以将多余的电能转化为气体化学能，实现可再生能源的大规模存储与传输。P2G 制气过程分为两步：第一步为电力制氢，可以采用不同的电解槽，如碱性电解槽(alkaline electrolysis)、聚合物薄膜电解槽(proton exchange membrane electrolysis)和固体氧化物电解槽(solid oxide electrolysis cell)等；第二步为甲烷化反应(methanation)，将氢气转化为甲烷，可以采用化学和生物质的方法。制氢技术方面，目前碱性电解槽属于商业化产品，但效率仍有待进一步提升，且需要频繁维护。聚合物薄膜电解槽的响应迅速，但投资成本高，后期维护时需要经常更换薄膜。固体氧化物电解槽目前技术尚未成熟，尽管展现出如高效率、低投入和能量梯级利用等一系列优势，但仅能运行在恒定的负荷。P2G 的甲烷化反应有化学和生物两种方式。两种方式都是将 CO_2 和 H_2 反应生成 CH_4。值得注意的是，二者都需要有一个专门的 CO_2 气源，所以一般将 P2G 气站建在大型工厂或者燃气发电厂附近，结合 CO_2 的捕获设备，尽量减少能量的传输损耗。

储热技术所用到的能量转换装置主要是热交换器、透平(实现热—电的能量转换)和压缩机(电—热能量转换)。这几项技术的成熟度较高，较好的制造工艺可以提升装置的绝热性能，进而提高能量转化的效率。

15.5 储能技术在电力系统中的应用概况

电力系统中的发电厂商、电网运营商和用户均能从储能中获益。在发电侧，储能能够减少发电容量需求、辅助风光接入和提供旋转备用等；对于电网公司，储能能够平衡电力供需，缓解网络拥塞，推迟电网升级改造需求，不仅如此，快速响应的储能装置能够改善电力系统的动态性能，提高电网运行的稳定性；在用户侧，通过储能动态调节电压、频率等，能够提升供电可靠性和电能质量，提高用电品质。相比之下，储气和储热的应用场景较为单一，主要用于平衡能量的供需。因此本小节从发电、电网和用电 3 个方面介绍储能技术在电力系统中的应用。

1. 从发电侧看储能在提高可再生能源接入方面的应用

从发电厂商的角度来看，储能主要作用包括：减少发电容量需求、辅助风光接入和提供旋转备用等。储能在用电高峰时利用储能代替常规机组出力，能够减少新建电站的需求。除此以外，储能还能够为系统提供备用电源。在 ENTSO-e 框架下，挪威凭借其丰富的水电为欧洲各国提供备用。瑞士也在大力发展抽水蓄能，为欧洲电网稳定运行提供备用容量支持。

风、光等可再生能源出力波动性给电力系统运行过程中保持能量的供需平衡提出了一定的挑战。储能的作用体现在平抑可再生能源出力波动、提升随机电源的可信容量和减小预测误差辅助风/光接入等方面。目前，已有多个风-储或光-储联合系统示范工程在建或已投入运行。除波动性以外，储能还被用于应对以风、光为代表的可再生能源的不可预测性。

2. 从电网运营商的角度看储能在电力系统中的应用

从系统运营商的角度来看，储能能够平衡电力供需、缓解网络拥塞。从规划层面来看，储能能够推迟电网升级改造需求。合理地调配电网中其他的调节手段，与储能相协调，也能够减小储能的需求。此外，快速响应的储能装置能够改善电力系统的动态性能,提高电网运行的稳定性。1973年,Mohan率先在其博士论文中提出将超导磁储能(superconductor magnetics energy storage,SMES)用作电力系统稳定器(power system stabilizer,PSS)的思想,这一研究结果引起了洛斯阿莫斯实验室(Los Alamos National Lab,LANL)和波利维尔电力公司(BPA)的注意,开始进行将SMES用于改善系统运行特性的研究。1982年储能为30MJ、最大功率为10MW的SMES研制成功。该储能装置于1983年安装在美国西海岸两条并联的500kV高压输电线路上进行试验,目的是要消除该线路上出现的0.35Hz低频振荡,以提高线路的稳定性。经过累积1200h的现场试验,证明该SMES在抑制输电线路的低频振荡和无功功率补偿方面都起了很好的作用。储能技术因其有功调节的能力在阻尼电力系统有功低频振荡方面相比于其他灵活输电装置(FACTS)有一定的优势。同时还能够在区域电网中参与电压调节和动态补偿,但目前成本显然较静止同步补偿器(STATCOM)、静止无功补偿器(SVC)等更高。

现代电力系统面临另一挑战来自风电、光伏发电机组等通过电力电子接入的新型发电设备不同于常规机组的"弱惯性"特点。变速恒频风电机组转子动能被变频器与电网"隔离",使其对电网贡献的惯量几乎为零,不再具有常规同步发电机转子转速和系统频率之间直接耦合,从而能够降低系统频率突变风险的能力。利用储能装置的快速功率响应特性,可以协助风电场虚拟惯量控制,从而有效提高风电接入系统的频率稳定性。

3. 从用户侧看储能在配电网中的应用

储能通常以分布式的形式应用于配电网。从用户的角度来看,储能主要作用包括提升供电品质,包括可靠性、电能质量。电力系统中部分重要的负荷如精密制造工厂和医院等对电力供应的可靠性以及频率、电压和谐波等电能质量有较高的要求。对于这类用户,储能除了可以起到不间断电源的作用以外,还能够减小频率和电压波动,甚至可以作为有源滤波装置改善电能质量。

交通电气化在现代能源系统中不断普及,储能在其中也扮演着重要的角色。再生制动(regenerative brake)技术在制动时把车辆的动能转化并储存起来,而不是变成无用的热能,然后"再生"为车辆的动力或输送回电网。再生制动在电气化铁路列车、无轨电车、电动汽车、纯电动车和混合动力车辆上常见,用到的储能形式包括飞轮、电池和超级电容器。

在配电系统中,需求侧响应(demand response,DR)能够给配电网的运行提供一定程度的灵活性。通过电力需求侧管理、需求响应工作的推进,电力用户从单纯的能源消费者转变为可根据电网情况灵活调度的电力资源,这为电力生产决定电力消费的实现创造了必要的条件。家庭储能是DR的重要环节。另外在孤岛电网中,储能还能够提高独立供电的可靠性。

4. 应用场景小结

储能将在电力乃至整个能源的高效利用方面发挥越来越重要的作用，表15-8总结了不同的应用场景对储能的技术需求和潜在的经济收益。

表15-8 电力系统对储能的应用需求分析

应用		应用描述	规模	持续时间	充-放电次数	理想寿命
发电侧	大规模的能源服务	套利	10~300MW	2~10h	300~400次/年	15~20年
		频率调节	1~100MW	15min	>8000次/年	15年
		旋转备用	10~100MW	1~5h		20年
	新能源并网	风电并网：爬坡&电压支撑	分布式：1~10MW 集中式：100~400MW	15min	5000次/年	20年
		风电并网：削峰填谷	100~400MW	5~10h	300~500次/年	20年
		光伏并网：时间位移、电压凹陷、快速需求支撑	1~2MW	15min~4h	>4000次	15年
电网运营商	固定输配网的支持	城市或农村的输配网，阻塞管理	10~100MW	2~6h	300~500次/年	15~20年
	移动的输配网的支持	城市或农村的输配网，阻塞管理	1~10MW	2~6h	300~500次/年	15~20年
	分布式储能系统(DESS)	测量设备，馈线，变电站，75%~85% AC~AC效率	25~200kW 单相 25~75kW 三相 小型储能	2~4h	100~150次/年	10~15年
用电侧	商业&工业电能质量	避免电压凹陷和瞬时故障	50~500kW 1000kW	<15min >15min	<50次/年	10年
	商业&工业供电可靠性	停电备用	50~1000kW	4~10h	<50次/年	10年
	商业&工业能量管理	降低能源损耗，增加可靠性	50~1000kW 小型 1MW	3~4h 4~6h	400~1500次/年	15年
	家庭能量管理	提高效率，节能	2~5kW	2~4h	150~400次/年	10~15年
	家庭备用	可靠性	2~5kW	2~4h	150~400次/年	~15年

15.6 新型储能工程实例

本小节总结整理了4个重要的储能实例，如表15-9所示。

表 15-9　储能示范工程实例列表

序号	名称	特点
1	美国加利福尼亚州莱斯光热储能项目	150MW 熔盐储能，作为大规模存储太阳能最高效、可靠、低成本的方式
2	美国加利福尼亚州飞轮储能系统（Amber Kinetics 公司）	20MW/80MW·h 新型飞轮储能，号称寿命可达 30 年
3	丹麦桑德堡抽水蓄能示范工程（GO Development 公司）	世界首套"无落差"抽水蓄能电站
4	贵州毕节高温蓄热实验平台	国际首台 10MW 级高温蓄热实验平台

1. 美国加利福尼亚州莱斯光热储能项目

Rice Solar Energy Project 是由美国光热发电项目开发商 SolarReserve 的子公司 Rice Solar 提出建设，位于美国加利福尼亚州里弗赛德县的 150MW 集中式太阳能发电与存储项目。该项目利用 SolarReserve 的创新型集中太阳能发电与存储技术，采用熔盐存储方式捕获太阳能，并在需要时向电网供电。干冷设备的应用大大减少了冷却所需用水量，其热电塔设施位于前莱斯陆军机场。而为了与美国西部现有的传输系统互联，需要新架设 10mi 的电力传输线。项目整体投资成本约 7.5 亿美元，申请了美国能源部贷款担保计划并得到美国复苏与再投资法案资助，年运行成本 500 万～700 万美元。项目建设开始于 2014 年 1 月，于 2016 年 6 月完工。结合熔盐储热，该太阳能发电项目能为电网运行提供稳定性，并给满足加州高峰电力需求提供了一种低成本高效益的方式。项目设计为 68000 户家庭提供电力，预计在前 10 年的运营中，莱斯太阳能项目将产生超过 4800 万美元的地方税收收入，有利于地区发展。该集中式太阳能发电与存储项目可产生额定容量 150MW 的清洁可再生能源，给系统提供极为可靠的能量供应，其与太平洋燃气电力公司（PG&E）也签署执行了电力购买协议。

2. 美国加利福尼亚州飞轮储能系统

Amber Kinetics 公司宣布其与太平洋燃气电力公司签署了一项具有里程碑意义的储能协议。该储能协议项目的功率容量为 20MW，能量容量为 80MW·h，将使用 Amber Kinetics 公司变革性的创新技术——Gen-2 飞轮系统。Gen-2 飞轮系统是第一个能够持续放电 4h 的飞轮系统，其核心是 25kW·h 的飞轮装置，在一天内能够完成多于一个工作周期的充电和放电工作。到目前为止，商用飞轮系统的容量只能以分钟计，对于寻求在传输网和微网层面整合可再生能源的电力设施来说作用有限。该公司相信，其飞轮储能技术将降低储能价格，同时提高公用事业规模能量存储的运行安全性和灵活性。Amber Kinetics 的飞轮储能技术较电池储能而言有几点突出优势。一是可使用年限长，其宣称具有 30 年的使用寿命，且其间不会存在退化。二是安全可靠，由于按重量计其98%由钢构成，因此不会存在火灾、化学爆炸或危险物质释放的风险。三是成本低，因为其是用容易获取且含量丰富的原材料制成，在运行过程中不需要定期更换材料，所以较电池而言其成本要低很多。Energy Nuevo项目目前正处于建设过程中，位于弗雷斯诺市，是在加利福尼亚州第一次储能征求中由PG&E指定。该项目被认为将成为有史以来最大的传输网级别的飞轮储能系统。Energy Nuevo将从2020年开始根据储能协议提供20年的能量存储服务。

3. 丹麦桑德堡抽水蓄能示范工程

Go Development公司的抽蓄示范工程项目位于丹麦桑德堡，是一种新型无落差海水抽水蓄能电站，目前已投入运行。像丹麦这样的国家地理落差小，难以找到适合建设传统抽蓄电站的丘陵地区。而这种新形式的抽水蓄能系统基于地下储存库，水被密封于膜结构中，顶部有多达25m的土壤。覆盖的土壤提供了运行泵/涡轮机所需的压力，存储大量电能，对应于传统抽水蓄能系统中水平差产生的压力。

该示范抽水蓄能电站尺寸为50m×50m，平均抽水扬程为1m，故海水容量为2500m^3。电站被3m的土层覆盖，基于给定的规模，膜结构能够存储34kW·h的电能，额定功率为6kW。这一电能存储量可能听起来不是很多，但如果能量膜在空间各维度上按10倍扩大尺寸，则其存储的能量将达到200MW·h，相当于50000个单户家庭住宅的8h用电总量。该示范电站的目的是测试土质条件并为抽蓄准备一个精确的模型。此外，该示范工程旨在从环境、技术以及经济方面揭示在地下抽水蓄能中存在的挑战和潜力。压缩空气储能系统完成了168h运行试验，各项指标均达到或超过考核指标要求。

4. 贵州毕节高温蓄热实验平台

国际首台10MW级高温蓄热实验平台于2018年1月在国家能源大规模物理储能技术（毕节）研发中心完成调试，各项性能均达到或超过设计指标，依托该实验平台可开展功率最高达10MW的蓄热和换热装置的实验研究和性能检测。

高温蓄热实验平台主要包含测控系统、冷热源输出系统、冷热源存储系统、待测装置测试系统四个组成部分，可以联苯-联苯醚或硅油等导热油为介质，实现温度范围涵盖常温至400℃、测试功率及测试容量分别高达10MW和10MW·h。依托于该实验平台，可以针对高温蓄热装置与系统开展在不同温度、压力、流量下的实验研究与性能检测，突破大规模高温蓄热装置与系统中的关键技术；同时可为10MW级先进压缩空气储能系统、太阳能热利用、工业余热利用等提供关键实验平台支撑。

15.7 本 章 小 结

本章首先分储电、储气和储热 3 大类分析比较了不同形式的储能的技术,归纳总结了储能技术的发展现状和研究水平,重点介绍了储能技术在电力系统中的应用场景,最后介绍并归纳总结了储能技术在电力系统中的应用情况。

第 16 章 未来电力系统对储能技术的总体需求

16.1 能源变革背景下未来电力系统的发展趋势以及所面临的挑战

随着互联电力系统规模不断扩大、电力供应链日趋紧张、能源网络之间的耦合不断增强以及对于能源利用效率提升的迫切需求，能源变革背景下电力系统面临前所未有的挑战，本章结合未来电力系统发展的趋势，分析了未来电力系统对储能技术的总体需求。

1. 互联电力系统规模不断扩大

现代电力系统正在向大机组、大电网的方向发展。截至 2022 年 3 月底，全国装机容量 24 亿 kW，300MW 以上的大型火电机组、大型水电、风电机组、太阳能发电机组等成为新增发电容量的主力。不仅如此，特高压交、直流的迅速发展，增强了区域电网的互联。随着电网的规模不断扩大，互联电网的稳定性问题将表现出许多与原有电力系统不同的特点，其中，各种动态过程的强耦合性、系统运行条件的随机性、系统固有的非线性对系统稳定性的影响会更加突出。同时由于稳定性的丧失带来的影响也越来越恶劣。随着大型互联电力系统的安全稳定运行问题逐步突出，迫切需要新型的主动致稳设备来支撑电网稳定，同时隔离故障，降低失稳带来的危害。

2. 电力供应的格局正经历深刻的变革

我国的电力供应链正面临着前所未有的挑战，这是由我国近年来用户端用电情况的变化以及发电端电源结构的变化两个方面共同决定的。用电方面随着我国国民经济的发展和人民生活水平的提高，城镇用电量不断增加，特别是随着居民空调的普及，电力峰谷差不断增大。为应对不断增加的电力需求，我国的装机容量不断攀升，运行灵活但效率低且污染严重的中小型燃煤机组被逐渐取缔，这为电网调峰带来了较大的困难。不仅如此，我国近年来可再生能源发展迅猛，截至 2022 年 5 月，可再生能源发电总装机已经达到 11 亿 kW，其中风电、光伏发电、生物质发电等新能源发电装机突破 7 亿 kW。可再生能源发电受季节、气象和地域条件的影响，具有明显的不连续性和不稳定性，其发出的电力波动较大，风电、光伏等新能源机组调节能力较弱。可再生能源发电容量接入电网的不断提高已经并且将更加严重地影响电力供应的可靠性。为了满足我国电力系统中不断增加的城镇用电量及调频调峰等需求,迫切需要增加清洁灵活的电源,作为辅助电网平衡能量供需的调控手段。

3. 提高能源利用效率任重而道远

提高能源利用效率是世界各国的重要战略目标。《新时代的中国能源发展》和《2020中国能源革命进展报告》显示,中国成为世界上最大的能源消费国和能源效率提升最快的国家,但中国能源利用效率的提升空间仍非常大。《中国能源发展报告2018》显示,我国能源消费总量46.4亿tce,用于加工转换的消费量约36.7亿tce,二次能源产量约24亿tce,转换效率约63.7%。而经济合作与发展组织(Organization for Economic Cooperation and Development,OECD)国家20世纪70年代初能源的中间环节利用效率为76%。提高能源利用效率不仅对于建设资源节约型和环境友好型社会具有重要意义,也是我国当前刻不容缓的重要任务。因此也急需一种调节技术,在时间和空间上合理地分配能量的发、输、配、用,以提高能量总体利用效率。

4. 电力系统和气、热、交通等其他能源系统之间的耦合不断增强

能源互联网目前已经成为中国能源界的热点话题,多个能源网络的协调运行和能源的综合利用已经得到广泛的关注,是目前电力乃至能源领域的研究热点。为此,多个国家建立了专门的研究中心,例如美国的国家可再生能源实验室(National Renewable Energy Laboratory,NREL)的Energy Systems Integration Facility(ESIF)研究中心、我国清华大学成立的能源互联网创新研究院、北欧可再生能源研究中心(Nordic Folkecenter for Renewable Energy)等。随着电力改革的不断深入,我国能源市场将为能源互联网的发展创造越来越多的发展条件,同时,互联网与能源市场的不断融合,也将进一步促进能源生产和消费革命,能源互联网在我国具有非常广阔的发展空间。为了促进多能源网的耦合,进一步提升能源的利用效率和清洁性,需要有更好的辅助调节手段,在多个能源网之间架起桥梁,实现有效的能量缓冲。

16.2 未来电力系统对储能技术的总体需求

为了应对能源战略转型给电力系统所带来的挑战,同时也为了适应能源网络互联互通的新形势,储能在未来电力系统乃至于能源系统中都占有不可替代的地位。储能技术作为提高智能电网对可再生能源发电兼容量的重要手段以及实现智能电网能量双向互动的中枢和纽带,是智能电网建设中的关键技术之一。配套大规模储能装置,可以解决发电与用电的时差矛盾以及间歇式可再生能源发电并网对电网安全和稳定性的影响。储能技术的发展引起了世界各国的广泛关注。储能

在未来能源系统中的重要地位，主要体现在以下几个方面。

1. 储能是支持可再生能源大规模接入和分布式能源广泛使用的关键技术

能源互联网中可再生能源将成为最主要的一次能源，可再生能源发电具有波动性的特点，大规模、集中接入的波动可再生能源将对电力系统的安全稳定造成很大的冲击。储能可为可再生能源的接入和利用提供平滑输出、削峰填谷等服务，是将间歇式能源转变为友好电源的关键支撑技术。另外，随着氢能存储技术等大规模储能技术的发展，使用储能技术存储富余的可再生能源，将促进风能、太阳能等可再生能源最大程度的利用，提高能源利用率。

不仅如此，对于分布式能源，储能还是实现其广泛应用的基础。在未来的能源互联网中，大量分散式元件，尤其是分布式能源、小型可再生能源发电系统将广泛存在，可再生能源的就地采集、就地使用，除了依靠电网平衡外，更重要的是实现本地的平衡稳定，储能无疑是最合适的技术。储能系统可为分布式发电及微电网系统提供调频、调压稳定输出、实现局域电网能源生产与消费平衡，能源备用，提供系统灵活性等作用，是分布式能源、微电网广泛应用的基础。

2. 储能打破了电力系统发输配用必须实时平衡的瓶颈

储能的出现，打破了电力系统发输配用必须实时平衡的瓶颈，大大提高了电力系统的灵活性。另外，未来拥有分布式可再生能源发电设施的个人或单位，要实现能源互联共享，也必须有储能设施的参与。如同信息互联网中的信息资源通过存储设施的存储，从而被需要使用的用户随时访问使用一样，分布式能源通过存储，可方便地被需要的联网用户实时取用。

3. 储能技术是能源网中的重要组成部分

储能将在能源互联网的各个环节上发挥重要的作用，随着能源互联网研究的逐渐推进，其应用的价值将不断体现，应用的范围也将不断扩张，是能源互联网中极具发展前景的技术。在能源网络互联的背景下：电气化交通，储能和电动汽车共同作用，与电网相连；储氢技术的发展将天然气系统、供热系统与电网相连等。储能作为关键连接点，将电力系统与各个系统连接，是多网融合的连接纽带。

同时，为应对能源结构变化带来的挑战和满足能源利用率提高的要求，能源系统特别是电力系统对于储能技术的需求日益增长。世界各国均十分重视储能技术的发展，不仅在针对储能进行直接的投资的同时减免税收，还拉大峰谷电价差以保证储能的运营收益。正如美国能源部前部长、诺贝尔物理学奖获得者朱棣文指出：将储能技术与太阳能技术相结合，其在配电和发电领域的影响或可与当年互联网所造成的颠覆性冲击相媲美，可见储能技术对于未来电力和能源系统的重要性。

16.3 本章小结

能源短缺、环境污染、气候变暖等现实问题促使能源变革，电动汽车、智能电网、能源互联网等一系列新兴技术正在深刻影响着能源的生产、获取和利用方式，而能量的存储是其中关键的支撑技术，是未来能源系统中不可或缺的重要环节。配套大规模储能装置，可以解决发电与用电的时差矛盾并减小间歇式可再生能源发电并网对电网安全和稳定性的影响，支撑含高比例可再生能源的能源系统可靠运行，为实现分布式能源、微电网等的广泛应用提供基础支持。

第 17 章 储能在未来电力系统中的应用

17.1 平抑波动的储能配置

风能的波动性和间歇性决定了风电系统输出功率的波动性和不确定性，而风电功率波动与快速爬坡则会直接影响所接入系统的有功功率动态平衡，从而导致电网的频率出现偏差，严重情况下则可能影响电网的安全稳定运行。

17.1.1 配置目标和基本原理

《风电场接入电网技术规定》(2009 年)要求风电场应具备有功功率调节能力，能根据电网调度部门指令控制其有功功率输出。此外，利用变频器控制的风电机组通常与系统频率完全解耦，转子动能被变频器控制"隐藏"，风电机组对于系统呈现的转动惯量为零，风电的大规模接入减弱了系统频率稳定能力。因此，国外许多风电并网标准还规定了风电场应具有降低有功功率和参与系统一次调频的功能，以提高风电场的频率响应能力。

风电场储能系统平抑风电功率波动的主要控制目标是使并网的风电功率波动符合并网准则。风电有功功率的变化量定义为当前时刻风电功率与上一时刻风电功率之差。从 2012 年 6 月开始我国执行新的风电并网标准，并网标准对风电功率波动变化要求如表 17-1 所示，规定主要限制风电功率分钟级的波动。

表 17-1 我国风电并网标准有功变化率要求

风电场装机容量/MW	10min 最大变化量/MW	1min 最大变化量/MW
<30	10	3
30~150	装机容量/3	装机容量/10
>150	50	15

为了改善并网风电的功率特性，可考虑在风电场侧配置装置，组成如图 17-1 所示的储能与风电联合运行系统，通过储能与风电系统通过电力电子能量转换接口的合理配置，可将两者的功率汇集后升压馈入电网。

图 17-2 中，储能系统通过对风电场输出功率 P_{wg} 进行实时调控，使馈入电网的功率 P_{del} 能够满足电网的期望值 P_{w_ref}。

第 17 章 储能在未来电力系统中的应用

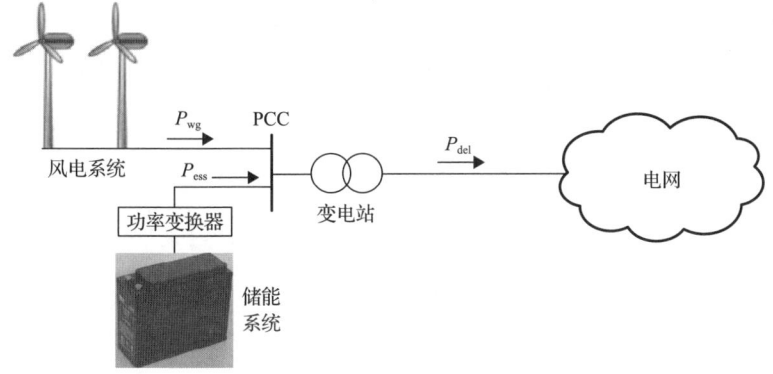

图 17-1 含有储能的风电系统并网示意图

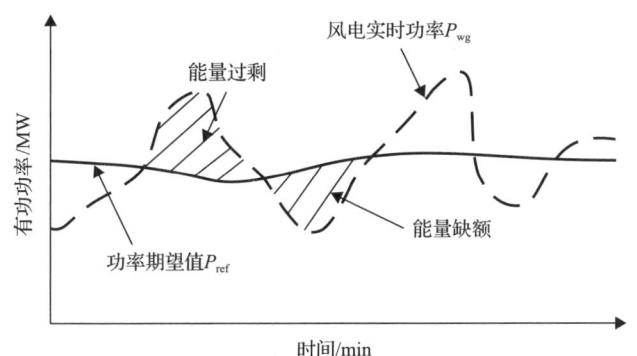

图 17-2 储能改善风电功率特性原理

当 $P_{wg} > P_{w\_ref}$ 时，储能系统需要以功率 $P_{wg} - P_{w\_ref}$ 储存风电场的过剩能量。

当 $P_{wg} < P_{w\_ref}$ 时，储能系统需要以功率 $P_{w\_ref} - P_{wg}$ 释能，补偿风电场功率的缺额。

由此原理可知，储能系统的充放电动作过程主要取决于 3 个因素，即风电功率调控目标 P_{ref}、风电系统的实时输出功率 P_{wg} 的特性和储能系统的自身特性，且这三者之间存在一定的相互联系。在明确了风电功率调控目标 P_{ref} 的情况下，风电功率 P_{wg} 波动的幅值决定了对储能系统的功率需求，而其波动周期决定了对储能系统的持续充放电时间的需求，综合考虑功率和充放电周期，即是对能量的需求。

17.1.2 风电储能配置模型

本节提出的风电场波动平抑配置方法旨在减小风储联合系统输出功率的变化率，以达到并网导则的波动限制要求。

1. 风电并网导则

并网导则反映的不同时间尺度下的出力变化限值,包括瞬时功率波动限制、平均功率波动限制和极限功率波动限制。

2. 目标函数

以风电场发电商的综合运行成本最小化为目标,若完全满足并网导则可能导致储能容量过度配置,故综合运行成本在计及限电损失、储能成本双指标的基础上考虑越限惩罚指标。限电损失即为全时段周期内风电场可发电量收益与实际发电收益之差。惩罚费用由两部分组成:越限固定惩罚及越限功率惩罚。越限固定惩罚是指一旦发生对应时间尺度的波动越限,即产生与该时间尺度相关的固定惩罚费用。除固定惩罚费用外,根据其波动越限程度,会产生对应的越限功率惩罚费用。波动越限率惩罚费用与波动程度呈分段线性关系,如图 17-3 所示,图示 D_0^r、D_1^r、D_2^r 分别表示 r 时间尺度对应的波动越限临界值、轻微越限阈值、严重越限阈值。

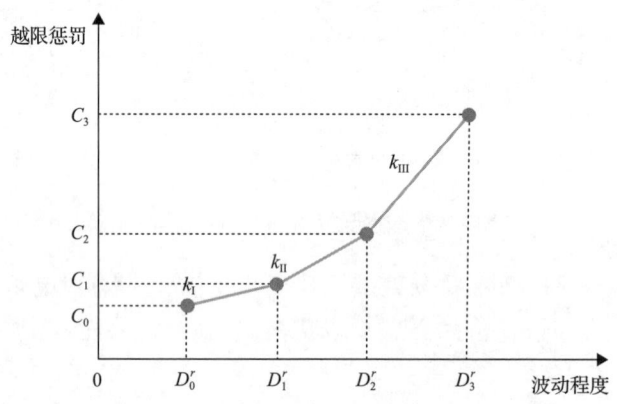

图 17-3 波动程度与惩罚费用的分段线性关系

随着越限功率的增加,对电网造成的影响越大,单位功率越限惩罚费用 k 也随之增加,当越限功率过大时,风场会通过增加弃风的方式以减小越限功率。

对储能的功率容量及能量容量进行解耦规划,故其投资成本由功率容量成本与能量容量成本两部分组成。考虑全寿命周期及贴现率后,投资成本实际上为波动平抑周期内储能的折算成本。

3. 约束条件

本节所提风电场波动平抑储能配置方法包含如下几类约束:联合系统输出等式约束、风电出力限制约束、出力波动限制约束、指示变量约束及储能系统约束。此外,为了将模型转换为混合整数线性模型,在约束中引入了模型线性化约束。

17.1.3 配置计算结果

本节以辽宁省卧牛石风电场为例进行计算。辽宁省卧牛石风电场的装机容量为 49.5MW，1min 变化率上限为 4.95MW，10min 变化率上限为 16.5MW。选取卧牛石风电场时间精度为 1min、时间长度为 6000min 的风电功率数据。

储能系统参数设置如下。

(1) 储能系统的功率容量取风电场的 10%；充放电时间取为 2h。

(2) 能量运行状态荷电的允许变化范围为：0.2～0.8；荷电初始值为 0.5。

(3) 功率波动平抑控制时间常数取 12.5min。

无储能系统控制时，风电曲线的 1min 最大变化率为 14.77MW，超过限值要求共 13 次；10min 最大变化率为 24.54MW，超过限值 92 次。经过储能电站平抑后的风电功率更加平滑，原序列的微小波动和尖峰毛刺被消除。

图 17-4 展示了原始序列中 600～1300min 的一段，可以直观看出，储能电站的功率平滑效果，验证了设计平抑控制方法的有效性。

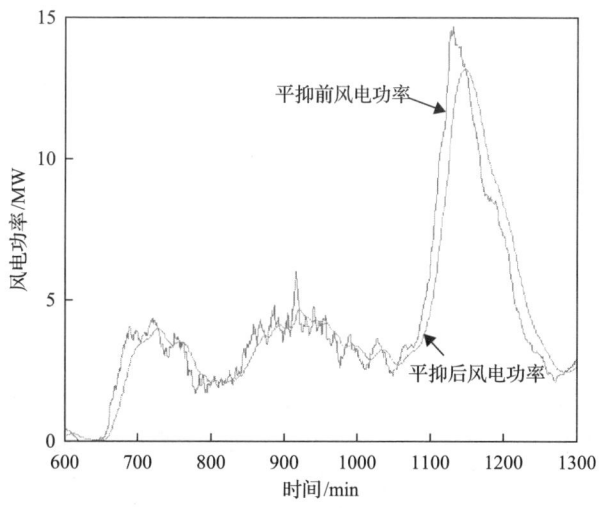

图 17-4 储能系统的风电功率平抑效果(风储容量比为 10%)

不同储能系统容量配置比例对风电功率 1min、10min 有功功率变化率的改善效果如图 17-5、图 17-6 所示。对于平抑风电功率的 1min 变化率，按照风电场容量的 7%～13%配置储能装置即能实现较好的平抑控制效果；对于 10min 变化率来说，9%～11%的配比范围基本可以实现控制效果。综合来看，按照风电场装机容量的 10%来配置储能系统，可以较好地实现对风电功率波动的平抑控制，提高风电场的有功功率控制能力。

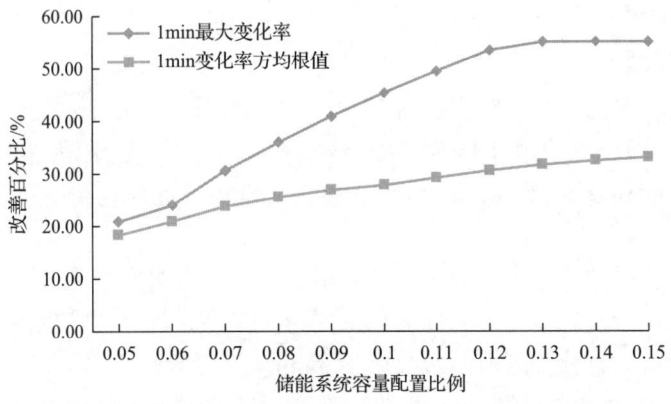

图 17-5 储能容量配置对风电功率 1min 变化率的控制效果

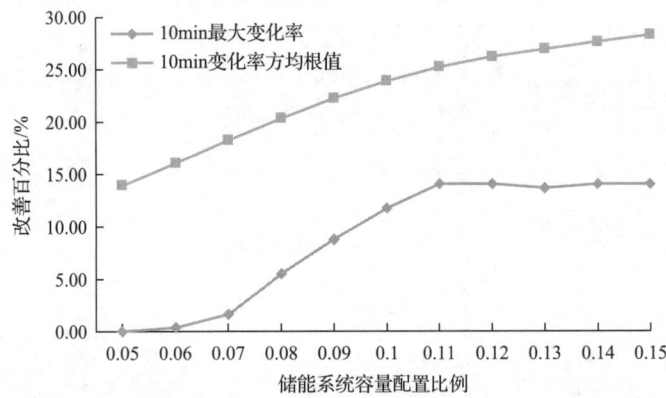

图 17-6 储能容量配置对风电功率 10min 变化率的控制效果

17.1.4 卧牛石风电场储能配置需求统计评估

下面从统计角度进一步评估储能系统的容量配比需求。以卧牛石风电场(装机容量为 49.5MW) 2012 年的运行数据(15min 间隔)为例,风电功率波动分量(15min 间隔)如图 17-7 所示。可见,风电功率的时序波动分量是分布在 0 值附近的无规则序列。如图 17-8 所示,以 0 值为分割线,将风电功率波动分量上大于 0 的一段时间和小于 0 的一段时间分别记为一次正向波动事件和一次负向波动事件,对于风电功率的正向波动,储能系统通过充电可进行平抑;对于风电功率的负向波动,储能系统可通过放电进行平抑;因此在考察储能系统容量配置能否满足风电功率波动特性时,不再区分正向和负向波动,仅对风电功率波动的绝对值分量进行统计分析。

1. 风电功率波动分量绝对值

卧牛石风电场功率波动分量绝对值的累积概率曲线如图 17-9 所示。图中,风电功率波动绝对值小于 2.814MW 的概率为 0.95,小于 5.648MW 的概率为 0.99,可见,以风电场装机容量的 10%比例即 5MW 配置储能电站基本可以覆盖风电功率的最大波动范围。

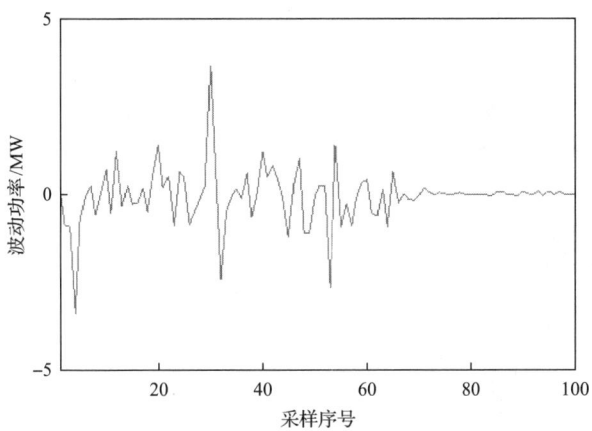

图 17-7 卧牛石风电场功率波动分量(15min 间隔)

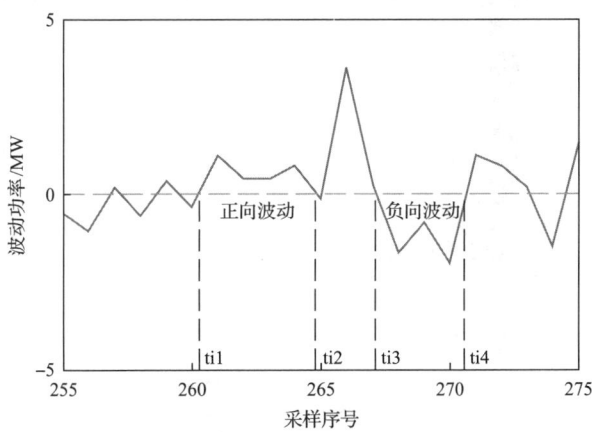

图 17-8 卧牛石风电场功率波动分量部分数据(15min 间隔)

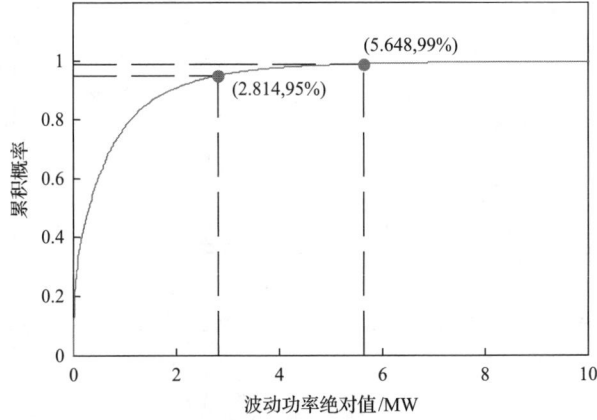

图 17-9 卧牛石风电场功率波动分量绝对值的累积概率曲线

2. 风电功率波动事件持续时间

频数统计直方图如图 17-10 所示,横轴为持续时间的标幺值,标幺单位为 15min。统计发现,超过 2h 的持续波动事件共计 26 次,其中最长的持续时间为 165min;但大部分风电功率波动事件的持续时间都小于 75min。对应的累积概率曲线如图 17-11 所示,0.95 概率以下的风电功率波动事件的持续时间均小于 1h,小于 2h 的持续波动事件的概率在 0.99 概率以上。可见,选取充/放电时间为 2h 的电池储能电站对于平抑风电场的功率波动是合适的,即储能电站在大多数情况下不需要进行满充和满放,这也大大减少了深度充/放电对电池寿命的影响,延缓了电池储能系统的更迭。

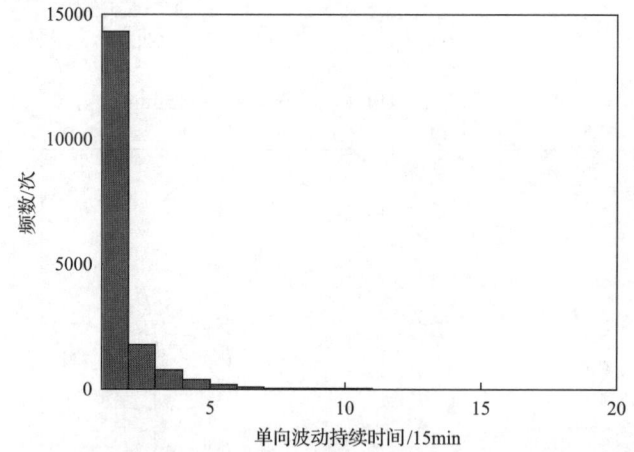

图 17-10 卧牛石风电场功率波动事件的持续时间的频数直方图

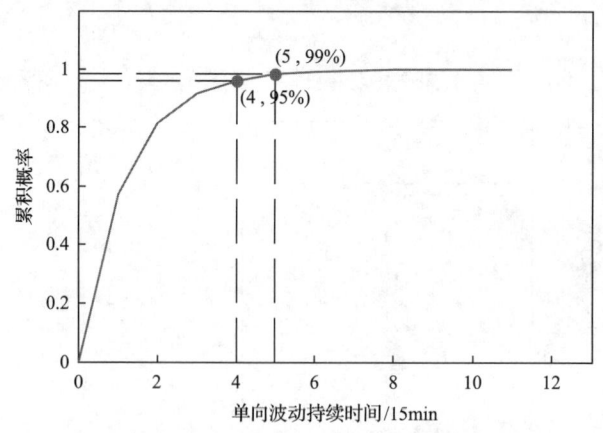

图 17-11 卧牛石风电场功率波动事件的持续时间的累积概率曲线

3. 风电功率持续波动累积能量

卧牛石风电场功率波动事件的持续波动能量的累积概率曲线如图 17-12 所示,

其中在99%置信区间内的波动能量小于2.668MW·h。因此，按照5MW、2h的参数配置能量容量为10MW·h的电池储能电站，能够满足平抑风电功率波动的能量需求。同时，充裕的电池能量裕度可以维持储能电站在适中水平的能量运行状态下运行，避免运行中频繁触碰运行边界，这样一方面有利于储能电站运行状态的灵活切换，另一方面也降低了储能较低或较高荷电状态对电池寿命的影响。

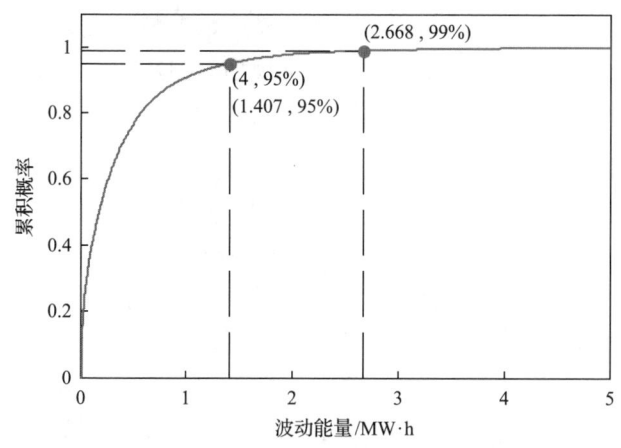

图17-12　卧牛石风电场功率波动事件的持续波动能量的累积概率曲线

需要说明的是，平抑风电场功率波动的目标是使风电场具有更好的输出品质，若100%消除风电功率波动、使风电场类似火电机组向电网输出固定功率是不可行的，只需要在极端的风电爬坡场景中进行功率平抑，使其平滑稳定即可减轻系统的调节压力。

储能电站的投资、建设和运行均具有较高的成本，设计容量必然需要满足多种应用模式的要求而不仅仅限于一种应用场景，因此在卧牛石风电场（装机容量为49.5MW）配置功率容量为5MW、充/放电时间为2h、能量容量为10MW·h的电池储能系统基本可以满足平抑功率波动的要求，亦能用于其他功能和用途的设计。

17.2　区域电网储能配置以及经济性分析

17.2.1　储能规划模型

目前，大规模风电外送主要采取在新能源基地附近配套专门的火电厂，并利用风火打捆的方式通过外送通道直送受端区域的模式。本章研究的广域储能系统主要服务于这种风场、火电机组以及专门外送通道构成的大规模风电外送体系，通过运行模拟的方法，以提高系统接纳风电能力和外送通道利用率为目标，进行相应的广域储能优化规划，主要包含两个方面，即储能系统在电网中的优化布点和容量配置。

1. 优化目标

本节以电价作为多目标之间的权重调节因素，通过减少弃风、优化常规机组运行节省燃料和提高外送线路利用率多送电量带来的经济效益抵消储能投资和运行成本。抽水蓄能电站投资成本包括水库建设成本和配置抽水机组成本，分别对应容量和功率成本。电池储能电站储能容量规划问题实际上是决策储能电站储能单元数量问题，储能电站投资成本是储能单元成本的整数倍。

2. 广域储能系统约束

广域储能系统约束包括电池储能系统约束、抽水蓄能系统约束、含广域储能的电力系统运行约束和外送功率约束。电池储能布点约束决策电池储能电站储能单元数量，若决策结果为零则认为该节点不规划电池储能系统。由于假设电池储能单元额定功率充放电时间给定，所以仅需确定储能单元数量，储能电站功率容量和能量容量也就相应确定。电池储能运行约束限制电池储能单元充放电功率使其不能超过其额定功率，充放电功率可以在 0 到额定功率之间任意变化，并约束电池储能电站充放电状态避免出现同时处于充电和放电状态。电池储能能量状态约束限制电池储能电站累积充入电量不超过电池储能电站额定能量容量，在运行模拟结束后回到初始能量状态。

1）抽水蓄能系统约束

抽水蓄能电站一般有若干台抽水机组组成，所以决策抽水蓄能电站额定功率容量问题是决策抽水蓄能电站抽水机组数量问题。本节建模时认为抽水蓄能电站只有上下水库组成，没有上游进水。包括抽水蓄能电站充/放电功率约束、充放电状态约束、抽水蓄能电站能量状态约束，约束抽水蓄能电站累积充入电量不超过抽水蓄能电站额定能量容量，在运行模拟结束后回到初始能量状态；约束抽水蓄能电站能量容量不得超过该抽水蓄能电站地理位置自然条件所限定的容量上限。

2）含广域储能电力系统运行约束

模型通过运行模拟决策储能容量配置，除储能系统外，电力系统中发电机组主要考虑为常规火电机组和风电，并详细考虑此系统运行模拟时需要考虑的约束条件，如机组出力上下限约束、机组爬坡约束、机组最小连续起停机时间约束、网架约束、系统功率平衡约束、旋转备用约束等。

3）外送功率约束

目前直流输电线路运行采取定功率运行方式而且不能频繁地变化，本书在建模时简化考虑为外送线路运行方式在有限几种运行模式间切换。

17.2.2 甘肃电网基本情况

甘肃电网位于西北电网的中心位置,是西北电网的重要组成部分,目前750kV网架已初步建成,主网电压等级为750kV和330kV。

甘肃省是全国风电能源相对丰富的省区之一。甘肃省风资源概况如表17-2所示,其中有效风能资源理论储量为2.37亿kW。可开发利用的风能资源主要集中在河西走廊西部和省内部分山口地区,可开发利用的风能资源总量为4000万kW以上。酒泉市瓜州县被誉为"世界风库",玉门市、阿克塞县、金塔县和肃北县马鬃山镇等地区风能资源也十分丰富,且地域辽阔,具有气候条件好、场址面积大且不占耕地、交通运输方便等优势和特点,有着开发建设大型风电基地的良好条件,开发利用前景广阔。

表 17-2 甘肃省风资源概况

项目	地区	年有效风能储量 /(kW·h/m)^2	年平均有效风功率密度/(W/m^2)	有效风速小时数/h
风能丰富区	北纬40°以北地区	>800	>150	>6000
可利用区	河西走廊南部和省内其他北纬40°以上山口地区	>500	约100	约4500
季节利用区	张掖、庆阳地区的大部,平凉地区的北部	>280	约60	约3000

以2017年为例,甘肃风电装机为14745.1MW,其中河西地区(包括嘉酒、张掖、金昌、武威)风电装机12470.6MW,占全省风电装机的85%,而且装机规模将继续增加。然而河西地区就地消纳风电能力非常有限,周边省区也缺乏消纳新能源消纳市场,这将导致河西地区有大量电力盈余,需要提高甘肃能源基地外送能力。

随着酒泉风电基地、民勤红沙岗风电基地和甘肃河西太阳能发电的开发,甘肃电网调峰压力将逐步增大,调峰能力将成为制约电网接纳新能源的主要因素之一。除了深入挖掘甘肃电网内部调峰潜力外,需要积极发挥西北电网调峰能力,因此加大酒泉地区配套调峰电源和外送通道的建设是提高新能源接纳能力的重要途径。

基于甘肃电网330kV以上电压等级网架、电源规划、风电装机、负荷预测结果,搭建甘肃电网实例计算系统,系统结构示意图如图17-13所示。

17.2.3 储能开发潜力

1. 抽水蓄能

甘肃境内河流众多,水能资源丰富,分属黄河流域、长江流域嘉陵江水系及

· 200 ·　　　　　　　　　　新一代能源系统（下）

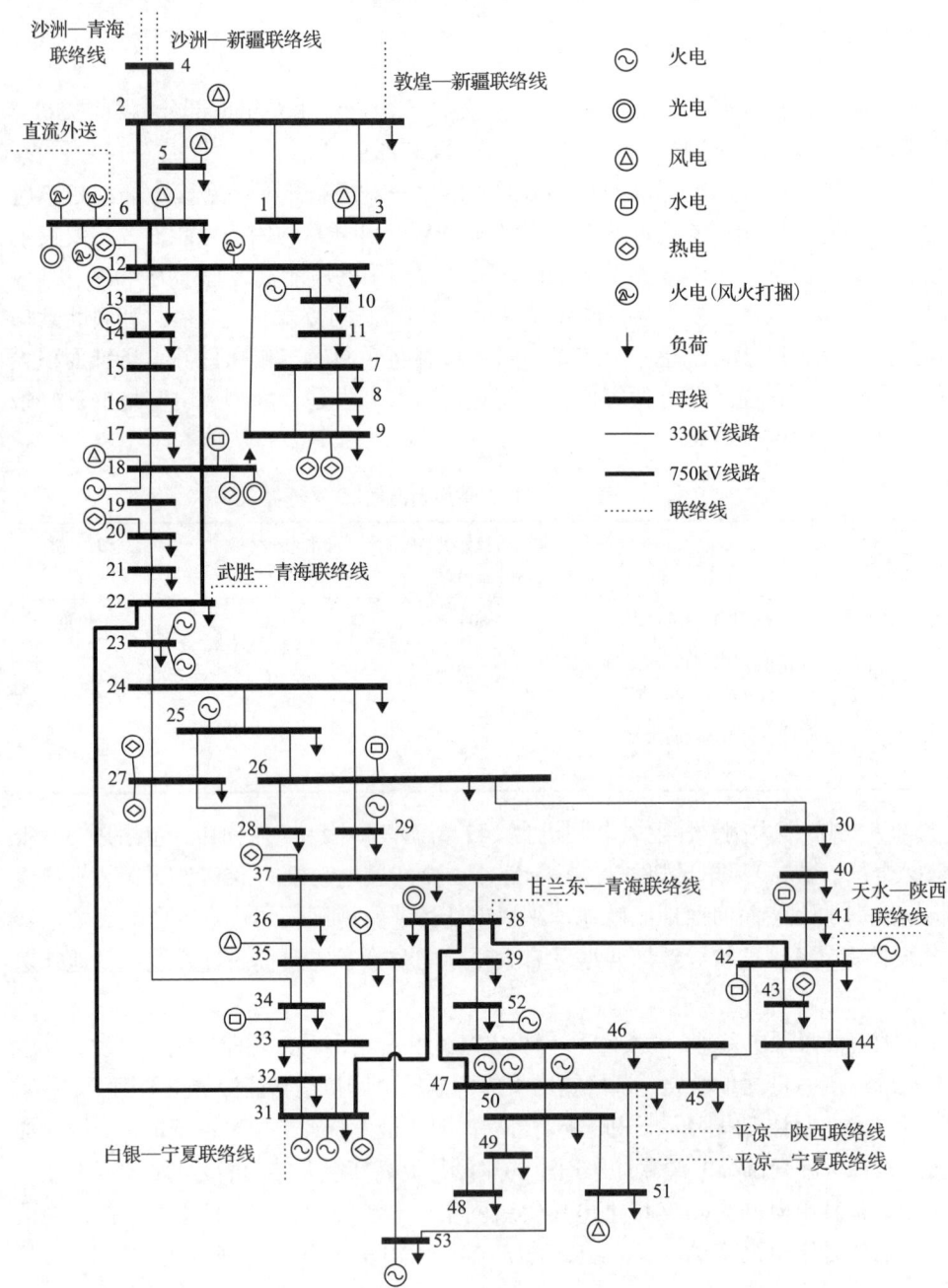

图 17-13　甘肃实际电网系统算例结构示意图

疏勒河、黑河、石羊河等水系组成的西内陆河流域。甘肃水资源比较丰富，全省水能资源理论蕴藏量 1813.42 万 kW。河西地区处在内流河流域是提供发展抽水蓄能必要条件。水利部水利水电规划设计总院编制的甘肃电网抽水蓄能电站规划布局在甘肃河西走廊地区初步选定了玉门、肃南、张掖、玉门东滩、肃南向阳、肃南山口、肃北七个抽水蓄能比选站点，主要服务于酒泉风电基地大规模风电送出。勘察结果表明，这些站点水源充足，水头都在 350～600m 的最佳范围内，工程地质条件优越；无须搬迁居民，不用淹没耕地，环境影响评价可行；距离酒泉风电送出站点 35～300km，架线投资合理，便于联网；电站和输电综合投资在 5500～6200 元/kW，与现有已建抽水蓄能电站的经济指标持平。可见，河西地区良好的地质和水资源条件以及酒泉风电发电基地外送工程推动，甘肃河西地区具有良好的抽水蓄能开发条件。

2. 电池储能

由于抽水蓄能对于地理位置要求较为苛刻，所以考虑同时配置一定容量的电池储能。目前技术比较成熟、使用广泛的电池储能技术有锂离子电池、钒液流电池、镍氢电池、铅酸电池、铝空气电池、锌空气电池等，均是以有色金属命名。甘肃是我国有色金属生产大省，盛产铝、铜、锌、铅、钴、镍、稀土、碳酸锂等制造电池储能原材料，为甘肃电池储能产业发展提供了丰富且充足的原材料及资源保障。甘肃省电池储能原材料有种类丰富、分布集中等特点，并且已具有从选矿、采矿、冶炼、加工、废旧有色金属回收的完整产业链，甘肃金川公司生产的镍钴储能材料在国内储能领域内有举足轻重的作用；甘肃稀土公司储氢合金产能达 1000 吨/年；白银扎布耶锂业有限公司生产的碳酸锂是制造锂离子电池的主要原材料，其产能居高全国第一。总的来讲，甘肃省是我国生产有色金属大省，电解沉积有色金属产业基础雄厚，2021 年 5 月甘肃省有色金属行业生产十种有色金属共 30.73 万 t，在为电池储能行业提供充足的原材料推动电池储能产业发展的同时可以很好地利用省内盈余电力资源，解决新能源就地消纳问题。

17.2.4 储能规划计算及经济性分析

根据水资源分布情况选定拟建设抽水蓄能电站接入节点为 7 号、12 号、14 号节点，单台抽水机组容量设定为 300MW，且每个接入节点最大规划 4 台抽水蓄能机组；因库容限制抽水蓄能电站能量容量上限设定为 10000MW·h，抽水机组运行下限为额定容量的 50%，运行效率设定为 75%。由于电池储能电站布点灵活，不太受节点位置地理环境的限制，为使结果更加经济准确，选择所有节点为拟建设电池储能电站的候选节点。电池储能电站单个储能单元容量设为 10MW，额定功率充放电时间为 3h，运行效率为 70%，每个接入节点最大规划 20 个电池储能单元。

酒泉—湖南直流外送线路容量 8000MW，计算中直流线路考虑 6000MW 恒功率运行模式。考虑到受端系统调峰，在凌晨到早上六点、晚上九点至凌晨外送功率限制在 4000MW。以冬季典型日为例，无储能情况下，弃掉的新能源发电量占新能源总发电量的比例即新能源限电率为 18.83%，外送线路日利用小时数为 19.25h，配置储能后系统新能源限电率、限电惩罚成本分别降低到 1.22%、72 万元；外送线路日利用小时数增加到 20h，输送能力达到外送线路人为限制夜间功率后的最大外送能力。对比分析储能配置前后各项费用可发现：配置储能后，目标函数项中储能投资增加了 430 万元，储能损耗电量折算成本增加了 322 万元；常规机组发电煤耗成本、新能源限电惩罚分别减少了 181 万元、1049 万元，直流外送收益增长了 282 万元，目标函数共计减少了 760 万元，配置储能后的经济效益也十分显著。

通过上述结果可知，风火打捆外送系统中，配置一定量的储能，可以增加系统新能源消纳量，从而在减少系统煤耗的同时降低新能源限电惩罚成本，并可提高外送线路利用率从而增加外送收益。

17.3　辅助可再生能源消纳的储能需求评估

本小节基于全国电网等效分析情景案例，针对储能辅助可再生能源消纳进行需求评估，数据基于 2017 年的数据。将全国电网按区域划分为三部分：三华电网及南方电网、西北电网和东北电网。三华及南方电网火电装机为 7.54 亿 kW，全部为煤电机组。西北电网火电装机为 1.15 亿 kW，其中 40% 为热电联产机组，60% 为煤电机组。东北电网火电装机为 0.88 亿 kW，其中 60% 为热电联产机组，40% 为煤电机组。热电联产机组均设置有供暖期，为 2017 年 1 月 1 日～3 月 31 日和 11 月 1 日～12 月 31 日。

三华及南方电网水电装机为 3.64 亿 kW，利用小时数为 3700h。西北水电装机为 0.29 亿 kW，利用小时数为 3650h。东北水电装机为 0.08 亿 kW，利用小时数为 1800h。

三华及南方电网核电装机为 1.07 亿 kW，利用小时数为 7400h。西北电网核电装机为 0。东北电网核电装机为 0.13 亿 kW，利用小时数为 6000h。

三华及南方电网抽蓄装机为 0.86 亿 kW，最大容量为 8.6 亿 kW·h，效率为 0.75。西北电网抽蓄装机为 0.1 亿 kW，最大容量为 1 亿 kW·h，效率为 0.75。东北电网抽蓄装机为 0.14 亿 kW，最大容量为 1.4 亿 kW·h，效率为 0.75。

三华及南方电网风电装机 6 亿 kW，理论利用小时数 1333.6h，光伏装机 6 亿 kW，理论利用小时数 1456h。西北电网风电装机 4 亿 kW，理论利用小时数 2906.4h，光伏装机 1.2 亿 kW，理论利用小时数 1475h。东北电网风电装机 2 亿 kW，理论利用小时数 3194.4h，光伏装机 0.8 亿 kW，理论利用小时数 1651h。在这种情况下全网非化石能源发电量占比约为 60%。

三华及南方电网与西北电网间联络线传输功率极限为 0.61 亿 kW，而三华及南方电网与东北电网间联络线传输功率极限为 0.13 亿 kW，如图 17-14 所示。

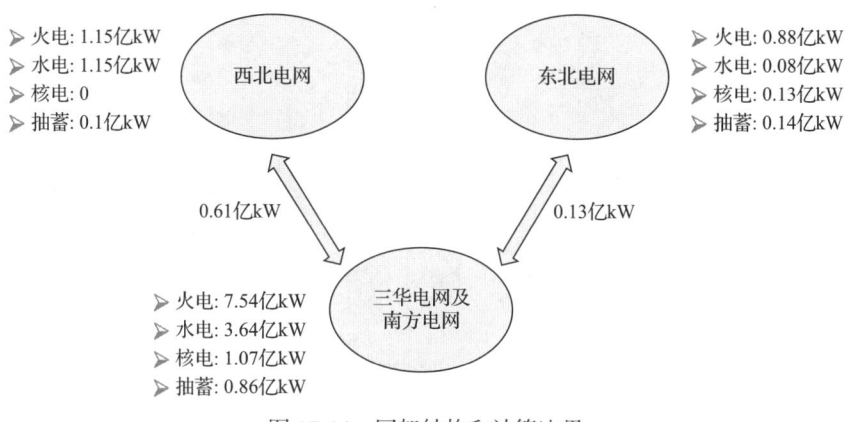

图 17-14　网架结构和计算边界

17.3.1　跨区储能配置方法

1. 目标函数

按照关键输电断面可以将互联电网划分为多个区域电网，则各区域电网内运行的常规机组可以根据发电类型、容量及运行特性进行聚类，形成若干个集群机组。

目标函数考虑为最小的系统运行成本下尽可能多地接纳新能源出力，总运行成本是所有集群机组的发电成本、启动成本和停机成本的加和。其中，单个集群机组发电成本函数是机组开机容量和输出功率的一次线性函数。在目标函数中对无法并网消纳的新能源出力进行惩罚，是为了尽可能提高新能源出力的并网消纳，减小新能源限电。

2. 约束条件

约束条件包括系统功率平衡约束、系统备用约束、新能源出力约束、集群火电机组时序运行约束、必开机组容量约束和储能系统约束。其中集群火电机组时序运行约束包括输出功率约束、爬坡约束、最小并网时间约束、最小离线时间约束。

17.3.2　单区域储能配置灵敏度分析

分别在三个区域装配不同容量的储能以观察单区域储能配置对新能源限电率的影响。

1. 在三华及南方电网单独配置储能

考虑在三华及南方电网单独配置储能，以 25GW 为步长进行灵敏度分析，全网新能源限电率与储能容量的关系如图 17-15 所示。

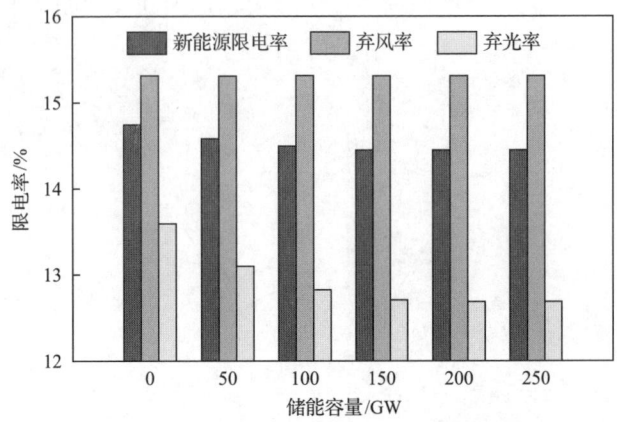

图 17-15　在三华及南方电网单独配置储能

可以看出，在三华及南方电网单独配置储能对于全网风电接纳影响作用很小作用，弃风率不随储能容量的增大而明显变化。而其对光伏的接纳有一定的帮助，但作用不大，当配置的储能容量超过 175GW 时，全网弃光率几乎不再随储能容量的增大而变化。

2. 在西北电网单独配置储能

考虑在西北电网单独配置储能，以 25GW 为步长进行灵敏度分析，全网新源限电率与储能容量的关系如图 17-16 所示。

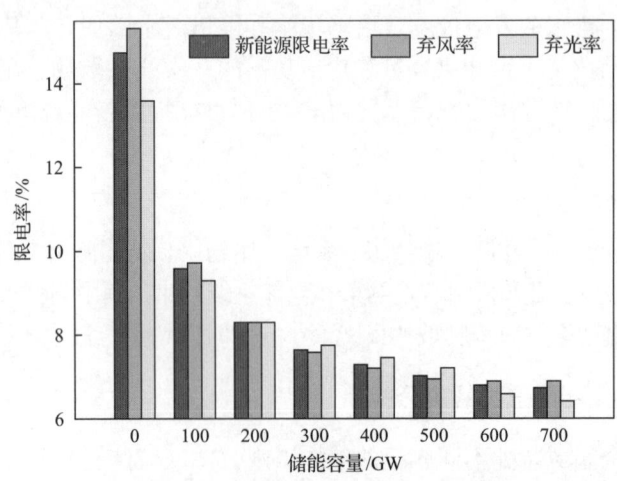

图 17-16　在西北电网单独配置储能

由图 17-16 可以看出，在西北电网单独配置储能对于全网的新能源接纳作用显著，全网新能源限电率随着储能容量的增大快速下降。但当储能容量增大到

675GW 时，全网限电率达到最低值 6.73%，此后全网限电率便不再随储能容量增加而变化。

3. 在东北电网单独配置储能

考虑在东北电网单独配置储能，以 25GW 为步长进行灵敏度分析，全网新源限电率与储能容量的关系如图 17-17 所示。

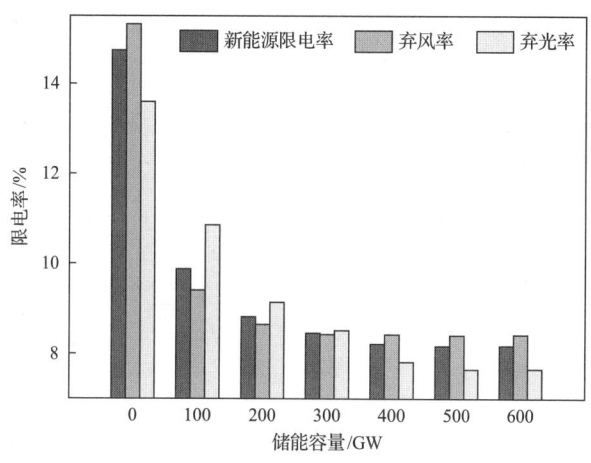

图 17-17　在东北电网单独配置储能

可以看出，在东北电网单独配置储能对于全网的新能源接纳同样有一定的作用，但效果不如在西北电网配置储能。当储能容量大于等于 425GW 时，新能源限电率取得最低值 8.17%，此后新能源限电率不再随储能容量增加而变化。

另外单区域配置储能还能在一定程度上提高非化石能源发电占比，三区域分别配置储能时，非化石能源发电占比随储能容量变化的曲线如图 17-18 所示。

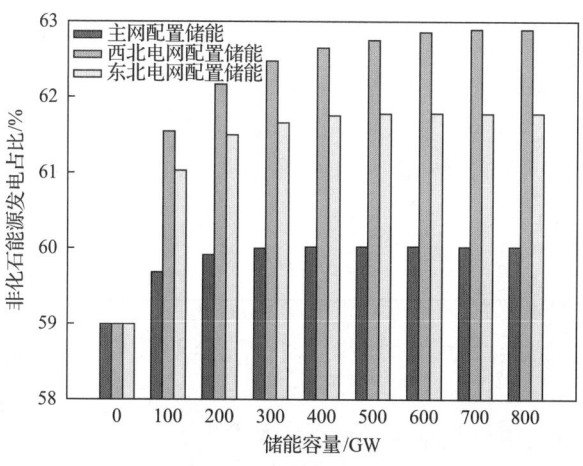

图 17-18　非化石能源发电占比

综合以上3种情况，考虑单区域储能配置时，以在西北电网单独配置储能的效果最为明显，新能源限电率所能达到的最低值为6.73%，此时非化石能源发电占比达到最大值，为62.9%。

由前述分析可知，单区域配置储能对于全网新能源的接纳作用有限。因此考虑多区域的储能优化配置，要求非化石能源发电占比达60%以上，新能源限电率不高于5%。储能的功率成本设置为1500万元/MW，能量成本设置为267.1万元/MW·h，以配置的储能成本最小为优化目标。

计算得到的储能优化配置方案为：三华及南方电网不需要配置储能；西北电网配置功率为117240MW，容量为824610MW·h的储能；东北电网配置功率为231220MW，容量为1143100MW·h的储能。此时非化石能源发电占比为63.33%，全网弃风率为5.91%，弃光率为3.16%，新能源限电率为5%。

17.3.3 多种方式联合优化消纳可再生能源

考虑配置储能、联络线扩容、火电机组灵活性改造（出力下限调整）等方式联合优化消纳可再生能源。

1. 联合优化配置基础方案

火电机组的出力下限设置为50%。要求非化石能源发电占比达60%以上，新能源限电率不高于5%，储能配置和联络线扩容的单位成本设置与前述相同，以运行、储能配置和联络线扩容的成本总和最小为优化目标。

计算得到的优化方案如上节，三华及南方电网间与西北电网间的联络线传输容量需扩容至226260MW，三华及南方电网间与东北电网间的联络线传输容量需扩容至147930MW。

2. 机组出力下限的影响分析

从火电机组出力下限为50%开始，2%为缩减步长进行灵敏度分析，全网弃风率、弃光率及新能源限电率与火电机组出力下限的关系如图17-19所示。

由图可以看出，新能源限电率随着火电机组出力下限的降低而减小，两者之间接近成一次关系。降低火电机组出力下限可以在一定范围内减小全网弃风率、弃光率和新能源限电率。

3. 联络线传输容量的影响分析

分别增大三华及南方电网与西北电网和三华及南方电网与东北电网之间的联络线传输容量，以观察联络线传输容量对全网弃风率、弃光率和新能源限电率的影响。

1) 三华及南方电网与西北电网间联络线优化扩容

以线路扩容步长为5000MW进行灵敏度分析，全网弃风率、弃光率及新能源限电率与联络线传输容量之间的关系如图 17-20 所示。

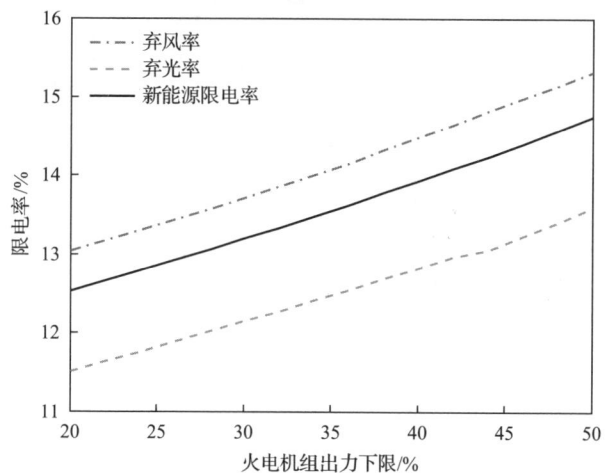

图 17-19　新能源限电率与火电机组出力下限关系图

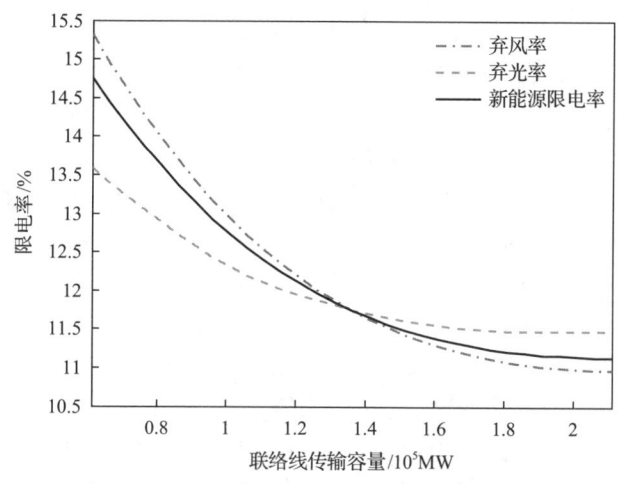

图 17-20　线路利用率与联络线传输容量关系

由图可以看出，随着三华及南方电网与西北电网间联络线传输容量的增大，全网的新能源限电率有所下降。当线路容量增大到 211000MW 时，新能源限电率达到最小值 11.13% 并不再随线路容量的增大而发生变化。

2) 三华及南方电网与东北电网间联络线优化扩容

以线路扩容步长为 5000MW 进行灵敏度分析，全网弃风率、弃光率及新能源限电率与线路容量之间的关系如图 17-21 所示。

由图可以看出，随着三华及南方电网与东北电网间联络线传输容量的增大，全网的新能源限电率有所下降。当线路容量增大到 133000MW 时，新能源限电率达到最小值 10.42%并不再随线路容量的增大而发生变化。

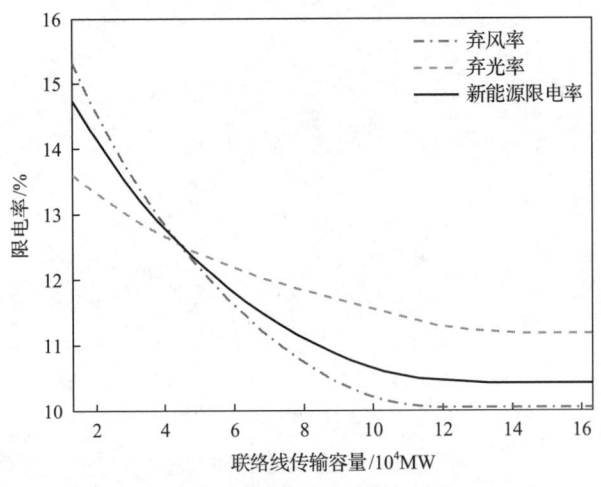

图 17-21 新能源限电率与联络线传输容量关系图

3) 三华及南方电网与西北电网/东北电网之间的联络线同时扩容

同时增大三华及南方电网与西北电网和三华及南方电网与东北电网之间的联络线传输容量，要求非化石能源发电占比达 60%以上，新能源限电率不高于 5%，并以架线成本最小为优化目标，联络线的造价取均值 250 万/MW。优化结果显示不存在可行解，这说明单单依靠联络线扩容这种方式是无法满足设置的可再生能源消纳要求的，为大幅提高非化石能源发电占比，降低新能源限电率，需统筹考虑多种灵活性调节手段，多措并举，促进高比例新能源消纳利用。

17.4 本章小结

本章对不同应用场景下的储能进行配置研究，包括 3 个方面的计算：以辽宁某风电场为例，对应用于抑制风电波动的储能进行了容量配置；以甘肃电网为例，结合其基本情况对储能进行了规划计算和经济性分析；在全国范围内，计算估计了 60%可再生能源占比条件下所需的储能容量。基于上述分析的结果，可以得到以下结论：

(1) 对于单一风电场，平抑风电功率的 1min 变化率，按照风电场容量的 7%～13%配置储能装置即能实现较好的平抑控制效果；平抑风电功率 10min 的变化率，风电场容量的 9%～11%的配比范围可以实现控制效果。综合配置应用于平抑波动的储能容量应占风电场容量的 5%～10%；当储能—风电场容量配比达到 20%时，不仅能较好地平抑风电场出力波动，还能够参与系统调节，起到辅助服务的作用。

(2) 区域电网的储能配置和其电源结构、内部电网结构、外送通道容量等多种因素相关，同时和省内资源情况相关。风火打捆外送系统中，配置一定量的储能，可以增加系统新能源消纳量，从而在减少系统煤耗的同时降低新能源限电惩罚成本，还可提高外送线路利用率从而增加外送收益。

(3)全国范围内，应重点考虑在西北地区配置储能(包括储电和储热)以提高可再生能源的消纳能力。但不能仅在单一大区电网(西北、三华及南方、东北)配置储能，而应同时结合特高压输电通道的建设、火电机组灵活性改造等措施，结合储能技术的经济成本效益优化储能容量需求，并最终实现提高非化石能源占比、降低新能源限电率的目标。

第18章 分布式储能在未来电力系统中的应用

以可再生能源电力为主,含储能、灵活性调节电源的配电网是未来配电网的主要形式之一。在含高比例可再生能源的配电网系统中配置储能设备,不仅可以提高配网系统消纳可再生能源电力的能力,还可以降低可再生能源电力波动性对配网系统的影响。但是,目前大规模使用储能的成本仍比较高。因此,分析在配电网尤其是高比例配电网对储能的需求,合理配置储能的容量是一个重要的研究课题。

本章以安徽省金寨县"光伏+储能"的配网系统为例,分别针对维持联络线传输功率、提高光伏接纳能力要求两种应用场景,对光伏渗透率为30%、50%、70%、100%的系统的储能容量需求进行技术性和经济性的分析,主要内容包括计算相关定义、储能应用需求分析流程、储能应用需求分析数学模型、应用实例分析等几个方面,为含高比例可再生能源储能需求分析提供理论和实践参考。

18.1 储能在配电网中应用需求分析流程

在本章的分析计算中,使用到光伏渗透率、储能容量占比、与外网交互功率占比、灵活调节机组发电占比等指标,分别定义如下:

$$光伏渗透率 = \frac{全年的光伏电量}{全年的用电量} \times 100\%$$

$$交互功率占比 = \frac{联络线每小时交互电量}{全年平均每日电量} \times 100\%$$

$$灵活机组发电占比 = \frac{全年灵活调节机组发电量}{全年系统总用电量} \times 100\%$$

$$弃光率 = \frac{全年弃光电量}{全年光伏总发电量} \times 100\%$$

以"光伏+配网"的系统为例,储能在配电网中应用需求分析流程如下:

(1)获取配电网系统的基本参数及运行数据。配电网系统的基本参数包括配电网系统的网络参数(网架拓扑、线路阻抗数据)、光伏出力机组与其他机组参数。运行数据包括系统各节点负荷数据以及光伏发电出力数据。

(2)设置不同的储能应用场景，用于评估不同应用场景下配电网对储能的需求。场景的设置可以包括光伏渗透率、联络线传输功率限制、弃光率等不同取值。

(3)针对每一种场景，建立系统运行要求的数学模型，对储能的需求进行评估。系统运行应满足的约束包括有功/无功功率平衡约束、节点电压约束、支路功率约束、电源功率约束、储能运行特性约束。

(4)对所建立的模型进行解算，可以得到给定应用场景下系统对储能的需求。

(5)根据解算得到的储能配置方案，从技术性和经济性两个方面对配置方案进行分析，对比分析不同应用场景对储能容量的需求，为配电网系统配置储能提供参考依据。

18.2　储能需求分析数学模型

本章计算的模型是在给定的应用场景下，依据不同的应用场景设定不同的目标函数，解算出满足配电网运行各项要求的储能容量。下面对储能需求分析模型的目标函数与约束条件进行介绍。

1)目标函数

在本章中，储能容量的应用目标分别为维持联络线传输功率、提高光伏接纳能力两种，因此针对两种应用场景分别设置目标函数。

2)约束条件

主要需满足的约束为系统的潮流约束，以及储能约束、弃光率约束、联络线约束等调节手段的约束。系统的潮流约束包括节点的功率平衡约束、节点电压限制、配网内支路功率限制、配网与外网的联络线功率限制；储能约束包括储能功率/容量限制、储能充/放电的功率限制、储能的功率和容量的关系。

18.3　储能需求的经济性分析

在完成不同应用场景下的储能容量需求计算后，为了对不同场景下系统对储能容量的需求进行评估，还需要对每个储能容量配置方案进行经济性分析，下面对本章对配电网系统配置储能的经济性计算方案进行介绍。

1)经济性计算模型

经济性的计算由成本和收益两部分构成。配网中所涉及的成本和收益的组成如下，其中成本与收益都以一年为周期进行计算：总成本由储能的成本、柴油机组的成本、柴油机组发电成本、购买联络线功率的成本和无功补偿设备的成本组成；总收入由向联络线卖电收入、向用户卖电收入和政府对光伏发电的补贴组成；总收益即总收入减去总成本。

2) 经济性计算的输入数据

经济性计算所需的输入数据主要分为通过技术性计算获得的运行数据与经济性计算参数两方面：①通过技术性计算得到的运行数据，包括全年弃光总量、全年常规机组发电总量、全年联络线交互功率(包括买电量和卖电量)、配置的储能设备容量；②经济性计算参数，包括通过联络线买/卖每度电的价格、单位容量的储能设备价格、常规电源(柴油机)配置成本、常规电源每度电发电成本、上述设备的使用寿命及维护费用和政府对分布式的房顶、光电建筑一体化电站每度电的发电补贴。

第一部分数据可以通过技术性计算得到，第二部分数据通过查阅相关资料得到以下数据，以此作为实验数据进行计算：单位储能成本、每年储能设备维护费用、向系统内用户卖电价格、联络线买入电价(用电高峰买入)、联络线卖出电价(用电低谷卖出)、常规电源(采用 10 台功率为 3000kW 的柴油机，每台成本 800000元,使用寿命 10 年)、每年柴油机维护费用(取成本价的 10%)、柴油机发电成本(含燃料、工人工资等)、无功补偿装置每年维护费用(为成本价的 10%，使用寿命为 10 年)、每度分布式的房顶、光电建筑一体化电站发电政府补贴价格(0.04元/kW·h)。

18.4 应用实例分析

18.4.1 计算场景设置

在本章对分布式储能配置的研究针对两个应用场景，即是在高比例光伏配电网中使用将储能设备分为达到控制联络线传输功率或控制弃光率的效果。使用储能控制联络线传输功率，是通过储能设备存储光伏发电留以利用，从而减少配电网系统对联络线传输功率的需求；使用储能控制弃光率，是通过储能设备存储多余的光伏发电，以达到减少系统弃光的目的。针对如上两个应用场景，基于配电网功率调节手段以及不同的应用场景，设置如下的计算场景。

1) 使用储能控制联络线传输功率的应用场合

首先，为了研究在控制联络线传输功率时系统对储能容量的需求，需要先给定系统的弃光率要求，再在给定不同的联络线断面的功率限额的情况下，计算能够满足配网系统正常运行时系统所需的储能容量。其次，为研究不同可再生能源渗透率下系统对储能设备容量的需求，测算不同光伏渗透率对配网中储能容量的要求，分别在光伏渗透率为 30%、50%、70%、100%时按上述要求计算系统的储能需求。同时，设定系统中的灵活机组容量充裕总能满足配电网系统中的功率平衡，因此，给出如表 18-1 所示的仿真场景，设置场景的依据：在系统不包含光伏发电的情况下，只从联络线供电时，所需的联络线交互功率占比为5%。国家发展和改革委员会统计的2015年1～9月份我国平均弃光率为10%，2016年5月4日发表的《国家能源局综合司关于调查落实光伏发电相关建设条件的通知》中，要求各地新增的光伏电站弃光率不超过5%。

表18-1　储能容量需求测算所用到的场景（控制联络线传输功率的应用场合）

	计算场景/计算条件描述
光伏渗透率：30%、50%、70%、100% 系统灵活机组容量总能满足需求	联络线交互功率占比为0%，弃光率低于5%
	联络线交互功率占比为2%，弃光率低于5%
	联络线交互功率占比为5%，弃光率低于5%

2）使用储能控制弃光率的应用场合

在使用储能控制弃光率的应用场合中，需要先给定系统的联络线传输约束，再在给定不同弃光率的情况下，计算能够满足配网系统正常运行时系统所需的储能容量。同样地，对此应用场景也设置不同的光伏渗透率，用以分析不同光伏渗透率对系统储能容量的需求。对于此应用场景，给定如表18-2所示的仿真场景，其与表18-1中给出的仿真场景相似，不同的是，表18-1中给定联络线交互功率占比，而给出了弃光率范围，而表18-2中则是给定了弃光率，给出了联络线交互功率占比范围。

表18-2　储能容量需求测算所用到的场景（控制弃光率的应用场合）

	计算场景/计算条件描述
光伏渗透率： 30%、50%、70%、100% 系统灵活机组容量总能满足需求	联络线交互功率占比为0%，弃光率为0%
	联络线交互功率占比为0%，弃光率为5%
	联络线交互功率占比为0%，弃光率为10%

18.4.2　金寨县配电网系统结构及计算参数说明

算例使用金寨县配电网进行研究，拓扑结构如图18-1所示，系统中包含了36个节点。在配网中加入储能设备与光伏发电对配电网系统进行改造，根据网络结构拓扑图，选取配网末端的节点接入光伏发电与储能设备，分别选取了节点13、节点14、节点18、节点24、节点26与节点35。每个储能设备只覆盖一个光伏接入节点，储能设备只能对其覆盖的节点进行充放电。同时，在节点1增加灵活调节机组，在发电不足的情况下通过灵活调节机组出力保证系统供电。系统的负荷水平和电量如表18-3所示。

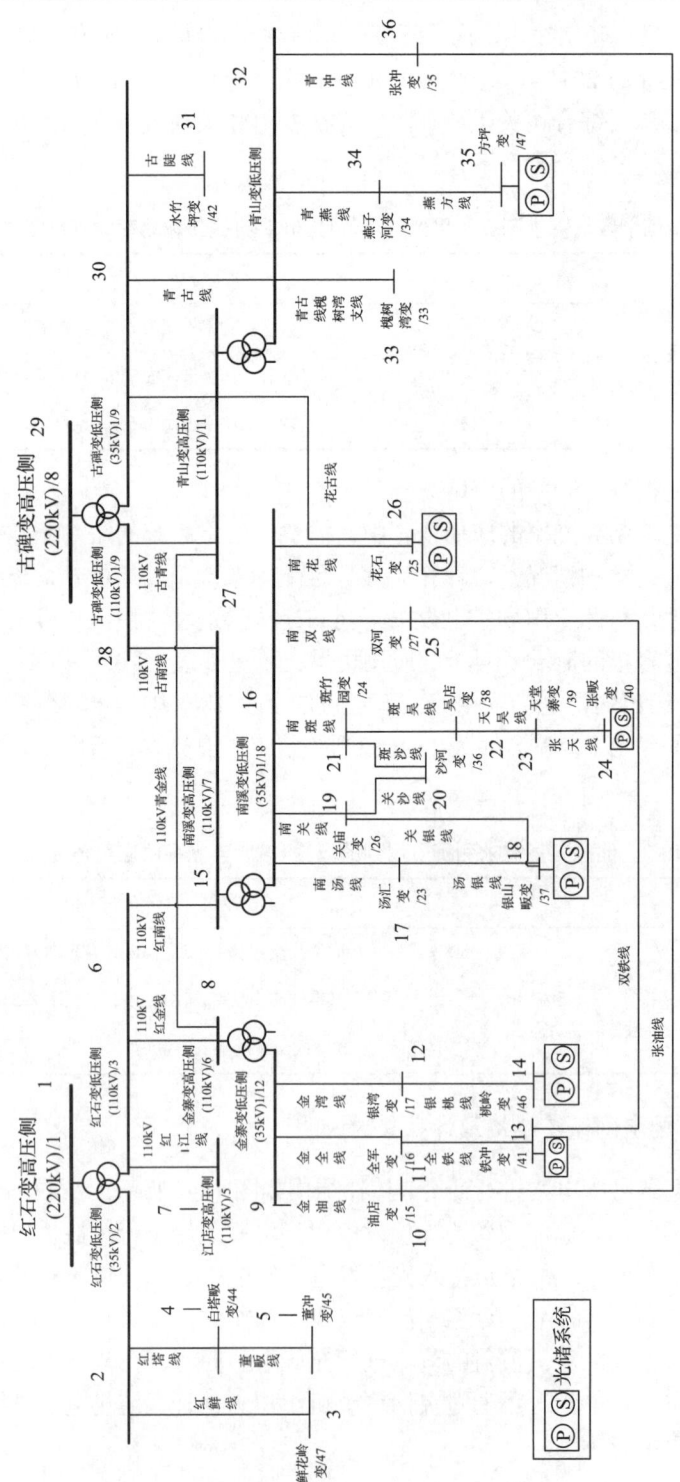

图18-1 金寨县配电网网架结构拓扑图

表 18-3 不同光伏渗透率下配置的光伏装机容量和发电量

光伏渗透率/%	30	50	70	100
光伏装机容量/MW	58.5	97.5	136.5	195
光伏的年发电量/MW·h	82317	137195	192073	274390
年最大和最小负荷/MW		39.186，25.006		
全年用电总量和日平均用电量/MW·h		274390，751.76		

根据表 18-1 与表 18-2 设定不同场景进行计算，分析在不同光伏渗透率、储能容量、联络线交互功率限制的情况下系统全年的弃光率、灵活调节机组出力等参数，进而对比分析加入储能前后系统各个参数变化情况，用以评判系统是否需要增设储能，应增设多少储能。

18.4.3 给定场景下配电网系统的储能需求评估结果

1. 使用储能控制联络线传输功率的应用场合

针对使用储能控制联络线传输功率的应用场合，基于表 18-1 设置的 12 个仿真场景对配电网系统对储能容量的需求进行计算，统计每个场景中需求的储能容量，获得如表 18-4 所示的各场景下系统对储能容量的需求情况。

表 18-4 使用储能控制联络线传输功率时的系统对储能容量的需求

计算场景（弃光率要求低于 5%）		储能功率需求/MW	储能容量需求/MW·h
光伏渗透率/%	联络线交互功率占比/%		
100	0	12.85	13518
	2	12.85	9012
	5	12.85	2253
70	0	12.85	450.6
	2	12.85	225.3
	5	0	0
50	0	12.85	225.3
	2	12.85	45.06
	5	0	0
30	0	12.85	45.06
	2	0	0
	5	0	0

基于表 18-4 所示的储能容量需求情况计算结果，对使用储能设备控制联络线传输功率时系统对储能容量的需求情况进行评估，得到以下结论。

（1）在弃光率一定的情况下，要使配电网系统对联络线功率需求越小，需要越大的储能容量；同时，系统的光伏渗透率越高的情况下，需要的储能容量越大。

(2)当系统中光伏渗透率够低、联络线交互功率够大时，系统可能不需要储能设备。

(3)对比光伏渗透率为100%的三个场景分析在相同光伏渗透率下，控制联络线传输功率占比不同时系统对储能容量的需求。可见对应于0%、2%、5%的联络线传输功率占比时，系统对储能容量的需求分别为 13518MW·h、9012MW·h、2253MW·h，计算分析可见系统对储能容量的需求随联络线功率占比的上升而线性下降。

(4)对比联络线功率占比为0%的四个情景，分析在不同光伏渗透率下，控制联络线传输功率相同时系统对储能容量的需求、可见对应于100%、70%、50%、30%渗透率时，系统对储能容量的需求分别为 13518MW·h、450.6MW·h、225.3MW·h、45.06MW·h。计算分析可见，储能容量需求对应于光伏渗透率上升而上升的关系是非线性的，光伏渗透率越高时，渗透率提升时需要增加的储能容量越多。

2. 使用储能控制弃光率的应用场合

针对使用储能控制弃光率的应用场合，基于表18-2设置的12个仿真场景对配电网系统，对储能容量的需求进行计算，统计每个场景中需求的储能容量，获得如表18-5所示的各场景下系统对储能容量的需求情况。

表 18-5　使用储能控制弃光率时的系统对储能容量的需求

计算场景(联络线交互功率占比为0%)		储能功率需求/MW	储能容量需求/MW·h
光伏渗透率/%	弃光率要求/%		
100	0	12.85	33795
	5	12.85	13518
	10	12.85	2253
70	0	12.85	2253
	5	12.85	450.6
	10	12.85	360.48
50	0	12.85	450.6
	5	12.85	225.3
	10	12.85	135.2
30	0	12.85	135.18
	5	12.85	45.06
	10	0	0

基于表18-5所示的储能容量需求情况计算结果，对使用储能设备控制弃光率

时系统对储能容量的需求情况进行评估,得到以下结论。

(1)在联络线交互功率一定的情况下,要使配电网系统对弃光率的要求越小,需要越大的储能容量;同时,系统的光伏渗透率越高的情况下,需要的储能容量越大。

(2)对比光伏渗透率为100%的三个场景分析在相同光伏渗透率下,控制弃光率不同时系统对储能容量的需求。可见对应于0%、5%、10%的弃光率要求,系统对储能容量的需求分别为33795MW·h、13518MW·h、2253MW·h,计算分析可见系统对储能容量的需求随弃光率的下降而非线性上升,当弃光率越低时,要使弃光率下降相同的百分比时系统对储能容量的需求越高。

(3)对比弃光率要求为0%的四个场景,分析在不同光伏渗透率下,控制弃光率相同时系统对储能容量的需求、可见对应于100%、70%、50%、30%渗透率时,系统对储能容量的需求分别为33795MW·h、2253MW·h、450.6MW·h、135.18MW·h。与上一个应用场景的评估结果相同,储能容量需求对应于光伏渗透率上升而上升的关系是非线性的,光伏渗透率越高时,渗透率提升时需要增加的储能容量越多。

3. 储能配置方案的有效性校验

为了证明所提配置方案的有效性,同时验证所提解算方法的正确性。以表18-5中光伏渗透率为100%、联络线交换功率占比限制为5%,配置储能容量为2253MW·h的场景为例,通过计算校验其是否满足配电网运行要求。下面从配网节点电压、联络线交互功率、弃光率三个方面对该场景下的储能容量配置方案的有效性进行校验。

(1)配网节点电压仿真结果。在对模型的解算过程中,要求配网各节点的电压标幺值均在0.9~1.1,为了校验配置给定储能容量下配网系统节点电压是否满足要求,计算给出一年里时间间隔为1h的8760个时刻系统中节点电压的最大值与最小值,仿真结果如图18-2所示。

从图中可见,在全年的仿真结果中可见,配网中各时段节点电压均在0.9~1.1,其中节点电压的最高值在不同时间间的波动幅度较小,均在1.06~1.07,而节点电压的最低值在不同时段间波动幅度较大,在0.9~0.96,但均符合要求,因此储能的配置方案可以满足给定的场景要求。

(2)联络线传输功率的仿真结果。在给定的场景中,联络线交互功率占比为5%,根据18.1节中所介绍公式可算得此时联络线交互功率上限为37.5MW。同样地,计算计算给出一年里时间间隔为1h的8760个时刻系统中联络线上功率传输情况。仿真结果如图18-3所示。

图18-3中,虚线表示联络线功率上限37.5MW,直方表示联络线上传输的功率。图中可见不论是联络线输入或是输出功率时,联络线功率均小于37.5MW,符合要求。同时图中也统计了在一年中各个时段内联络线上有功率的时刻数,在

8760 个时刻中，联络线上只有 1867 个时刻上有功率，仅占 21%，表明系统在该储能配置方案下大多数时刻不需要通过联络线交互电能，降低联络线上的功率波动情况。

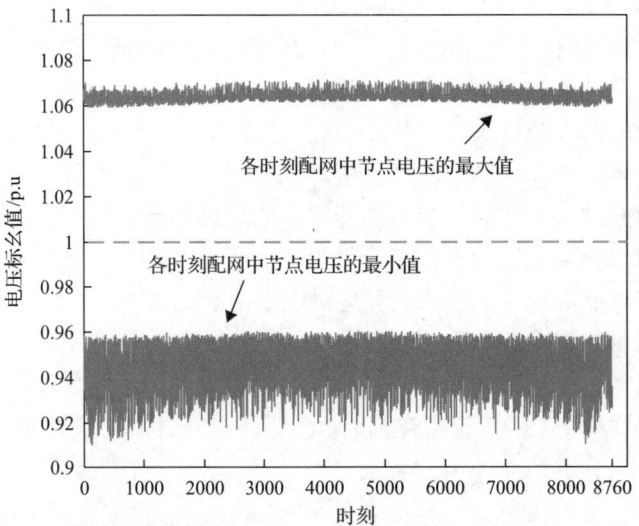

图 18-2　仿真中各时段节点电压最大/最小值

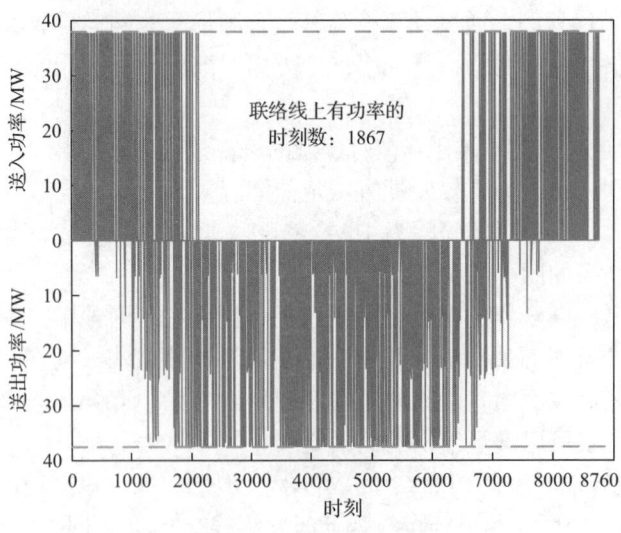

图 18-3　仿真中各时段联络线动作情况

(3)弃光率仿真结果。在给定的计算场景中，要求系统的弃光率为 5% 以下，所以在计算得到的储能容量配置方案下，系统的弃光也应进行计算，弃光计算结果如图 18-4 所示。

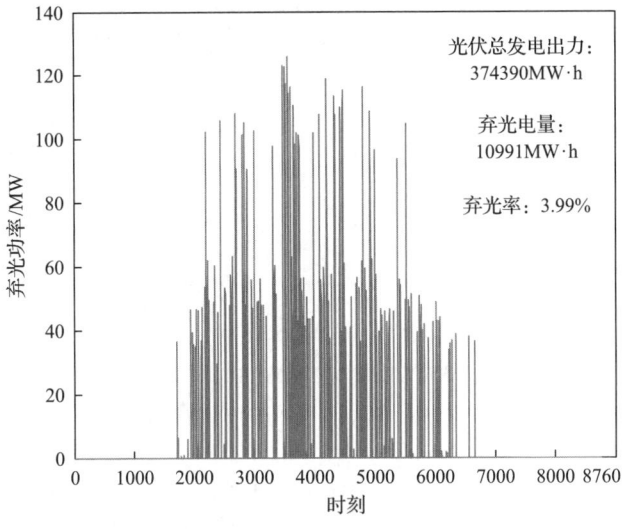

图 18-4 仿真中弃光情况

结合图 18-3，从图 18-4 中可见系统中弃光时刻与联络线送出功率达到最大值时的时刻相近，说明了只有在系统无法消纳且联络线无法送出电能时才会弃光。同时，经过计算得出在该储能容量配置方案下，系统的弃光率为 3.99%，满足设定的低于 5% 的要求，说明了该储能容量配置方案的有效性。

18.4.4 不同场景下配网系统对储能容量需求的对比评估分析

为了进一步地对比分析不同场景下的不同储能容量配置方案，本章结合技术性计算结果与经济性计算结果对不同方案进行评估。

1. 指标评估分析

1) 技术性指标评估分析

针对使用储能提高光伏接纳能力的场景，对弃光率随储能容量变化而变化的情况进行分析，基于表 18-5 和图 18-4 的评估结果，再通过对更多不同储能容量配置情况下系统弃光率进行计算，可以绘制当联络线交互功率为 0% 时，弃光率随系统储能容量需求变化的曲线如图 18-5 所示。图 18-5 中，分别绘制了光伏渗透率为 100%、70%、50%、30% 四种场景下弃光率随储能容量变化的曲线图。

从图 18-5 中可以看出，不论在何种可再生能源渗透率下，当储能容量较小，弃光率随储能容量增大而降低的幅度较大，而随着储能容量的逐渐增加，增加储能对减少弃光的效果逐渐减弱。而当光伏渗透率较高时，系统的初始弃光率较高，而当弃光率已经下降到一定水平时，再增加储能容量对弃光率的降低效果十分有限。可以预见的是，光伏渗透率较高的场景将弃光率降至 0% 将需要很大的储能容量。

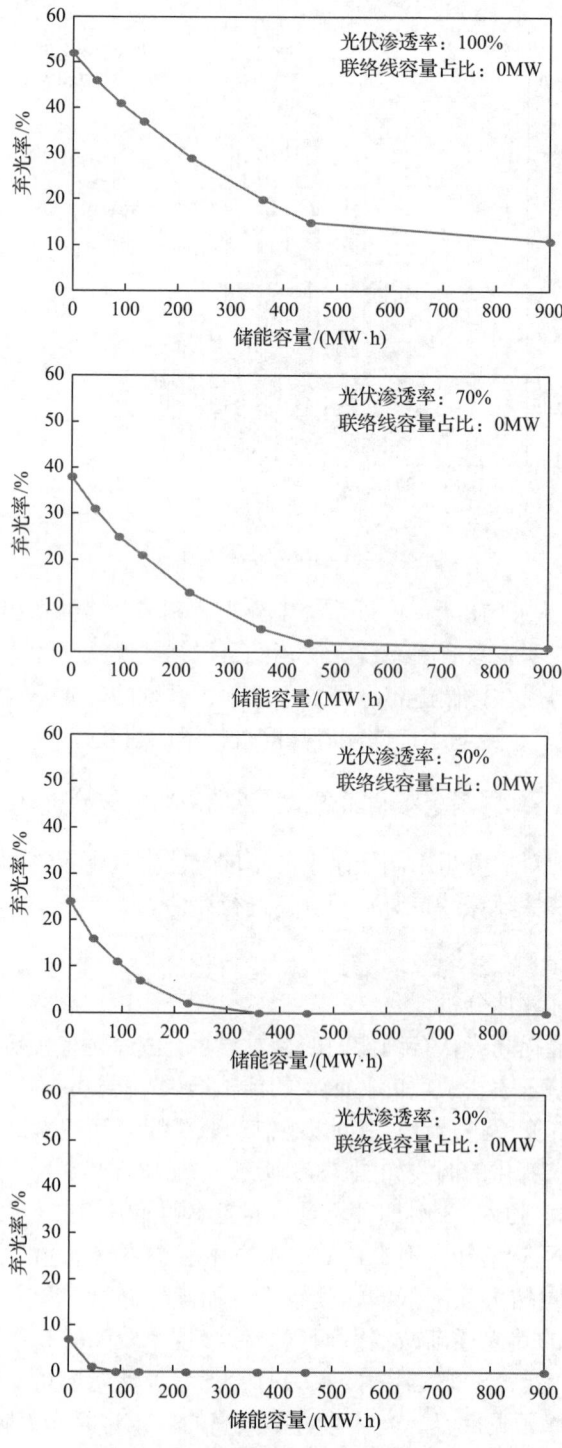

图 18-5 弃光率随储能容量变化曲线

第18章 分布式储能在未来电力系统中的应用

针对使用储能维持联络线传输功率的应用场景，对在维持一定弃光水平时，在不同储能容量配置方案下对联络线功率的需求进行分析。在光伏渗透率分别为100%、70%、50%、30%四种情况下时，设置系统弃光率要求为小于5%，计算不同储能容量配置情况下系统对联络线功率的需求情况，并基于计算结果绘制如图18-6所示。

从图18-6中可见，系统对于联络线功率的需求与系统内的光伏渗透率关系密切，光伏渗透率越高，系统在相同条件下对联络线功率的需求越高。在光伏渗透

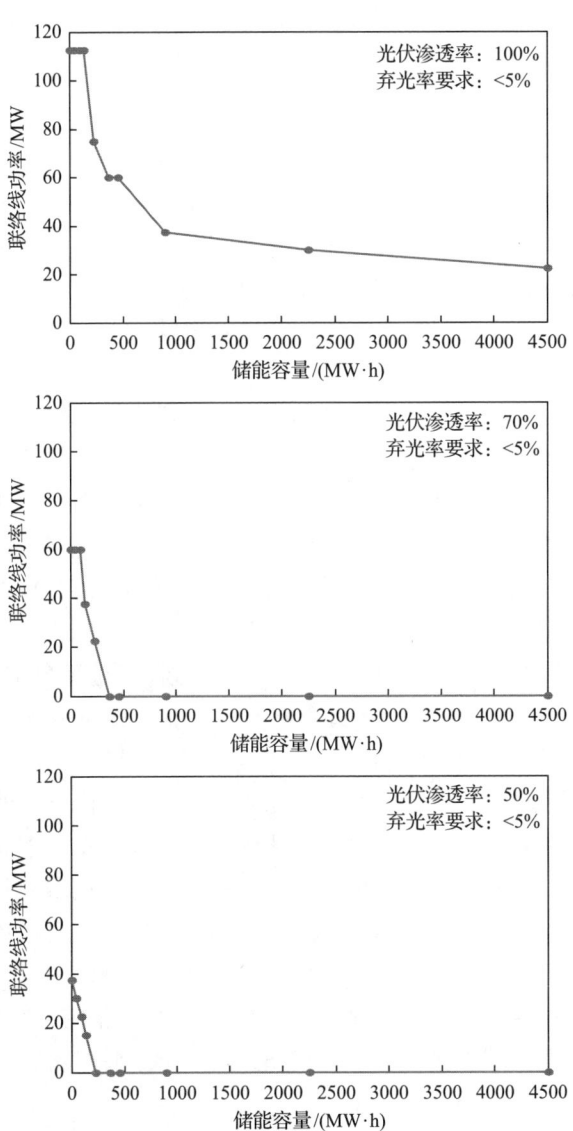

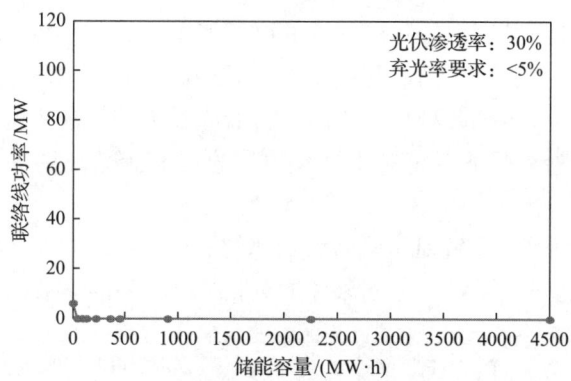

图 18-6 联络线功率需求随储能容量变化曲线

率较高的情况下,在不配置储能容量时系统对于联络线的功率需求很高,而当系统中配置一定容量的储能后,系统对联络线功率的需求会开始降低。与弃光率随储能容量的变化曲线趋势相同的,增加储能容量对减少联络线功率需求的效果随储能容量的增多而降低,在系统中未配置储能容量或是储能容量较少时,增加一定量的储能容量可以有效降低系统对联络线功率的需求。

2)经济性指标评估分析

从技术性指标分析结果中可以总结出,由于增加储能容量以降低弃光率的方法在储能容量较高时效果会逐渐降低的特性,当系统光伏渗透率较高时,若是要求弃光率达到一个很低的程度甚至达到 0%,会使系统需求的储能容量大幅度上升,则此现象必然会导致系统经济性降低。因此,在对配网系统的储能容量需求进行评估时,对储能容量配置方案进行经济性分析,并结合技术性分析结果选取较优的配置方案十分必要。

基于 18.3 节中介绍的经济性计算方案,在光伏渗透率分别为 100%、70%、50%、30%时,分别对联络线交互功率为 0%、2%、5%时系统经济性随着储能容量变化而变化的情况如图 18-7 所示。

由图 18-7 可见,在不同的联络线容量占比下系统的经济性曲线趋势均是相似的,配网系统的收益随储能增加时的变化规律如下:在系统中储能容量小于一定值时,系统收益会随着储能容量增加而增加;当储能容量增大到一定程度时,系统收益随着储能容量的增加而迅速下降。这是由于当储能容量较低时,增加储能容量可以有效地降低系统的弃光率,从而降低配网系统中的发电成本,而当储能容量增大到一定程度时,新增的储能容量对提高系统光伏接纳的能力较小,储能设备的成本已经大于减少弃光带来的收益,从而导致此时再新增储能反而会使系统收益下降。

除此之外,针对不同渗透率的经济曲线进行分析,发现在不同渗透率下系统

第18章 分布式储能在未来电力系统中的应用

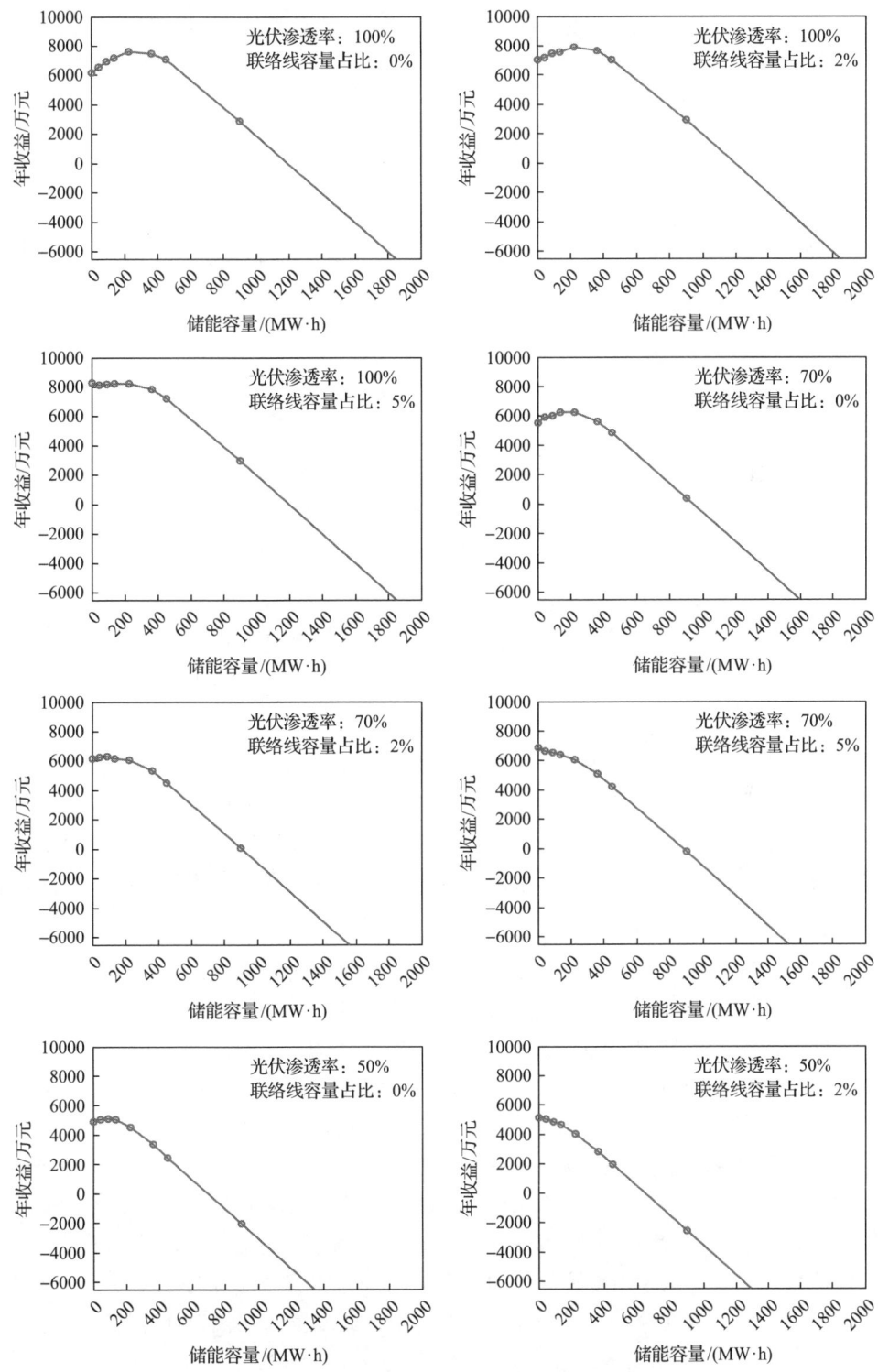

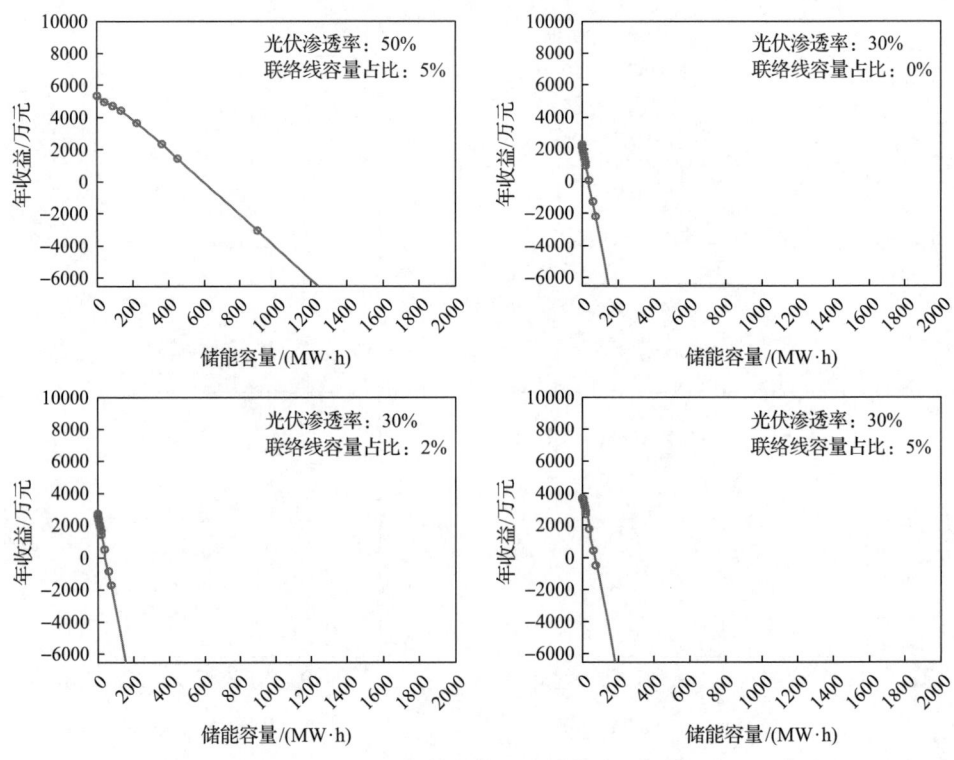

图 18-7 经济性随储能容量变化曲线

的经济性也呈现如下的规律。①系统的光伏渗透率越高,系统在同等的储能容量与联络线功率下经济性越好;②系统的光伏渗透率越低或是联络线功率越高时,系统获得最高经济性的储能容量越低,甚至可能出现不配置储能时系统经济性最高的情况;③在不同渗透率下,联络线功率的提升都会提升系统的经济性。

2. 储能配置方案的选择

由图 18-7 中可见,以光伏渗透率为 100%的情况为例,当系统的储能容量占比达到 400MW 左右后,系统收益即开始随着储能容量的增加而降低,而当系统的储能容量占比超过 1200MW 左右后,系统的收益甚至会比不增加储能时要差。基于此现象,在含高比例光伏发电的配电网系统中,在储能容量配置时,应考虑适当放宽对弃光率和联络线交互功率的限制,通过配置合适的储能容量达到降低弃光率又可以提升系统经济性的效果。例如对应表 18-1 中的场景 1~3,联络线交互功率占比要求分别为 0%、2%、5%,在表 18-4 中对应场景需要的储能容量换算成储能容量占比为 1800%、1200%、300%,从经济性的角度上看,只有场景 3 才能保证系统收益不低于未配置储能的情况,同时系统的弃光率也下降到了 10%以内,所以结合技术性分析与经济性分析的结果,此配置方案较为合适。

以使用储能容量维持联络线交互功率的场景为例,将光伏渗透率为100%,联络线交互功率为0MW时的系统弃光率与经济性曲线绘制在同一幅图内,如图18-8所示。

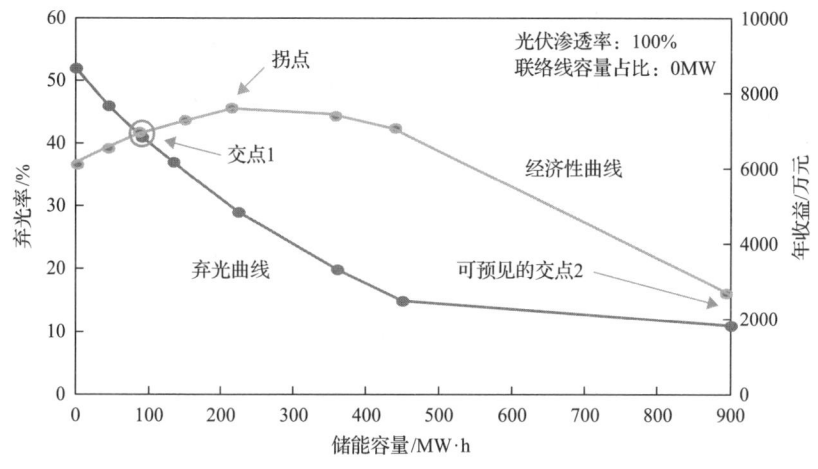

图 18-8　储能配置方案选取辅助图

从图中可见,弃光率曲线一直随储能容量升高而降低,而随着储能容量的增加经济性曲线先升高再降低,从图中可见两条曲线必有两个交点,而经济性在经过拐点之后开始逐渐降低。基于上述图像分析的结果可见,在拐点之前,增加储能容量可以在增大经济性的同时减小弃光,增大储能容量是有利的;在交点2之后,再增大储能容量会使系统的经济性过低,因此减少储能容量是有利的。因此,应在拐点至交点2之间选取一个储能容量作为配置方案,既能保证系统的弃光率较低,又有较好的经济性。

18.5　本章小结

本章介绍了配电网系统中分布式储能需求的评估方法,从评估流程和实际算例分析等方面进行了具体介绍。基于本章的分析结果,得到如下的配电网储能容量需求评估结果。

(1) 在联络线交互功率一定时,系统的弃光率随储能容量的提高而降低,其中光伏渗透率越高,其效果越明显,在光伏渗透率较低(小于30%)时,增设储能设备对弃光率几乎没有影响。

(2) 在储能容量一定时,系统的弃光率随着联络线交互功率的提高而降低,在弃光率较低时,弃光率对联络线交互功率的变化相对储能容量的变化更为灵敏,此时调节联络线交互功率对减少弃光更为有效。

(3) 在高光伏渗透率(70%、100%)下，配置平均日用电量 30%容量的储能可以使弃光率减少接近一半。但其容量增大到一定值后，继续增大储能容量对提高系统光伏消纳能力的作用非常有限。

(4) 在高光伏渗透率(70%、100%)下，若要保证系统整体的弃光率在 10%甚至在 5%以内，只使用储能达到这一效果会需要巨大的储能容量，此时应合理增大联络线的交互功率限制来辅助控制弃光率，并考虑适当放宽高光伏渗透率下的配网系统弃光率要求。

(5) 根据经济性计算结果，可见配置一定量的储能容量相对于不配置储能时可以提高系统整体经济效益，然而当配置过多储能容量时会导致经济性下降；同时，弃光率的过高要求可能带来储能容量的高需求，因此有必要考虑弃光率控制与系统经济性间的权衡。

第19章 储能/技术未来发展方向及路线图

储能技术的发展是提高能源系统效率和清洁性的重要基础，本章重点介绍储能技术未来发展的方向。

19.1 储能技术的发展方向

储能技术的发展方向主要参考欧盟战略能源技术规划（Strategic Energy Technology Plan，SET-PLAN）对不同储能技术本体在未来20年的发展来介绍。一般而言，储能装置的总体发展目标是大容量、高效率、低成本等。而不同储能技术根据其原理和组成、技术成熟度、应用场合等，研发过程中需要重点关注的问题也不尽相同，在本书的上册3.2节已有相关的介绍，在这里仅做部分内容补充。

1. 储电

储电相关技术发展路线逐渐清晰，如图19-1所示。

电化学储能方面，不同类型技术成熟度不尽相同。总体来说，以下几个方面亟待技术突破：首先，虽然几十年来电池在关键应用中一直有着强烈需求，但目前的电池技术仍然显示比传统化学能量载体（例如碳氢化合物）的能量密度低一至两个数量级。其次，面向电网应用的电池作为固定应用具有很高的潜力，但在规划和系统设计等方面需要加强，更重要的是改进循环寿命，以及开发可靠且具有良好经济性的产品。再次，电动汽车中的电池虽不能单独解决电网问题，但欧洲的一些智能电网计划中包括了电动汽车中的电池，其想法是使用车载电池作为电网中的平衡组件（G2V和V2G）。该应用对电池的技术性能提出了更加苛刻的要求，由于车辆只能在夜间停靠时对电网提供辅助服务，因此需要更高的充电效率和更短的充电时间，同时因为反复充放电也要求电池的寿命有显著的提升。

从研发的角度来看，有以下几个亟待开展的研究方向。①对于目前较成熟的电池技术（铅基、锂基、镍基和钠基电池），需要进行大量的材料研究，以获得实质性突破、增加电池对电网应用的适用性。因为每种电池技术都具有进一步改进的潜力。②应同时针对提高电池单元的性能和系统设计水平开展研究，重点提高电池管理的自动化和智能化。③重点研究方向是改进电池的循环寿命和使用寿命，解决性能退化相关的问题。先进的铅、镍、钠和锂电池仍具有良好的前景，应进一步发展。④应增加电池的安全性，并扩大其工作温度范围。⑤建议对全新的电化学系统（例如金属-空气、液体电池、镁基电池、氟化物、氯化物离子、其他基

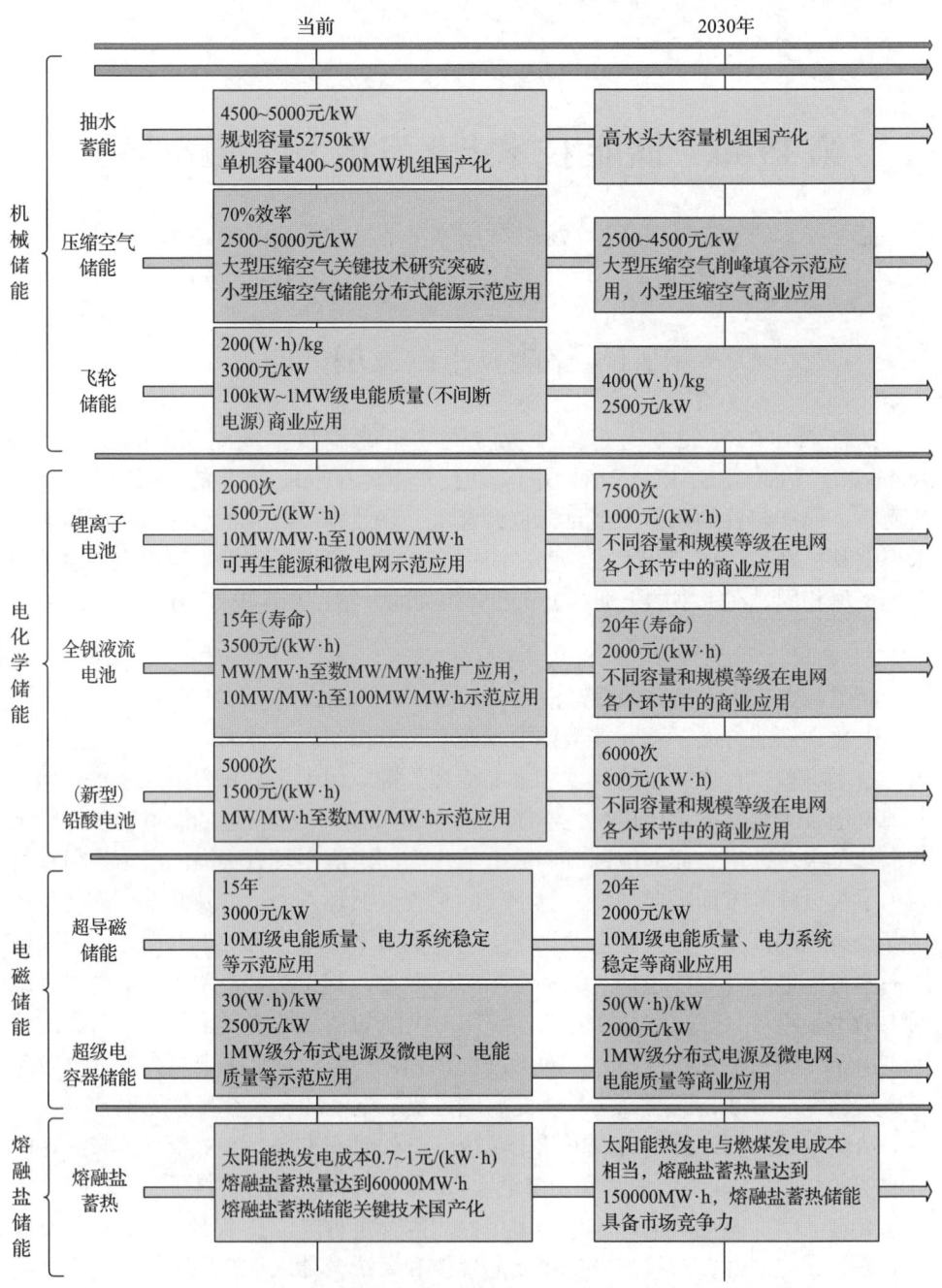

图 19-1 我国大规模储能技术发展及应用线路图

于转换的系统、高达 5V 的电池)的新材料进行探索性研究。⑥目标在到 2030 年之前进一步降低电池成本 40%以上。

超级电容器方面和机械储能形式的发展目标和研究方向上册已有提及，在这里不再赘述。

2. 储热

储热技术中，潜热储热技术经济性有待进一步提高，而相变储热多数还停留在研发阶段。除去上册提到的几点发展目标，储热技术发展还应注意要在未来将紧凑型的潜热储热的投资成本降至 500 元/kW·h，积极开发工作温度在 400℃以上的高性能储热罐，并将其成本降至 300～400 元/kW·h。目前的技术发展情况中还存在相变储能材料投入过大，在相变储能系统中所占比例过高的缺陷。

储热需要开展的研究方向在上册中已有归纳，本节不再赘述。

3. 电力制氢

储氢技术中，电力制氢主要采用不同的电解槽，包括碱性电解槽，聚合物薄膜电解槽和固体氧化物电解槽等。各种电解槽的详细发展计划如表 19-1～表 19-3 所示。

表 19-1 碱性电解槽发展目标

技术参数	当前进展	2030 目标	长期目标
电流密度/(安培/cm^2)	0.2～0.5	0.1～1	0～2
运行温度/℃	<120	<150	略大于 150
运行压力/kPa	100～20000	100～35000	100～70000
寿命/h	10^5	10^5	>10^5
可回收程度	差	改进	良好
电解产能	<50kg/h ($\approx$500Nm^3/h)	<100kg/h ($\approx$1000Nm^3/h)	<1000kg/h ($\approx$10000Nm^3/h)
运行维护成本/(元/kg H$_2$)	50	20	10

表 19-2 聚合物薄膜电解槽发展目标

技术参数	当前进展	2030 目标	长期目标
电流密度/(安培/cm^2)	0～1	0～2	0～5
运行温度/℃	50～80	80～120	100～150
运行压力/kPa	100～5000	100～35000	100～70000
PGM 催化下焓效率	80%@1A/cm^2	80%@2A/cm^2	80%@4A/cm^2
无 PGM 催化下焓效率	30%～40%@1A/cm^2	60%@1A/cm^2	60%@1A/cm^2
寿命/h	10^4	10^4～5×10^4	>10^5
电解产能	1kg/h ($\approx$10Nm^3/h)	>10kg/h ($\approx$100Nm^3/h)	>100kg/h ($\approx$1000Nm^3/h)
电解耗能/(kW·h/kg H$_2$@80℃, 1A/cm^2)	56	<50	48
运行维护成本/(元/kg H$_2$)	50	20	10

表 19-3 固体氧化物电解槽发展目标

技术参数	当前进展	2030 目标	长期目标
电流密度/(安培/cm^2)	0~0.5	0~1	0~2
运行温度/℃	800~950	700~800	600~700
运行压力/kPa	100~500	100~3000	100~10000
寿命/h	10^3	10^4	10^5
焓效率	100%@0.5A/cm^2	100% @ 1 A/cm^2	100% @ 2 A/cm^2
电解产能	<1kg/h (≈10Nm^3/h)	10 kg/h (≈ 100 Nm^3/h)	>100 kg/h (≈ 1000 Nm^3/h)
启动时间/h	12	1~6	<1~6
关停时间	数小时	数分钟	数分钟
最大启停次数	<10	100	1000
运行维护成本/(元/kg H$_2$)	50	20	10

19.2 我国储能容量发展预测

本章采用分项计算法和趋势外推法两种方法分别对 2030 年、2050 年储能的发展进行预测。

19.2.1 分项计算法

分项计算法是指对大规模集中式可再生能源、分布式光伏发电、电网辅助服务、电力输配、电动汽车等不同应用场景下的非抽蓄储能容量/功率进行分项估算，从而得到储能发展规模的预测结果。

分项计算法的公式为

储能容量/功率 = 大规模集中式可再生能源应用储能容量/功率
+分布式光伏发电应用储能容量/功率
+电网辅助服务应用储能容量/功率
+电力输配应用储能容量/功率+电动汽车电池容量/功率

1. 大规模集中式可再生能源应用储能

集中式风电、太阳能发电等大规模集中式可再生能源应用储能功率和容量的计算公式为

储能功率 = 风光电站的储能功率 + 光热电站的储能功率(储热)
风力发电场的储能功率 = 风电装机容量
　　　　　　　　　×安装储能的风力发电场占比
　　　　　　　　　（2030年：10%，2050年：15%）
　　　　　　　　　×储能的配比(12%)
集中式光伏电站的储能功率 = 集中式光伏装机容量
　　　　　　　　　×安装储能的集中式光伏电站占比
　　　　　　　　　（2030年：10%，2050年：20%）
　　　　　　　　　×储能的配比(2030年：12%，2050年：15%)
光热电站的储能功率 = 光热电站容量
　　　　　　　　　×安装储能的光热电站占比(100%)
　　　　　　　　　×储能的配比(50%)
大规模集中式可再生能源应用储能容量 = 风光电站的储能功率
　　　　　　　　　×持续放电时间(4h)
　　　　　　　　　+光热电站的储能功率
　　　　　　　　　×持续放电时间(10h)

2. 分布式光伏发电应用储能

分布式储能应用主要指的是指分布式发电(微电网)储能应用，以及布置于用户侧的户用储能设施或社区(园区)储能电站。其中，分布式发电储能应用，这里主要考虑分布式光伏储能应用，包括工商业用户屋顶光伏、居民住宅屋顶光伏，以及边远地区(含海岛)离网光伏系统，其储能功率和容量的公式如下：

分布式光伏储能功率 = 分布式光伏装机容量
　　　　　　　　　×安装储能的分布式光伏电站占比
　　　　　　　　　（2030年：34%，2050年：45%）
　　　　　　　　　×储能的配比(2030年：50%，2050年：55%)
分布式光伏储能容量 = 分布式光伏储能功率×持续放电时间(2h)

3. 电网辅助服务应用储能

调峰、调频等辅助服务应用储能的功率和容量计算公式为

辅助服务应用储能功率 = 根据规划预计的储能调频容量(1～2GW)
辅助服务应用储能容量 = 辅助服务应用储能功率×持续放电时间(15min)

4. 电力输配应用储能

电力输配储能指的是在电力输配电网络中，为了维持电力系统稳定运行，或为了缓解输配电网络、尤其是配电网络容量不足而配置的储能系统，其储能功率和容量计算式为

电力输配应用储能功率=根据规划预计的储能调频容量(0.1~1GW)

电力输配应用储能容量=电力输配应用储能功率×持续放电时间(2h)

5. 电动汽车

包括纯电动乘用车、插电式混合乘用车、纯电动客车和插电式混合客车其储能容量和功率为

储能容量=退役电动汽车储能容量+现役电动汽车储能容量

退役电动汽车储能容量=电动汽车规模×可用率(80%)
×剩余余池容量(70%)×用于电网比例(0.5%)

现役电动汽车储能容量=电动汽车规模×可用率(80%)
×剩余电池容量(100%)×用于电网比例(0.02%)

储能功率=退役电动汽车储能容量÷持续放电时间(5h)
+现役电动汽车储能容量÷持续放电时间(2h)

采用表 19-4～表 19-7 所示的风电、光伏、电动汽车、储能的规划数据进行分项计算。能够可以得到 2030、2050 年储能发展规模的预测结果，如表 19-8～表 19-9 所示。

表 19-4 风电规划数据

年份	风电装机总量/GW	集中式开发风电占比/%
2030	567	60
2050	1310	30

表 19-5 太阳能发电规划数据

年份	太阳能发电装机/GW	光热电站装机/GW	光伏发电中集中式开发占比/%
2030	1043	5	60
2050	2216	30	30

表 19-6 电动汽车规划数据(2030～2050 年)

年份	电动汽车/万辆				
	纯电动乘用车	插电式混合乘用车	纯电动客车	插电式混合客车	总计
2030	1225	525	525	225	2500
2050	4900	2100	2100	900	10000

第19章 储能/技术未来发展方向及路线图

表 19-7 电动汽车规划数据

	年份	台数/万辆	电池容量/(kW·h/辆)	总容量/GW·h
纯电动乘用车	2030	1225	30	367.5
	2050	4900	30	1470
插电式混合乘用车	2030	525	13	68.25
	2050	2100	13	273
纯电动客车	2030	525	180	945
	2050	2100	180	3780
插电式混合客车	2030	225	25	56.25
	2050	900	25	225

表 19-8 2030 年储能发展规模预测结果（分项计算法）

应用领域		储能装机规模/(GW/GW·h)
大规模集中式可再生能源	集中式风光电站	13.6/54.4
	光热电站	2.5/25
	合计	16.1/79.4
	分布式光伏发电	70.6/282.4
	风电光伏发电合计	84.2/336.8
电动汽车	二次电池	8.4/42
	现役电池	11.5/23
	合计	19.9/65
非抽蓄储能容量总计		106.6/426.8
抽蓄容量/GW		100

表 19-9 2050 年储能发展规模预测结果（分项计算法）

应用领域		储能装机规模/(GW/GW·h)
大规模集中式可再生能源	集中式风光电站	39.7/158.8
	光热电站	15/150
	合计	54.7/308.8
	分布式光伏发电	378.7/1514.8
	风电光伏发电合计	418.4/1673.6
电动汽车	二次电池	33.6/168
	现役电池	46/92
	合计	79.6/260
非抽蓄储能容量总计		513.0/2083.6
抽蓄容量/GW		160

19.2.2 趋势外推法

趋势外推法是根据 2010 年、2015 年、2020 年的实际储能容量，采用数学拟合的方法进行趋势外推，得到 2030 年、2040 年和 2050 年储能容量的预测结果。

在储能普通发展情景（中方案）中，抽水蓄能：2010 年 15.4GW，2015 年 23.4GW，2020 年 31.8GW；非抽水蓄能：2010 年 0.1GW，2015 年 0.105GW，2020 年 3.8GW，从而趋势外推得到中方案预测结果如图 19-2 所示。

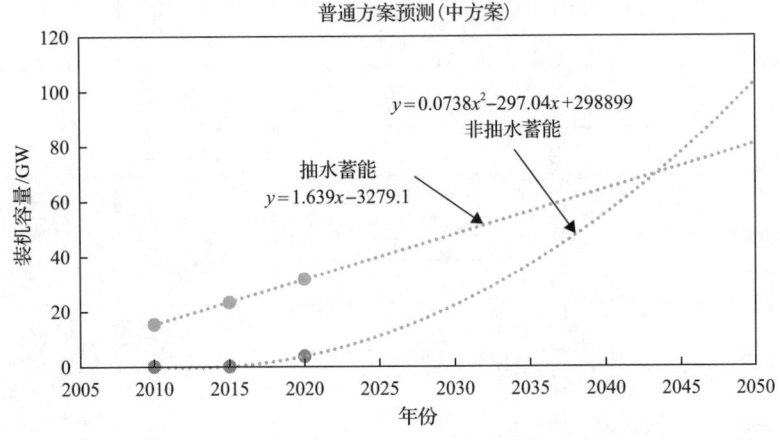

图 19-2 基于趋势外推法的储能发展预测（中方案）

由图 19-2 可得抽水蓄能为：2030 年 48GW，2040 年 64.5GW，2050 年 80.9GW；非抽水蓄能为：2030 年 30.2GW，2040 年 63.5GW，2050 年 111.5GW，如表 19-10 所示。

表 19-10 普通方案预测结果对比

	2010	2015	2020	2030	2040	2050
抽水蓄能/GW	15.4	23.4	31.8	48	64.5	80.9
非抽水蓄能/GW	0.100	0.105	3.8	30.2	63.5	111.5
储能容量/GW	15.5	23.505	35.6	78.2	128	192.4

在储能理想发展情景（高方案）中，抽水蓄能为：2010 年 15.4GW，2015 年 23.4GW，2020 年 31.8GW，2025 年 90GW；非抽水蓄能为：2010 年 0.1GW，2015 年 0.105GW，2020 年 3.8GW，2025 年 45GW 从而趋势外推得到高方案预测结果如图 19-3 所示。

由图 19-3 可得，非抽水蓄能为：2030 年 97GW，2040 年 269GW，2050 年 523GW，如表 19-11 所示。

第19章 储能/技术未来发展方向及路线图 ·235·

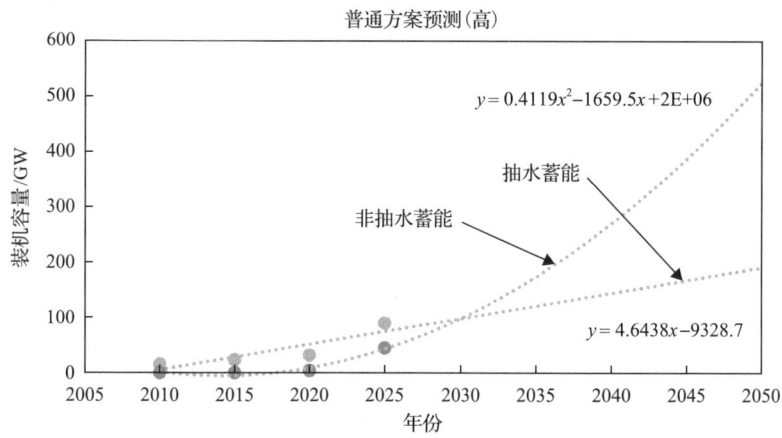

图19-3 基于趋势外推法的储能发展预测(高方案)

表19-11 理想方案预测结果对比

	年份					
	2010	2015	2020	2030	2040	2050
抽水蓄能/GW	15.4	23.4	31.8	98	144	191
非抽水蓄能/GW	0.1	0.105	3.8	97	269	523
储能容量/GW	15.5	23.505	35.6	195	413	714

需要说明的是，目前关于储能发展规模的预测，各个研究机构的预测结果差异很大(甚至差数量级)，如表19-12所示，证明储能的技术和产业发展阶段仍然距离成熟应用有一定的差距，很多边界条件仍在不断变化之中。

表19-12 储能技术未来发展所需的相关体制机制措施

	技术环节	时间节点
政策和监管措施	具体落实发展和改革委员会、能源局、工信部、科技部关于储能技术的工作重心与任务部署	2019年
	推进新能源汽车动力电池储能应用，研究开展试点示范等相关工作	2020年
	改善定价策略，同时提高储能参加系统调节、提供辅助服务的收益，从电力系统运行层面增加储能电站的效益	2025年
	对于已安装的储能技术进行检修和翻新	2035年
	政府资助新型储能装置的研发工作	2035年
刺激资本注入、扩大储能市场	从供应到需求侧多方面加速建设和完善能源市场的准入、退出机制，如：构建辅助服务市场，通过税收补贴支持分布式储能的推广应用	2020年
	鼓励分布式发电和储能共同融资，提出风险和收益评估的方法	2020年

续表

技术环节		时间节点
刺激资本注入、扩大储能市场	组织筛选首批科技创新(储能)试点示范项目,总结储能项目的成果经验与共性问题	2020 年
	签订"风光储一体化"相关项目,各省推出"新能源+储能"新政	2021 年
	储能政策激励进入减速调整期,向更加市场化发展	2022 年
	有针对性地支持储能示范项目,并为新商业模式下早期的市场主体提供财政支持(例如提供风险担保计划)	约 2025 年
	分阶段降低储能电价,扩大储能市场,第一阶段,降低储能成本至 1500 元/kW·h,实现用户侧储能平价;第二阶段,降低储能成本至 1000 元/kW·h,实现光储结合平价	2025 年第一阶段~2030 年第二阶段
储能的规划建设	建立一个公开的储能数据库,为储能的规划提供数据支持	2020 年现有项目~2050 年(新增项目)
	简化新的集中式能源储存项目的选址和许可过程	2025 年
技术培训以及公众影响力	通过相关的政策和宣传,激励用户侧分布式储能的利用	2020 年
国际合作	降低贸易保护壁垒,指定创新的"自由"区域,以便在没有复杂的市场和政策结构的情况下促进存储技术的研发	2020 年
	通过开发一个国际能源储存项目数据库和高度共享的能源供需曲线的生产数据库,促进知识共享	2030 年完成现有项目~2050 年(新增项目)

19.3 储能综合发展技术路线图

19.1 节分别介绍了电池、超级电容和飞轮等多种储能的具体发展目标。除此以外,由上一节分析可知,储能的大规模推广应用还需要多方面政策的支持,以及提高公众对于技术的认知和认可程度。本节综合考虑各类不同形式的储能,提出储能综合发展技术路线图,如表 19-13 所示。

表 19-13 储能技术综合发展路线图

	技术环节		时间节点
储能数据库的构建和相关分析工作	建立储能数据库	搜集整理储能项目的基本信息,包括技术参数、投资和运行成本等信息,建立全球储能数据库	2019 年
	完善和分析	完善储能数据库的信息,同时建立详细的可再生能源出力数据库,为详细分析储能市场需求打下良好的基础	2019~2020 年
		数据共享,明确不同形式的储能发展的技术瓶颈	2019 年
		根据不同地区供能的特点,重点支持电一热复合储能的研发和工程示范,用以提高能源利用效率	中长期发展目标(2020~2050 年)

续表

	技术环节	时间节点
储能数据库的构建和相关分析工作	重点研发：①高温储热技术，大规模电池储能技术；②用于提高能源系统运行效率、辅助可再生能源接入的储能技术	2035 年以前
	明确热化学（thermal-chemical storage system）的应用场合，包括独立的应用以及和其他储能形式相配合的复合储能	2020~2050 年
秒至分钟级的短期储能在系统备用和调频中的应用	降低飞轮储能的运行损耗，尤其是摩擦损耗，提高飞轮储能的充放电循环效率	约 2030 年
	重点支持超级电容器的研发和工程示范，提高其制造技术，改善装置的性能	约 2030 年
	改善超导储能的制冷技术	中长期发展目标（2020~2050 年）
用于辅助可再生能源接入和参与系统调频的分布式电池储能	改善电池组的结构设计以提高储能系统的可靠性和性能	约 2030 年
	高性能且可靠的储能系统工程示范，在市场环境下评估其经济效益	约 2024 年
	高能量密度、低成本的锂、钠电池以及其他先进电池储能材料，目标成本 6000 元/kW 以下	约 2035 年
	提高电池储能的安全性，减小其给环境带来的影响	约 2030 年
中长期储能（小时~季）	评估将现有恒速抽水蓄能改造为变速的成本和收益，允许抽蓄电站通过提供辅助服务盈利	约 2020 年
	调研改善现有抽水蓄能运行效率、提高灵活性等方面的潜力，完成对部分机组的翻新工作	2020~2035 年（调研+翻新）
	将压缩空气储能的系统运行效率提高至 70%，重点针对采用绝热压缩机和透平的压缩空气储能系统	约 2035 年

19.4 本章小结

本章对储能发展的技术方向进行分析，归纳总结了储气、储电和储热技术的发展方向。提出了支持储能的政策措施，最终给出了储能未来发展的线路图，得到以下结论。

（1）储气技术关键在于发展大规模储氢，重点解决包括大规模系统优化设计以及能量转化效率的问题；对于储电技术而言，全面降低成本、提高能量密度、提升系统的动态响应、延长寿命和增大充电功率是技术发展的重点；部分储热技术相对较为成熟，应加强热力系统和电、气系统的融合，以实现多能源网的互联和互惠，提升能源系统的整体经济性。

（2）基于我国未来电源结构的分项计算法分析预测表明，2030 年、2050 年我国抽水蓄能的装机容量需求分别为 100GW、160GW；各类非抽水蓄能容量需求分别为 106.6GW/426.8GWh、513.0GW/2083.6GWh，其中分布式发电及微电网应用情景下的储能装机容量占非抽蓄储能容量一半以上。

(3) 为了更好地发展储能技术，政策层面主要应加强研发投入、监管运管、刺激资本注入和提高储能市场的活力，扩大公众影响力和国际影响力等几个方面入手。

第六篇　能源互联网技术

能源是人类生存和发展的重要基石，是社会经济运行的动力和基础。每一次工业革命都离不开能源类型和使用方式的革新，能源推动着人类社会的发展和进步。能源互联网作为能源革命的实现手段和具体形态，正在中国如火如荼地进行中，受到政、产、学、研、金、用多方的关注。国务院高度重视以能源互联网为代表的能源产业创新发展，多次强调能源供应和安全关系我国经济社会发展全局，要推进"互联网+"，推动互联网与能源行业深度融合，促进智慧能源发展，提高能源绿色、低碳、智能发展水平，走出一条清洁、高效、安全、可持续的能源发展之路，为经济社会持续健康发展提供支撑。

因此，要继续推进生态文明建设提高清洁能源消费比重，实现"碳达峰碳中和"目标的庄严承诺，亟待研究能源互联网进一步的推进方案和相关政策，保证能源互联网示范项目的顺利、有序建设，保证示范项目引领作用的充分发挥，以攻克一批重大关键技术与核心装备，形成一批重点技术规范和标准，探索一批可持续、可推广的发展模式。还需要研究如何立足国内，面向全球，借助和服务于"一带一路"，在加速推进能源基础设施建设与能源互联互通合作的基础上，全方位推进能源互联网战略、模式、技术、装备和标准创新，把握发展主动权，加快"走出去"步伐，全面提高我国能源产业的综合实力和国际竞争力。

第20章　能源互联网的驱动力与发展沿革

20.1　建设能源互联网是能源革命的重要内容

正如历史上三次工业革命的标志性技术对一系列关键技术的推动作用一样，能源互联网将作为能源革命的标志性技术推动分布式发电、储能、电能替代、需求响应、大数据等一系列能源革命相关关键技术的发展，能源的生产与利用正式进入互联网时代。

1. 能源互联网推动能源生产革命

能源互联网使能源生产与供应模式更加多元化，同时催生新的商业模式。能源供应商不再只提供单一种类的能源，而是具备提供包括电、天然气、石油等多种能源的能力。传统的电网公司、石油公司、天然气公司等将转变成为掌握多种能源资源的综合能源供应商，能源生产与供应的商业模式也将随之发生极大改变。随着能源互联网的兴起与电力市场化改革的推进，除了传统意义上的电网公司、石油公司外，新的市场主体也将参与进来，并发挥重大作用。

其中，提供增值服务的市场主体可以包括：①能源领域点评软件，软件将有利于交易信息的公开化，可与其他商业模式进行耦合并有利于提高其效率和信用；②大型能源交易网络平台，广泛地适用于各类商业主体进行交易；③能源托管服务，用户将自己在一段时间内的用能委托给能源托管公司，由能源托管公司负责以更专业的算法、更全面的数据和特殊的能源来源渠道对其进行全程规划安排。该类型服务适用于城乡小用户，可在节省用户时间成本的同时提升节能减排效果。

提供资产投资的市场主体可以包括：①能源众筹。能源投资者在资金不足的情况下，可以通过能源众筹平台来筹资，多方联合进行投资。适用于小规模投资主体，有利于新平台、新技术、新商业模式的发掘；②能源借贷。用户基于自身需要与能源借贷公司签订能源借贷合同。该模式可用于多种负荷类型和规模的用户，尤其适用于工程单位，可为其解决能源规划问题和提供项目期能源支持。

能源互联网能够保证清洁能源的大规模接入，分布式能源生产比重将大幅增加。能源互联网最重要的核心内涵是实现可再生能源，尤其是分布式可再生能源的大规模利用和共享。能源互联网具有高度集成特性，能够将各类型分布式发电设备、储能设备和负载设备组成的微型能源网络进行互联，实现上述设备的"即插即发、即插即储、即插即用"以及无差别对等互联。同时，能源互联网极强的系统自愈性使其能够利用先进的能量智能管理设备实施自动故障检测，对网络中的突发事件做出反应，隔离电网中存在的故障器件或局部网络，实现网络的快速重构，以及各个微型能源网络孤岛与并网运行状态的平滑切换，保证系统内正常的能源电力供应。上述两个特性，使能源互联网具有高度的网络开放程度。

能源互联网能够实现各类型分布式可再生电源、储能设备以及可控负荷之间的协调优化控制。通过分布式可再生电源与用户之间以及各局部能源电力网络之间的信息互联，更好地利用广域内分布式电源的时空互补性，以及储能设备与需求侧可控资源之间的系统调节潜力，做到"横向源—源互补，纵向源—网—荷—储协调控制"，从而平抑分布式可再生能源间歇特性对局部电网的冲击。在保证系统的经济性与安全性的同时，进一步提高系统对分布式可再生电源的消纳能力。

能源互联网能够促进电动汽车的大规模接入。电动汽车是交通运输系统电气化转型的重要手段，而能源互联网本身是以电力网络为核心，涵盖石油网络、天然气网络以及交通运输网络的多层耦合网络系统，因此能源互联网的建设能够为电动汽车提供更为完善且具有较强通用性的基础设施。在能源互联背景下，电动汽车作为一种分布式储能设备，将能够与电力系统更好地对接，从而优化系统运行，提高交通运输系统以及整个经济社会的低碳化水平。

2. 能源互联网推动能源消费革命

能源互联网能够为用户提供能源消费选择权，实现用户用能方式多元化，提供能源消费选择权，显著提高能源服务与消费的便利性。能源互联网最终要走向消费端且将具备更大的发挥空间和创新的商业模式，例如智能家庭、智慧社区、电动汽车、家庭能源管理等。在能源互联网模式下，能源消费端能够实现各种能源形式的优化配置和互联互通，用户能够在石油、煤、天然气、电力等多种能源之间自由切换。同时，能源服务商将由单一的"卖能源"模式转变为"卖服务"模式，为用户提供综合能源解决方案。

能源互联网能够无差别对待市场参与主体，实现其对等互联与能源共享。能源互联网的核心价值观是互联共享，能量流、信息流与价值流能够在能源互联网这个技术平台上自由流动。在这种价值观体系下，能源互联网具有高度的开放程度，各参与主体既是能源"生产者"，又是"消费者"，能源互联网能够为各参与主体提供平等接入的入口和信息交互平台。同时，对等互联和能源共享也意味着能源市场的开放。能源互联网将使能源市场的准入门槛降低，参与主体将得到极大的丰富，系统也将拥有更多的可控资源维持动态的供需平衡。

能源互联网能够提升用户智能化用能水平，促进能源利用效率显著提高。结合智慧城市建设与发展需求，能源互联网综合应用云计算、物联网、大数据等信息技术，实现城市区域电网与信息通信网的有效融合。基于对用电负荷数据、电网运行信息、气候环境信息等的综合分析与数据挖掘，实现智慧城市内电气信息的显示、分析、诊断、维护、控制及优化管理，支撑智慧城市能源供需、公共服务、产业优化和环境监测。通过构建全覆盖的能源信息网络和城市能源互联网综合监测与管理平台，实现电网与分布式电源、储能、电动汽车等用户侧设备的广泛互联，以及与燃气、供热等多类型能源的协调运行，实现城市能源供给、消耗的统一监测，能效分析、梯次利用和协调管控。有效提升用户的智能化用电水平以及能源利用效率。

能源互联网用电信息采集系统能够支持多种能源、电动汽车等计量信息接入，深化数据挖掘，为双向互动提供增值服务信息。电网与用户之间的网络化互联得到进一步深化，形成一个覆盖全网，能够精确测量、收集、储存、分析、运用和传送用户用电数据、电价信息和系统运行状况的完整能源互联网络和系统。随着能源互联网的持续推进，具有量测功能的智能终端数量将会大大增加，为电网与客户的深度互动奠定了基础，也为需求响应的实施提供了广泛的数据源和通信基础设施。

能源互联网通过智能电表、家庭网关、智能用电互动服务软件，基于互联网实现家庭电力和信息的同步管理，为需求响应提供基础设施和精确可靠的信息来源，并在小区建设能源公共服务管理平台，实现小区全景用能监测、分布式发电并网和电动汽车充电控制，以及电力、燃气、供热的联合优化，实现小范围内多类型能源、负荷的互联、互动，提升终端负荷的灵活可控性。此外，在单栋公共楼宇内部署楼宇需求响应控制系统，通过安装在主要用电设备(空调、电梯、照明等)上的智能传感器和智能终端，实现楼宇用能全景监测和冷、热、电等多种能源联合优化运行和能源梯次利用，提升能源综合利用效率。

此外，在大用户聚集的工业区，能源互联网能够通过对客户生产性负荷的流程优化，以及非生产性负荷的自动化改造，改变负荷特性。同时，通过精细化的用能策略数据分析，优化园区用能策略，引导园区内的电力客户主动开展需求响应。通过部署需求响应终端设备和需求响应控制系统，基于双向信息交互实现柔性负荷控制，增强负荷平衡能力，实现大用户的能效分析和需求响应，使电网负荷能够以园区为单位参与电网调控，实现削峰填谷和低碳运行。

能源互联网能够催生新的能源交易模式，使能源消费的便利性大幅提升。新的能源交易模式使用户的能源交易更加及时、高效、便捷。这些模式可以包含：①能源团购，用户以团购的方式聚集购买力，以提升用户在市场博弈中的地位，同时为能源提供商提供大宗销售的平台，便于其进行统一管控。适用于分散但总量可观的城乡个体用户群，有利于节约双侧成本；②能源救援，应对突发的用能中断状况，用户联系能源救援公司，由公司就近指派能源救援服务站为用户提供应急的能源供应。能源救援公司根据具体情况收取能源使用的费用和佣金。该模式适用于各种类型的用户，和电动汽车市场具有较好的耦合度；③能源桶装，对能源服务进行规范化和标准化,具体可包括标准化储能设备、标准化供能曲线、供能格式合同等。该模式适用于中小规模的城乡用户,可使用户更便捷多元地塑造自我能源消费结构;④点对点能源服务平台,为不同种类的能耗用户提供个性化的点对点能源服务。能耗用户可将自己的用能需求信息发布到系统平台上,附近的能源供应商在看见用户发布的信息之后可选择进行匹配或忽略。匹配确认后双方可进行进一步协商和交易。该模式适用于各种类型的用户,且随着能源互联网技术的发展,支持的用户需求种类将不断拓展;⑤能源 Wi-Fi,随着未来无线充电等技术的进一步发展和普及,对用户提供大范围无线充能服务成为可能。用户连接无线充能热点后对用能设备进行充电,充电完成后使用绑定的账号进行付费。无线热点主要覆盖商业楼宇和居民用户;⑥能源定制 4.0,基于生产的高度自动化,为用户量身定制能源产品和服务搭配方案。该模式覆盖的范围将随着技术革新逐步扩展,最终实现覆盖所有种类的用户单元。

能源互联网能够推动广域内能源的协调并优化配置,扩大能源交易范围。能源互联网能够推动广域内电力资源的协调互补和优化配置,能源交易的范围将由区域市场向跨区市场甚至跨国市场发展,从而实现世界范围内的能源合作。未来能源互联网是分布式和集中式相结合的、高度开放式的能源系统。面对我国能源生产与消费逆向分布的格局,未来我国能源互联网的网络结构应该是主网与微电网相结合的形式,各个区域各种形式的可再生能源都能够通过能源互联网柔性接入,从而进一步推动广域内能源资源的协调互补和优化配置。

能源互联网的建设将对电网的跨区输送能力、经济输送距离、网架结构等方面提出更高的要求,而能源的远距离输送是大规模集中式可再生能源并网的可靠依托。因此,应优化能源输送网络的布局,以保障能源的跨区跨国互联。

依托于能源互联网,分布式电源与微电网能够成为优化电力资源配置的重要手段。微电网能够凭借其灵活的运行方式、能量的梯级利用,以及提供可定制电源等特性,协调控制分布式电源、储能与需求侧资源,从而保证分布式可再生能源的并网需求。

20.2 发展能源互联网的动因

可再生能源时代的兴起与化石能源时代的终结不是由于化石能源的枯竭,而是由于人类社会针对在全球一体化的发展进程中所面临的生存环境日益恶化的巨大挑战所采取的必要举措。能源互联网作为可再生能源平等、开放、高效融入传统能源系统的技术手段,是信息互联网发展中产生的开源创造和分布架构两种重要思想融入传统能源系统的必然产物,是生产关系和生产要素互联网化之后传统能源结构演进的必然结果,是工业文明向信息文明迈进的核心理念和技术体系。

(1) 产业方面，我国能源产业缺乏协同发展。目前，我国光伏、风力等可再生能源产业面临的产能相对过剩，低层次价格战的困境已经证明，如果新能源产业缺乏顶层设计和长期规划，就会容易造成相关产业和企业跟风发展、重复建设，以及局部发展理性、全局非理性的产业发展格局，并易滋生地方保护主义和无原则的地方财政性担保。另外，我国目前能源产业尤其是新能源产业还存在价值链和产业链重要环节间尚未打通、资源碎片化严重、无法形成有效闭环等系统架构性问题，从而导致各种能源系统处于"烟囱式"和"拼盘式"条块分割状态，缺乏统一协同能力，导致能源系统整体效率低下。近年来，在国家政策的激励下我国新能源产业产能快速增长，但是在国内产业链尚未贯通并且市场未充分开发的同时，欧美等发达国家在国际市场上相继对我国新能源行业展开"双反"政策(反倾销、反补贴)，使我国以光伏和风电产业为代表的战略性新能源产业的发展受到严重制约。因此，坚持节约优先、立足国内、多元发展，优化能源结构，构筑稳定、经济、清洁的能源供应体系是国民经济健康稳定发展的需求。能源互联网作为能源革命的重要技术体系，其开放、对等、互联、共享的设计思想将会从根本上改变我国的经济产业布局和能源生产消费模式，从而推动我国能源行业体制的变革，打破不同能源系统之间条块分割的格局，提高我国能源行业的整体开放程度和能源利用效率，保障和促进经济转型和增长。

(2) 民生方面，我国经济增长过程中面临着严峻的能源供给问题。国家战略新兴产业的能耗逐年升高，能效提升与可持续发展问题已成为战略新兴产业发展的瓶颈，大力培育战略性新兴产业已经作为国策写入我国政府工作报告。然而，随着家战略新兴产业比重的增加和近年来的快速发展，这些战略新兴产业的能耗呈现出迅猛增长的态势，对于能源的依赖性越来越强，单位 GDP 能耗逐年增加。例如，作为大数据、云计算和互联网应用基础的数据中心，2020 年耗电量约为 2045 亿 kW·h，约占全社会用电量的 2.7%，并且这个数字还在逐年增长。此外，我国传统产业单位 GDP 能耗远超发达国家能耗水平，成为经济提质减速与可持续发展的障碍。依靠大量消耗资源支撑经济增长的粗放型发展模式，不仅使资源供需矛盾更加突出，也制约了经济增长质量和效益的进一步提高。因此，大力发展能源互联网能够在最大程度上提高能源利用效率与新能源渗透率，降低国内经济发展的单位 GDP 能耗和对传统化石能源的依赖程度，实现经济发展的健康转型。

(3) 技术方面，互联网技术与互联网思维正在以前所未有的速度与包括能源产业在内的各种传统产业相互融合，并已为能源行业的互联网化革命以及能源物理系统与信息系统的紧密融合提供了先进的信息通信技术基础。物联网技术与 4G、5G 移动互联网技术为能源互联网提供了能源全生命周期的信息实时采集与实时处理；能量信息化、信息物理融合系统(cyber physical system，CPS)、软件定义网络(software-defined networking，SDN)、大数据与云计算等互联网技术能够更好地实现信息流同能量流的紧密融合；社交网络、电子支付、现代物流等互联网应用技术和可靠的电力电子技术及先进储能技术等，为能源互联网提供了管控手段和商业运营模式，为满足不同用户的差异化需求提供了技术和应用模式支撑。尽管我国小范围示范多能互联项目验证了多能互联具有高效用能的优点，但是，广泛推广多能融合互联首先需要在核心技术思想上实现突破，这一方面由于以往的能源系统都是从产能到用能的单向网络，难以承受大量能量产销终端接入带来的冲击；另一方面，传统的油、气、电、煤等能源网络仍然相互隔离。能源互联网提供了运用先进信息技术和互联网的理念与方法，通过能源互联网把传统能源系统互通互联，并与新能源系统无缝融合，实现泛能协调管控与资源最优化配置，以及用能侧海量分布式新能源发电和储能设备的接入，提高新能源在能源使用中的比例。

(4)市场方面，能源全生命周期的市场化和能源产权的多元化是促使能源互联网发展的市场动因。能源行业长期存在的行政垄断、自然垄断及价格垄断，导致中国能源企业效率低下，市场信号严重扭曲。因此，需要打破我国能源领域现行的行政性垄断和价格垄断，利用市场力量理顺能源价格形成机制，让价格真实反映能源资源全生命周期的价值，从根本上治理环境污染问题和资源利用效率问题。此外，垄断还抑制了民间投资和技术创新。例如，石油行业"圈而不探"的现象，国家三大石油公司控制95%油气资源勘查开发区域，但圈地积极勘探不积极；相比较而言，欧美发达国家的油气市场则完全开放，例如美国有8000多家油气公司，页岩气革命完全依靠市场力量推动，7000多家中小公司的进入推动了页岩气技术的突破，如页岩气之父乔治·米切尔，花了17年时间，打了十几口井，耗费数亿美元，解决了技术上的难题，使美国基本实现了能源独立。

20.3 能源互联网发展的国际经验

自20世纪70年代起，基于全球能源消费、能源供应、能源资源、生态环境发展矛盾，各国政府、产业界、学术界立足于自身区位优势与行业发展需求，分析未来能源发展态势，涌现出各种表述未来能源发展形态的概念。从1970年世界电能网络概念提出到2011年杰里米·里夫金的《第三次工业革命》一书出版，开始掀起了研究能源互联网的全球热潮。书中认为可再生能源、分布式发电、分布式储能、能源互联网络、电动汽车是新经济的五大支柱，以此构建能源生产民主化、能源分配分享互联网化的未来能源体系，即组建以可再生能源+互联网为基础的能源共享网络，在能源通过分散的途径被生产出来之后，利用互联网创造新的能源分配模式。2015年后世界范围内"第三次工业革命"正席卷而来，百年一遇的新一轮工业革命正在孕育，国际经济和能源格局深刻调整，能源供需关系愈演愈烈。这既是世界发展面临的机遇，也是巨大的挑战。

智慧能源在欧洲和美国主要有分散、集中两种模式。欧盟本身是一个区域一体化组织，分散式模式更适合欧盟的进一步发展；美国由于其广阔的疆域与自然形成的能源布局，注定集中式的超级大电网会在未来智慧能源中占据重要地位。无论哪种模式，智慧能源都将把一个集中式的、单向的、生产者控制的电网系统，转变成大量分布式辅以较少集中式的新能源与更多的消费者互动的电网系统。

德国政府在《德国2020高技术战略》中提出了"工业4.0"的发展战略，投资预计达2亿欧元，以提高德国工业的竞争力，在新一轮工业革命中占领先机。"工业4.0"以智能制造为主导，旨在通过充分利用信息通信技术和网络空间虚拟系统—信息物理系统(cyber-physical system，CPS)相结合的手段，实现工业的智能化转型，建立具有适应性、资源效率及基因工程学的智慧工厂，在商业流程及价值流程中整合客户及商业伙伴。"工业4.0"技术基础是网络实体系统及物联网，将打破传统的行业界限，产生各种新的活动领域和合作形式，重组现有的产业链分工。德国提出"E-Energy"计划，力图打造新型能源网络，在整个能源供应体系中实现数字化互联及计算机控制和监测。

荷兰电工材料协会则致力于领导并推广欧盟的智慧能源建设，希望通过建设智慧能源，将数千个小型电厂产生的电流汇集并输送，建立一个能基本实现自我调控的智能化电力系统。瑞士联邦理工学院则致力于研究应用于智慧能源的能量集线器(Energy Hub)概念模型，也叫能量控制中心。Energy Hub采集并整合了实时负荷预测与实时监测的分布式电源、配电网潮流数据，对各发电侧及受控负荷侧进行优化控制。Energy Hub是电网系统中的一个广义多端口网络节点，与配电网连接，对配电网上的能量起到补充、缓解、转换、调节、存储的作用，其范围可覆盖一个家庭甚至整个城市。

日本提出了研制数字电网路由器的计划，该计划的特点在于：包括发电设备及用电设备在内，由名为"数字电网路由器"的装置(电力路由器)进行统筹管理与能量调度。电力路由器与现有电网及互联网相连，根据相当于互联网地址的"IP地址"识别电源及用户，由此就可进行跨地区的能量调度。例如，在电网因发生灾害而停止供电时，电力路由器之间可相互调度蓄电池所存储的电力，从而防止造成地区停电。

美国则提出了更为宏大的"工业互联网"(Industrial Internet)概念。通过推动信息技术与工业技术的高度融合，实现网络、计算机技术、信息技术、能源技术与自动化技术的深度交织，促进物理世界和数字世界的融合，并成立了工业互联网产业联盟(Industrial Internet Consortium，IIC)，致力于推动工业互联网技术的发展。目前已有美国电话电报公司(AT&T)、思科(Cisco)、通用电气(GE)、英特尔(Intel)和IBM等多个成员加入。

美国国家科学基金在北卡罗来纳州立大学建立了未来可再生能源电力能源转换与管理(the Future Renewable Electric Energy Delivery and Management，FREEDM)的能源网络系统项目，有17个科研院所和30余个工业伙伴共同参与研究智慧能源领域的电力电子技术和信息技术。其中的FREEDM系统创新平台核心在于将电力电子技术和信息技术引入电力系统，效仿通信网络中路由器的概念，提出了能源路由器的概念并实施了初步开发。另外，美国国家可再生能源实验室一直从事智慧能源的研究，其中一个大型项目名为能源网络集成，将可再生能源接入作为最重要目标，认为未来的能源网络是"电力、热/冷、燃料+数据"的形式。

20.4 本章小结

本章主要介绍了能源互联网的驱动力与发展沿革，①建设能源互联网是能源革命的重要内容包括能源互联网是能源革命的标志性技术，能源互联网将推动能源生产革命，能源互联网将推动能源消费革命。②能源互联网是生产关系和生产要素互联网化之后传统能源结构演进的必然结果，是工业文明向信息文明迈进的核心理念和技术体系，其发展受产业动因、民生动因、技术动因和市场动因驱动。③能源互联网目前仍处于发展初期，各方概念、结构、功能等正在不断吸收融合，技术研发加快推进，能源互联网发展历程经历了1970~2003年概念孕育、2004~2013年初步研究、2014~2016年启航阶段及2017年至今的实质性推进四个阶段。

第21章 能源互联网的发展路径

能源互联网的目标是建设清洁低碳、安全高效的现代能源体系，是推进能源生产和消费革命等重要战略部署的重要支撑。但能源互联网是能源产业发展的新形态，目前仍处于探索发展阶段，发展路径仍不明确，需结合产业基础、技术发展、政策支持等进行发展路径探索。

21.1 中国能源互联网发展路径

能源互联网是能源产业发展新形态，目前仍处于探索发展阶段。依据国内外宏观能源和经济的发展趋势与政策分析，2016年以后能源互联网的推进总体上可分为三个阶段。

1）试点示范阶段

2016~2018年为试点示范阶段，着力推进能源互联网试点示范工作：包括建成一批不同类型、不同规模的试点示范项目；攻克一批重大关键技术与核心装备，能源互联网技术达到国际先进水平；初步建立能源互联网市场机制和市场体系；初步建成能源互联网技术标准体系，形成一批重点技术规范和标准；催生一批能源金融、第三方综合能源服务等新兴业态；培育一批有竞争力的新兴市场主体；探索一批可持续、可推广的发展模式；积累一批重要的改革试点经验。目前这一阶段已经完成。

2）着力推进能源互联网多元化、规模化发展阶段

2019~2025年为着力推进能源互联网多元化、规模化发展阶段：初步建成能源互联网产业体系，成为经济增长重要驱动力。包括建成较为完善的能源互联网市场机制和市场体系；形成较为完备的技术及标准体系并推动实现国际化，引领世界能源互联网发展；形成开放共享的能源互联网生态环境，能源综合效率明显改善，可再生能源比重显著提高，化石能源清洁高效利用取得积极进展，大众参与程度大幅提升，有力支撑能源生产和消费革命。

3）全面引领发展阶段

2026~2030年为全面引领发展阶段：能源相关产业链实现技术重大突破，多元供应体系基本建成，可再生能源占比大幅增加，智慧能源投入商业化运营，形成具有国际竞争力的企业，引领国际能源、信息行业的发展趋势，人民生活品质在信息化环境中大幅度提升，全民创新成为产业更新发展的主要推动力，能源安

全得到充分保障，智慧能源成为新型社会发展的重要驱动力量。二氧化碳排放力争于2030年前达到峰值，努力争取2060年前实现碳中和。能源互联网发展目标情景是满足能源消费需求和资源、温室气体排放、环境容量等约束，计及发展中经济新常态趋势、技术特性和能源全成本定价进程，通过人工智能等技术与能源系统的深度融合，建设人—信息系统—物理系统统一协调的能源生态系统，突出以人为中心的理念，增强人与能源系统交互的获得感、幸福感和安全感。

21.2 推进方法

能源互联网的推进可从发展指标体系、发展政策体系和技术标准体系的建立与应用开展。

21.2.1 能源互联网发展指标体系

能源互联网发展指标体系，是若干个相互联系的关键统计指标组成的有机体，通过选取一系列与能源互联网行业发展周期波动存在明确相关关系的行业发展指标，可以定量定性相结合地分析当前国内外能源互联网及相关示范项目、政策机制、产业科研等领域的发展现状和趋势，利用统计方法计算得出能源互联网活跃度指数。经济运行及行业发展过程中会交替出现扩张与收缩、繁荣与萧条、高涨与衰退的现象，经济的这种周期性波动都是通过一系列的经济变量来传递和扩散的，但是任何一个经济变量本身的波动都不足以代表经济的整体波动。要反应整体经济的波动过程就必须综合考虑各个变量的波动，指数的编制为解决这一问题提供了一个有效的工具。基于能源发展战略相关政策文件，建立能源互联网发展评估的指标体系力求多层面、多维度反映能源互联网发展的现状与目标的差距，为能源互联网推进方式设计与政策制定奠定基础。

1) 指标体系评估维度

为了科学有效地对能源互联网发展情况进行判断，指标体系包括5个维度，包括能源供给、低碳高效、能源消费、能源公平和创新驱动，分别致力于保障社会经济持续高速运行、保障社会经济健康发展、促进经济结构转型、促进社会公平发展、提高产业综合实力，层级如图21-1所示。

2) 指标体系设计原则

为了能够全面客观地衡量城市能源互联网的发展，确定指标体系时应遵循以下6点原则，如图21-2所示。

(1) 导向性原则：指标体系的设计以促进能源战略发展为目标，以国家大政方针、经济发展规律、能源清洁低碳发展需求为导向，体现国家能源战略发展的总体要求。指标体系作为一个整体系统应该能够反映城市能源战略发展的主要影响因素和特征。同时在指标要素和权重设置方面，对能源战略发展重点关注的方向进行倾斜，从而充分体现其引导性作用。

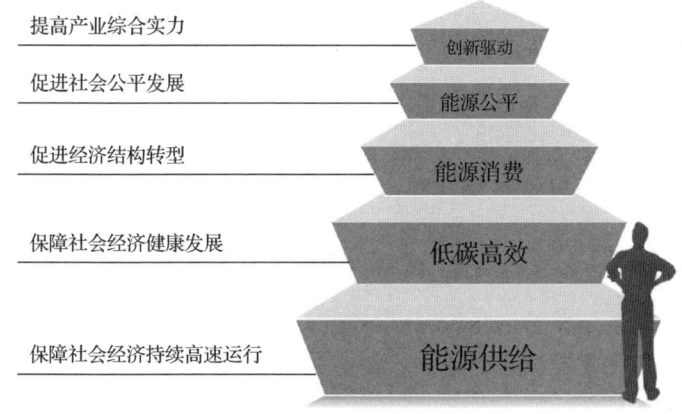

图 21-1　能源互联网指标体系评估维度

图 21-2　能源互联网指标体系设计原则

(2) 系统性原则：能源发展是一个有机体系，经济社会各主体、各领域之间均存在着紧密联系，指标体系不是指标的简单堆砌，而是一个层次分明的整体，不同维度的指标处于不同层级，形成一定的秩序，同层级指标之间、指标层与指标层之间具有清晰的逻辑关系。指标体系中的单个指标能反映能源战略发展的某个侧面，而指标的综合又能反映整体情况。

(3) 可比性原则：可比性包括评价结果的横向对比和纵向对比。不同区域能源战略发展指数的比对，可以发现区域资源禀赋、能源系统、生态环境、技术水平、政策保障、经济发展等方面的差异；同一个地区在不同年度的指数比较，可以发现该地区能源战略发展的方向、水平和速度。

(4)科学性原则：科学性原则主要体现在两点，一是指标的选择尽量排除主观因素的影响，以定量指标为主，定性指标为辅；二是指标体系力求严谨、准确反映能源战略发展的现实情况和未来潜力。科学性是能源战略发展评价指数设计遵循的主要原则，从而确保评价指数的结果，能够客观反映能源战略发展的趋势方向、现实水平以及变化速度。

(5)可操作性原则：能源战略发展评价指标设计面临的问题是理论模型的合理性与数据可获得性之间的不一致性，在理论上非常理想的测度指标往往面临数据难以获得的困境。在现实中很容易获得的数据，却可能与指标设计的相关性不高。因此，能源战略发展评价指标的设计力求在理论科学性和数据可获得性之间取得平衡。

(6)动态优化原则：能源发展是一个动态发展的过程，能源基础设施的升级、能源技术的变革、数据可获得性的变更、新数据源的出现以及评价目标的调整，都会导致能源战略发展评价指标的动态演化。在保持指标体系总体框架基本稳定的前提下，综合权衡能源发展的阶段态势，适时对指标进行动态补充调整，可以更加全面客观地反映能源发展状况。城市指标体系对于不同类型城市具有动态灵活的可变成分，为不同类型城市在不同时期的决策提供优化指导。

3)能源互联网发展指标体系细化

围绕未来能源发展战略目标，综合考虑能源生态系统各方发展诉求，构建二级能源互联网发展指标体系如图21-3所示，具体指标计算方法见表21-1。

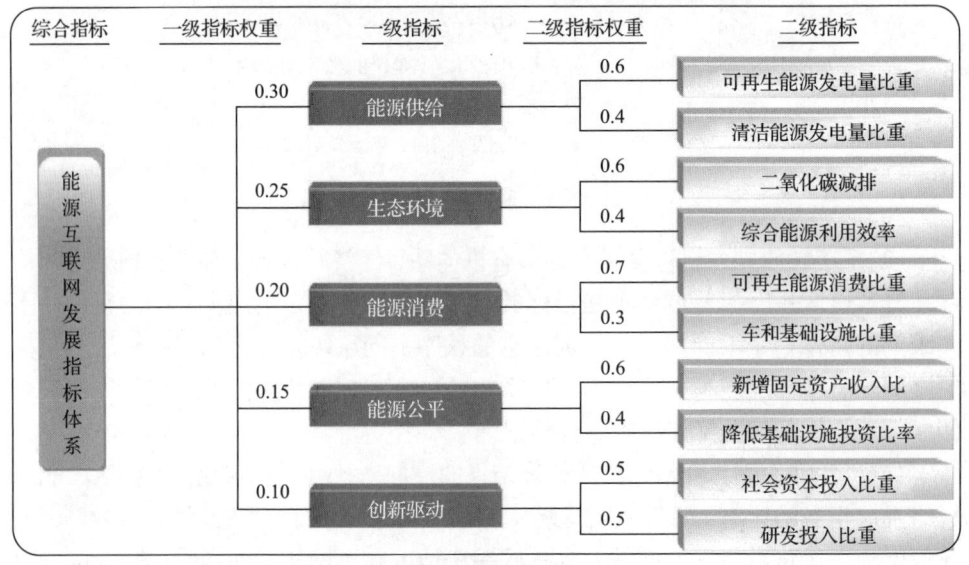

图21-3　能源互联网发展指标体系

表 21-1 指标计算方法

一级指标	二级指标	定义与计算方法
能源供给	可再生能源发电量比重	(年度可再生能源供给量/年度能源供给总量)×100%
	清洁能源发电量比重	(年度清洁能源发电量比重/年度能源供给总量)×100%
生态环境	二氧化碳减排	(基准年 CO_2 排放量−本年 CO_2 排放量)/基准年 CO_2 排放量×100%
	综合能源利用效率	(系统用能总量/系统供能总量)×100%
能源消费	可再生能源消费比重	(年度可再生能源消费量/年度能源消费总量)×100%
	车和基础设施比重	本年电动汽车数量/本年充电基础设施数量×100%
能源公平	新增固定资产收入比	新增收入/新增固定资产×100%；其中：新增收入=当年收入−上年收入；收入=主营业务收入净额+其他业务利润+营业外收支净额；新增固定资产=本期平均固定资产原值−上期平均固定资产原值，平均固定资产原值=(期初固定资产原值+期末固定资产原值)/2
	降低基础设施投资比率	(区域单位能源基础设施投资/基准年全国平均单位能源基础设施投资)×100%
创新驱动	社会资本投入比重	(当年能源系统社会资本投资/当年能源系统区域总投资)×100%
	研发投入比重	(区域当年能源技术研发投资/区域当年能源系统投资)×100%

利用能源互联网发展评估指标体系，结合可获得基础数据，通过指标计算引擎，自动计算各类指标，对能源互联网发展进行全方位、多维度的综合评估。

21.2.2 能源互联网发展政策体系

能源互联网发展政策体系是控制能源互联网发展的手段或措施集合，其包含政策制定主体、责任主体、地理区域、是否有法律约束力、发展目标、目标制定形式等方面多种要素。能源互联网广义上的发展政策体系包括宪法、法律、法规、规章以及国家机关在职权范围内依法制定的具有普遍约束力的文件，除了宪法、法律、法规、规章以外的具有普遍约束力但非立法性的规范性法律文件本书不予讨论。

能源互联网发展政策体系是能源政策、环境政策及互联网政策等相关领域政策的有机结合。能源互联网发展政策体系的构建不是能源及相关领域法律结构、法律规范和法律制度的简单堆砌，而是其完整、统一、协调、有内在逻辑联系的有机组成。能源互联网发展政策体系有多种分类方法(表 21-2)。

(1)在推进政策主体上，形成政府、企业、社会共担责任、共同参与的格局。所谓主体，是能源互联网建设的实施者和利益相关者，包括负责和参与制度构建、政策执行及监督的所有组织和公民，按照主体可具体分为国家、地区、团体政策，容易识别可以直接引用。基于推进理念的要求，能源互联网建设及环境保护要从政府主导的局面，转向"政府调控、市场推动、企业实施、公众广泛参与"的模

表 21-2 能源政策分类方法

分类方法	类别列举	适用性分析	采用方式
主体	国家、地区、团体	容易识别	直接引用
手段	法律法规、行政强制、经济激励、自愿行动	容易识别	直接引用
行业	发电、建筑、交通、新能源……	能源互联网发展特征跨行业融合	不采用
目标	成长政策、结构政策、组织政策、规划政策……	能源互联网发展强调市场机制+政策机制驱动	部分采用
作用	扶持政策、限制数量、限制价格、监管政策……		
要素	技术、资源、市场……		
时间	事前、事中、事后	能源互联网发展历史较短	不采用

式,治理主体通过合作互动、相互监督、相互制约,共同推进能源互联网发展。在推进主体共同参与的情况下,需要在以下三点做出制度安排:①明确各推进主体在能源互联网建设中的职责,处理好政府和市场、政府和社会的关系,并考虑各自的能力,循序渐进地推进改革进程;②实现推进主体之间的制衡,遵循法治的原则,实现相互监督、相互制约;③推进主体是各利益相关方,各方之间不仅要有制衡,更要有合作、协调和形成共识共赢的意愿和行动。

(2)按照手段可分为法律法规、行政强制、经济激励、自愿行动政策,也较容易识别可以直接引用。以法治为基础,采用多元手段,形成一整套相互协调、相互配合的政策工具。构建能源互联网发展政策体系需要采用多元手段,综合运用法律、经济、技术和行政等手段,推动强制性、市场化、自愿性手段相结合,有效发挥各种手段的协同效应,以最小的推进成本获取最大的推进收益。采用多元化推进措施,还要避免利益相关方相互冲突,促进相互协调、相互配合,追求合作多赢。因此,在健全推进手段的过程中,要考虑不同群体的利益,建立健全交流互动机制,促进推进主体也就是利益相关方之间的平等民主协商。

行政命令型是当前的主要措施,按法律渊源即法律文件的表现形式进行划分,可分为7个层面:国家宏观政策、国家法律(宪法中的能源条款、能源法律包括能源基本法、专门能源法律、能源行政法规)、国家政策(能源互联网相关行政性规章)、地方政策、行业政策、技术标准(特别是作为技术法规的强制性标准)、国际条约,见表21-3。

(3)按照行业分类可分为发电、建筑、交通、新能源政策等。我国的一些产业,如以电力行业为代表的能源生产和转换行业,以水泥、钢铁为代表的高耗能行业和以汽车交通、建筑使用为主的第三产业消费侧等的能源消耗和温室气体排放量不可小觑。由此可见,以行业政策作为抓手实现综合能源效率提升和二氧化碳减排的目标是极为必要的。

表 21-3　能源互联网发展政策体系

第一级	第二级	第三级
国家层面	法律法规型、行政强制型	国家宏观政策(能源革命、一带一路)
		国家法律法规(宪法法律法规)
		国家行政命令政策(指导意见、"十三五"规划、能源规划等)
		地方行政命令政策(地方科技、创新、产业扶持政策)
		行业行政命令政策(产业扶持、淘汰落后、能源替代等)
		强制标准(目标责任制、行业准入、许可制度、指标限额)
	经济激励型	税收优惠政策(税收优惠政策、关税、增值税等)
		价格优惠政策(给予特殊能源价格政策,如峰谷电价政策)
		先进激励政策(奖励先进企业)
		财政补贴政策
		金融扶持政策(优惠贷款、特许经营权招投标、PPP融资等)
		政府采购政策
		股权激励政策
		知产保护政策
		技术补偿政策(需求侧管理效益补偿政策)
		土地优惠政策
		人才引进政策
		产业支持政策
		碳市场交易政策(区域排放限额交易)
		终端多主体交易政策
	自愿行动型	自愿协议
		技术目录
		示范项目
		舆论引导
		产品认证
		技术来源
		信息服务
国际层面	法律约束型	国际条约(框架公约)
		国外自上而下有法律约束力的目标(总量、强度)
	市场机制型	信用机制
		排放交易
	自愿行动型	技术转让和研发
		无法律约束力的技术标准

(4)按照作用分为扶持政策、限制数量、限制价格、监管政策，按照具体情况选择部分引用或不引用。扶持政策是指国家或者地方政府在制定区域发展计划或规划纲要时，针对地区经济发展的实际情况，采取重点倾斜、优先扶持某些产业或部门的措施，促使它们优先发展，快速发展，以期带动其他产业的共同发展，从而促进整个地区经济发展的政策和措施。有数量限制的行政许可是指由于客观条件的限制，一个地区、在一段时期内，对于从事某种活动只能发放一定数量的行政许可。如果许可证申请人取得该项许可后限额即满，那么其他的申请人就不能再申请此项许可，如排污证、许可证和出口配额等。限制价格是政府为限制某些生活必需品的价格上涨，而对这些产品所规定的最高价格，限制价格一般低于均衡价格，是政府为保护消费者利益而制定的最高限价。监管政策，学术界一般称之为政府规制或管制，是市场经济条件下政府为实现某些公共政策目标，对微观经济主体进行的规范与制约。

(5)按照要素分为技术、资源、市场政策，按照具体情况选择部分引用或不引用。技术政策是对技术发展提出的准则，目的是通过技术进步推动社会，特别是经济的发展。技术政策综合考虑技术、经济、社会诸方面，因而成为技术工作和经济建设应共同遵循的发展政策。技术政策是编制科技发展规划、经济和社会发展规划，指导技术改造、技术引进、重点建设以及产业结构调整和发展的重要依据。资源政策是国家为实现一定时期内社会经济发展战略目标而制定的指导资源开发、利用、管理、保护等活动的策略。市场政策按狭义来说，在本质上属于政府对经济活动的一种微观控制，通常是指一种规范与调整市场结构、市场行为或市场结果的政府活动，旨在促进资源的合理流动与配置。发达国家的经验表明，一个成熟的市场总是包含着一种相对完善和与之相匹配的市场政策体系。在我国，随着改革开放的深入，市场的作用已逐步为人共识，市场体系逐步开始建立，市场调节的范围也逐步扩大。

(6)按照时间分为事前、事中、事后政策等，事前评估是在政策执行之前进行的一种带有预测性质的评估。事前评估的内容包含三方面：对政策实施对象发展趋势的预测，政策可行性的评估，对政策效果进行评估。执行评估就是对在执行过程中的政策实施情况的评估，就是具体分析政策在实际执行过程中的情况，以确认政策是否得到严格地贯彻执行。事后评估是政策执行完成后对政策效果的评估，旨在鉴定人们执行的政策对所确认问题确定达到的解决程度和影响程度，辨识政策效果成因，以求通过优化政策运行机制的方式，强化和扩大政策效果的一种行为。它在政策执行完成以后发生，是最主要的一种评估方式。

能源互联网政策体系及应用方法方面主要考虑三个维度，如图21-4所示，X轴是要素维度，包括规划、市场、监管、技术4个方面；Y轴是主体维度，包括国家政策、地方政策、团体政策 3 个方面；Z 轴是手段维度，包括法律法规、行政强制、经济激励及自愿行动 4 个方面，为能源互联网的发展提供了保障边界。能源互联网政策应用方法基于以上的分类方法利用，构建三维政策体系，提供三层架构的保障边界，实现从一点☆到另一点○的政策推进方案及政策分析，例如从国家行政强制规划政策向地方经济激励监管政策的推进路径。

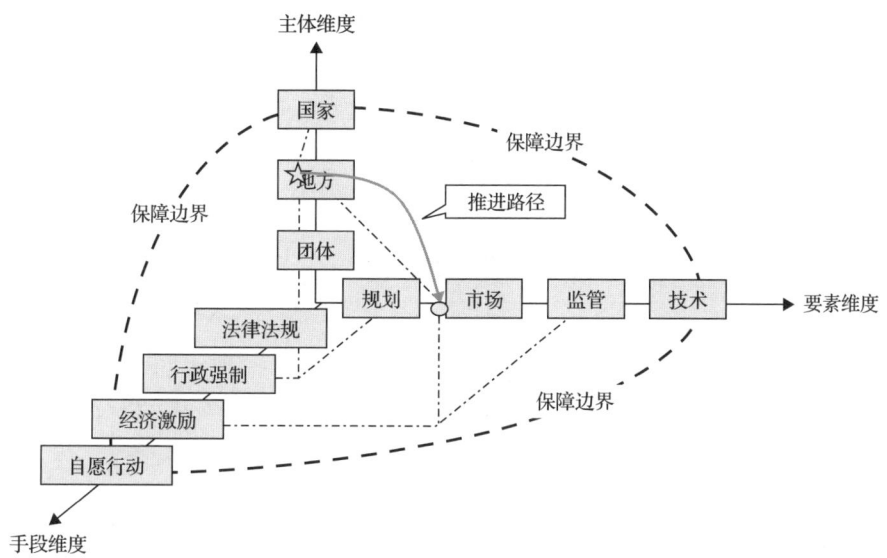

图 21-4 能源互联网政策体系

21.2.3 能源互联网技术标准体系

能源互联网标准是政策体系的重要组成部分，能源互联网涵盖了冷、热、电等多种能源形式和能源生产、传输、消费、交易等多个环节，包含了太阳能发电、风力发电、储电、储热、地热利用、燃气联供等多种新能源元素，利用移动通信、云计算、大数据等多种新技术，所以能源互联网标准化工作非常复杂，不同于以往单一业务领域的标准。当前能源体系快速发展，为避免在工程技术应用中走弯路，秉承工程启动标准先行的原则，首先制定能源互联网的标准，保证工程的实施和应用推广。推进标准化工作的首要任务是确定标准化工作范围，确定能源互联网标准化的核心团队起草的标准和相应的各个专业标准化技术委员会负责的标准工作，多个专业团队携手共同构建能源互联网标准体系。

能源互联网络的起草标准包括系统架构、能源路由器关键设备、数据交易以及能源互联网与主动配电网、微电网、储能、电动汽车、热水气互动等领域，涉及范围广、部门多，所以组织形式不像以往那样专业单一，容易协调管理，需要由国家标准化管理委员会牵头，会同工业和信息化部、住房和城乡建设部、国家能源局等国务院行业主管部门成立总体推进组，作为能源互联网标准化工作的部际协调机构，负责组织统筹能源互联网标准化发展战略规划，协调能源互联网重大事项。总体组具体拟定我国能源互联网标准化战略和推进措施，制定能源互联网标准体系框架及技术路线图，协调能源互联网相关国家标准的技术内容和技术归口，承担能源互联网国家标准制定工作，协助推动相关专业标准化技术委员会开展国家标准制定，统筹推动国际标准化和标准应用实施等工作。建立能源互联网标准推进的工作机制和工作流程，加快标准的制定工作，为工程建设与应用提供标准和规范。

能源互联网技术标准体系初步设计如图 21-5 所示。

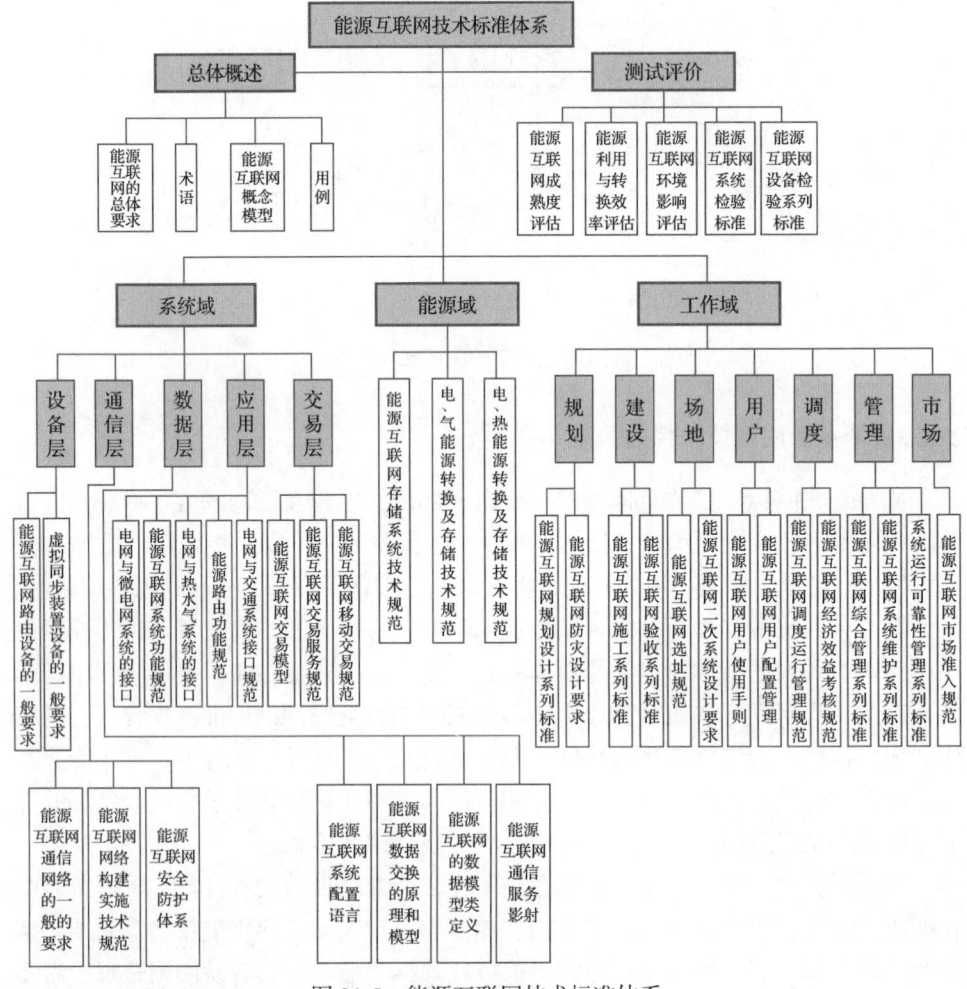

图 21-5　能源互联网技术标准体系

21.3 本章小结

本章主要介绍了能源互联网的建设目标与发展路径，主要内容包括如下几方面：①明确了发展能源互联网的目标，即建设清洁低碳、安全高效的现代能源体系，是推进能源生产和消费革命等重要战略部署的重要支撑。②能源互联网的推进可从发展指标体系、发展政策体系和技术标准体系的建立与应用开展。③能源互联网发展路径总体上分为三个发展阶段，即试点示范阶段，着力推进能源互联网多元化、规模化发展阶段和全面引领发展阶段。

第 22 章 能源互联网的实践与示范

国家能源局于 2017 年 7 月 6 日发布了《国家能源局关于公布首批"互联网+"智慧能源(能源互联网)示范项目的通知》，公布了首批 55 个"互联网+"智慧能源(能源互联网)示范项目，并对示范项目实施、监管、产业及政策支持等方面作出明确要求。本章将对首批"互联网+"智慧能源(能源互联网)示范项目进行分析与总结。

22.1 能源互联网示范项目现状

2016 年 7 月至 2017 年 6 月完成首批能源互联网示范项目申报与评审，参与申报项目 284 个，投资总额共约 3500 亿元。能源互联网示范项目申报情况统计见表 22-1。申报单位中国企申报项目数量占比 53%，投资占比 57%；民营企业申报项目数量占比 29%，投资占比 26%；其他类型申报单位包括地方政府、科研机构等申报项目数量占比 18%，投资占比 18%。

表 22-1 能源互联网示范项目申报情况统计

	单位类型			
	国企	民企	其他	合计
数量/个	151	83	50	284
占比/%	53.17	29.23	17.6	100
投资/亿元	1976.21	897.81	620.2	3495.22
占比/%	56.56	25.69	17.75	100

其中，55 个申报项目入选首批"互联网+"智慧能源(能源互联网)示范项目，详见图 22-1。

55 个示范项目分为 9 种类型。第一类城市能源互联网综合示范项目主要围绕城市核心区或城市地标性建设为核心开展，共计 12 个项目；第二类园区能源互联网主要围绕城市高密度负荷聚集的各类园区开展，共计 12 个项目；第三类跨地区多能协同示范以实现跨区域能源互补互济为目标开展，共计 5 个项目；第四类基于电动汽车的能源互联网示范主要围绕城市交通及周边高速公路构建绿色交通体系，共计 6 个项目；第五类基于灵活性资源的能源互联网示范项目旨在提高源—网—荷—储各环节的灵活可调能力，聚焦于负荷侧需求响应实施，共计 2 个项目；第六类基于绿色能源灵活交易的能源互联网示范主要围绕绿色能源交易平台与交

第 22 章 能源互联网的实践与示范

首批 55 个能源互联网示范项目

图例：
- 绿色能源交易
- 行业融合
- 大数据与服务
- 智能基础设施
- 城市综合试点
- 园区综合示范
- 跨区多能协同
- 电动汽车
- 灵活性资源

序号	项目名称
1	北京延庆
2	苏州工业园
3	厦门火炬开发区
4	北京海淀北部新区
5	上海崇明岛
6	浙江海宁
7	四川天府新区
8	合肥新站高新区
9	广州城市综合试点
10	上海城市综合试点
11	上海临港区
12	山西科创城
13	北京经济技术开发区
14	昆明呈贡信息产业园
15	江苏泰兴虹桥工业园区
16	宁夏中宁县
17	北京经开产业
18	江苏天工产业园区
19	内蒙西乌新工业园区
20	芜湖无为高沟电缆基地
21	井冈山经济技术开发区
22	吕梁绿色云计算中心
23	上海迪士尼旅游度假区
24	安阳鑫贞德有机农业区
25	珠海横琴开发区
26	榆林靖边产业示范区
27	湖州长兴新能源小镇
28	珠海高新技术产业开发区
29	三沙市永兴岛
30	承德市公共交通枢纽
31	成都市电动汽车示范
32	青海省新能源汽车示范
33	常州电动汽车运营创新
34	安徽三市电动汽车分时租赁
35	西咸新区低碳智慧公共交通
36	江苏大规模源网荷互动
37	宝鸡风光氢储互补微电网
38	厦门绿色能源交易云平台
39	张家口绿色数据中心
40	甘肃电力实时交易平台
41	张北县示范项目
42	丹东华电智能供热系统
43	广西钦州渔光能源中心
44	合肥高新区分布式能源交易
45	国家电网大数据能源服务
46	长沙天然气发电电商服务平台
47	中国石油电子商务平台
48	广州能源管理与辅助决策
49	深圳科陆智慧用能服务
50	贵州能源大数据云平台
51	云南能源大数据应用平台
52	辽宁电力智慧用能平台
53	平煤能源化工基地
54	世纪互联绿色数据中心
55	连云港经济技术开发区

图22-1　能源互联网示范项目

易机制的构建，共计 3 个项目；第七类基于行业融合的能源互联网示范主要围绕地区用能大户的能源梯级利用及以能源互联网为基础的行业运营模式创新展开，共计 4 个项目；第八类能源大数据与第三方服务示范是基于通信基础设施和平台建设开展多类型能源服务，共计 8 个项目；第九类智能化能源基础设施示范是以能源生产消费各个环节的基础设施智能化水平提升为目标，共计 3 个项目。

首批 55 个能源互联网示范项目投资总额超过 700 亿元。项目主体中国企业 31 家占比 56%，投资额约 370 亿元占比 50%；民营企业 13 家占比 24%，投资额约 163 亿元占比 22%；其他类型单位 11 家占比 20%，投资额约 212 亿元占比 28%。

55 个示范项目地域分布特征显著，华北与华东地区是发展的热点地区，根据区域资源禀赋及经济技术发展水平，采用差异化的推进方式，如图 22-2 所示。

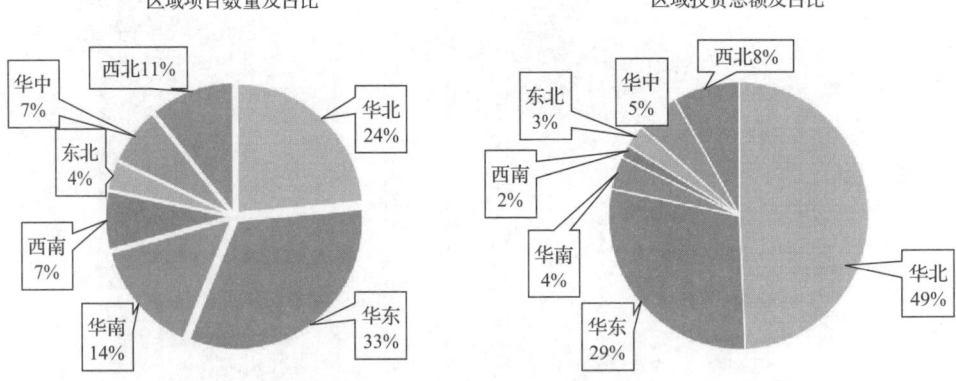

图 22-2　入选示范项目情况统计

22.2　示范项目推进中的五大主要问题

通过调研示范项目进展，示范项目问卷统计了一下集中反映的主要问题和期望。

1) 示范项目在落地过程中核准审批困难

多部门分项单独审批，且由于不了解分项间的耦合而无法审批；项目主体地位判定为负荷，无法独立参与交易；增量配电网的产权归属无法确定，导致投资不顺畅等问题，这些是决定项目能否落地及建设标准的三星级重大问题。

2) 标准不统一导致信息互联互通困难

物联网设备标准不统一，采集的生数据无法有效利用；缺乏多元数据标准化信息模型，无法实现信息的互联互通；缺乏跨行业跨部门数据共享开放机制，影响了大数据项目的落地应用。此项也属于决定项目是否可以落地的三星级重大问题。

3) 市场交易机制实施细则

缺少辅助服务的价格与市场机制、过网费的核算方法、绿证交易机制、偏差电量的市场规则、交易平台互联互通及建设主体等地方性政策实施细则。属于能够决定模式创新空间多少的二星级重要问题。

4) 期望得到政府财税优惠扶持

期望示范项目能够得到政府在初始投资补贴、税费减免、土地批复，人才成本方面的扶持，方能确保示范项目稳定快速建设。属于决定社会资本投入规模的一星关注问题。

5) 期望明确项目监管机制

多元主体缺乏对能源互联网示范项目及相关政策的统一认识；缺少对示范项目效果评估准则和验收标准；缺乏公正客观的第三方项目过程监管和运营监管平台。也是决定项目能否落地及建设标准的三星级重大问题。

22.3 能源互联网示范项目技术路线分析

能源互联网发展与区域政策、经济发展、产业结构、科技发展有强相关性，地方政府产业结构调整的积极性是推动能源互联网的主要驱动力，华东项目发展情况相对较好。基于能源互联网示范项目的三层技术构架和能源生产、转换、传输、存储、消费的五个环节，选择体现能源互联网特征的新技术及技术应用，形成能源互联网示范项目三横四纵的技术体系。对应三横四纵的每一个节点，均有多种技术路线选择路径，以实现不同类型能源互联网示范项目目标，如图 22-3 所示。

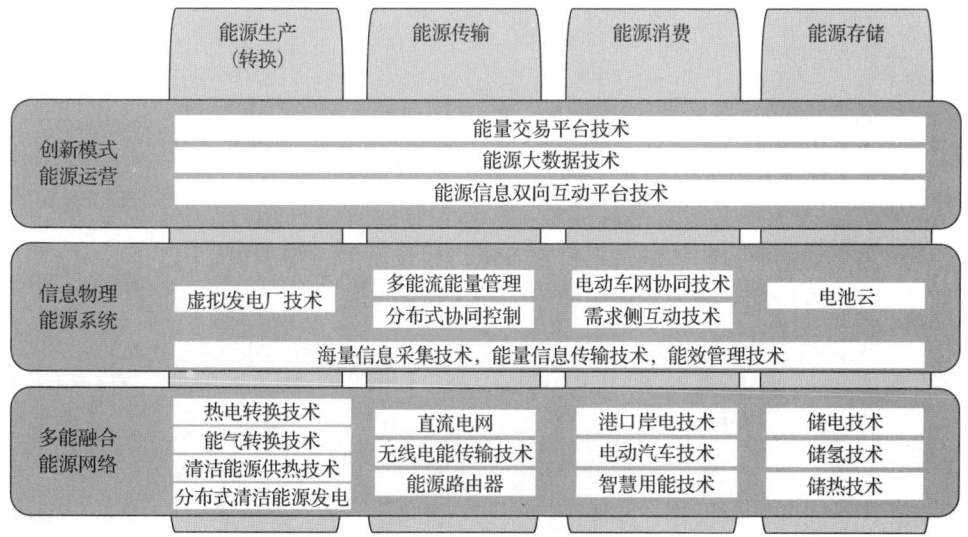

图 22-3 能源互联网示范项目三横四纵技术体系

结合能源互联网示范项目技术体系,从三横四纵节点技术路线为维度,进一步分析每个节点技术路线实现总体目标、具体技术表现形式和示范项目对该技术路线的选择。

在多能融合能源网络层面,示范项目的技术路线多数聚焦于分布式新能源发电、热电转换、储电储热、直流网络、电动汽车和智慧用能。其他技术路线如清洁能源制氢、储氢、能源路由器、港口岸电等受限于地方资源禀赋、技术难度、项目实施经济性等因素,少数示范项目结合地区实际情况和项目团队能力选择适合的技术路线以突显项目示范特色。在信息物理能源系统层面,示范项目的技术路线多聚焦于通用技术、多能流管控与协同、电动汽车车网协同、需求侧互动技术,这类技术路线支撑信息能源物理系统构建,是示范项目体现能源互联网技术特征的必然选择。在创新模式能源运营层面,三种通用技术路线被多数示范项目选择,不同示范项目基于相同的技术路线开展不同的应用模式创新是这个层面的技术路线选择的关键所在,通用技术路线集中反映能源互联网创新服务的技术支撑作用。由此可见,基于能源互联网示范项目技术体系的维度,示范项目技术路线选择既体现了能源互联网的共性特征也体现了能源互联网个性差异。

示范项目的技术特征表现为泛在互联、对等开放、低碳高效、多源协同、安全可靠。其中,泛在互联集中反映在能源生产消费的各类基础设施通过能源网络实现互联,能源互联网各利益主体的互联;对等开放集中反映在各层级、多维度的开放平台的构建;低碳高效集中反映在清洁能源和分布式能源即插即用、广域的电气化交通、规模化储能及高效用能设备的广泛应用;多源协同集中反映在冷热电气等多种能源生产、传输和利用在规划运行方面的协同;安全可靠集中反映在能源基础设施的安全可靠及高标准的信息安全和隐私保护。

从能源互联网示范项目类型维度,进一步分析 9 类能源互联网示范项目建设的驱动力、技术手段、实施效益、具体案例和技术特征,总结归纳每一类示范项目的技术路线。

1)城市能源互联网试点示范项目

城市在全球向可持续能源应用转型过程中起到核心作用,城市具有通过应用综合解决方案迅速提高能源效率、普及可再生能源的独特优势,因此城市能源互联网示范类项目基于城市新地标建设、新区快速发展、区域能源结构转型等因素驱动,通过系统思维的手段实施能源互联网示范,实现区域能源可靠,促进地区经济发展和改善地区环境的目标。具体案例包括北京冬奥会、上海临港区、四川天府新区等,其主要技术特征为开展多场景、多层面、多模式的综合示范,用户参与程度高,涉及领域广,充分体现能源互联网与低碳智慧城市发展相融合,优化集成各类能源基础设施、能源大数据和能源服务。其中 50%以上本类示范项目选择了热电转换、分布式能源发电、电动汽车、储电、信息物理层通用技术、多能流管控与分布式协调、需求侧互动和能源运营层三种通用技术路线。

2) 园区类能源互联网综合示范项目

在园区类能源互联网综合示范项目中，基于园区用能密度大，能源需求不确定性等因素驱动，依据园区冷/热/电能源需求和资源禀赋，合理选择能源开发利用的技术因地制宜地建设形式多样、可灵活建设的综合能源站，满足用户用能需求，实现资源优化配置。具体案例包括江苏泰兴虹桥园区、江苏天工园区、上海迪士尼等，其主要技术特征为满足负荷差异化需求，充分挖掘源—网—荷—储调控能力，建立清洁能源和可再生能源为主的多能互补综合能源系统，以综合能源服务商为核心，协调各方利益实现多方共赢。50%以上本类示范项目选择了分布式能源发电、电动汽车、储电、能源信息采集与传输、多能流管控与分布式协同、需求侧互动、能源交易与信息双向互动平台的技术路线。

3) 跨地区多能协同的试点示范项目

跨地区多能协同的试点示范目标在于充分利用邻近区域负荷与供能资源的互补特性，提高可再生能源消纳比例，探索冷热能源循环利用及可再生能源供热制氢模式，提升区域整体能源效率。本类项目基于可再生能源时空分布差异、区域冷/热/电能源需求量增长、区域能源系统基础设施改造等因素驱动，通过区域内源-荷-储的局部自平衡和跨区供能网络的互济，实现绿色低碳的能源供给及开放共享的产业模式。具体案例包括海南永兴七岛、浙江长兴岛小镇、珠海横琴等，其主要技术特征是考虑子系统特性差异，突破电、气、热(冷)等子系统运行经营模式壁垒，通过多种能源形式间的相互协调，充分发挥多种能源形式互补特性，促进经济发展和环境改善。50%以上本类示范项目选择了分布式能源发电、直流电网、能源路由器、电动汽车、储电、能量信息采集与传输、多能流管控与分布式协同、需求侧互动、能源交易平台的技术路线。

4) 基于电动汽车的试点示范项目

基于电动汽车的试点示范项目是以智能交通为核心，通过"互联网+"与充电基础设施相结合，探索交通出行的共享化、生态化、智能化。本类项目基于城镇化、智能化城市发展、绿色交通发展等因素驱动，建设智能充电网络，创新分时租赁、私桩共享、众筹建桩等商业模式及衍生服务，实现交通系统用能结构优化，打造了便捷、智能的出行方式，改善了本地环境。具体案例包括常州星星充电、成都雅俊、承德电动公交等项目，其主要技术特征是建设光充储一体化充电设施，构建基于共享经济的电动汽车分时租赁、众筹建桩等金融模式，借助信息化手段提高电池系统运行效益，促进绿色低碳交通发展。50%以上示范项目选择分布式能源发电、电动汽车、储电、能源信息采集与传输、车网协同、能源信息双向互动平台的技术路线。

5) 基于灵活性资源的试点示范项目

基于灵活性资源的试点示范项目技术路线目标是充分挖掘源—网—荷各环节的调节潜力满足系统灵活性需求，借助市场机制，建立灵活性需求与供给的平衡。本类示范项目面对能源系统供需平衡需求和源荷双边波动性特征，考虑不同类型源荷储特性差异，通过多能互补协同规划和优化运行，提高系统灵活性，确保能源系统安全稳定运行的前提下提高可再生能源消纳能力，降低能源基础设施的投资成本。具体案例包括江苏大规模网荷友好互动和宝鸡风光氢储互补智能微网项目，其主要技术特征是建立基于信息通信基础设施聚合区域分散可调负荷，利用动态集群模式，通过能源供需的优化调控响应，提高灵活性资源调控潜力，探索辅助服务市场运营模式。本类项目采用的技术路线包括分布式能源发电、热电转换、气电转换、智慧用能、储电储氢、能源信息采集与传输、虚拟电厂、多能流管控与协同、需求侧互动及能源运营层三项通用技术。

6) 基于绿色能源灵活交易的试点示范项目

基于绿色能源灵活交易的试点示范项目实施目标是通过建设以智能化为基础的互联网绿色能源交易平台，构建可再生能源补贴机制，发展绿证交易体系。本类项目基于可再生能源与常规能源竞争处于明显劣势和清洁绿色能源持续发展等因素的驱动，构建以能源基础设施为运行载体、智能调控终端为手段的区域能源交易平台，提供多种模式的能源交易服务，还原可再生能源价格属性。具体案例包括张家口数据中心、厦门科华恒盛能源交易平台、国家电网甘肃省电力公司能源交易平台等项目。本类项目的主要技术特征是基于物联网技术的用能终端能源信息采集与通信、基于能源数据分析的用能侧能效管理服务和基于智能化设备的用能终端能源服务创新，其技术路线包括分布式能源发电、电动汽车、储电、能源信息采集与传输、多能流管控与协同、需求侧互动、信息双向互动平台和能源交易平台。

7) 基于行业融合的试点示范项目

基于行业融合的试点示范项目旨在充分利用可再生能源发电供热及冷/热/电联储技术，探索热、冷、水、电、气的循环利用模式，推动行业向高效低耗用能方向发展，形成行业新型生产消费和管控体系，探索行业新型运营模式。行业用户基于国家环保法规及节能潜力挖掘的驱动，结合业务与生产特点，通过余热、余压以及工业副产品等能源资源回收和综合利用，实施行业能源综合梯级利用改造，降低行业用能成本，促进传统行业能源转型，进一步发展行业产业链循环经济。具体案例包含张家口禾润、华电东北供热、钦州渔光风储等项目，其主要技术特征为结合行业生产流程和能源管理，促进行业一体化产业链的循环经济发展，利用可再生能源与储能系统，采取节能、灵活调控手段降低用能成本，结合行业用能特点探索能源循环梯级利用模式。本类示范项目技术路线包括分布式能源发电、储电、能源信息采集与传输、多能流管控与协同、能源信息双向互动平台和能源交易平台技术。

8)能源大数据与第三方服务试点示范项目

能源大数据与第三方服务试点示范项目是基于能源网络中能量流、信息流及价值流互相整合,通过能源互联网中商业模式创新,实现能源服务的个性化与定制化。本类项目的驱动力来自精细化用能需求、能源市场的多主体参与及供需双边协同互动需求,实现手段是以能源大数据为核心,整合影响能源发展多元信息,构建以数据交易、数据产品和增值服务为盈利模式的能源大数据生态运营服务体系,实施效益为创新能源大数据业务服务体系,构建基于能源大数据的监管体系,实现能源大数据的集成和安全共享。具体案例包括贵州大数据、电网大数据平台、中石油能源数据平台等项目,本类示范项目的技术特征为采集与集成能源互联网用户、设备、运行、交易、金融等各类大数据,研究多元数据集成融合与价值挖掘技术,支撑政府决策、提升企业业务水平和服务质量、创新能源产业商业模式。本类示范项目半数以上选择了能源信息采集与传输、能源信息双向交互平台、能源大数据分析、能源交易平台的技术路线。

9)智能化能源基础设施试点示范项目

智能化能源基础设施试点示范项目依托能源物理系统各环节智能化水平提升,提升精细化运维管理水平,有效支撑能源互联网多能协同效益发挥。本类项目基于设备智能化升级改造和能源系统精准量化管理等因素驱动,通过化石能源生产清洁高效,可再生能源生产与能源消费智能化,推进集中式与分布式储能协同发展,提升能源系统各节点智能化水平,降低系统运维成本,提升能源系统灵活性和综合能源利用效率。具体案例包括平煤化工基地、连云港经济开发区、世纪互联数据中心项目,其主要技术特征为建设可再生能源智能化生产、柔性能源网络、智能终端量测,实现多能协同优化,基于能源系统结构优化,建立多元信息能源系统的网络协同控制,实施能量信息化和网络化管控,提高系统灵活性。项目所选取的技术路线包括分布式能源发电、热电转换、电动汽车、储电、信息物理系统三项通用技术、多能流管控与协同、需求侧互动及能源运营层三项通用技术。

22.4 能源互联网示范项目基本建成案例

在55个示范项目中,选取三个具有代表性的示范项目建设内容进行介绍。

22.4.1 支持能源消费革命的城市-园区双级"互联网+"智慧能源示范项目

支持能源消费革命的城市-园区双级"互联网+"智慧能源示范项目是由南方

电网公司广东电网公司等 24 个单位承担的国家首批"互联网+"智慧能源示范项目。项目建设示意图如图 22-4 所示。项目经过两年的建设,总投资约 2.7 亿元。项目共分四个子课题,按照"物理层—信息层—应用层"的架构进行"互联网+"智慧能源示范项目的建设。

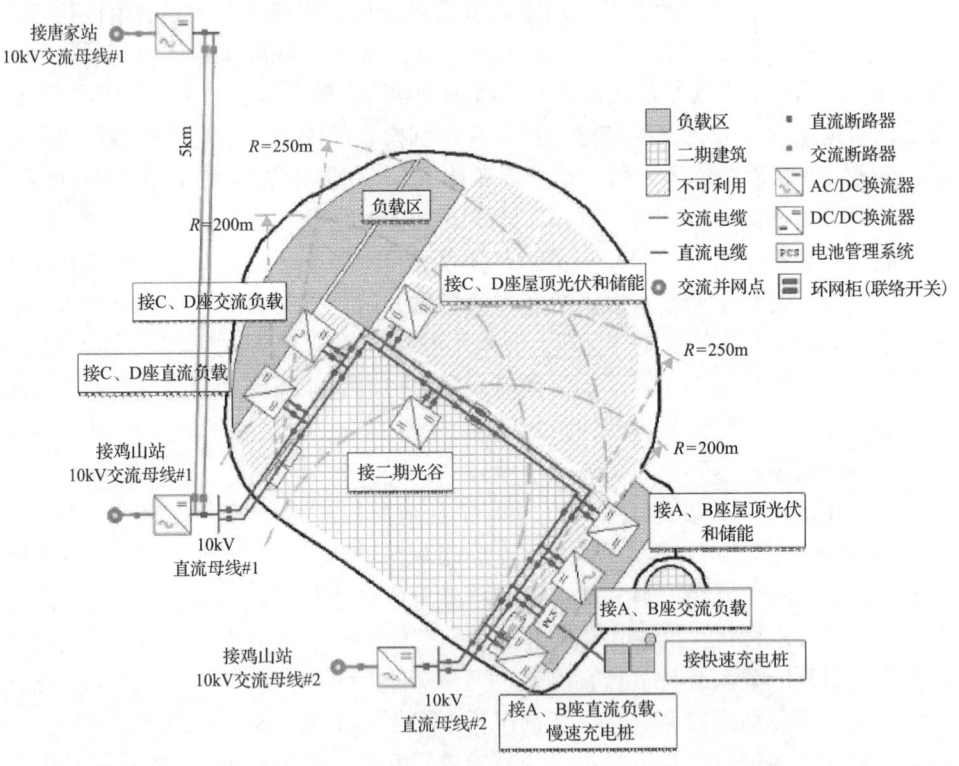

图 22-4 支持能源消费革命的城市-园区双级"互联网+"智慧能源示范项目

1. 项目基本情况

项目按物理层、信息层、应用层三层建设,如图 22-5 所示。①物理层,在唐家科技园区建设柔性交直流混合配电网,在横琴自贸区建设高可靠性交流配电网。②信息层,面向全市部署智慧能源终端和多元通信网络,建设智慧能源大数据云平台。③应用层,面向横琴自贸区实现多能协同运营,面向全市实现基于互联网理念与技术的分布式资源管理,适应市场机制的需求响应和智慧用能服务。

物理层解决了能源互联互通、配网智能高效的问题。信息层解决了各类资源信息互联及海量数据融合的问题,同时为各类市场主体提供了共享互动平台。应用层通过运行机制创新,解决各类能源资源协同互动问题,开展互联网化商业模式创新应用,通过市场化手段协调综合能源供需平衡问题。

项目自 2017 年 1 月起开展工程前期可行性研究工作,2017 年 12 月完成立项

第 22 章 能源互联网的实践与示范

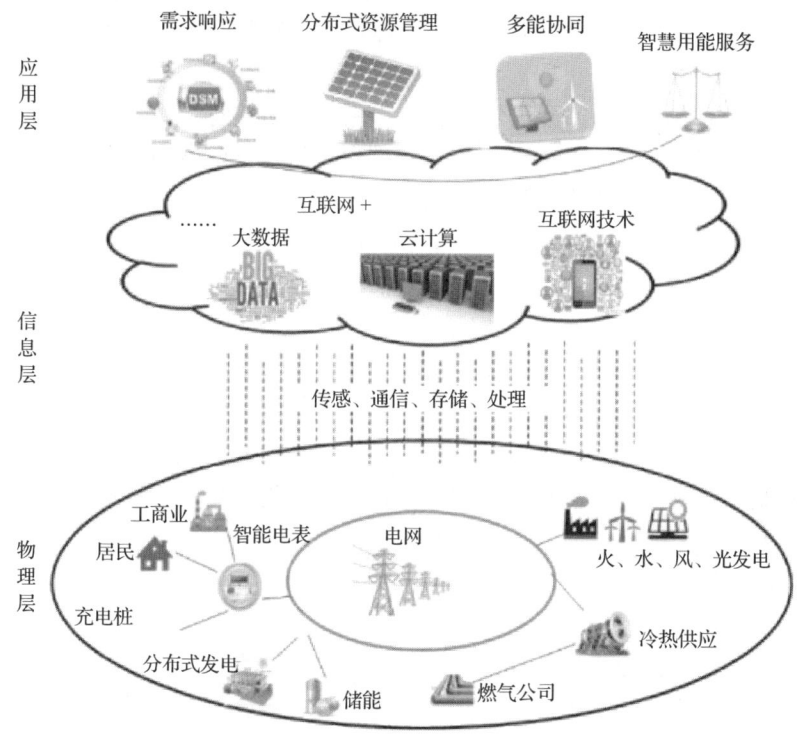

图 22-5 项目建设架构示意图

工作，项目总投资 2.71 亿元。项目按"唐家柔直配网工程、横琴高可靠性配电网工程、智慧能源大数据云平台项目、智慧能源运营管理项目"四个子项目实施管理。其中唐家柔直配网工程批复总投资为 20050 万元，智慧能源大数据云平台项目批复总投资为 3454 万元，智慧能源运营管理项目批复总投资为 3603 万元，横琴高可靠性配电网另设配套项目由珠海供电局实施。

为了积极推动项目高效实施，广东电网公司成立以公司领导为组长的专项组织机构、多方联动的工作团队。珠海供电局、公司信息中心为实施主体，清华大学、南方电网科学研究院等高校与科研机构为技术支撑团队，中能建广东电力设计研究院、广东省输变电工程公司、广东能源技术公司为设计、施工、集成调试联合承包方，南瑞继保电气有限公司、许继电气股份有限公司、北京四方继保自动化股份有限公司、上海思源电气股份有限公司、山东泰开高压开关有限公司等为关键设备研制团队。鼎信信息科技有限责任公司、优普科技有限公司、清大科越股份有限公司、国科恒通科技股份有限公司、卓维网络有限公司等为软件开发实施团队。

2018 年 12 月，柔直配网工程完成单体测试与系统联调，并实现带电运行；横琴高可靠性配电网实现全区域 20kV 配电网闭环运行；智慧能源大数据云平台项目和智慧能源运营管理项目的系统平台通过初步验收并上线试运行。

1) 物理层执行情况

物理层围绕"唐家""横琴"两个园区开展示范建设。在唐家建成了世界首例±10kV、±375V、±110V 多电压等级多端交直流混合配电网，研发了多项柔直配网关键技术与设备、交直流混合电网协调控制运行策略，在清华科技园构建了光储充一体化的直流微网。在横琴，基于20kV"双链环"的网架设计、一体化多层次配网保护及自愈控制技术，规划建设了高可靠性20kV配电网。

2) 信息层执行情况

信息层面向全市构建了综合能源信息模型，建成了智慧能源大数据云平台，实现了内外部能源数据的集成和管理、多源异构数据的融合并提供数据资源服务；搭建了云平台内外网环境，通过数据脱敏和摆渡技术实现了安全访问，采用微服务架构开发方式满足了弹性扩展要求并实现敏捷开发；运用区块链技术建成支持绿证交易的平台。

3) 应用层执行情况

应用层建设了智慧能源运营平台，为能源企业、售电公司、用户、分布式资源所有者等各类主体提供参与能源互联网运营的渠道设施，打造了开放的能源互联网生态。平台主要包括多能协同运营、分布式资源管理、需求响应和智慧用能服务四大子功能，实现多能源横向协同，源-网-荷-储纵向互动。

2. 项目特色与创新

项目通过开展技术手段、运行机制、商业模式三方面创新，提高了物理网架的能源协同能力，打破了各类资源间的数据壁垒，突破了传统僵化能源服务模式的制约。物理层通过7项技术创新，实现了柔直配网技术与装备的突破，拓展了交流配电网高可靠运行新模式。信息层通过两项技术创新，解决了海量灵活性资源接入支撑平台的构建与数据融合的难题。应用层通过两项运行机制及三项商业模式创新，解决了分布式资源、多能协同运营难题，创新了多方协调互动、共享共赢的新型商业模式。

该项目在国内首次系统地开展了城市—园区双级能源互联网工程建设。建成了国际首个工程化水平的柔直配网示范工程；建成国内首个基于大数据云平台技术、完整覆盖各类综合能源信息、支持综合能源运营管理的能源互联网支持平台；国内首创能源互联网综合运营服务平台，创新多能协同与虚拟电厂运行机制，以及分布式能源交易、中小用户售电交易等多种商业模式和各种综合能源运营云服务、数据增值等。项目提出的柔直配网技术体系、综合能源CIM模型等多项创新技术达到国际领先水平。项目成果中供电可靠性、中低压柔直换流阀额定容量、设备利用率等关键参数指标属国际先进，项目总体成果达到国际先进水平。

3. 项目效益及产业化前景

1) 经济效益

按《建设项目经济评价方法与参数》(第三版)等国家和地方相关政策法规进行测算，得出项目整体财务效益良好：项目投资方内部收益率 7.08%，投资回收期 13.1 年，同时利息备付率 3.19，偿债备付率 1.58。

2) 社会效益

项目的建成与深化应用将持续推进配网智能化，提升能源信息化水平，促进能源互联网生态的形成和发展，进而推动分布式资源的建设与能量消纳，提升社会总体用能效率，提高综合能源高质量发展。具体包括构建了柔直配网技术体系、节约土地资源和能源投入、提升综合能源数据服务能力以及构建综合能源服务新体系等方面的社会效益。

3) 产业化前景

项目首次成功应用了"物理、信息、应用"三层模式开展能源互联网工程建设，验证了互联网建设总体架构建设的可行性。项目形成的一整套成套技术和建设方案，例如柔直配网成套与工程设计、智慧能源大数据云平台设计、互联网化综合能源服务设计等成果，可作为典型方案解决工程建设中能源互联互供、能源数据接入、各方主体商业合作模式等核心问题。成果具有极强的复制性和经济性，可作为样板工程复制推广。

22.4.2 面向特大城市电网能源互联网示范项目

面向特大城市电网能源互联网示范项目是由南方电网公司广州供电局积极申报承担的国家首批"互联网+"智慧能源示范项目。项目建设周期为 2 年，总投资为 6.66 亿。项目总体架构图如图 22-6 所示。

项目打造了 1 个"互联网+"智慧能源综合服务平台、3 个智慧园区、3 个创新业态，涵盖了特大城市能源系统的核心元素，提升了能源使用效率；项目在城市多能源系统关键技术探索方面取得了多项创新性成果。从化明珠工业园多元互动项目通过有序生产、余热回收、余热制冷等技术，建成园区内部可靠、清洁、高效的综合能源系统；中新知识城实现了四网融合、三表集抄全面覆盖，试点建设了智能家居；南沙智能微电网项目提升了电网适应气候变化、抵御自然灾害的能力；智慧路灯示范项目实现了"一杆多用"，支撑了广州智慧城市建设；项目单位与政府、通信运营商、发电集团、汽车企业等共同推进项目建设，成果获得政府、用户、利益相关方的认可。开展多元用户互动、四网融合、车网协同、基站储能、智慧路灯等新兴业态的探索，提出了共建共享共治理念、方法及商业模式，具备可推广性，对推动能源互联网的建设具有重要的示范意义。

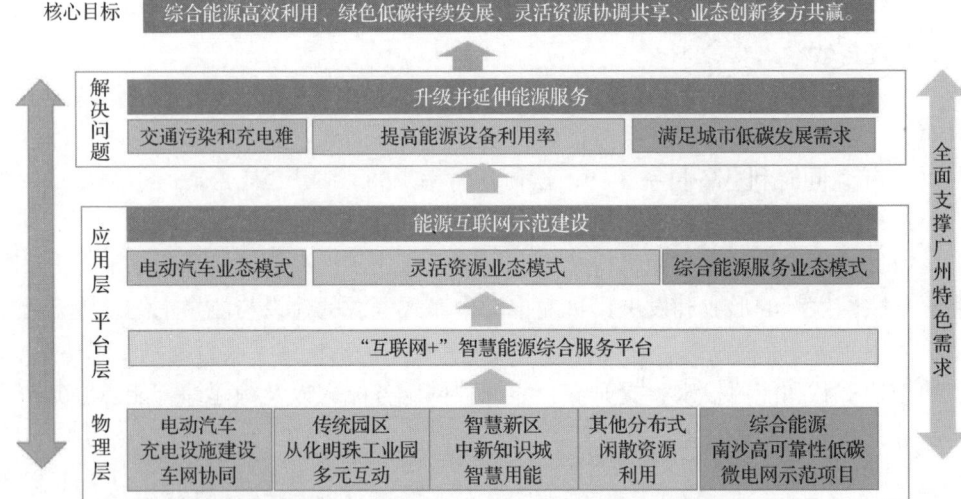

图 22-6　面向特大城市电网能源互联网示范项目总体架构图

1. 项目基本情况

广州面向特大城市电网能源互联网示范项目通过进行"1+3+3"建设，拟实现基于互联网价值发现、基于电动汽车、基于灵活资源及基于综合能源服务的 4 个业态模式，并选择中新知识城、南沙智慧岛、从化明珠工业园等中新合作战略高地、兼具自贸区和国家新区双重战略城市新兴区域，因地制宜、点面结合，将广州市打造成为"高效、绿色、共享、创新"能源互联网智慧城市，实现"综合能源高效利用、绿色低碳持续发展、灵活资源协调共享、业态创新多方共赢"四个核心目标。

1) 中新知识城智慧新区项目示范区

中新知识城智慧新区项目示范区是国家首批智慧城市创建试点、中新合作战略高地、战略性新兴产业基地，生态居住地。示范项目建设的智能电网示范区，涵盖智能变电站和 20kV 高可靠性配电网，供电可靠性 99.9999%，用户平均停电时间小于 2min；建设三表集抄、四网融合的智能家居小区，开展大数据分析和需求侧响应。

2) 南沙智慧岛示范区项目

南沙智慧岛区域定位高是兼具自贸区和国家新区双重战略城市新兴区域、粤港澳大湾区中心区域。示范项目建设 100%可再生能源的综合能源微电网，抵御自然灾害和极端天气情况下核心负荷一周以上高可靠性供电。建成投产南沙智能低碳微电网示范项目，该项目于 2017 年 5 月获批国家发展和改革委员会、国家能源局首批 28 项新能源微电网示范项目，并入选中美智能电网第二阶段微电网技术国际合作项目。项目选址广州供电局供用电技术研发基地，为台风自然灾害多发区域。项目建设一个可实现离网孤岛长期运行的微电网。微电网包含太阳能光伏发电系统共260kW、新电池储能系统及退役储能电池系统共1.5MW时、车用和船用充电桩系统等。目前项目已经于2018年4月投产。

3) 从化明珠工业园多元用户互动项目

从化明珠工业园示范区综合能源与智能配用电系统示范工程旨在通过多能流综合规划、多元互动、协调控制与智能调度，提高一次能源综合利用效率，提高可再生能源就地消纳率，打造园区内部可靠、清洁、高效的综合能源系统。目前，园区已建有大量可再生能源发电，为充分就地消纳可再生能源，挖掘园区可再生能源的供应潜能，通过将可再生资源与储能搭配使用，有效提高园区可再生能源的渗透率，避免能源的浪费。此外，鳌头分布式能源站配置的天然气冷热电联产机组214.4MW，供热能力大约52t/h，为从化明珠工业园区提供丰富的冷、热、电资源。广州供电局通过深入分析各个用户的用能特点，有针对性对相关用能单位进行改造，如配置储能、对负荷特性进行优化等手段；建立了一套多能协同的智能调度系统，充分消纳光伏发电和天然气冷热电三联供等清洁能源，协助企业进行综合能源优化管理，实现了源、网、荷、储的有效互动，并将园区整体作为灵活可变的虚拟电厂，实现与上级电网的协调互动，提高园区接入电网的友好性。该项目充分探索多元用户互动新模式、多种能源互补新技术，构建工业园区高效、清洁、可靠的综合能源系统，并与上级电网实现友好互动，降低了企业用能成本，提高了电网运行的经济性和安全性，实现了多能协同、多方共赢，体现了能源互联网开放互联的建设理念，通过开展用户侧的综合能源创新服务体现了能源互联网以用户为核心的建设理念。目前，广州白兔站退役电池梯级利用、万宝轮胎等用户侧分布式储能等已投产。

4) 城市层面充电设施示范

广州供电局开展基于充电设施智能管理平台实现全市车联网，通过信息物理融合支撑智慧城市建设。建成面向全广州的广州市充电设施智能管理平台，支持1万个充电设施的数据终端接入，满足100个客户同时交易的并发应用需求，同步开发移动APP和微信公众号，开发第三方支付接口，为全市6万～8万充电客户提供智能便捷服务。

5) 闲散储能示范项目

为节约供电建设所需土地资源，解决城中村重过载问题，将基站闲散备用电池储能资源进行数字化和虚拟化处理，盘活利用为数字储能资产，基于电池巡检云平台、能量调度云平台盘活利用为配网储能容量。通过采用软件定义数字电池能量交换机系统、电池巡检云平台和能量调度云平台对基站闲散备用电池进行数字化、信息化和虚拟化，进而通过信息互联网对大规模闲散储能电池资源进行自动巡检和能量调度，降低运维成本，提高闲置电池资产利用效率，同时解决了电网公司在配网侧和用户侧部署储能系统所面临的场地和成本等行业痛点问题，开创基于能源互联网共享经济模式的数字储能服务。项目在广州市白云区、天河区和从化区选择直供电通信基站，利用闲置电池，组成480kW/3.94MW·h分布式电池管理系统。

6)"互联网+"智慧能源综合服务平台

"互联网+"智慧能源综合服务平台整合、集成内部资源并将各类分布式资源纳入调度平台管控，为电网及园区、用户等提供并发式的能量管理服务，体现能源互联网以用户为核心的建设理念。对于已具备能量管理系统的园区、用户，平台可以与其实现数据交互及共享，下发虚拟电厂调度指令，为园区、用户提供数据等增值服务。对于不具备能量管理系统的园区、用户，平台可以为园区、用户提供能量管理辅助决策，帮助用户挖掘运行经济效益，节省成本。对于电网用户，平台可以通过对分布式资源进行统一管理和控制，为电网调度提供可调节能力和模型，发挥虚拟电厂提升电网运行经济性和安全性的作用。

2. 项目特色与创新

广州面向特大城市能源互联网示范项目通过打造广州大型城市能源互联网综合示范区，实现基于互联网价值发现、基于电动汽车、基于灵活资源及基于综合能源服务的业态模式，并选择中新知识城、南沙智慧岛、从化明珠工业园等国家战略城市新兴区域，因地制宜、点面结合。示范项目根据项目申报书所规划的项目经济社会效益目标已完成，特别是对社会环境效益达到预期效果。项目在技术手段、运营机制、商业模式方面都具有显著效果，通过差异化方案的提出，形成具有引领性、示范性、可复制、可推广的示范范例。试点先行，以点带面。通过总结示范区建设和运营经验，在全市范围内对照查找，从而促进提出适合全市范围内推广的方案，将广州市打造成为"高效、绿色、共享、创新"能源互联网智慧城市，实现"综合能源高效利用、绿色低碳持续发展、灵活资源协调共享、业态创新多方共赢"四个核心目标。

3. 项目效益及产业化前景

1) 经济效益

中新知识城智慧新城示范区：①增加输配电收入516万元/年，可靠供电提升直接、间接价值87万元/年。②节省社会基础设施投资，带来经济效益30万元/年。

南沙智慧岛示范区项目：南沙项目采用微电网进行保底，可以节约电网保底投资约800万，且分布式光伏发电，每年节约电费18万元，节能降耗投资1万元，若发挥微网参与调峰调频市场，预计产生效益10万元/年。

从化明珠工业示范园区：①用户侧储能年均收入约148万元/年。②延缓电网投资，带来经济效益 90 万元/年。

面向特大城市的电动汽车示范：增加充电业务收入约 1850 万元/年。智慧路灯示范项目"一杆多用"，经测算可节省 17 万元，减少重复开挖 20 万元，按照社会平均收益 6%测算，年均经济效益 2.2 万元。

"互联网+"智慧能源智能互联服务平台：具有潜在经济创收能力，远景年潜在经济价值达 3960 万元/年。

综上，现阶段示范项目实施带来直接、间接经济价值约 2770 万元/年，远景年潜在经济价值 6730 万元/年。同时，项目建设拉动新能源、环保、信息、电动汽车等产业发展，吸引相关投资，为各行业用户提供优质服务，提升生产效率，促进上下游企业增收，该部分价值不易于量化，但价值显著。

2) 社会效益

该项目以"综合能源高效利用、绿色低碳持续发展、业态创新多方共赢、灵活资源协调共享"四个核心目标为导向，在广州市多个试点分重点进行能源互联网关键技术的示范建设，具有如下的社会效益。

(1) 促进能源互联网技术发展，引领能源技术革命。能源互联网代表了未来能源行业的发展趋势，离不开若干关键技术的突破。广州建设特大城市能源互联网示范项目，实现了能源互联网相关技术的真正落地，有利于促进能源互联网技术发展，引领我国能源技术革命，取得技术优势。

(2) 推动能源革命和开放能源市场形成，实现多方共赢。能源互联网是推动能源革命的重要技术和途径，形成开放的能源市场，吸引金融资本与广泛的市场参与、促进产业融合、催生各种专业化的服务与企业、创造就业与产业机会，实现运营体制创新，允许不同类型的参与者在能源生态圈中实现多方共赢。项目以互联创新服务平台为依托，开展能源互联网增值服务、交易服务业态的示范建设工作，进行相关市场运行机制的探索，为我国能源领域的改革起到了较好的示范和引导作用，实现区域能源服务商、能源用户、供能企业、设备厂商等多个参与方的共赢合作。

(3) 提升能源利用效率，促进节能减排，实现环境友好。能源互联网能够提高总体能源利用效率，提升可再生能源消纳能力，从而实现环境友好。经初步测算，项目可提升从化明珠工业园、南沙智慧岛核心区的商业及居民用户综合能效 10%~20%；通过示范项目内分布式能源发电的 100%消纳。经初步测算，年均减排二氧化碳 12000t、二氧化硫 1000t、碳粉尘 10000t。

(4) 建设安全可靠的能源供应体系，保障用户的供能安全。广州作为国家中心城市，具有大量重要负荷，供能安全要求高，但广州面临台风威胁，此外电网负荷峰谷差大，对外部电源依赖严重。该项目可以提高电网运行安全水平，并支撑紧急情况下的应对能力，实现中新知识城、南沙示范区用户年平均停电时间不小于 5min，用能峰谷差降低 10%～20%，保障供能安全。

（5）提供"高效绿色、创新共享"能源互联网智慧城市示范样例，促进能源互联网发展。广州电网属于特大城市大型受端网络，具有代表性。该项目依托广州电网，选择城市典型能源用户(新型城镇、工业园区、大型用户、电动汽车、运营商)试点不同能源互联网技术和业态模式创新，解决特大城市面临的不同问题，项目兼具示范性、先进性和推广性，其建设经验和技术可为其他大中型城市受端网络建设能源互联网提供借鉴。

3）产业化前景

中新知识城、从化明珠园、南沙示范区分别代表了智慧新城、传统园区升级、自贸区的特点。通过差异化方案的提出，形成具有引领性、示范性、可复制、可推广的规划范例。试点先行，以点带面。通过总结示范区建设和运营经验，在全市范围内对照查找，从而促进提出适合全市范围内推广的方案。

22.4.3 大规模源-网-荷友好互动系统示范工程

大规模源网荷友好互动系统示范工程由国家电网江苏省电力有限公司牵头，国电南瑞科技股份有限公司与东南大学配合，三方共同建设完成。项目团队以"清洁能源全消纳，充分发挥电力在能源互联网中的枢纽作用"为目标，应用"互联网+"技术，在全国率先建设由传统发电、清洁能源发电以及海量社会可中断负荷构成的大规模源-网-荷友好互动系统示范工程。

在江苏范围内，开展了大规模源网荷友好互动系统示范工程建设工作，截至2018 年 10 月，江苏省电力有限公司已投入 14.8 亿元进行示范工程建设，系统已具备 260 万 kW 毫秒级、376 万 kW 秒级可中断负荷精准控制容量、41.5 万 kW 柔性调控容量，形成具有"实时、迅速、精准"为特点的源荷匹配平衡，保证了电网经济、安全运行，有效促进了清洁能源消纳。此项重大创新成果已在公司系统 6 个省级单位推广应用。项目应用了基于"互联网+"市场化模式的源网荷储运营机制，实现了非工业柔性调控 2715 户、工业刚性调控 1726 户、主动需求响应 20.8 万户的接入，通过需求侧响应激励机制，可中断负荷商业化运营机制，引导电力市场主体积极参与产业链上下游的互动，为提升整个产业链的经济效益和社会效益奠定了基础。

1. 项目基本情况

面向独立用户、负荷聚合商、虚拟发电厂这三大类型用户，分析其响应能力与响应时延，建立毫秒级、秒级直至月度的全时间尺度源网荷互动技术及运营模式，并在此基础上开发了全时间尺度的"大规模源网荷友好互动系统"，包括了面向应急场景的以毫秒级、秒级精准切负荷为主要控制方式的"大规模源网荷精准负荷控制子系统"及面向非应急场景的以柔性调控和主动响应为主要控制方式的

第 22 章 能源互联网的实践与示范 ·277·

"大规模空调有序削峰/虚拟调峰系统""需求响应辅助决策子系统"。此项重大创新成果已在公司系统多个省级单位推广应用。

大规模源-网-荷友好互动系统整体架构如图 22-7 所示。整体分为物理层、信息层和服务层三个层次。物理层通过用户改造及通信网络建设，实现参与用户的动态感知及各类型用户用能数据的采集及汇聚。信息层主要结合电网各类调控需求，完成数据处理及信息融合，通过算法模型实现用户潜力分析、策略编制、指令下达等功能。服务层为提供软件系统操作界面，实现人机交互等高级应用，通过服务层实现各类功能模块的灵活调用，进而完成面向应急场景及非应急场景的调控需求。

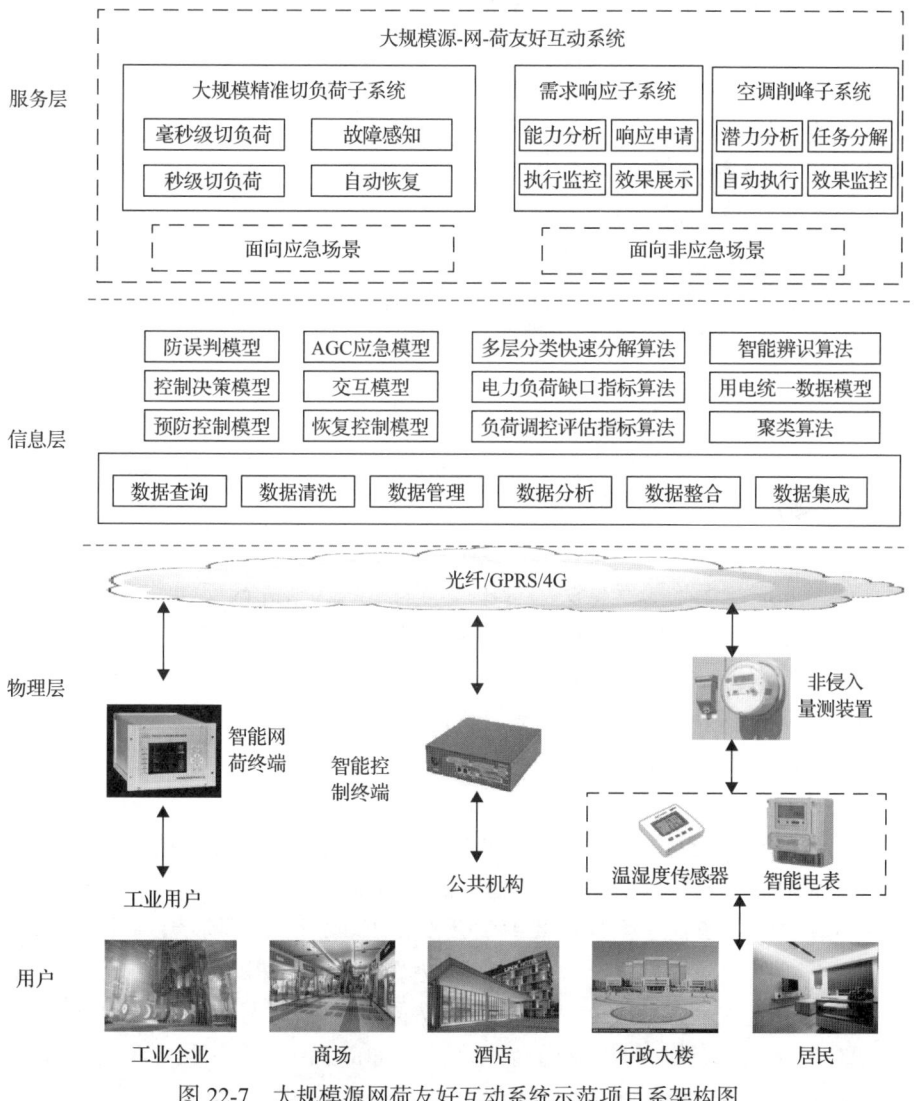

图 22-7 大规模源网荷友好互动系统示范项目系架构图

1)物理层

针对电网紧急情况和正常情况应急场景及非应急场景面向的调控资源不同，控制手段不同，响应时间不同，用户影响不同，所以在物理层面的互动终端性能要求、设备改造要求及通信网络要求都不同。

面向应急场景的物理层主要通过部署新型的网荷互动终端满足电网负荷应急响应的要求，设备支持多路用户负荷数据实时采集、用户负荷数据实时传输、主站控制命令实时接收和负荷控制实时输出，可实现可中断负荷数据的实时采集。由于数据量大、实时性高，应急场景数据采集主要用2M光纤直接将信息上送直流中心站，用于实时判别电网功率损失以及直流提升裕度。

非应急场景的负荷涉及种类多，根据负荷特点，涉及生产设备、中央空调、分散式空调、大功率电器及相关环境参数传感器等，该项目面向非应急场景建立一套多元数据传感采集系统：①通过安装需求响应终端，采集用户的用电数据，实现计量装置在线监测和用户负荷、电量、电压等重要信息的实时采集；②增加采集企业能效数据，实现企业用户热工数据、基本电量数据、热工电量数据、谐波电量及电能质量数据等多种数据的采集；③通过非侵入式终端，采集居民用户大功率电器的用电数据，支撑电力负荷的精细化设备调控。电力负荷多元数据传感采集系统关键技术主要由通信组网技术和非侵入式负荷辨识技术实现。

2)信息层

针对应急场景，信息层围绕切负荷容量命令，建立本地频率防误判模型、控制决策模型、预防控制模型，提供在线辅助决策所需的数据输出。同时针对控制建立AGC应急模型及调度营销负荷协同控制模型，提供控制策略，并形成多层级各类负荷的多时步、多维度自动恢复原则。

在面向非应急场景的信息层中对物理层采集的数据进行管理、整合、分析、清洗等数据处理工作，通过多层分类快速分解算法及智能辨识等算法，识别采集数据中的有效信息，并通过统一的数据模型，采用聚类算法等对用户侧进行负荷功率预测与调控潜力预测，在通过电力负荷缺口指标算法下，建立逐层分解机制，并制定动态优选用户及设备策略。

3)服务层

在大规模源-网-荷友好互动系统中，面向应急场景部署有大规模精准切负荷子系统，面向非应急场景有需求响应子系统及空调削峰子系统。

大规模精准切负荷子系统主要围绕毫秒级和秒级切负荷场景，提供直流故障紧急控制决策，预防控制在线决策，直流故障校正控制辅助决策，电网紧急协调控制，AGC应急协调控制，调度营销负荷协同控制及多维度负荷恢复功能。

需求响应子系统及空调削峰子系统，主要面向工业负荷、楼宇空调负荷及居民大功率电器负荷为调控对象。其中需求响应子系统主要包括签约管理、响应执行、响应统计、响应监视、响应能力查询等功能。空调削峰子系统主要包括潜力分析、任务分解、自动执行、执行监控、效果评估、用能分析等功能。

2. 项目特色与创新

该项目根据大规模源-网-荷友好互动系统示范工程建设目标和内容，针对项目将分散的海量可中断负荷分级精准控制，实现了发电、供电、用电友好互动。关键技术方面，针对面向应急场景和非应急场景，创新性研究并实现了友好互动关键技术；运营机制方面，按照大规模源网荷友好互动机制，综合考虑政府、电力公司、用户等主体的角色，设计了不同场景下的运营机制；商业模式方面，在源侧供电企业运营效益、网侧源网荷互动需求、荷侧用户经济利益的基础上，草拟或发布了相关激励或补偿标准，构建了精准切负荷、柔性负荷调控和主动需求响应三种商业模式。

3. 项目效益及产业化前景

1) 经济效益

鉴于江苏省实施大规模源-网-荷互动系统示范工程的重要意义，各级政府与国网江苏省电力有限公司对该工作异常重视，每年由国网江苏省电力有限公司以投入资金方式予以资金保障。项目的资金投入与经济效应情况如下所述，其中，资金投入：截至2018年年底，项目工程总投资16.2亿元。经济效益：截至2018年年底，项目经济直接效益和间接效益分别为2.33亿元和451.33亿元。项目总经济效益达453.66亿元，超额完成项目申报书的预期经济效益266.85亿元的指标。

2) 社会效益

该项目在大规模源-网-荷互动方面的各项研究成果，顺应国家电力体制改革的大方向及《国务院关于积极推进"互联网+"行动的指导意见》，破解了特高压电网运行的难题，有利于保障电力供应安全平稳和电网供需平衡，有助于实现清洁能源消纳和需求侧资源的优化配置，有助于提升电网弹性和降低全社会停电感知度，实现了电网与用户的友好互动和相关产业链的发展。项目产生的社会效益如下。

(1) 助推能源互联网建设，促进清洁能源消纳。在构建能源互联网方面，项目通过系统装备、运营模式及关键技术的全面覆盖，将能源互联网中的各个主体变为兼具生产者和消费者特征的多属性主体。实现了以电力系统为核心与纽带，多类型能源网络和交通运输网络高度整合，形成了能量-信息-经济三元驱动的能源供用生态系统，实现了能源生态圈的智能自洽、平等开放、绿色低碳、安全高效和可持续发展。

依托互联共享的能源互联网核心价值观，通过能源互联网的建设，可改善我国能源配置的布局，促进清洁能源消纳，减轻环境压力。在能源互联网建设过程中国网江苏省电力有限公司始终把清洁能源全消纳、电网安全运行放在首位，依托能源互联网"横向多元能源互补，纵向源-网-荷-储协调"的基本特性，着力解决两个核心问题，一是清洁能源输送，二是清洁能源消纳。通过建设由燃煤发电、水力发电、清洁能源发电以及海量社会可中断负荷构成的大规模源网荷友好互动系统，建立起我国特有的"虚拟电厂"，协调解决清洁能源快速发展造成的电网供需不平衡矛盾。

(2)深挖需求侧资源潜力，保障电网供需平衡，促进资源优化配置。通过研究建设由传统发电、清洁能源发电、储能设备以及海量社会可中断负荷构成的大规模源网荷友好互动系统，建立并发挥了柔性精准负荷控制形成的"虚拟电厂"作用，有效挖掘了需求侧资源潜力，协调解决清洁能源快速发展造成的电网供需不平衡矛盾和大电网安全风险；进一步地提升了区域电网的充裕度水平，有利于可再生能源的接纳，提高区域电网清洁能源占比，为电力资源的合理调配和电力结构的优化调整提供了技术支撑。

与政府紧密联系，推动国家发展和改革委员会将大规模源网荷友好互动系统建设要求纳入《电力需求侧管理办法（修订版）》，该办法二十二条明确"支持电网企业会同电力用户探索建设大规模源网荷友好互动系统，提升网、源、荷互补能力，助力可再生能源大规模替代化石能源"。推动江苏省工业和信息化厅出台《关于进一步深化电力需求响应工作的通知》（苏经信电力〔2017〕560号），通知明确了"稳步推进源网荷友好互动系统建设"，为源-网-荷实用化推广提供了政策支撑。结合电力市场建设的推进，推动将需求响应资源纳入电力市场。支持、激励各类电力市场参与方开发和利用需求响应资源，提供有偿调峰、调频等服务，逐步形成占年度最大用电负荷3%左右的需求侧机动调峰能力，保障非严重缺电情况下的电力供需平衡，未来需求响应将成为市场化条件下调节电力供需平衡的重要手段，进一步实现海量社会资源的合理调配和优化调整。

(3)降低外部电力输入风险，增强了电网弹性承受和恢复能力。通过该项目的投运，可以对大电网直流闭锁进行应急控制，将大电网故障造成的危害降至最低，保障大电网的安全运行。传统拉停变电站出线方式控制用电负荷，将造成涉及线路上所有用户无差异停电，无法规避党政军机关、学校、医院、化工企业等重要高危用户，可能造成重大安全事故，甚至造成人员伤亡及重大财产损失，直接经济损失数亿元。通过建设大规模源网荷友好互动系统，能够使大电网故障应急处理时间从分钟级缩短至毫秒级，为政府预防控制大面积停电事件提供了专业手段和关键资源，可将大面积停电消除在萌芽阶段，保障大规模区外来电安全。

通过需求侧管理充分利用工业、商业、居民及近年来快速增长的空调负荷资源进行柔性化平衡调度，构建多时间尺度可调容量的负荷备调池，提高电网调动负荷资源的精准度和灵活性，从而实现削峰填谷，缓解电网高峰压力，弥补电网低谷运行负荷,由此可进一步提高电网弹性,保证电网安全稳定运行,避免有序用电及刚性调控对用户带来的不利影响。

(4) 降低用户停电感知度,助力改善民生。该项目通过激励措施和电价手段引导用户合理用电,将有效调动用户参与电网互动的主动性,改变用户的用电习惯,电网对用户的负荷控制手段将由直接负荷控制逐步转变为柔性负荷控制,提高江苏省需求侧管理工作的精益化和智能化水平,有效减少了有序用电直接负荷控制对电力用户的影响。通过多种负荷管理手段和主动需求响应手段,加强与用户的双向友好互动,提升电网公司服务水平的同时,也可以为政府相关决策提供数据支撑,不断提升政府和电力客户对供电服务工作的满意度。通过项目可以充分发挥特高压具有的网络规模效应,成网后能显著降低电力供应成本;以负荷备用替代发电备用,提高火电利用小时数,进一步降低全社会用电成本。最终使江苏省的需求侧管理工作形成全社会理解、广大用户共同参与、各方支持配合的良好工作氛围,以友好互动的方式助力改善民生、提高用户体验。

(5) 创新驱动,提升装备水平,转型升级,助推产业链形成与发展。该项目对全面建成安全可靠、开放兼容、双向互动、高效经济、清洁环保的智能电网,满足电源开发和用户需求,推动能源生产、消费、技术和体制革命,带动战略性"大数据、云平台、物联网、移动互联网、人工智能"新兴产业发展,形成有国际竞争力的智能电网装备体系具有重要意义,为项目后续研究开展奠定了基础。项目系统应用新一代电力系统自动控制技术、人工智能技术及无线通信技术等前沿技术,相关成套装备填补了国内外空白,能够有效推动电子、通信、计算机行业发展。

3) 产业化前景

该项目的研究成果在保障大受端电网安全稳定运行、服务清洁能源规模化发展、应对电网短暂尖峰负荷等方面具有显著的综合示范效益,具有广阔的应用场景。

(1) 面向应急场景友好互动技术成果推广。

在特高压建设方面,截至 2020 年底,我国已建成"15 交 19 直"共计 34 条在运特高压线路,在建在运特高压线总长度可以绕地球 4 圈。相关特高压线路通道安全风险愈发凸显。

为化解特高压线路带来的通道安全风险,2017 年 9 月,国家电网公司下发了《关于加快推进系统保护建设工作的通知(国家电网调〔2017〕714 号)》,通知中明确要求,上海、浙江、安徽、山东、湖南、河南等直流落点地区按照该项目模式建设精准负荷控制系统。自 2018 年起,相关省份已启动项目建设工作,这些项目将有效带动相关能源互联网产业发展。与此同时,该项目相关技术成果可以在巴西等特高压推广国家配套建设应用，提升电网安全管理水平，相关技术装备的国际化推广前景同样广阔。

(2) 面向非应急场景友好互动技术成果推广。

目前，随着人民生活水平的不断提升、产业结构的加速转型升级以及新能源发电快速发展，地区负荷缺口问题越发凸显，新能源消纳问题日益突出，面向非应急场景友好互动技术推广前景良好。在季节性负荷缺口方面，从全国范围来看，随着居民消费升级、电气化水平持续提高以及第三产业用电占比不断提升，天气因素对用电负荷和用电量的影响更加明显，以季节性和区域性为特征高峰供电紧张现象已经是全国性的问题，长三角、珠三角、京津冀等区域季节性供电缺口现象尤为突出。

与此同时，随着电力市场化改革的持续深入推进，电力需求侧管理要综合考虑人们的用电需求、价格、供电安全等多种因素，提高供电服务质量，传统的有序用电、负荷控制等电力负荷管理方式已经不能满足电力市场化要求。国家发展和改革委员会在《电力需求侧管理办法(修订版)》提出扩大需求响应试点实施范围，结合电力市场建设的推进，推动将需求响应资源纳入电力市场。

为此，在电力市场改革推进步伐相对较快、经济较为发达的长三角、珠三角、京津冀地区，适宜率先推广应用空调有序削峰技术及主动需求响应技术。以长三角地区为例进行测算，2020年该地区最高用电负荷超过3亿kW，以3%的需求侧机动调峰能力进行计算，长三角地区需求响应调节能力将达到642万kW。若考虑响应能力全部通过高效、安全的空调独立调控实现，以江苏电网空调独立削峰改造投资进行测算，仅空调有序削峰一项，长三角地区市场潜力将达到24亿元，对空调调控全产业链的发展将起到良好的推动作用。

在可再生能源发展方面，截至2020年底，全国风电装机2.82亿kW，同比增长34.59%，光伏装机2.54亿kW，同比增长24.45%。2020年全国弃风电量166.1亿kW·h，全国平均弃风率3.5%，弃光电量52.6亿kW·h，全国平均弃光率2%。新能源消纳问题在除"三北"以外的省份也逐步显现。根据我国《"十四五"现代能源体系规划》单位GDP二氧化碳排放五年累积下降18%。到2025年，非化石能源消费比重提高到20%左右，非化石能源发电量比重达到39%左右，电气化水平持续提升，电能占终端用能比重达到30%左右。为此，填谷需求响应装备、机制、模式可以在存在新能源消纳困难的甘肃、新疆以及部分长假时段存在调差困难的浙江、上海、山东等省市进行推广。通过填谷需求响应进一步提升新能源消纳比例，以江苏填谷需求响应投入及产出比进行计算，每年通过填谷需求响应促进新能源全额消纳，扣减激励资金后，预计将增加社会效益225.43亿元，杠杆作用明显，发展潜力巨大。

22.5 本章小结

本章主要介绍了能源互联网的实践与示范，主要项目为 2016 年 7 月～2017 年 6 月完成首批能源互联网示范项目申报评审入选的 55 个"互联网+"智慧能源(能源互联网)示范项目。这 55 个示范项目可分为 9 种类型，地域分布特征显著，华北与华东地区是发展的热点地区，根据区域资源禀赋及经济技术发展水平，采用差异化的推进方式。示范项目进展主要问题有：示范项目核准审批困难、无法实现信息互联互通、缺乏市场交易机制实施细则、希望得到政府财税优惠扶持、希望明确项目监管机制。基于能源互联网示范项目的三层技术构架和五个环节，形成能源互联网三横四纵的技术体系。对应三横四纵的每一个节点，均有多种技术路线选择路径，以实现不同类型能源互联网示范项目目标。最后介绍了 3 个对推动能源互联网的建设具有重要的示范意义的示范工程。

第 23 章 能源互联网发展推进的政策建议

能源互联网的发展离不开能源政策的支撑,通过现代能源体系的财政税收政策、市场产业政策和资源环境政策的优化组合,还原能源商品属性,使能源价格真正反映出环境和资源成本,进而引导经济结构调整,引领能源技术创新,实现可再生能源对常规能源的替代。

23.1 现有能源互联网发展相关政策分析

我国能源互联网发展政策体系已初步建立,截至 2020 年共计颁布 997 项政策,当前能源互联网发展主要依靠部门规章及中央规范性文件推进,各项政策文件类型比例如图 23-1 所示。部门规章及中央规范性文件中,顶层设计 520 个占 50%,源侧政策 126 个占 12%,体制改革 123 个占 12%,荷侧政策 122 个占 12%,如图 23-2 所示(部分政策同时隶属多个类别)。

部门规章及中央规范性文件中,新能源汽车 79 个居于首位,宏观指导意见 71 个、价格政策 62 个、光伏发电 47 个、试点示范 42 个和能源安全 37 个政策等

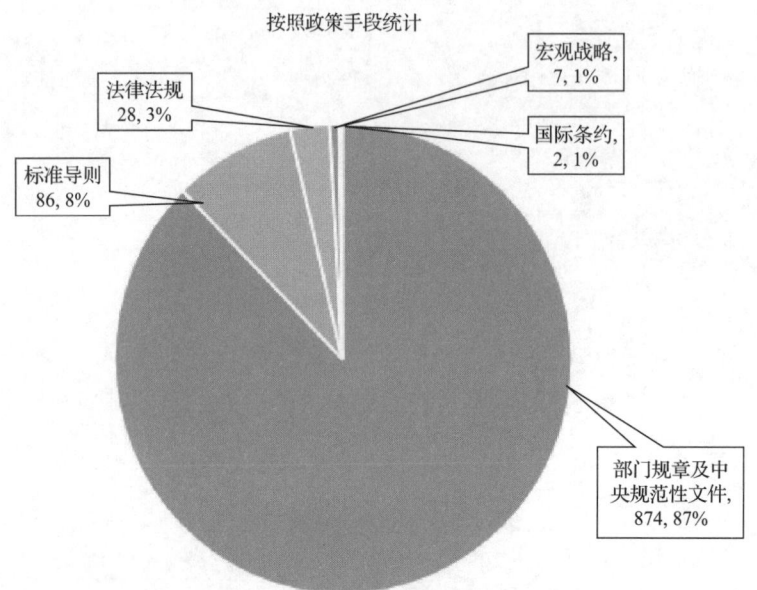

图 23-1 中国能源互联网发展政策分类统计

第 23 章　能源互联网发展推进的政策建议

集中出台。天然气、节能减排、风力发电等也受到广泛关注，发展规划、农村能源等等政策也开始颁布，如图 23-3 所示（部分政策同时隶属多个类别）。

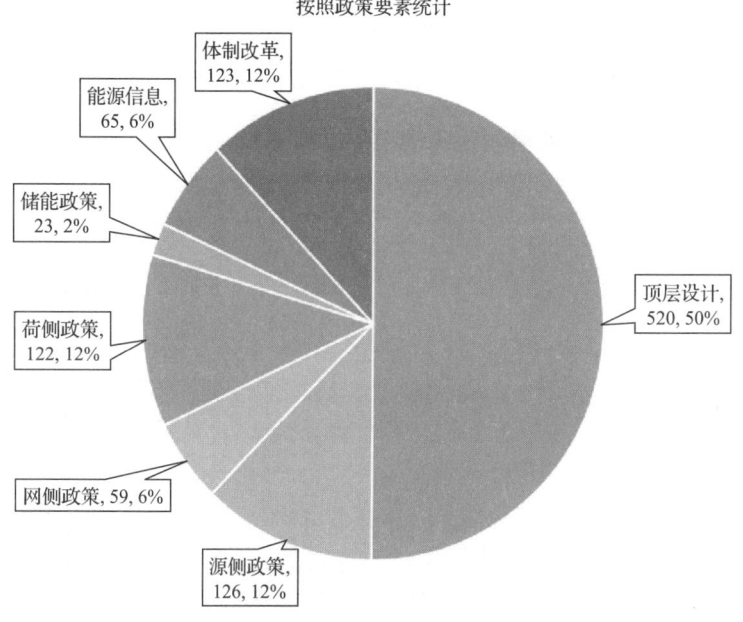

图 23-2　中国能源互联网发展政策要素分类统计

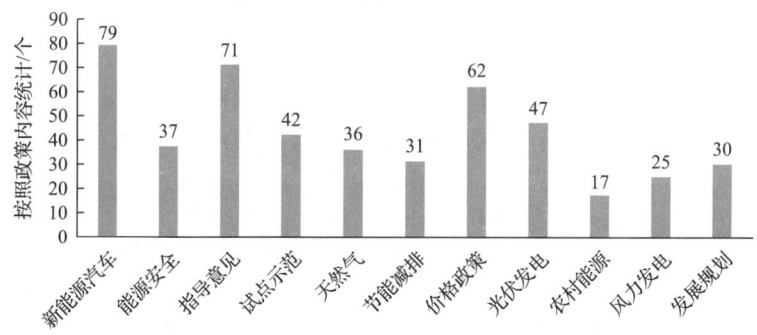

图 23-3　中国能源互联网发展政策内容分类统计

23.2　能源互联网示范项目政策需求分析

首批能源互联网示范项目自 2016 年 7 月开始申报到 2020 年验收的过程中，也遇到了资源、体制、政策不适应等困难，如示范项目在落地过程中核准审批困难、标准不统一导致信息互联互通困难、缺乏有效的市场交易机制实施细则等，这些原因导致部分项目未能按期进展。

但从"十三五"规划末期已验收的项目看,均已取得预期成果,为未来能源互联网的发展提供了有益的经验和借鉴。

总结能源互联网示范项目开展中的经验和遇到的困难,调研示范项目主体及参与方对政策的需求,可为进一步的政策制定和调整提供参考,有利于探索能源互联网未来发展道路。

23.2.1 能源互联网示范项目政策需求汇总

55个能源互联网示范项目共采集政策建议123条,涉及财税扶持、增量配网、电动汽车、分布式能源交易、组织管理、数据服务、辅助服务7个方面内容,2017年国家已出台市场机制与储能相关指导性政策,例如《完善电力辅助服务补偿(市场)机制工作方案》《关于促进储能技术与产业发展的指导意见》《关于开展分布式发电市场化交易试点的通知》等,能源互联网示范项目可参考执行。通过分析整理结果如图23-4所示。

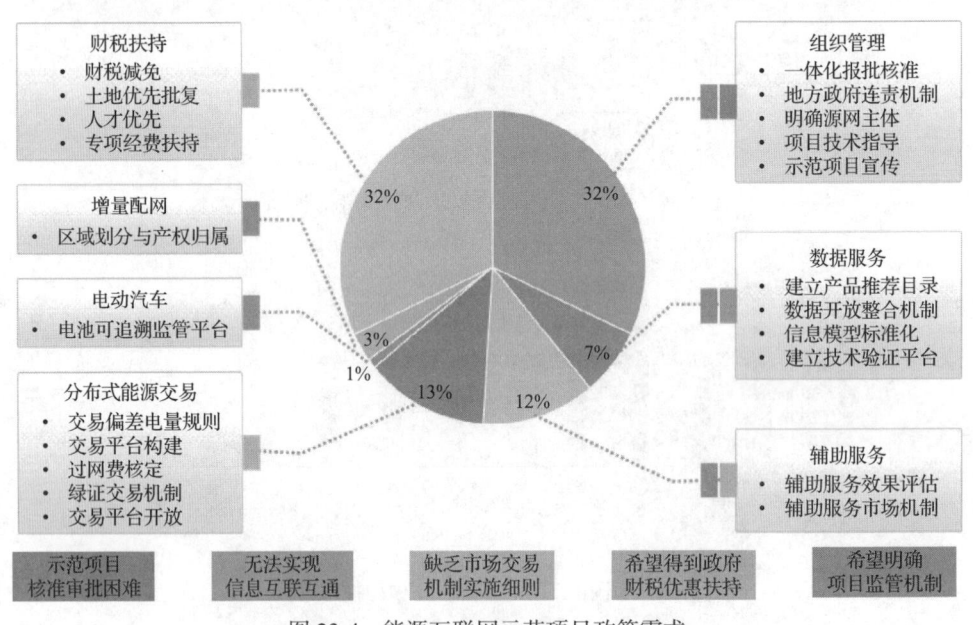

图23-4 能源互联网示范项目政策需求

23.2.2 能源互联网示范项目政策需求分类

对55个能源互联网示范项目政策需求进行分类分析,按照类型可分为综合类示范项和创新类示范项目,按照政策体系分类如图23-5所示。

1)示范项目政策需求按项目类型和内容分类

综合类项目政策需求远超创新类,组织管理政策27个、财税扶持政策25个、辅助服务政策 12 个居于前三位。相对轻资产的创新类发展政策壁垒较少。项目组织管理类政策关系到项目能否落地，财税扶持类政策涉及项目运营的经济性，确立辅助服务、分布式发电市场交易的市场规则与价格。

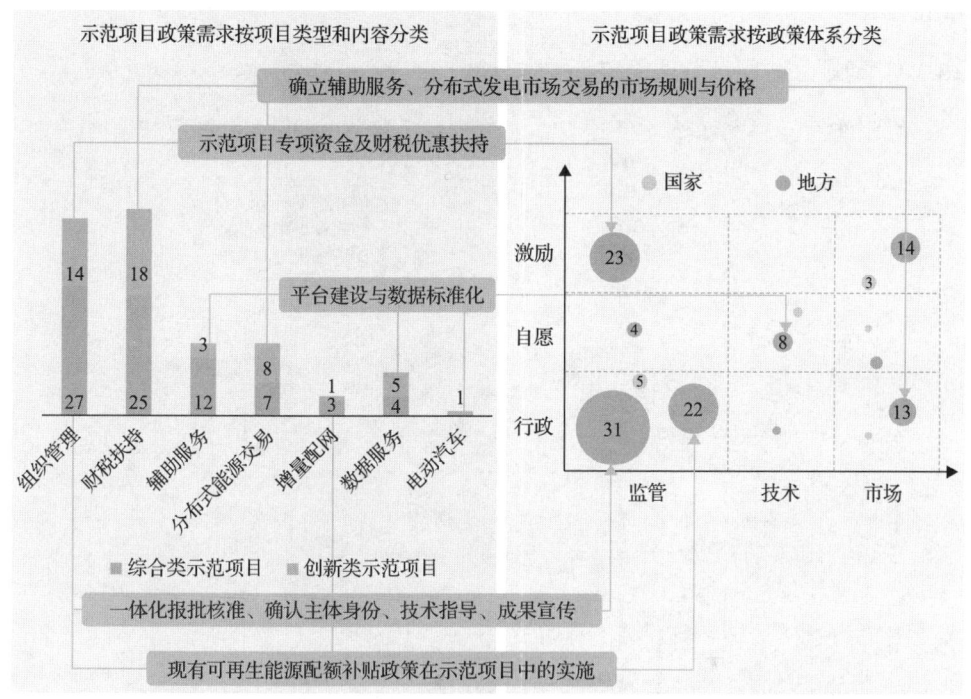

图 23-5　能源互联网示范项目政策需求分析

其中，组织管理政策中的一体化报批核准、确认主体身份、技术指导、成果宣传、现有可再生能源配额补贴政策在示范项目中的实施等，属于行政监管型政策。平台建设与数据标准化属于技术自愿型政策，示范项目专项资金及财税优惠扶持属于监管激励型政策。确立辅助服务、分布式发电市场交易的市场规则与价格属于市场激励政策。

2) 按照政策体系分类

目前，我国发布了多个能源相关的国家宏观战略，能源领域已经颁布了 4 部单行能源法律、8 部相关法律、30 多部国务院颁布的行政法规以及 30 多部国家发展和改革委员会、国家能源局颁布的部门规章，有 20 余部地方性法规和政府规章，多个已参加的与能源相关的国际条约等，能源互联网发展政策体系的已初步完善，直接或间接地规制能源互联网发展行为。

其中最为重要的是行政监管政策，共计 58 个，其中 5 个国家政策、53 个地方政策；其次是 23 个地方监管激励政策、17 个市场激励政策、14 个市场行政政策、9 个自愿技术政策等。由此可见地方政府的政策引导是示范项目开展的主要驱动力，因地制宜的政策与能源互联网的差异化发展相适应，市场有序竞争与政府监管监督是政策发展的重点领域，技术发展具有自驱动力，政策着力于促进标准化建设。

23.2.3 能源互联网示范项目政策需求分区

按照能源互联网示范项目政策需求分为三个区，如图 23-6 所示。

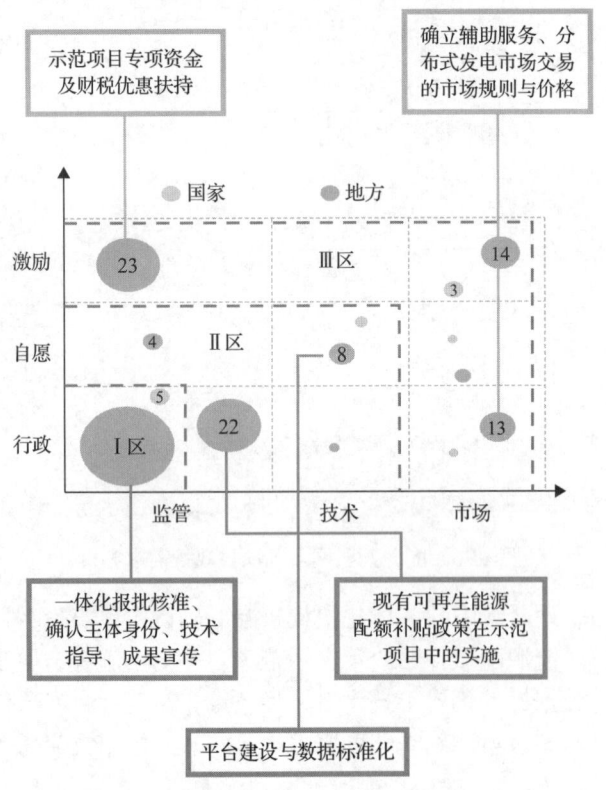

图 23-6 能源互联网示范项目政策需求分区

1) Ⅰ区政策需求

包括一体化报批核准、确认主体身份、技术指导、成果宣传。其政策需求是易落实可预见、指导意见的配套政策，与示范项目能否落地相关。

2) Ⅱ区政策需求

包括现有可再生能源配额补贴政策在示范项目中的实施、平台建设与数据标准化政策。其政策需求是原有政策框架的实施，政策出台与技术发展相关、与项目运行模式相关。

3) Ⅲ区政策需求

包括示范项目专项资金及财税优惠扶持、确立辅助服务、分布式发电市场交易的市场规则与价格。其政策需求是强市场干预型政策，与项目创新商业模式相关，需新增财政支出预算。

23.3 推进能源互联网发展政策建议

23.3.1 推进能源互联网发展的政策原则

当前，为了有序推进能源互联网高质量发展，国家与地方的政策衔接、不同政策之间的相互协调尤为重要。

1) 监管政策

着力现有政策体系深入解读及实施，充分调动地方政府积极性，加强政府资源协调与监管监督，减少市场失灵和能源发展负外部性。

2) 市场政策

基于目前的能源市场政策框架，鼓励地方政府积极探索市场竞争机制政策，考虑国情对能源市场化定价政策采取审慎态度，充分发挥市场调节作用。

3) 技术政策

建立以能源产业为主体，市场为导向，产学研深度融合的绿色技术创新体系，激励社会资本加大技术研发投入，营造跨行业技术融合与模式创新的氛围。

23.3.2 推进能源互联网发展的政策建议

通过识别主要的推进困难，提出以下政策建议及主要举措，如图 23-7 所示。

1) 项目报批核准一站式服务

为了解决项目审批中分项审批、主体地位、产权归属等问题，需要制定项目整体审批标准及项目整体审批流程，构建一体化服务机制。

2) 国家地方政府协同机制

为了解决市场交易中辅助服务、过网费、绿证、偏差电量、交易平台等问题，解决政府扶持中投资补贴、税费减免、土地批复、人才成本等问题，解决监管机制中政策解读、验收标准、第三方评估等问题，需要项目过程监管、制定政策实施细则、制定地方扶持政策。

3) 能源互联网宣传引导机制

为了解决监管机制中政策解读、验收标准、第三方评估等问题，实施第三方技术辅导、示范项目宣传、政策解读、创新评奖等举措。

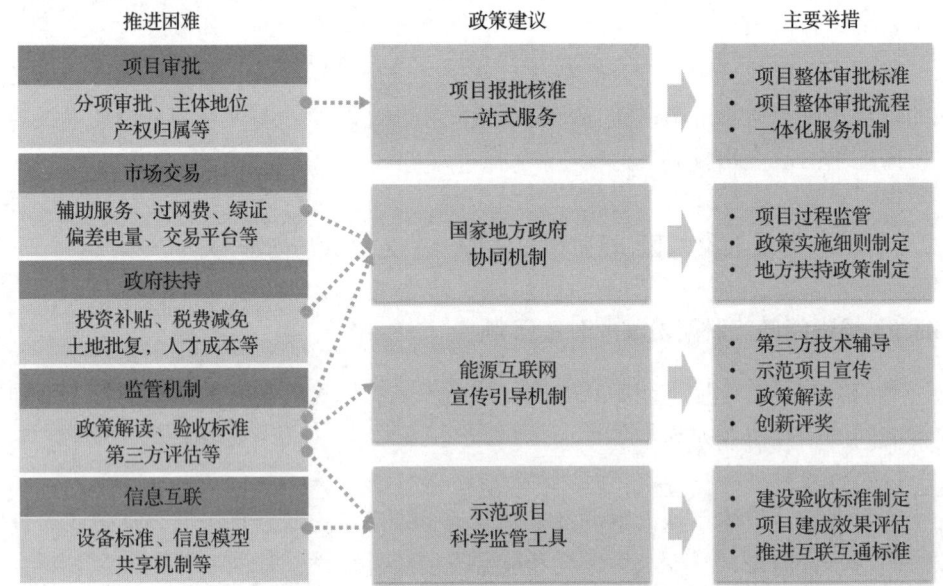

图 23-7 推进能源互联网发展政策建议

4) 示范项目科学监管工具

为了解决监管机制中政策解读、验收标准、第三方评估等问题，解决信息互联中设备标准、信息模型、共享机制等问题，需要制定建设验收标准、评估项目建成效果、推进互联互通标准。

23.3.3 推进能源互联网发展的政策措施

根据前文所述推动能源互联网发展的政策原则和政策建议，提出具体的政策措施如下。

1) 一站式服务

政策主体：省发展和改革委员会。

实施机制：省发展和改革委员会牵头，会同经信部及项目实施区域政府（包括园区管委会、地市县级发展和改革委员会）成立能源互联网项目工作组，集中完成首批能源互联网示范项目的报批核准工作；后续能源互联网项目可实施定期办理核准报批的方式开展。

实施内容：

(1) 确立项目报批单位资质要求。

(2) 组织电力、市政等部门成立能源互联网项目设计施工归口管理协同办公并确定相关审核流程与标准。

(3) 确定项目申请可再生能源配额、碳交易配额、可再生能源补贴等指标额度的标准。

(4) 基于以上标准与流程，对能源互联网项目实施一站式报批核准服务。

2) 协同机制

政策主体：国家能源局。

实施机制：国家能源局综合司牵头，会同新能源司、科技司、装备司等相关部门，采取定期联席会议方式，评估省发改委对区域能源互联网项目过程监管情况。

实施内容：

(1) 指定针对省发改委的能源互联网推进情况的考核指标与考核办法，建议将多能互补、新能源微电网、增量配电网、分布式发电交易试点项目合并管理。

(2) 下达考核办法，落实到部门和责任人。

(3) 省发改委定期上报指标完成情况，国家能源局汇总后召开会议指导省发改委推进方案，鼓励地方政府在国家能源局相关产业及市场化发展指导意见的框架内，考虑地区产业结构转型，有重点地出台产业及项目扶持政策或政策的实施细则。

(4) 委托第三方成立能源互联网技术咨询委员会，省发改委可汇总地区能源互联网推进技术需求，邀请技术咨询委员会进行实地指导或委托开展相关研究。

3) 宣传引导

政策主体：国家能源局。

实施机制：国家能源局委托第三方通过网站、微信公众号、展会、论坛、评奖等多种方式，加强对能源互联网政策机制、发展动态、先进技术、示范项目、新兴业态等的宣传。

实施内容：

(1) 建议将多能互补、新能源微电网、增量配电网、分布式发电交易试点项目合并展示。

(2) 在微信公众号定期发布省发改委项目推进情况汇总及地方扶持政策出台。

(3) 委托第三方机构如产业联盟，主办能源互联网相关政策解读、能源互联网发展情况研讨、模式创新型项目年度评奖等活动。

4) 科学监管

政策主体：国家能源局。

实施机制：国家能源局委托高校、研究机构和产业龙头企业，包括可再生能源、电力、燃气、通信、大数据等领域，促进能源互联网技术验证平台的研发，作为能源互联网发展监管工具，实施科学、合理、高效的监管。

实施内容：

(1) 采取招投标方式确立研究课题。

(2) 依托平台功能指标设计，制定能源互联网项目验收标准。

(3) 通过平台验证辅助评估能源互联网示范项目建成效果。

(4) 基于项目验证数据，推进能源互联网相关数据互联互通标准、产品准入目录的制定。

23.4 本章小结

本章主要介绍了能源互联网的政策建议，主要内容包括如下几方面。

(1) 我国能源互联网发展政策体系已初步建立，截至 2020 年共计颁布 997 项政策，当前能源互联网发展主要依靠部门规章及中央规范性文件推进；能源互联网发展政策中，部门规章及中央规范性文件居于首位共 874 个占 87%，标准导则第二共 86 个占 8%，法律法规 28 个占 3%，宏观战略 7 个占 1%。

(2) 对 55 个示范项目发放 55 份政策需求问卷，共计收回 15 个项目的 26 份有效建议；涉及财税扶持、增量配网、电动汽车、分布式能源交易、组织管理、数据服务、辅助服务 7 个方面内容。

(3) 当前，为了有序推进能源互联网高质量发展，国家与地方的政策衔接、不同政策之间的相互协调尤为重要，监管政策、市场政策和技术政策需要相辅相成。

(4) 通过识别主要的推进困难，提出以下政策建议及主要举措：项目报批核准一站式服务、国家地方政府协同机制、能源互联网宣传引导机制、示范项目科学监管工具等。

主要参考文献

白杨, 谢乐, 夏清, 等. 2015. 中国推进售电侧市场化的制度设计与建议[J]. 电力系统自动化, 39(14): 1-7.

北京电力交易中心. 《北京电力交易中心跨区跨省电力中长期交易实施细则(暂行)》(京电交市〔2018〕51号)[EB/OL]. (2018-08-30)[2021-03-15]. http://shupeidian.bjx.com.cn/news/20180830/924612.shtml.

蔡巍, 赵海, 王进法, 等. 2015. 能源互联网宏观结构的统一网络拓扑模型[J]. 中国电机工程学报, (14): 3503-3510.

曹军威, 孟坤, 王继业, 等. 能源互联网与能源路由器[J]. 中国科学: 信息科学, 2014, (6): 714-727.

曹军威, 杨明博, 张德华, 等. 能源互联网——信息与能源的基础设施一体化[J]. 南方电网技术, 2014: 1-10.

陈国平, 李明节, 徐涛, 等. 关于新能源发展的技术瓶颈研究[J]. 中国电机工程学报, 2017, 37(1): 20-26.

陈海生, 凌浩恕, 徐玉杰. 能源革命中的物理储能技术[J]. 中国科学院院刊, 2019, 34(4): 450-459.

陈铜. 我国输配电价格规制及配套措施研究[D]. 成都: 西南财经大学, 2012.

陈启鑫, 刘敦楠, 林今, 等. 能源互联网的商业模式与市场机制(一)[J]. 电网技术, 2015, 39: 3050-3056.

陈晓红, 胡维, 王陟昀. 自愿减排碳交易市场价格影响因素实证研究——以美国芝加哥气候交易所(CCX)为例[J]. 中国管理科学, 2013, 021(4): 74-81.

陈智勇. 电网公司实施大用户直购电项目的风险分析与规避[D]. 北京: 华北电力大学, 2012.

程帆, 徐鸣飞, 徐志翔, 等. 能源互联网发展及关键技术分析[J]. 电工电气, 2015(9): 1-3.

储能产业研究白皮书[R]. (中国)北京: 中关村储能产业技术联盟, 2022.

慈松, 李宏佳, 陈鑫, 等. 能源互联网重要基础支撑: 分布式储能技术的探索与实践[J]. 中国科学: 信息科学, 2014, (6): 762-773.

德国联邦经济和能源部. 德国2050年能源效率战略[R]. 2020.

董朝阳, 赵俊华, 文福拴, 等. 从智能电网到能源互联网: 基本概念与研究框架[J]. 电力系统自动化, 2014, 38: 1-11.

杜超, 王锡凡, 王秀丽, 等. 双边分段竞价的电力市场[J]. 电力系统自动化, 2014, 13: 28-32, 63.

段青, 盛万兴, 孟晓丽, 等. 面向能源互联网的新型能源子网系统研究[J]. 中国电机工程学报, 2016, 36: 388-398.

方蒽, 宋金梅. 直驱永磁风力发电机的控制策略研究[J]. 变频器技术, 2010, (4): 51-55.

奉奇平. 电力市场化中基于输配独立和大用户直购的电价研究[D]. 长沙: 中南大学, 2014.

傅书逖. 国外电力市场的研究与浅析[J]. 电网技术, 1998, 12: 66-70.

甘伟, 郭剑波, 艾小猛, 等. 应用于风电场出力平滑的多尺度多指标储能配置[J]. 电力系统自动化, 2019, 43(9): 92-98.

高莹, 郭琨. 全球碳交易市场格局及其价格特征——以欧洲气候交易体系为例[J]. 国际金融研究, 2012, (12): 82-88.

郜峰, 马宝玲, 耿长波, 等. 美国天然气市场发展历程及启示[J]. 资源与产业, 2013, 15(5): 126-131.

广东省经济和信息化委, 广东省发展改革委, 国家能源局南方监管局. 《关于广东电力大用户与发电企业直接交易深化试点工作方案》(粤经信法〔2015〕132号)[EB/OL]. (2015-05-04)[2021-03-15]. http://www.gd.gov.cn/govpub/bmguifan/201505/t20150504_212687.htm.

广州电力交易中心. 《南方区域跨区跨省电力中长期交易规则(暂行)》(广州交易〔2018〕70号)[EB/OL]. (2018-11-09)[2021-03-15]. https://news.bjx.com.cn/html/20181109/940566.shtml.

郭茶秀, 魏新利. 2005. 热能存储与应用[M]. 北京: 化学工业出版社.

国际能源署. 2019. 2019年海上风能展望[R].

国家电监会, 国家发展和改革委员会, 国家能源局. 《关于完善电力用户与发电企业直接交易试点工作有关问题的通知》(电监市场〔2009〕20号)[EB/OL]. (2009-07-01)[2021-03-15]. http://zfxxgk.nea.gov.cn/auto79/201307/t20130703_1636.htm.

国家电监会.《电力用户向发电企业直接购电试点暂行办法》(电监输电〔2004〕17号)[EB/OL]. (2004-03-29)[2021-03-15]. http://jsb.nea.gov.cn/news/2006-11/2006117143609.htm.

国家发展和改革委员会, 国家能源局.《关于加快建设全国统一电力市场体系的指导意见》(发改体改〔2022〕118号)[EB/OL]. (2022-01-28)[2022-05-12]. https://www.ndrc.gov.cn/xxgk/zcfb/tz/202201/t20220128_1313653.html?code=&state=123.

国家发展和改革委员会.《关于加快建设全国统一电力市场体系的指导意见》系列解读|全国统一电力市场体系——我国电力市场建设顶层设计的重要里程碑[EB/OL]. (2022-01-30)[2022-05-12]. https://www.ndrc.gov.cn/fggz/fgzy/xmtjd/202201/t20220130_1314235.html?code=&state=123.

国家发展和改革委员会.《关于全面深化价格机制改革的意见》(发改价格〔2017〕1941号)[EB/OL]. (2017-11-11)[2021-03-15]. http://www.gov.cn/xinwen/2017-11/11/content_5238855.htm.

国家发展和改革委员会.《关于完善跨省跨区电能交易价格形成机制有关问题的通知》(发改价格〔2015〕962号). [EB/OL]. (2015-05-08)[2021-03-15]. http://www.nea.gov.cn/2015-05/08/c_134221736.htm.

国家发展和改革委员会.《关于印发全国碳排放权交易市场建设方案(发电行业)的通知》(发改气候规〔2017〕2191号)[EB/OL]. (2017-12-20)[2022-05-12]. https://www.ndrc.gov.cn/xxgk/zcfb/ghxwj/201712/t20171220_960930.html?code=&state=123.

国家发展和改革委员会.《关于印发区域电网输电价格定价办法的通知》(发改价格规〔2020〕100号)[EB/OL]. (2020-02-05)[2021-03-15]. https://www.ndrc.gov.cn/xxgk/zcfb/ghxwj/202002/t20200205_1219960.html.

国家发展和改革委员会.《关于印发省级电网输配电价定价办法的通知》(发改价格规〔2020〕101号)[EB/OL]. (2020-02-05)[2021-03-15]. https://www.ndrc.gov.cn/xxgk/zcfb/ghxwj/202002/t20200205_1219961.html.

国家能源局.《2015年全国电力调度交易与市场秩序监管报告》[EB/OL]. (2016-06-14)[2021-03-15]. http://www.gov.cn/xinwen/2016-06/14/content_5082060.htm.

国家能源局. 2021年全国电力工业统计数据[EB/OL]. (2022-01-26)[2022-05-12]. http://www.nea.gov.cn/2022-01/26/c_1310441589.htm.

国网综合能源服务集团有限公司. 国网综能察北多能互补继承优化示范工程首期140兆瓦光伏并网[EB/OL]. (2020-12-30)[2022-5-12]. http://chuneng.bjx.com.cn/news/20201230/1126041.shtml.

国务院.《关于鼓励和引导民间投资健康发展的若干意见》(国发〔2010〕13号)[EB/OL]. (2010-05-13)[2021-03-15]. http://www.gov.cn/zwgk/2010-05/13/content_1605218.htm.

国务院.《关于加快关停小火电机组若干意见》(国发〔2007〕2号)[EB/OL]. (2007-01-26)[2021-03-15]. http://www.gov.cn/zwgk/2007-01/26/content_509911.htm.

国务院.《关于印发电力体制改革方案的通知》(国发〔2002〕5号)[EB/OL]. (2002-02-10)[2021-03-15]. http://www.gov.cn/zhengce/content/2017-09/13/content_5223177.htm.

国务院.《关于印发节能减排综合性工作方案的通知》(国发〔2007〕15号)[EB/OL]. (2007-06-03)[2021-03-15]. http://www.gov.cn/jrzg/2007-06/03/content_634545.htm.

国务院办公厅.《关于印发2014-2015年节能减排低碳发展行动方案的通知》(国办发〔2014〕23号)[EB/OL]. (2014-05-26)[2021-03-15]. http://www.gov.cn/zhengce/content/2014-05/26/content_8824.htm.

韩英铎, 余贻鑫, 黄其励, 等. 第13章: 能源互联网, 中国战略性新兴产业发展报告[R]. 北京: 中国工程院, 2015.

韩勇. 基于管制方式下输配电价形成机制及应用研究[D]. 北京: 华北电力大学, 2012.

汉京晓, 杨勇平, 侯宏娟. 太阳能热发电的显热蓄热技术进展[J]. 可再生能源, 2014, (7): 901-905.

郝然, 艾芊, 朱宇超, 等. 基于能源集线器的区域分布式能源系统分层优化调度[J]. 电力自动化设备, 2017, 37(6):

171-178.

何继江. 德国 2020 年电力系统负荷曲线图表报告[EB/OL]. (2020-12-30)[2021-3-15]. https://solar.ofweek.com/2020-12/ART-260006-8500-30477717.html.

何深. 电力行业碳排放交易理论体系研究[D]. 北京: 华北电力大学, 2012.

侯孚睿, 王秀丽, 锁涛, 等. 英国电力容量市场设计及对中国电力市场改革的启示[J]. 电力系统自动化, 2015, 24: 1-7.

胡奥林. 如何构建中国天然气交易市场[J]. 天然气工业, 2014, 34(9): 11-16.

宦国渝. 澳大利亚天然气行业的改革及其对中国的启示[J]. 城市燃气(11): 18-24.

黄明, 吴勇, 文习之, 等. 利用天然气管道掺混输送氢气的可行性分析[J]. 煤气与热力, 2013(33): 39-42.

黄玉雄, 李更丰, 别朝红, 等. 分布式能源系统可靠性评估[J]. 智慧电力, 2017, 45(7): 43-50.

景锐, 周越, 吴建中. 赋能零碳未来——英国电力系统转型历程与发展趋势[J]. 电力系统自动化, 2021, 45(16): 87-98.

康重庆, 陈启鑫, 高峰, 等. 国家能源互联网发展年度报告 2021[R]. 北京: 清华大学能源互联网研究院, 2021.

康建国. 全球天然气市场变化与中国天然气发展策略思考[J]. 天然气工业, 2012, 32(2): 5-10, 111.

雷立钧, 荆哲峰. 国际碳交易市场发展对中国的启示[J]. 中国人口·资源与环境, 2011, 21(4): 30-36.

李光. 管束储气与高压球罐储气的比较[J]. 煤气与热力, 1991, (2): 23-27.

李琼慧, 王彩霞, 张静, 等. 适用于电网的先进大容量储能技术发展路线图[J]. 储能科学与技术, 2017, 6(1): 141-146.

李永亮, 金翼, 黄云, 等. 储热技术基础(Ⅰ)——储热的基本原理及研究新动向[J]. 储能科学与技术, 2013, (1): 69-72.

李永亮, 金翼, 黄云, 等. 储热技术基础(Ⅱ)——储热技术在电力系统中的应用[J]. 储能科学与技术, 2013, (2): 165-171.

梁浚杰, 兰飞, 黎静华. 以光伏为主的配电网储能容量需求的网格化场景评估方法[J]. 电力系统自动化, 2018, 42(23): 40-47, 85.

刘敦楠, 曾鸣, 黄仁乐, 等. 能源互联网的商业模式与市场机制(二)[J]. 电网技术, 2015, 39: 3057-3063.

刘小聪, 唐伟, 姚力, 等. 西部多电源互补特性及新能源的就地消纳能力和外送需求研究(适应未来大规模新能源外送的西部电网输电模式和关键技术研究》系列报告(1))[R]. 国网能源研究院有限公司, 2020.

刘小丽. 中国天然气市场发展现状与特点[J]. 天然气工业, 2010, 30(7): 1-6, 125.

刘英军, 刘畅, 王伟, 等. 储能发展现状与趋势分析[J]. 中外能源, 2017, (4): 80-88.

刘振亚. 构建全球能源互联网, 推动能源清洁绿色发展[J]. 国家电网, 2015, 6: 4-7.

刘振亚. 全球能源互联网[M]. 北京: 中国电力出版社. 2015.

刘振亚, 张启平, 董存, 等. 通过特高压直流实现大型能源基地风、光、火电力大规模高效率安全外送研究[J]. 中国电机工程学报, 2014, 34(16): 2513-2522.

罗朝春, 李湘祁. 电力用户与发电企业直接交易相关问题探讨[J]. 大众用电, 2013, 29(7): 7-8.

骆跃军, 骆志刚, 赵黛青. 电力行业的碳排放权交易机制研究[J]. 环境科学与技术, 2014(S1): 329-333.

马君华, 张东霞, 刘永东, 等. 能源互联网标准体系研究[J]. 电网技术, 2015, 39: 3035-3039.

马莉, 范孟华, 郭磊, 等. 国外电力市场最新发展动向及其启示[J]. 电力系统自动化, 2014, 13: 1-9.

马守达, 杨锦成, 崔承刚, 等. 能源互联网储能技术应用研究[J]. 发电技术, 2018, 39(5): 412-418.

美国这 5 种清洁能源技术成本已显著下降[EB/OL]. [2021-03-15]. https://www.sohu.com/a/133707445_131990.

倪萌, Leung M K H, Sumathy K. 电解水制氢技术进展[J]. 能源环境保护, 2004, 18(5): 5-9.

屈少青. 大用户直购电模式下发电商的策略选择[D]. 广州: 华南理工大学, 2011.

单卫国. 全球天然气市场发展及趋势[J]. 中国能源, 2011, 33(1): 13-16.

单卫国. 未来中国天然气市场发展方向[J]. 国际石油经济, 2016, 24(2): 59-62.

生态环境部. 《2019—2020年全国碳排放权交易配额总量设定与分配实施方案(发电行业)》(国环规气候〔2020〕3号)[EB/OL]. (2020-12-30)[2022-05-12]. https://https://www.mee.gov.cn/xxgk2018/xxgk/xxgk03/202012/t20201230_815546.html.

生态环境部. 《碳排放权交易管理办法(试行)》[EB/OL]. (2021-01-06)[2022-05-12]. http://www.gov.cn/zhengce/zhengceku/2021-01/06/content_5577360.htm.

生态环境部. "十四五"碳市场将进入平稳运行期[EB/OL]. (2020-12-01)[2021-03-15]. https://www.sohu.com/a/435687156_771414?sec=wd.

宋杰, 刘双双, 李巧云, 等. 国外地下储气库技术[J]. 内蒙古石油化工, 2007, (8): 218-221.

宋艺航. 中国电力资源跨区域优化配置模型研究[D]. 北京: 华北电力大学, 2014.

宋云亭, 丁剑, 吉平, 等. 电力系统新技术应用[M]. 北京: 中国电力出版社. 2018.

孙宏斌, 郭庆来, 潘昭光, 等. 能源互联网: 驱动力、评述与展望[J]. 电网技术, 2015: 3005-3013.

孙宏斌, 郭庆来, 潘昭光. 能源互联网: 理念、架构与前沿展望[J]. 电力系统自动化, 2015, 39(19): 1-8.

田世明, 栾文鹏, 张东霞, 等. 能源互联网技术形态与关键技术[J]. 中国电机工程学报, 2015, (14): 3482-3494.

王成山, 洪博文, 郭力, 等. 冷热电联供微网优化调度通用建模方法[J]. 中国电机工程学报, 2013, 33(31): 26-33.

王成山, 于波, 肖峻, 等. 平滑微电网联络线功率波动的储能系统容量优化方法[J]. 电力系统自动化, 2013, 37(3): 12-17.

王海涛, 白桦. 2013年国际天然气市场供需形势及价格走势分析与展望[J]. 天然气工业, 2014, 34(7): 123-127.

王继业, 孟坤, 曹军威, 等. 能源互联网信息技术研究综述[J]. 计算机研究与发展, 2015, 52: 1109-1126.

王宁, 任婧, 王志远. 2020年底风电装机规模达到1380.6万kW[EB/OL]. (2021-01-26)[2022-5-12]. http://news.bjx.com.cn/html/20210126/1132409.shtml.

王锐, 顾伟, 吴志. 含可再生能源的热电联供型微网经济运行优化[J]. 电力系统自动化, 2011, 35(8): 22-27.

王瑞琪, 李珂, 张承慧. 基于混沌多目标遗传算法的微网系统容量优化[J]. 电力系统保护与控制, 2011, 39(22): 16-22.

王维洲, 刘福潮, 杨建华, 等. 基于可时移农业负荷的光伏智慧农业大棚微型能源网优化调度[J]. 中国农业大学学报, 2018, 23(6): 160-168.

王秀丽, 刘春阳. 英国低碳化电力市场改革方案初析[J]. 电力系统自动化, 2014, 13: 10-17.

王秀丽, 宋永华, 王锡凡. 英国电力市场新模式——结构、成效及问题[J]. 中国电力, 2003, 6: 5-9.

王一家, 董朝阳, 徐岩, 等. 利用电转气技术实现可再生能源的大规模存储与传输(英文)[J]. 中国电机工程学报, 2015, (14): 3586-3595.

王莹. 基于MATLAB的永磁风力发电机动态仿真[D]. 大连: 大连理工大学, 2009.

王永福, 张伯明, 孙宏斌, 等. 国外平衡机制介绍及建设我国实时平衡市场的建议[J]. 电网技术, 2003, 9: 10-13.

卫志农, 梅建春, 孙国强, 等. 电-气互联分布式能源系统多时段暂态能量流仿真[J]. 电力自动化设备, 2017, 37(6): 41-47.

魏玢. 美国PJM电力市场及其对我国电力市场化改革的启示[J]. 电力系统自动化, 2003, 8: 32-35.

文劲宇, 方家琨. 能源互联网中的关键设备与支撑技术[J]. 南方电网技术, 2016(3): 1-10.

吴建中. 欧洲综合能源系统发展的驱动与现状[J]. 电力系统自动化, 2016, 40(5): 1-7.

吴玉庭, 任楠, 马重芳. 熔融盐显热蓄热技术的研究与应用进展[J]. 储能科学与技术, 2013, (6): 586-592.

夏清, 白杨, 钟海旺, 等. 中国推广大用户直购电交易的制度设计与建议[J]. 电力系统自动化, 2013, 20: 1-7.

肖文超. 国外电力市场最新发展动向及其启示[J]. 科技创新与应用, 2016, (22): 213.

谢志佳, 李建林, 程伟, 等. 储能电站降低光伏电站弃光率需求分析[J]. 电器与能效管理技术, 2018, (1): 18-24.

新华网. 中国在 7 省市开展碳排放权交易试点[EB/OL]. (2012-01-13)[2021-03-15]. http://roll.sohu.com/20120113/n332139934.shtml.

徐宪东, 贾宏杰, 靳小龙, 等. 区域分布式能源系统电/气/热混合潮流算法研究[J]. 中国电机工程学报, 2015, 35(14): 3634-3642.

薛美东, 赵波, 张雪松, 等. 基于分布式控制的独立型光储水柴微网调度策略[J]. 电力系统自动化, 2014, 38(4): 1-7.

薛一鸣, 孙贝贝. 国网冀北电力柔性需求响应示范工程投运[EB/OL](2020-11-24)[2022-5-12]. http://www.chinapower.com.cn/dww/dwjs/20201124/35448.html.

薛屹洵, 郭庆来, 孙宏斌, 等. 面向多能协同园区的能源综合利用率指标[J]. 电力自动化设备, 2017, 37(6): 117-123.

闫云凤. 全球碳交易市场对中国经济-能源-气候系统的影响评估[J]. 中国人口·资源与环境, 2015, 25(1): 32-39.

严太山, 程浩忠, 曾平良, 等. 能源互联网体系架构及关键技术[J]. 电网技术, 2016, 1: 105-113.

杨方, 白翠粉, 张义斌. 能源互联网的价值与实现架构研究[J]. 中国电机工程学报, 2015, 35: 3495-3502.

杨凤玲, 周庆方, 杨庆泉. 美国天然气价格研究及启示[J]. 天然气工业, 2004, 24(4): 114-117.

杨海涛, 吉平, 苗淼, 等. 未来中国特高压电网结构形态与电源组成相互关系分析[J]. 电力系统自动化, 2018, 42(6): 9-16.

杨军峰, 郑晓雨, 惠东, 等. 储能技术在送端电网中促进新能源消纳的容量需求分析[J]. 储能科学与技术, 2018, 7(4): 698-704.

杨小平, 杨晓西, 丁静, 等. 太阳能高温热发电蓄热技术研究进展[J]. 热能动力工程, 2011, (1): 1-6.

姚建国, 高志远, 杨胜春. 能源互联网的认识和展望[J]. 电力系统自动化, 2015, 39: 9-14.

姚伟, 丁剑, 南佳俊, 等. 未来西部电网及可再生能源外送输电技术发展方向研究[J]. 中国能源, 2019, 41(3): 33-39.

叶斌, 王秀丽, 宋永华, 等. 我国用电侧电力市场模式的初步探讨[J]. 中国电力, 2002, 06: 13-18.

叶春. 我国跨地区电力交易进展与对策建议[EB/OL]. (2020-12-10)[2021-03-15]. http://www.chinapower.com.cn/zk/zjgd/20201210/36988.html.

伊笑娴, 刘倩, 王磊, 等. 高压燃气管道储气能力分析[J]. 管道技术与设备, 2011, (3): 17-18, 41.

尤石, 林今, 胡俊杰, 等. 从基于服务的灵活性交易到跨行业能源系统的集成设计、规划和运行: 丹麦的能源互联网理念[J]. 中国电机工程学报, 2015, (14): 3470-3481.

余晓丹, 徐宪东, 陈硕翼, 等. 综合能源系统与能源互联网简述[J]. 电工技术学报, 2016, 1: 1-13.

曾鸣, 张晓春, 王丽华. 以能源互联网思维推动能源供给侧改革[J]. 电力建设, 2016, 37: 10-15.

查亚兵, 张涛, 黄卓, 等. 能源互联网关键技术分析[J]. 中国科学: 信息科学, 2014, (6): 702-713.

张昌, 杨建华, 帅航, 等. 基于华中电网跨区电力交易的市场辅助服务研究[J]. 中国电力, 2017, 50(11): 139-145.

张驰. 国际电力体制改革经验及对中国的启发[J]. 电力技术经济, 2007, 01: 8-11, 20.

张明霞, 闫涛, 来小康, 等. 电网新功能形态下储能技术的发展愿景和技术路径[J]. 电网技术, 2018, 42(5): 1370-1377.

张庆阳, 郭家康. 世界风能强国发展风电的经验与对策[J]. 中外能源, 2015, 20(6): 25-34.

张维煜, 朱熀秋. 飞轮储能关键技术及其发展现状[J]. 电工技术学报, 2011(7): 141-146.

张新敬, 陈海生, 刘金超, 等. 压缩空气储能技术研究进展[J]. 储能科学与技术, 2012(1): 26-40.

郑雅丽, 赵艳杰. 盐穴储气库国内外发展概况[J]. 油气储运, 2010, (9): 652-655.

中电联. 新一轮电改拉开序幕[EB/OL]. (2016-08-24)[2021-03-15]. https://www.sohu.com/a/111844950_131990.

中电联行业发展与环境资源部. 2019 年 12 月全国电力市场交易信息[EB/OL]. （2020-01-22）[2021-03-15]. http://www.chinapower.com.cn/bigdatamonth/20200122/1295791.html.

中共中央、国务院. 关于进一步深化电力体制改革的若干意见[Z]. 2015.

中国电力报. 大用户直购电 10 年回顾[EB/OL]. （2015-08-07）[2021-03-15]. http://shupeidian.bjx.com.cn/html/20150807/650683.shtml.

中国电力企业联合会. 2021 年全国电力市场交易简况[EB/OL]. （2022-01-21）[2022-05-12]. http://https://cec.org.cn/detail/index.html?3-306005.

周海明, 刘广一, 刘超群. 能源互联网技术框架研究[J]. 中国电力, 2014, 47: 140-144.

周孝信, 鲁宗相, 刘应梅, 等. 中国未来电网的发展模式和关键技术[J]. 中国电机工程学报, 2014, 34(29): 4999-5008.

朱锐. 我国竞争性售电市场构建研究[D]. 成都: 西南财经大学, 2010.

朱文韵. 全球储能产业发展动态综述[J]. 上海节能, 2018, （1）: 2-8.

邹鹏, 陈启鑫, 夏清, 等. 国外电力现货市场建设的逻辑分析及对中国的启示与建议[J]. 电力系统自动化, 2014, 38(13): 18-27.

Ai X M, Li J M, Wen J Y, et al. Multi-time-scale coordinated ramp-rate control for photovoltaic plants and battery energy storage[J]. IET Renewable Power Generation, 2018, 12(12): 1390-1397.

Akella R, Meng F, Ditch D, et al. Distributed power balancing for the FREEDM system[C]//IEEE International Conference on Smart Grid Communications, Maryland, 2010.

Amid P, Saffaraval F, Saffar-avval M. Feasibility study of different scenarios of CCHP for a residential complex[C]//2010 IEEE Conference on Innovative Technologies for an Efficient and Reliable Electricity Supply(CITRES), Waltham, USA, 2010.

Amjady N, Soleymanpour H R. Daily hydrothermal generation scheduling by a new modified adaptive particle swarm optimization technique[J]. Electric Power Systems Research, 2010, 80(6): 723-732.

Aydin D, Utlu Z, Kincay O. Thermal performance analysis of a solar energy sourced latent heat storage[J]. Renewable and Sustainable Energy Reviews, 2015: 1213-1225.

Bolla R, Bruschi R, Davoli F, et al. Energy efficiency in the future Internet: a survey of existing approaches and trends in energy-aware fixed network infrastructures[J]. IEEE Commun Surv Tut, 2011, 13: 223-244.

Bui N, Castellani A P, Casari P, et al. The internet of energy: a web-enabled smart grid system[J]. IEEE Network, 2012, 26: 39-45.

Bunger U, Landinger H, Pschorr Schoberer E, et al. Power-to gas(PtG)in transport status quo and perspectives for development [EB/OL].（2021-10-15）[2022-5-12]https://documents.pub/document/power-to-gas-ptg-in-transport-status-quo-and-page-1-of-137-power-to-gas.html?page=1.

CEEP-BIT. 中国碳市场回顾与展望（2022）[EB/OL].（2022-03-15）[2022-05-12]. https://new.qq.com/omn/20220315/20220315A07BFB00.html.

Chen S X, Gooi H B, Wang M Q. Sizing of Energy Storage for Microgrids[J]. IEEE Transactions on Smart Grid, 2012, 3(1): 142-151.

CNN News. Chicago Climate Exchange to shut down emissions trading[EB/OL].（2010-11-17）[2021-03-15]. https://money.cnn.com/2010/11/17/news/economy/climate_exchange/index.htm.

Deb K, Jain H. An evolutionary many-objective optimization algorithm using reference-point-based nondominated sorting approach, part I: Solving problems with box constraints[J]. IEEE Transactions on Evolutionary Computation, 2014, 18(4): 577-601.

Fang J, Zeng Q, Ai X, et al. Dynamic Optimal Energy Flow in the Integrated Natural Gas and Electrical Power Systems[J]. IEEE Transactions on Sustainable Energy, 2018, 9(1): 188-198.

Geres P, Hove A, 尹玉霞, 等. giz-energy 中德能源合作. 德国气候中和目标未变-德国能源和气候政策最新动态信息分享[EB/OL].(2022-02-12)[2022-5-12]. https://www.energypartnership.cn/zh/home/current-changes-in-germanys-energy-and-climate-policy/.

Ghadimi P, Kara S, Kornfeld B. The optimal selection of on-site CHP systems through integrated sizing and operational strategy[J]. Applied Energy, 2014, 126: 38-46.

Gordon J M, Ng K C. A general thermodynamic model for absorption chillers: Theory and experiment[J]. Heat Recovery Systems and CHP, 1995, 15(1): 73-83.

Hervás Soriano F, Mulatero F. EU Research and Innovation in renewable energies: The role of the Strategic Energy Technology Plan(SET-Plan)[J]. Energy Policy, 2011, (6): 3582-3590.

Huang A Q, Crow M L, Heydt G T, et al. The future renewable electric energy delivery and management (FREEDM) System: the energy Internet[J]. Proceedings of the IEEE, 2011, 99(1): 133-148.

Ibrahim H, Ilinca A, Perron J. Energy storage systems—Characteristics and comparisons[J]. Renewable and Sustainable Energy Reviews, 2008(5): 1221-1250.

IEA (2014), Technology Roadmap -Energy Storage, IEA, Paris https://www.iea.org/reports/technology-roadmap-energy-storage, License: CC BY 4.0.

IEA. Global Energy Review: CO_2 Emissions in 2021[R], 2021.

Inage S. Prospects for large-scale energy storage in decarbonised power grids[R]. International Energy Agency(IEA), 2009.

Jayasekara S, Halgamuge S. A review on optimization strategies of combined cooling heating and power generation[C]//2012 IEEE 6th International Conference on Information and Automation for Sustainability (ICIAfS), Beijing, 2012.

Jefferson M. Sustainable energy development: performance and prospects[J]. Renew Energ, 2006, 31: 571-582.

Jin Y, Lee W, Musina Z, et al. A one-step method for producing microencapsulated phase change materials[J]. Particuology, 2010, (6): 588-590.

José G. World Energy Assessment: Energy and the Challenge of Sustainability[M]. United Nations: United Nations Pubns, 2000.

Karady G G, Huang A Q, Baran M, et al. FREEDM system: An electronic smart distribution grid for the Future[C]//Transmission & Distribution Conference & Exposition, Lacombe, 2012.

Krause T, Andersson G, Fröhlich K, et al. Multiple-energy carriers: modeling of production, delivery, and consumption[J]. Proceedings of the IEEE, 2011, 99(1): 15-27.

Lanzisera S, Weber A R, Liao A, et al. Communicating power supplies: bringing the Internet to the ubiquitous energy gateways of electronic devices[J]. IEEE Int Things Journal, 2014, 1: 153-160.

Larcher D, Tarascon J. Towards greener and more sustainable batteries for electrical energy storage[J]. Nature Chemistry, 2014, (1): 19-29.

Li H, Haldi P A, Favre P P. Evaluation of a distributed energy system combined with heating, cooling and power generation through multi-criteria optimization[C]//Asme International Mechanical Engineering Congress & Exposition. American Society of Mechanical Engineers, 2003.

Li N, Hedman K W. Economic assessment of energy storage in systems with high levels of renewable resources[J]. IEEE Transactions on Sustainable Energy, 2015, (6): 1103-1111.

Luna A, Lábaque M C, Zygadlo J A, et al. Intelligent energy management of the FREEDM System[C]//IEEE Power and Energy Society General Meeting, Minnesota, 2010.

Mancarella P. MES(multi-energy systems): An overview of concepts and evaluation models[J]. Energy, 2014, 65(1): 1-17.

Mohan N. Superconductive energy storage inductors for power system[D]. Madison: University of Wisconsin, 1973.

Moskalenko N, Lombardi P, Komarmicki P. Multi-criteria optimization for determining installation locations for the power-to-gas technologies[C]//2014 IEEE PES General Meeting, National Harbor, 2014.

Raccichini R, Varzi A, Passerini S, et al. The role of graphene for electrochemical energy storage[J]. Nature Materials, 2014, (3): 271-279.

Rajkumar R, Lee I, Sha L, et al. Cyber-physical systems: the next computing revolution[C]//Design Automation Conference, Anaheim, CA, USA, 2010.

Ren H B, Zhou W S, Nakagami K, et al. Multi-objective optimization for the operation of distributed energy systems considering economic and environmental aspects[J]. Applied energy 2012, 91(1): 156-165.

Rifkin J. The Third industrial revolution: how lateral power is transforming energy, the economy, and the world[J]. Civil Engineering, 2012, 82(1): 74-75.

Ríos-Mercado R Z, Borraz-Sánchez C. Optimization problems in natural gas transportation systems: A state-of-the-art review[J]. Applied Energy, 2015: 536-555.

Rogers J D, Schermer R I, Miller B L, et al. 30-MJ superconducting magnetic energy storage system for electric utility transmission stabilization[J]. Proceedings of the IEEE, 1983, (9): 1099-1107.

Schermer R, Boenig H, Dean J. 30 MJ superconducting magnetic energy storage for BPA transmission line stabilizer[J]. IEEE Transactions on Magnetics, 1981, (5): 1950-1953.

Taftichit T, Agbossou K, Cheriti A, et al. Output power maximization of a permanent magnet synchronous generator based stand-alone wind turbine[C]//2006 IEEE International Symposium on Industrial Electronics, Montreal, QC, Canada, 2006.

Transmission, Office of Electric. Grid 2030: a national vision for electricity's second 100 years[R]. United State Department of Energy Office of Electric Transmission and Distribution, 2003.

Varadarajan M, Swarup K S. Solving multi-objective optimal power flow using differential evolution[J]. IET Generation, Transmission Distribution, 2008, 2(5): 720-730.

Wei F, Wu Q, Jing Z, et al. Optimal unit sizing for small-scale integrated energy systems using multiobjective interval optimization and evidential reasoning approach[J]. Energy, 2016, 111: 933-946.

Yang J B, Singh M G. An evidential reasoning approach for multiple-attribute decision making withuncertainty[J]. IEEE Transactions on Systems Man & Cybernetics, 1994, 24(1): 1-18.

Yang J B, Xu D L. On the evidential reasoning algorithm for multiple attribute decision analysis under uncertainty[J]. IEEE Transactions on Systems Man and Cybernetics-Part A: Systems and Humans, 2002, 32(3): 289-304.

Yang Z, Garimella S V. Molten-salt thermal energy storage in thermoclines under different environmental boundary conditions[J]. Applied Energy, 2010, (11): 3322-3329.

Yin M, Li G Y, Zhou M. Modeling of the wind turbine with a permanent magnet synchronous generator for integration[C]//2007 IEEE Power Engineering Society General Meeting, Tampa, FL, USA, 2007.

Zhang X, Shahidehpour M, Alabdulwahab A S, et al. Security-constrained co-optimization planning of electricity and natural gas transportation infrastructures[J]. IEEE Transactions on Power Systems, 2015, 30(6): 2984-2993.